Python und SQL Bibel: Vom Anfänger zum Weltexperten

Erste Ausgabe

Erste Ausgabe: Juli 2025

Veröffentlicht von Cuantum Technologies LLC.

Dallas, TX.

ISBN 979-8-89860-076-1

"Artificial intelligence is the new electricity."

- Andrew Ng, Co-founder of Coursera and Adjunct Professor at Stanford University

CUANTUM
TECHNOLOGIES

Wer wir sind

Willkommen zu diesem Buch, erstellt von Cuantum Technologies. Wir sind ein Team leidenschaftlicher Entwickler, die sich der Entwicklung von Software verschrieben haben, die kreative Erfahrungen bietet und reale Probleme löst. Unser Fokus liegt darauf, hochwertige Webanwendungen zu entwickeln, die eine nahtlose Benutzererfahrung bieten und die Bedürfnisse unserer Kunden erfüllen.

In unserem Unternehmen glauben wir, dass Programmieren nicht nur das Schreiben von Code ist. Es geht darum, Probleme zu lösen und Lösungen zu schaffen, die das Leben der Menschen verbessern. Wir erkunden ständig neue Technologien und Techniken, um an der Spitze der Branche zu bleiben, und freuen uns darauf, unser Wissen und unsere Erfahrungen in diesem Buch mit dir zu teilen.

Unser Ansatz zur Softwareentwicklung konzentriert sich auf Zusammenarbeit und Kreativität. Wir arbeiten eng mit unseren Kunden zusammen, um ihre Bedürfnisse zu verstehen und Lösungen zu entwickeln, die ihren spezifischen Anforderungen entsprechen. Wir sind der Meinung, dass Software intuitiv, benutzerfreundlich und optisch ansprechend sein sollte, und wir bemühen uns, Anwendungen zu erstellen, die diesen Kriterien entsprechen.

Dieses Buch soll einen praktischen und praxisnahen Ansatz bieten, um JavaScript zu meistern. Egal, ob du ein Anfänger ohne Programmiererfahrung bist oder ein erfahrener Entwickler, der seine Fähigkeiten erweitern möchte, dieses Buch wurde entwickelt, um dir zu helfen, deine Fähigkeiten weiterzuentwickeln und eine solide Grundlage in der Webentwicklung mit JavaScript zu schaffen.

Unsere Philosophie:

Im Herzen von Cuantum glauben wir, dass die beste Art, Software zu entwickeln, durch Zusammenarbeit und Kreativität erreicht wird. Wir schätzen die Meinung unserer Kunden und arbeiten eng mit ihnen zusammen, um Lösungen zu entwickeln, die ihren Bedürfnissen entsprechen. Wir sind auch der Meinung, dass Software intuitiv, benutzerfreundlich und optisch ansprechend sein sollte, und wir streben danach, Anwendungen zu erstellen, die diesen Kriterien entsprechen.

Wir glauben auch, dass Programmieren eine Fähigkeit ist, die man mit der Zeit erlernen und entwickeln kann. Wir ermutigen unsere Entwickler, neue Technologien und Techniken zu erkunden, und stellen ihnen die Werkzeuge und Ressourcen zur Verfügung, die sie benötigen, um an der Spitze der Branche zu bleiben. Wir glauben auch, dass Programmieren Spaß machen und lohnend sein sollte, und wir bemühen uns, ein Arbeitsumfeld zu schaffen, das Kreativität und Innovation fördert.

Unsere Erfahrung:

In unserem Softwareunternehmen sind wir darauf spezialisiert, Webanwendungen zu entwickeln, die kreative Erfahrungen bieten und reale Probleme lösen. Unsere Entwickler haben Erfahrung mit einer Vielzahl von Programmiersprachen und Frameworks, darunter Python, KI, ChatGPT, Django, React, Three.js und Vue.js, um nur einige zu nennen. Wir erkunden ständig neue Technologien und Techniken, um an der Spitze der Branche zu bleiben, und wir sind stolz auf unsere Fähigkeit, Lösungen zu entwickeln, die die Bedürfnisse unserer Kunden erfüllen.

Wir haben auch umfassende Erfahrung in der Datenanalyse und -visualisierung, maschinellem Lernen und künstlicher Intelligenz. Wir glauben, dass diese Technologien das Potenzial haben, die Art und Weise, wie wir leben und arbeiten, zu verändern, und wir freuen uns, an der Spitze dieser Revolution zu stehen.

Zusammenfassend lässt sich sagen, dass sich unser Unternehmen der Entwicklung von Websoftware widmet, die kreative Erfahrungen fördert und reale Probleme löst. Wir priorisieren Zusammenarbeit und Kreativität und streben danach, Lösungen zu entwickeln, die intuitiv, benutzerfreundlich und visuell ansprechend sind. Wir sind leidenschaftlich für Programmierung und freuen uns darauf, unser Wissen und unsere Erfahrung in diesem Buch mit dir zu teilen. Ob du Anfänger oder erfahrener Entwickler bist, wir hoffen, dass du dieses Buch als wertvolle Ressource auf deinem Weg betrachtest, ein Experte in **JavaScript von Null zum Superhelden: Entfessle deine Superkräfte in der Webentwicklung** zu werden.

YOUR JOURNEY STARTS HERE…

CUANTUM

Here are your free repository codes :D

You might also find these books interesting

Here, you can access free chapters, obtain additional information, or purchase any of our published books

Get access to all the benefits of being one of our valuable readers through our new **eLearning Platform:**

1. Free code repository of this book

2. Access to a **free example chapter** of any of our books.

3. Access to the **free repository code** of any of our books.

4. Premium customer support by writing to **books@cuantum.tech**

And much more…

HERE IS YOUR
FREE ACCESS

www.cuantum.tech/books/python-sql-bible/code/

INHALTSVERZEICHNIS

Einführung

Willkommen zu einer spannenden Reise des Lernens, der Erkundung und der Entdeckung. Dieses Buch ist dein Wegweiser in die fantastische Welt von Python und SQL, zwei Säulen der Datenwissenschaft und modernen Programmierung. In einer zunehmend datenorientierten Welt ist die Fähigkeit, Daten zu verstehen, zu manipulieren und zu analysieren, nicht nur vorteilhaft, sondern essenziell. Ob du Student, Berufstätiger oder einfach neugierig auf Programmierung und Daten bist, dieses Buch wurde entwickelt, um dich mit den Fähigkeiten und Kenntnissen auszustatten, die du brauchst, um dich mit Python und SQL in der Welt der Daten zurechtzufinden.

Python ist bekannt für seine Einfachheit, Vielseitigkeit und Leistungsfähigkeit. Seine Syntax ist leicht zu verstehen, was es zu einer idealen Sprache für Anfänger macht. Dennoch sind seine Fähigkeiten umfangreich. Von Webentwicklung bis hin zu künstlicher Intelligenz, von Automatisierungsskripten bis hin zu komplexen Datenanalysen – Python hat seinen Platz in allen Bereichen gefunden. Die Einfachheit von Python macht es nicht zu einer simplen Sprache; vielmehr ist es ein Tor zu einem unglaublich vielfältigen und komplexen Universum von Möglichkeiten.

SQL, oder Structured Query Language, ist eine domänenspezifische Sprache, die für die Interaktion mit Datenbanken verwendet wird. Obwohl es Anfang der 1970er Jahre entwickelt wurde, bleibt SQL der Goldstandard für die Verwaltung, Abfrage und Manipulation relationaler Datenbanken. Das Verständnis von SQL ermöglicht es dir, die Macht der in relationalen Datenbanken gespeicherten Daten zu entfesseln. Wenn Daten das neue Öl sind, dann ist SQL die Bohrplattform, die es dir ermöglicht, dieses Öl zu fördern, zu verfeinern und zu nutzen.

Das Buch beginnt mit der Einführung in Python, angefangen bei den Grundlagen wie Variablen, Datentypen und Operatoren, und schreitet allmählich zu fortgeschritteneren Themen wie Kontrollstrukturen, Funktionen, objektorientierte Programmierung und Module fort. Wir werden auch die Python-Standardbibliothek erkunden, die die Funktionalität von Python erweitert und es zu einem mächtigen Werkzeug für eine Vielzahl von Aufgaben macht.

Als Nächstes tauchen wir in SQL ein, erkunden seine Syntax und Befehle und lernen, wie man Datenbanken erstellt, manipuliert und abfragt. Wir werden erkunden, wie man Tabellen erstellt, Daten einfügt, aktualisiert und löscht und wie man komplexe Abfragen schreibt, die nützliche Informationen aus Rohdaten extrahieren können.

Aber das Buch hört nicht auf, Python und SQL isoliert zu lehren. Die wahre Magie geschieht, wenn du diese beiden mächtigen Werkzeuge zusammenbringst, und genau das werden wir tun. Wir werden lernen, wie man Python für die Interaktion mit Datenbanken verwendet, wie man SQL-Abfragen in Python-Programmen schreibt und wie man die Kraft und Flexibilität von Python nutzt, um Daten zu manipulieren und zu analysieren, die aus Datenbanken extrahiert wurden.

Das Buch ist vollgepackt mit Beispielen, Fallstudien und Übungen, die nicht nur die Konzepte veranschaulichen, sondern dir auch praktische Erfahrung und Übung bieten. Am Ende dieses Buches wirst du nicht nur Python und SQL verstehen, sondern auch in der Lage sein, sie effektiv zur Lösung realer Probleme einzusetzen.

Ob du planst, in die Datenwissenschaft einzusteigen, deine Produktivität durch Automatisierung zu steigern oder dich auf eine andere Reise in der weiten Landschaft der Programmierung zu begeben, die Fähigkeiten, die du in diesem Buch erlernst, werden von unschätzbarem Wert sein. Dieses Buch geht nicht nur darum, eine Programmiersprache oder eine Abfragesprache zu lernen; es geht darum, eine neue Denkweise zu entwickeln, eine neue Art, Probleme zu lösen, eine neue Art, Ideen in die Realität umzusetzen.

Denk jedoch an Folgendes: Das Lesen dieses Buches ist keine passive Tätigkeit. Es reicht nicht aus, die Erklärungen zu lesen und die Codebeispiele zu verstehen. Um Python und SQL wirklich zu lernen, musst du programmieren. Du musst die Programme schreiben, die Abfragen ausführen, die Fehler beheben und die Lösungen finden. Dieses Buch gibt dir das Wissen und die Werkzeuge, aber es liegt an dir, die Fähigkeiten durch Übung zu entwickeln.

Auf dieser Reise wirst du wahrscheinlich auf Herausforderungen stoßen, Fehler machen und dich manchmal festgefahren fühlen. Aber das ist Teil des Lernprozesses. Jede Herausforderung ist eine Gelegenheit zum Lernen, jeder Fehler eine Gelegenheit zum Wachsen und jedes Problem ein Rätsel, das darauf wartet, gelöst zu werden. Nimm den Prozess an, bleib beharrlich und denk daran, dass jeder große Programmierer einmal ein Anfänger war.

Bist du also bereit, in die aufregende Welt von Python und SQL einzutauchen? Bist du bereit, eine Reise anzutreten, die dich mit Fähigkeiten und Wissen ausstattet, die in der heutigen Welt immer wichtiger werden? Bist du bereit zu lernen, zu wachsen und zu entdecken, wozu du fähig bist? Wenn die Antwort ja lautet, dann blättere um und lass uns diese Reise gemeinsam beginnen.

Willkommen in der Welt von Python und SQL. Lass uns mit dem Programmieren beginnen!

Teil I: Python beherrschen

Kapitel 1: Python: Eine Einführung

Willkommen zur spannenden Reise durch Python. Die Vielseitigkeit dieser Hochsprache zeigt sich in ihrer Verwendung in verschiedenen Bereichen wie Webentwicklung, künstliche Intelligenz, maschinelles Lernen, Automatisierung und Datenwissenschaft, um nur einige zu nennen. Dieses Kapitel soll dir helfen, ein solides Verständnis von Python zu erlangen, einschließlich seiner Geschichte, der einzigartigen Vorteile, die es bietet, und der breiten Palette seiner Anwendungen. Um die Bedeutung von Python zu verstehen, betrachten wir zunächst seine Entstehung und wie es sich im Laufe der Jahre entwickelt hat.

1.1 Kurze Geschichte von Python

Python wurde Ende der 1980er Jahre konzipiert, mit Schwerpunkt auf Codelesbarkeit und Einfachheit. Guido van Rossum, ein niederländischer Programmierer, begann mit der Implementierung im Dezember 1989 während seines Weihnachtsurlaubs. Er arbeitete an einem Projekt namens 'Amoeba' am CWI (Centrum Wiskunde & Informatica) in den Niederlanden. Amoeba war ein verteiltes Betriebssystem, und er suchte nach einer Skriptsprache mit einer Syntax ähnlich ABC, aber mit Zugriff auf Amoeba-Systemaufrufe. Dies war der Ausgangspunkt für die Entwicklung von Python.

Der Name "Python" stammt nicht von dem Reptil, sondern von einer BBC-Comedyserie aus den 70er Jahren, "Monty Python's Flying Circus", von der van Rossum ein Fan war. Er wollte einen Namen, der kurz, einzigartig und leicht mysteriös war, also entschied er sich, die Sprache Python zu nennen.

Python 1.0 wurde im Januar 1994 veröffentlicht. Zu den wichtigsten Funktionen dieser Version gehörten die funktionalen Programmierwerkzeuge wie lambda, reduce, filter und map. Auch die Fähigkeit, Ausnahmen mit try-except zu behandeln, wurde eingeführt.

Die nächste wichtige Version, Python 2.0, wurde am 16. Oktober 2000 veröffentlicht. Sie enthielt viele bedeutende Funktionen, darunter einen Garbage Collector für die Speicherverwaltung und Unterstützung für Unicode. Eine der bemerkenswertesten Funktionen war die Einführung von List Comprehensions, die eine leistungsstarke und prägnante Listenmanipulation ermöglichten.

Python 3.0, auch bekannt als "Python 3000" oder "Py3K", wurde am 3. Dezember 2008 veröffentlicht. Es wurde entwickelt, um grundlegende Designmängel in der Sprache zu beheben. Die drastischste Änderung war, dass die print-Anweisung zu einer Funktion wurde. Dies war eine Version, die nicht abwärtskompatibel war. Die Python-Community unterstützt und aktualisiert weiterhin die Python 2.x-Versionen, aber Python 2.7 (veröffentlicht im Jahr 2010) war offiziell die letzte Version von Python 2.x. Seitdem wurde die Sprachentwicklung mit den Python 3.x-Versionen fortgesetzt.

Zum Zeitpunkt der Erstellung dieses Buches ist die aktuellste stabile Version Python 3.9, die im Oktober 2020 veröffentlicht wurde. Sie enthält eine Reihe neuer Funktionen und Optimierungen, darunter flexiblere Funktions- und Variablenannotationen, eine neue Methode zur Stringanalyse und neue Syntaxfunktionen.

Python hat im Laufe der Jahre aufgrund seiner Vielseitigkeit, Lesbarkeit und einer umfangreichen Standardbibliothek, die viele gängige Programmieraufgaben unterstützt, an Popularität gewonnen. Es verfügt auch über ein riesiges Ökosystem von Bibliotheken und Frameworks, was es zur Sprache der Wahl für viele Entwickler weltweit macht. Seine Einfachheit und Leistungsfähigkeit machen es zu einer hervorragenden Sprache sowohl für Anfänger als auch für Experten.

1.2 Vorteile von Python

Python hat in den letzten zehn Jahren einen kometenhaften Aufstieg in der Popularität erlebt und seine Position unter den führenden Programmiersprachen gefestigt. Dies ist größtenteils auf die zahlreichen Vorteile zurückzuführen, die es bietet. Wir werden einige dieser Vorteile erkunden.

Erstens ist die Syntax von Python einfach und leicht zu lesen, was es neuen Programmierern erleichtert, sie zu erlernen. Sie ist auch sehr vielseitig und kann für eine breite Palette von Anwendungen verwendet werden, von der Webentwicklung bis zur Datenanalyse.

Darüber hinaus verfügt Python über eine umfangreiche Bibliothek von Modulen und Paketen, die sich leicht in deinen Code importieren lassen, was Zeit und Mühe spart. Außerdem hat Python eine starke Entwicklergemeinschaft, die ständig neue Tools und Ressourcen erstellt, was es leichter macht, mit den neuesten Entwicklungen in diesem Bereich Schritt zu halten.

Schließlich hat die Popularität von Python zu einer Fülle von Online-Ressourcen geführt, wie Tutorials, Foren und Online-Kurse, was das Erlernen und Verbessern deiner Fähigkeiten noch einfacher macht. Insgesamt machen die Einfachheit, Vielseitigkeit, starke Gemeinschaft und Fülle an Ressourcen Python zu einer idealen Sprache sowohl für Anfänger als auch für erfahrene Programmierer.

1.2.1 Lesbarkeit und Einfachheit

Python wurde speziell dafür konzipiert, leicht zu lesen und zu verstehen zu sein. Dies wird durch seine einzigartige Syntax erreicht, die sauber und prägnant ist. Um Python-Code so lesbar wie möglich zu gestalten, betont die Sprache Einrückung, Leerzeichen und klare, prägnante

Anweisungen. Dieser Ansatz ermöglicht es selbst Anfängern, die Grundkonzepte der Python-Programmierung schnell zu verstehen, was es zu einer idealen Sprache für diejenigen macht, die gerade erst anfangen.

Aber Pythons Betonung der Lesbarkeit ist nicht nur für Anfänger nützlich. Es macht es auch zu einer ausgezeichneten Wahl für kollaborative Arbeitsumgebungen. Bei der Zusammenarbeit mit anderen an einem Projekt ist es wichtig, dass alle den Code der anderen leicht verstehen können. Die saubere Syntax und der Fokus auf Lesbarkeit von Python erleichtern es anderen, einzusteigen und zu verstehen, was vor sich geht, selbst wenn sie noch nicht mit dem Code gearbeitet haben. Dies kann bei der Arbeit an komplexen Projekten mit mehreren Mitwirkenden viel Zeit und Kopfschmerzen sparen.

Darüber hinaus macht die Lesbarkeit von Python den Code nicht nur leichter zu verstehen, sondern auch leichter zu warten. Wenn Code leicht zu lesen ist, ist es auch einfacher, Fehler zu finden und Änderungen vorzunehmen. Dies kann besonders wichtig sein, wenn man an großen Projekten mit vielen beweglichen Teilen arbeitet. Indem Python den Code leicht verständlich und wartbar macht, hilft es sicherzustellen, dass Projekte weiter vorankommen und Fehler schnell und effizient erkannt und behoben werden.

Beispiel:

Hier ist ein Beispiel dafür, wie man eine Funktion in Python definiert und aufruft:

```python
def greet(name):
    """This function greets the person passed in as a parameter"""
    print(f"Hello, {name}. Good morning!")

greet("Alice")
```

Wenn du diesen Code ausführst, wird angezeigt: **Hello, Alice. Good morning!**

1.2.2 Hochsprache

Python ist eine weit verbreitete Hochsprache, die von Entwicklern auf der ganzen Welt genutzt wird. Dies liegt daran, dass sie einfach zu verwenden und zu erlernen ist. Einer der Hauptvorteile von Python ist, dass Programmierer sich nicht mit der Systemarchitektur auseinandersetzen oder den Speicher verwalten müssen. Dies ermöglicht es Entwicklern, sich mehr auf die Logik ihrer Anwendung zu konzentrieren, anstatt auf mundane Details der zugrundeliegenden Hardware. Infolgedessen können Entwickler komplexe Anwendungen mit Leichtigkeit erstellen, ohne sich um Low-Level-Details kümmern zu müssen.

Python verfügt über eine große und aktive Entwicklergemeinschaft, die zu seiner Entwicklung und Wartung beiträgt. Das bedeutet, dass ständig neue Bibliotheken und Tools entwickelt werden, die das Programmieren mit Python noch einfacher und effizienter machen. All diese Faktoren machen Python zu einer ausgezeichneten Wahl für Entwickler, die robuste und skalierbare Anwendungen erstellen möchten.

1.2.3 Umfangreiche Bibliotheken

Die Standardbibliothek von Python ist eine umfassende Sammlung vorgefertigten Codes, die sie von Anfang an zu einer leistungsstarken Sprache macht. Sie reduziert nicht nur die Notwendigkeit für Entwickler, jede Codezeile von Grund auf neu zu schreiben, sondern spart ihnen auch viel Zeit und Mühe. Die Python-Bibliotheken decken eine breite Palette von Aufgaben ab und stellen sicher, dass Entwickler für nahezu jede Aufgabe, die sie ausführen müssen, eine geeignete Bibliothek finden können.

Webentwickler können beispielsweise die Bibliotheken Django und Flask nutzen, die es einfach machen, mit minimalem Aufwand robuste Webanwendungen zu erstellen. Wissenschaftliches Rechnen wird ebenfalls einfacher mit Bibliotheken wie NumPy und SciPy, die eine breite Palette mathematischer Funktionen und Algorithmen bieten. Maschinelles Lernen, ein wachsendes Feld, kann auf Bibliotheken wie TensorFlow und scikit-learn zurückgreifen, die es Entwicklern ermöglichen, problemlos anspruchsvolle Modelle zu erstellen.

Datenanalyse ist mit Python dank der Bibliothek pandas ebenfalls einfach. Diese Bibliothek bietet eine breite Palette von Werkzeugen für die Arbeit mit Daten, vom Importieren und Bereinigen von Daten bis hin zur Visualisierung und Analyse. Und diese Beispiele sind nur die Spitze des Eisbergs: Python verfügt über unzählige Bibliotheken und Pakete, die jeweils darauf ausgelegt sind, eine bestimmte Aufgabe einfacher und effizienter zu gestalten. Wenn du also ein Entwickler bist, der Dinge schnell und effektiv erledigen möchte, ist Python definitiv die Sprache für dich.

1.2.4 Plattformübergreifende Kompatibilität

Python ist eine der beliebtesten Programmiersprachen der Welt, bekannt für ihre Einfachheit und Vielseitigkeit. Einer der Hauptvorteile von Python ist ihre Portabilität und Plattformunabhängigkeit, was bedeutet, dass Python-Programme auf einer breiten Palette von Betriebssystemen entwickelt und ausgeführt werden können, darunter Windows, Linux, Unix und Mac, ohne dass Änderungen am Python-Code erforderlich sind.

Dies macht Python zu einer idealen Wahl für Entwickler, die Anwendungen erstellen müssen, die auf verschiedenen Plattformen eingesetzt werden können. Darüber hinaus verfügt Python über eine große und aktive Entwicklergemeinschaft, die ständig an der Verbesserung der Sprache und ihrer verschiedenen Bibliotheken und Frameworks arbeitet, was sie sowohl für Anfänger als auch für erfahrene Programmierer zu einer attraktiven Option macht.

1.2.5 Dynamische Typisierung

Python ist eine Programmiersprache, die für ihre dynamische Typisierung bekannt ist, was den Code einfacher zu schreiben und schneller zu entwickeln macht. Anstatt vom Programmierer zu verlangen, den Typ einer Variable anzugeben, leitet Python diesen zur Laufzeit ab, was eine schnellere Iteration und flexibleren Code ermöglicht.

Während dynamische Typisierung ein Vorteil für die Produktivität sein kann, bringt sie auch gewisse Risiken mit sich. Ohne die Schutzmaßnahmen eines statischen Typsystems ist es möglich, Fehler einzuführen, die erst zur Laufzeit erkannt werden. Daher werden Tests in einer dynamisch typisierten Sprache wie Python noch wichtiger, da es vom Entwickler abhängt, sicherzustellen, dass sein Code wie erwartet funktioniert.

Beispiel:

```
a = 5
print(type(a))

a = "Hello, World!"
print(type(a))
```

In diesem Python-Code wird der Variable 'a' zuerst ein Integer und dann ein String zugewiesen. Wenn du diesen Code ausführst, gibt er zuerst **<class 'int'>** und dann **<class 'str'>** aus, was zeigt, dass sich der Typ von 'a' dynamisch geändert hat.

1.2.6 Unterstützung für multiple Programmierparadigmen

Python ist eine Programmiersprache, die für ein breites Spektrum von Aufgaben eingesetzt werden kann. Sie ist bekannt für ihre Unterstützung multipler Programmierparadigmen, darunter prozedurale, objektorientierte und funktionale Programmierung. Dies bedeutet, dass Entwickler den am besten geeigneten Ansatz für ihre spezifische Aufgabe wählen können, was Python zu einer äußerst flexiblen Sprache macht, die in einer Vielzahl von Anwendungen eingesetzt werden kann.

Python verfügt über eine breite Palette von Bibliotheken und Frameworks, was es noch vielseitiger und leistungsfähiger macht. Darüber hinaus erleichtert die einfache Syntax von Python Programmieranfängern das Lernen, während seine leistungsstarken Fähigkeiten es zu einem Favoriten unter erfahrenen Entwicklern machen. Insgesamt ist Python eine Sprache, die viel Flexibilität und Leistung bietet, was sie zu einer beliebten Wahl für ein breites Spektrum von Programmieraufgaben macht.

Beispiel:

```
# Procedural
def add_numbers(a, b):
    return a + b

result = add_numbers(5, 10)
print(result)

# Object-Oriented
class Rectangle:
    def __init__(self, length, breadth):
        self.length = length
        self.breadth = breadth
```

```
    def area(self):
        return self.length * self.breadth

r = Rectangle(5, 10)
print(r.area())

# Functional
numbers = [1, 2, 3, 4, 5]
squared = map(lambda x: x ** 2, numbers)
print(list(squared))
```

Jedes dieser Skripte gibt **15** aus, aber jedes geht das Problem aus einem anderen Programmierparadigma an.

1.2.7 Starke Community und breite Akzeptanz

Python verfügt über eine große und lebendige Gemeinschaft von Nutzern und Entwicklern, die aktiv zur Verbesserung der Sprache beitragen. Diese umfangreiche Community ist eine unschätzbare Ressource für das Lernen und die Problemlösung. Es gibt zahlreiche Python-Communities im Web, wie das Python-Forum, StackOverflow und Reddit, wo Entwickler aller Ebenen Wissen und Erfahrungen austauschen und einander bei der Lösung von Problemen helfen. Darüber hinaus verfügt Python über eine umfangreiche Dokumentation, eine Vielzahl von Tutorials und eine große Anzahl von Drittanbieter-Texten.

Die breite Akzeptanz von Python in der Industrie ist eine weitere wichtige Stärke. Von kleinen Start-ups bis hin zu Technologieriesen wie Google, NASA und Netflix wird Python für den Aufbau verschiedenster Anwendungen eingesetzt. Diese weit verbreitete Nutzung von Python in der Industrie erhöht seine Relevanz und seinen Wert für Entwickler.

1.2.8 Integration mit anderen Sprachen

Python ist eine unglaublich vielseitige Programmiersprache, die in einer Vielzahl von Kontexten eingesetzt werden kann. Eine ihrer Stärken ist die Fähigkeit, sich leicht mit anderen Sprachen wie C, C++ oder Java zu integrieren, was ihre Nützlichkeit noch weiter erhöht.

Dies kann besonders vorteilhaft sein, wenn die Leistung ein Anliegen ist, da kritische Teile eines Programms in Sprachen wie C oder C++ geschrieben werden können, die schneller ausgeführt werden können als Python. Durch die Nutzung der CPython-Implementierung von Python können Entwickler eine nahtlose Interoperation zwischen verschiedenen Sprachen schaffen, die es ihnen ermöglicht, komplexe Systeme zu entwickeln, die die Stärken jeder Sprache nutzen.

Ein Entwickler könnte beispielsweise Python verwenden, um das Frontend einer Webanwendung zu erstellen, während er C++ für die Backend-Verarbeitungslogik einsetzt. Diese Kombination von Sprachen kann dazu beitragen, ein robusteres und effizienteres System zu schaffen. Darüber hinaus macht die Flexibilität und Benutzerfreundlichkeit von Python es zu einer idealen Wahl für Datenanalyse- und maschinelle Lernanwendungen, bei denen Entwickler das reiche Ökosystem an Bibliotheken und Tools nutzen können, die für diese Aufgaben verfügbar sind.

Insgesamt macht die Fähigkeit von Python, sich mit anderen Sprachen zu integrieren, und sein breites Spektrum an Fähigkeiten es zu einer idealen Wahl für eine breite Palette von Anwendungsbereichen.

1.2.9 Vielseitigkeit

Python ist eine unglaublich vielseitige Programmiersprache, die eine breite Palette von Vorteilen für Entwickler im Allgemeinen bietet. Seine Flexibilität, Einfachheit und elegante Syntax machen es zu einer beliebten Wahl für den Aufbau von Webanwendungen mit Django oder Flask, die Durchführung komplexer Datenanalysen mit pandas und NumPy, die Automatisierung von Systemaufgaben oder sogar die Entwicklung von Spielen. Mit Python gibt es keine Grenzen für das, was du erstellen und erreichen kannst.

Was Bibliotheken und Frameworks betrifft, bietet Python einen unglaublich reichen Satz an Optionen, die fast alle Bedürfnisse abdecken. Von Web-Entwicklungsframeworks wie Django und Flask bis hin zu Datenvisualisierungsbibliotheken wie Matplotlib und Seaborn gibt es ein Werkzeug für jede Aufgabe. Und mit seiner plattformübergreifenden Kompatibilität kann Python auf fast jedem Betriebssystem verwendet werden, was es zu einer beliebten Wahl für Entwickler auf der ganzen Welt macht.

Zusammenfassend ist Python eine Sprache, die eine unschlagbare Kombination aus Lesbarkeit, Einfachheit, umfangreichen Bibliotheken, plattformübergreifender Kompatibilität und einer starken Gemeinschaft bietet. Seine Anpassungsfähigkeit und Vielseitigkeit machen es zu einem leistungsstarken Werkzeug für jeden Entwickler, egal ob du gerade erst anfängst oder jahrelange Erfahrung hast. Mit Python sind die Möglichkeiten endlos und die einzige Grenze ist deine Vorstellungskraft.

Im nächsten Abschnitt werden wir näher auf das breite Spektrum der Anwendungen von Python eingehen und sehen, wie diese vielseitige Sprache in verschiedenen Bereichen eingesetzt wird.

1.3 Anwendungen von Python

Python ist eine hochgradig vielseitige Sprache, die in verschiedenen Bereichen wie Webentwicklung, Datenanalyse, wissenschaftliches Rechnen, maschinelles Lernen und künstliche Intelligenz eingesetzt werden kann. Es wird in der Industrie aufgrund seiner einfachen und intuitiven Syntax, die es leicht lesbar und schreibbar macht, weit verbreitet eingesetzt.

Python verfügt über eine umfangreiche Sammlung von Bibliotheken, die umfassende Funktionalität bieten. Es ist auch für seine Fähigkeit bekannt, sich mit anderen Programmiersprachen und Tools zu integrieren, was es zu einer ausgezeichneten Wahl für den Aufbau komplexer Systeme macht. Mit seiner wachsenden Popularität ist Python zur bevorzugten Sprache vieler Entwickler geworden und wird weithin als wesentliche Fertigkeit in der Industrie anerkannt.

Hier sind einige herausragende Anwendungen von Python:

1.3.1 Webentwicklung

Python ist eine vielseitige Programmiersprache, die für eine Vielzahl von Aufgaben eingesetzt werden kann, wie zum Beispiel die Webentwicklung. Wenn es um Webentwicklung geht, gibt es eine Reihe von Frameworks in Python, jedes mit eigenen Stärken und Schwächen. Zu den beliebtesten Frameworks gehören Django, Flask, Pyramid und weitere.

Diese Frameworks bieten viel vorgefertigte Funktionalität, was die Erstellung robuster Webanwendungen erleichtert. Django zum Beispiel ist ein High-Level-Python-Webframework, das eine schnelle Entwicklung und ein sauberes, pragmatisches Design fördert. Es wurde von erfahrenen Entwicklern erstellt und übernimmt einen Großteil der Schwierigkeiten der Webentwicklung, damit du dich auf das Schreiben deiner Anwendung konzentrieren kannst, ohne das Rad neu erfinden zu müssen.

Neben seinen leistungsstarken Funktionen verfügt Django über eine große und aktive Entwicklergemeinschaft, die zur kontinuierlichen Entwicklung und Unterstützung beiträgt. Das bedeutet, dass du immer Hilfe und Anleitung finden kannst, wenn du sie brauchst, egal ob du ein erfahrener Entwickler bist oder gerade erst anfängst.

Die Python-Webentwicklungsframeworks bieten einen leistungsstarken und flexiblen Werkzeugsatz zur Erstellung von Webanwendungen jeder Art und Größe. Ob du eine kleine persönliche Website oder eine große Webanwendung erstellst, es gibt ein Python-Framework, das dir helfen kann, die Arbeit schnell und effizient zu erledigen.

Beispiel:

Hier ist ein Beispiel für eine grundlegende Django-Ansicht:

```
from django.http import HttpResponse

def hello_world(request):
    return HttpResponse("Hello, World!")
```

1.3.2 Datenanalyse und Datenvisualisierung

Python ist eine unglaublich leistungsstarke und vielseitige Sprache, die zum bevorzugten Werkzeug für Datenanalyse geworden ist. Einer der Gründe für seine Popularität ist die breite Palette an verfügbaren Bibliotheken für Datenmanipulation und -visualisierung.

Insbesondere Bibliotheken wie pandas, NumPy und SciPy sind für Datenanalysten unverzichtbar geworden. Pandas bietet einen umfangreichen Satz von Datenstrukturen und Funktionen, die für die Arbeit mit strukturierten Daten konzipiert sind. NumPy hingegen ist unerlässlich für die Handhabung von Matrizen und Arrays, die ein grundlegender Bestandteil der Datenanalyse sind. SciPy wird für technische und wissenschaftliche Berechnungen verwendet, was es zu einem unverzichtbaren Werkzeug für Ingenieure, Wissenschaftler und Datenanalysten macht.

Wenn es um Datenvisualisierung geht, hat Python ebenfalls viel zu bieten. Zwei der beliebtesten Bibliotheken zum Erstellen von Visualisierungen sind Matplotlib und Seaborn. Diese Bibliotheken ermöglichen es dir, eine breite Palette von statischen, animierten und interaktiven Grafiken in Python zu erstellen. Mit Matplotlib kannst du eine Vielzahl von Diagrammen erstellen, darunter Liniendiagramme, Streudiagramme, Histogramme und mehr. Seaborn hingegen ist eine Bibliothek, die speziell für die Visualisierung statistischer Daten konzipiert wurde. Sie bietet eine High-Level-Schnittstelle zum Erstellen attraktiver und informativer statistischer Grafiken.

Insgesamt ist Python aufgrund seiner umfangreichen Palette an Werkzeugen und Bibliotheken eine ausgezeichnete Wahl für die Datenanalyse. Egal ob du mit strukturierten Daten, Matrizen und Arrays oder wissenschaftlichen Berechnungen arbeitest, Python hat alles abgedeckt. Und mit Bibliotheken wie Matplotlib und Seaborn kannst du schöne und informative Visualisierungen erstellen, um dir zu helfen, die Geschichte deiner Daten zu erzählen.

Beispiel:

Hier ist ein einfaches Beispiel, wie man pandas und matplotlib zusammen verwendet:

```python
import pandas as pd
import matplotlib.pyplot as plt

# Creating a simple dataframe
data = {
    'Year': [2015, 2016, 2017, 2018, 2019],
    'Sales': [2000, 3000, 4000, 3500, 6000]
}
df = pd.DataFrame(data)

# Plotting data
plt.plot(df['Year'], df['Sales'])
plt.xlabel('Year')
plt.ylabel('Sales')
plt.show()
```

1.3.3 Maschinelles Lernen und Künstliche Intelligenz

Python ist eine zunehmend beliebte Programmiersprache für maschinelles Lernen und künstliche Intelligenz. Sie wird aufgrund ihrer umfangreichen Bibliotheken wie scikit-learn, TensorFlow und PyTorch weit verbreitet eingesetzt.

Diese Bibliotheken haben es ermöglicht, komplexe Datenanalysen und Modellierungen mit Leichtigkeit durchzuführen. Scikit-learn ist bekannt dafür, einfache und effiziente Werkzeuge für die prädiktive Datenanalyse bereitzustellen, was Entwicklern ermöglicht, schnell Modelle zu erstellen. TensorFlow und PyTorch hingegen sind für ihre fortschrittlichen Fähigkeiten in neuronalen Netzen und Deep Learning bekannt.

Diese Bibliotheken bieten eine breite Palette an Funktionalitäten, von vorgefertigten bis hin zu anpassbaren Modellen, was es Entwicklern ermöglicht, Modelle zu erstellen, die ihren Bedürfnissen entsprechen.

Beispiel:

Hier ist ein Beispiel, wie man scikit-learn für lineare Regression verwendet:

```python
from sklearn.model_selection import train_test_split
from sklearn.linear_model import LinearRegression
from sklearn import metrics
import pandas as pd

# Load dataset
url = "<http://bit.ly/w-data>"
dataset = pd.read_csv(url)
X = dataset.iloc[:, :-1].values
y = dataset.iloc[:, 1].values

# Split data into training and test sets
X_train, X_test, y_train, y_test = train_test_split(X, y, test_size=0.2,
random_state=0)

# Train the algorithm
regressor = LinearRegression()
regressor.fit(X_train, y_train)

# Make predictions using the test set
y_pred = regressor.predict(X_test)
```

1.3.4 Spieleentwicklung

Python ist eine High-Level-Programmiersprache, die nicht nur für Datenanalyse und Webentwicklung verwendet wird, sondern auch für die Spieleentwicklung. Tatsächlich ist sie zu einer der beliebtesten Sprachen in der Videospielindustrie geworden.

Einer der Gründe dafür ist die Pygame-Bibliothek, eine Sammlung von Python-Modulen, die speziell für die Erstellung von Videospielen entwickelt wurden. Mit ihrer benutzerfreundlichen Schnittstelle und umfangreichen Dokumentation bietet Pygame Spieleentwicklern die notwendigen Werkzeuge, um ihre Ideen zum Leben zu erwecken.

Egal ob du ein 2D- oder 3D-Spiel erstellst, Pygame bietet die Funktionalität, die du brauchst, um es zu verwirklichen. Von einfachen Sprite-Animationen bis hin zu komplexen physikalischen Simulationen hat sich Pygame als zuverlässiges und effizientes Werkzeug für die Spieleentwicklung erwiesen. Wenn du also dein eigenes Videospiel erstellen möchtest, probiere Python und Pygame aus: Du wirst nicht enttäuscht sein!

1.3.5 Automatisierung und Scripting

Python ist eine hervorragende Programmiersprache, die in den letzten Jahren aufgrund ihrer Benutzerfreundlichkeit und Vielseitigkeit an Popularität gewonnen hat. Sie ist besonders gut für Automatisierungs- und Scripting-Aufgaben geeignet, da sie eine breite Palette an Bibliotheken und Werkzeugen bietet, die das Schreiben von Code erleichtern, der repetitive oder komplexe Aufgaben automatisieren kann.

Einer der Hauptvorteile von Python ist seine einfache und intuitive Syntax. Dies erleichtert es Programmierern aller Niveaus, Code schnell zu schreiben und zu verstehen, ohne sich über komplexe Syntaxregeln oder arkane Programmierkonzepte Gedanken machen zu müssen.

Neben seiner einfachen Syntax verfügt Python auch über eine umfangreiche Standardbibliothek, die für eine Vielzahl von Aufgaben eingesetzt werden kann, von Web-Scraping und Datenanalyse bis hin zu künstlicher Intelligenz und maschinellem Lernen. Diese Bibliothek bietet Entwicklern eine breite Palette vorgefertigter Funktionen und Module, die zur schnellen Implementierung komplexer Funktionalitäten in ihren Anwendungen verwendet werden können.

Zusammenfassend ist Python eine unglaublich leistungsstarke Sprache, die für eine breite Palette von Aufgaben geeignet ist, von einfachen Skripten bis hin zu komplexen Datenanalysen und maschinellem Lernen. Ihre Einfachheit und Vielseitigkeit machen sie zur idealen Wahl für Programmierer aller Niveaus, ob sie gerade erst anfangen oder jahrelange Erfahrung haben.

Beispiel:

Hier ist beispielsweise ein einfaches Skript, das alle Dateien in einem Verzeichnis mit der Erweiterung ".txt" umbenennt:

```python
import os

folder_path = '/path/to/folder'

for filename in os.listdir(folder_path):
    if filename.endswith('.txt'):
        new_filename = filename.replace('.txt', '.text')
        os.rename(os.path.join(folder_path,    filename),    os.path.join(folder_path,
new_filename))
```

1.3.6 Cybersicherheit

Python gewinnt in der Cybersicherheit aufgrund seiner leicht zu schreibenden Syntax und seiner breiten Palette an Bibliotheken schnell an Popularität. Es beschränkt sich nicht nur auf Malware-Analyse, Penetrationstests und Netzwerk-Scanning, sondern kann auch für eine Vielzahl anderer Sicherheitsaufgaben eingesetzt werden, wie Passwort-Cracking, Web-Scraping und Datenanalyse.

Aufgrund seiner Vielseitigkeit und benutzerfreundlichen Natur ist Python oft die erste Wahl sowohl für Anfänger als auch für Experten auf diesem Gebiet. Darüber hinaus verfügt Python über eine große und aktive Entwickler-Community, die regelmäßig zur Entwicklung neuer Bibliotheken und Tools beiträgt. Dies stellt sicher, dass Python mit den neuesten Trends und Anforderungen in der Cybersicherheit Schritt hält, was es zu einem unschätzbaren Werkzeug für jeden Cybersicherheitsexperten macht.

1.3.7 Internet der Dinge (IoT)

Python ist eine der am häufigsten verwendeten Programmiersprachen zur Entwicklung von IoT-Geräten. Dies ist auf verschiedene Faktoren zurückzuführen, darunter seine Einfachheit und Vielseitigkeit. Zudem verfügt Python über eine Reihe leistungsstarker Bibliotheken, die es zu einer idealen Wahl für IoT-Anwendungen machen.

Beispielsweise erleichtert die MQTT-Bibliothek die Maschine-zu-Maschine-Konnektivität und ermöglicht IoT-Geräten, nahtlos miteinander zu kommunizieren. Ähnlich bietet die gpiozero-Bibliothek eine benutzerfreundliche Schnittstelle zur Gerätesteuerung, die es Entwicklern ermöglicht, einfach mit Hardware-Komponenten zu interagieren. Und für fortgeschrittenere Anwendungen bietet die OpenCV-Bibliothek anspruchsvolle Bild- und Gesichtserkennungsfunktionen.

All diese Faktoren machen Python zu einer beliebten Wahl für IoT-Entwicklung, und seine Bibliotheken sind ein Hauptgrund dafür. Durch die Nutzung der Leistungsfähigkeit dieser Bibliotheken können Entwickler mit Leichtigkeit anspruchsvolle IoT-Anwendungen erstellen, was Python zu einem unverzichtbaren Werkzeug in der Welt des IoT macht.

1.3.8 Robotik

Python ist eine beliebte Sprache im Bereich der Robotik, und das aus guten Gründen. Es wird aus vielen der gleichen Gründe wie beim IoT eingesetzt, darunter seine Benutzerfreundlichkeit und Vielseitigkeit. Einer der vielen Vorteile der Verwendung von Python in der Robotik ist die Verfügbarkeit von Bibliotheken wie ROSPy.

Diese Bibliotheken ermöglichen es Python, sich mit dem Robot Operating System (ROS) zu verbinden, einem flexiblen und leistungsstarken Framework zum Schreiben von Robotersoftware. Durch die Verwendung von Python mit ROS können Entwickler komplexe und anspruchsvolle Roboteranwendungen erstellen, die in einer Vielzahl von Branchen eingesetzt werden können.

Darüber hinaus machen die Einfachheit und Lesbarkeit von Python es zu einer idealen Wahl für die Programmierung von Robotern, da es Entwicklern ermöglicht, schnell zu iterieren und mit verschiedenen Ideen und Ansätzen zu experimentieren. Insgesamt ist Python ein unverzichtbares Werkzeug für jeden, der im Bereich der Robotik arbeitet und bahnbrechende Anwendungen erstellen möchte, die die Grenzen des Möglichen verschieben.

1.3.9 Bioinformatik und Computerbiologie

Python wird in der Bioinformatik und Computerbiologie weithin eingesetzt. Dies liegt daran, dass es eine Vielzahl von Bibliotheken und Frameworks bietet, die die Durchführung komplexer Berechnungen im Bereich der Biologie erleichtern. BioPython ist beispielsweise eine beliebte Bibliothek, die von Biologen für verschiedene Rechenaufgaben verwendet wird.

Es gibt viele andere Bibliotheken wie SciPy, NumPy und andere, die Werkzeuge für maschinelles Lernen und Datenanalyse bereitstellen, die für die Analyse biologischer Daten nützlich sind. Diese Werkzeuge ermöglichen es Forschern, riesige Mengen biologischer Daten zu analysieren und aussagekräftige Informationen zu extrahieren, die ihnen helfen können, biologische Prozesse besser zu verstehen.

Darüber hinaus machen die Flexibilität und Benutzerfreundlichkeit von Python es zu einer idealen Sprache für Forscher, die komplexe Computeranalysen durchführen möchten, ohne viel Zeit mit dem Schreiben von Code verbringen zu müssen.

1.3.10 Bildung

Die Einfachheit und Lesbarkeit von Python machen es zu einer ausgezeichneten Sprache, um Anfängern das Programmieren beizubringen. Seine klare und prägnante Syntax ermöglicht ein leichtes Verständnis von Programmierkonzepten, was es zu einem idealen Ausgangspunkt für angehende Entwickler macht.

Darüber hinaus machen das umfangreiche Ökosystem von Python und seine leichte Erlernbarkeit es zu einem wertvollen Werkzeug in vielen Branchen. Zum Beispiel nutzen Webentwickler Python, um dynamische und interaktive Webanwendungen zu erstellen. Datenanalysten verwenden es, um große Datensätze effizient zu verarbeiten und zu analysieren. Maschinenlern-Ingenieure nutzen es, um intelligente Systeme und Vorhersagemodelle zu erstellen. Die Vielseitigkeit der umfangreichen Anwendungen von Python macht es zu einem wertvollen Werkzeug in der Toolbox eines Programmierers.

Außerdem ermöglicht die solide Bibliotheksunterstützung von Python Entwicklern, Zeit und Mühe bei der Erstellung komplexer Anwendungen zu sparen. Bibliotheken wie NumPy, Pandas und Matplotlib bieten leistungsstarke Werkzeuge für Datenmanipulation, -analyse und -visualisierung. Zusätzlich erweitern die Integrationsfähigkeiten von Python mit anderen Sprachen und Plattformen wie C, Java und .NET seine potenziellen Anwendungen noch weiter.

Zusammenfassend ist Python eine vielseitige Sprache mit einer unendlichen Vielfalt an Anwendungen in verschiedenen Bereichen. Seine Einfachheit, Vielseitigkeit und solide Bibliotheksunterstützung machen es zu einer wertvollen Ergänzung für jede Entwickler-Toolbox, sei es für Anfänger oder erfahrene Profis.

1.4 Einrichtung der Python-Umgebung und Schreiben Deines ersten Python-Programms

Python ist eine äußerst beliebte Programmiersprache, die in vielen verschiedenen Anwendungen weit verbreitet ist. Sie ist bekannt für ihre Benutzerfreundlichkeit, Vielseitigkeit und Flexibilität. Eine der Schlüsseleigenschaften von Python ist, dass es sich um eine interpretierte Sprache handelt, was bedeutet, dass ein Interpreter benötigt wird, um deinen Code in eine Sprache zu übersetzen, die dein Computer verstehen kann. Dies ist tatsächlich ein großer Vorteil, da es das Schreiben und Debuggen von Code viel einfacher macht.

Darüber hinaus ist die Einrichtung von Python auf deinem Rechner ein unkomplizierter Prozess, der schnell und einfach abgeschlossen werden kann, selbst wenn du neu in der Programmierung bist. Tatsächlich gibt es viele Ressourcen online, die dir helfen können, mit Python zu beginnen, von Tutorials und Online-Kursen bis hin zu Foren und Benutzergruppen. Wenn du also daran interessiert bist, das Programmieren zu erlernen, ist Python definitiv eine Sprache, die es zu berücksichtigen lohnt.

1.4.1 Einrichtung der Python-Umgebung

Python herunterladen und installieren

Der erste Schritt zur Einrichtung deiner Python-Umgebung besteht darin, Python herunterzuladen und zu installieren. Besuche die offizielle Python-Website unter www.python.org und navigiere zum Bereich 'Downloads'. Hier findest du die neueste Version von Python. Wähle die Version, die zu deinem Betriebssystem passt (Windows, MacOS, Linux).

Stelle während des Installationsprozesses sicher, dass du das Kästchen 'Python zum PATH hinzufügen' markierst, bevor du auf 'Jetzt installieren' klickst. Dieser Schritt ist entscheidend, da er dir ermöglicht, Python von der Kommandozeile aus auszuführen.

Einführung in Python IDLE

Sobald du Python installiert hast, kannst du auf ein Programm namens IDLE in deinem Python-Ordner zugreifen. IDLE ist die integrierte Entwicklungs- und Lernumgebung von Python und bietet eine praktische Plattform zum Programmieren.

Du kannst mit dem Programmieren in Python beginnen, indem du deinen Code direkt in das IDLE-Fenster eingibst. Alternativ kannst du deinen Code in einer separaten **.py**-Datei speichern und von IDLE aus ausführen. Das Erstellen einer neuen **.py**-Datei ist einfach: Navigiere einfach zum Menü 'Datei' und wähle 'Neue Datei'. Danach kannst du mit dem Schreiben deines Python-Skripts beginnen.

Es ist wichtig zu beachten, dass IDLE eine Vielzahl nützlicher Funktionen bietet, die dir helfen können, deinen Programmierprozess zu optimieren. Zum Beispiel kannst du die Funktion 'Modul prüfen' verwenden, um Fehler in deinem Code schnell zu identifizieren und zu korrigieren. Darüber hinaus ermöglicht dir IDLE den einfachen Zugriff auf die umfangreiche

Python-Dokumentation, die beim Erlernen des Programmierens unschätzbar wertvoll sein kann.

Zusammenfassend ist IDLE ein hervorragendes Werkzeug für jeden, der Python lernen möchte. Ob Anfänger oder erfahrener Programmierer, du wirst die intuitive Oberfläche und die umfangreichen Funktionen von IDLE auf deiner Programmierreise sicherlich äußerst nützlich finden.

Einführung in die Befehlszeilenschnittstelle und die Python-Shell

Die Befehlszeile ist eine textbasierte Schnittstelle innerhalb des Betriebssystems, die Befehle vom Benutzer an das Betriebssystem übermittelt. Sie ist ein leistungsstarkes Werkzeug, und das Erlernen ihrer Nutzung ist für die Python-Programmierung unerlässlich.

Um auf Python über die Befehlszeile zuzugreifen, öffne einfach dein Terminal und gib **python** (oder **python3** auf einigen Systemen) ein. Dieser Befehl startet den Python-Interpreter, der es dir ermöglicht, Python direkt in deinem Terminal zu schreiben.

Verwendung von Texteditoren und integrierten Entwicklungsumgebungen (IDEs)

Obwohl IDLE ein ausgezeichnetes Werkzeug für Anfänger ist, wirst du möglicherweise feststellen, dass du fortschrittlichere und leistungsfähigere Tools benötigst, um deine Arbeit effizient zu erledigen, wenn du mit fortgeschritteneren Projekten beginnst. Hier kommen Texteditoren und integrierte Entwicklungsumgebungen (IDEs) ins Spiel.

Texteditoren wie Sublime Text, Atom und Visual Studio Code oder IDEs wie PyCharm oder Jupyter Notebooks bieten eine breite Palette an Funktionen, die deine Programmiererfahrung reibungsloser, effizienter und angenehmer gestalten können. Mit Texthighlighting kannst du beispielsweise bestimmte Teile deines Codes leicht identifizieren und notwendige Änderungen vornehmen. Code-Vervollständigung kann dir viel Zeit und Mühe sparen, indem sie die wahrscheinlichsten Code-Snippets vorschlägt. Debugging-Tools hingegen können dir helfen, Fehler in deinem Code schnell zu identifizieren und zu beheben, wodurch die Zeit, die du mit Debugging verbringst, reduziert wird.

Die meisten Python-Entwickler verwenden einen Texteditor oder eine IDE, um ihre Projekte zu erstellen. Diese Tools können deine Produktivität erheblich steigern und dir helfen, besseren Code zu schreiben. Außerdem bieten sie eine Plattform, um neue Programmierkonzepte und - techniken zu erlernen, was immer von Vorteil ist. Wenn du also entschlossen bist, deine Python-Programmierfähigkeiten auf die nächste Stufe zu heben, solltest du die verschiedenen verfügbaren Texteditoren und IDEs erkunden und diejenige auswählen, die am besten zu deinen Bedürfnissen und Vorlieben passt.

Einführung in virtuelle Umgebungen

Virtuelle Umgebungen in Python sind ein wesentliches Werkzeug zur Verwaltung von Abhängigkeiten und Paketen bei der Arbeit an Python-Projekten. Diese Umgebungen bieten isolierte Räume, in denen du mit verschiedenen Paketen und Versionen experimentieren kannst, ohne andere Python-Projekte auf deinem System zu beeinflussen. Dies ist besonders nützlich, wenn verschiedene Projekte unterschiedliche Versionen desselben Pakets benötigen oder wenn du mit Paketen arbeitest, die widersprüchliche Abhängigkeiten haben.

Python bietet ein integriertes Tool zur Erstellung virtueller Umgebungen namens venv. Um eine virtuelle Umgebung zu erstellen, navigiere in deinem Terminal zu deinem Projektverzeichnis und führe **python -m venv umgebungsname** aus. Sobald die virtuelle Umgebung erstellt ist, kannst du sie aktivieren, indem du **source umgebungsname/bin/activate** ausführst. Jetzt wird jedes Paket, das du installierst, spezifisch für diese virtuelle Umgebung sein, und du kannst nach Bedarf zwischen Umgebungen wechseln.

Neben dem integrierten Tool gibt es auch Drittanbieter-Tools wie virtualenv und pipenv, die zusätzliche Funktionalitäten bieten. Diese Tools bieten Funktionen wie automatische Abhängigkeitsauflösung und -verwaltung, was die Verwaltung deiner Projektabhängigkeiten noch einfacher macht.

Insgesamt ist die Verwendung virtueller Umgebungen in Python eine empfohlene Praxis, die sicherstellt, dass du mit den richtigen Paketen und Versionen arbeitest und Konflikte mit anderen Projekten vermeidest. Durch das Erstellen und Verwalten virtueller Umgebungen kannst du deinen Entwicklungsprozess optimieren und sicherstellen, dass deine Projekte stabil und zuverlässig sind.

1.4.2 Dein erstes Python-Programm

Jetzt, da deine Umgebung eingerichtet ist, lass uns dein erstes Python-Programm schreiben.

Schreiben eines einfachen "Hallo, Welt!"-Programms

Öffne dein Python IDLE oder deinen Texteditor und gib den folgenden Code ein:

```
print("Hello, World!")
```

Dies ist das klassische "Hallo, Welt!"-Programm, das traditionell erste Programm für viele neue Programmierer.

Die Struktur eines Python-Programms erklären

Python-Skripte bestehen aus Anweisungen und Ausdrücken. In unserem "Hallo, Welt!"-Programm ist **print("Hello, World!")** eine Anweisung. Genauer gesagt handelt es sich um einen Funktionsaufruf, bei dem **print** die Funktion ist und **"Hello, World!"** ein Argument, das wir an die Funktion übergeben.

Ausführen eines Python-Programms von Python IDLE, der Kommandozeile und innerhalb einer IDE

Um dieses Programm in IDLE auszuführen, drücke einfach die F5-Taste (oder navigiere zu 'Ausführen' -> 'Modul ausführen'). Wenn du einen Texteditor oder eine IDE verwendest, gibt es einen Button oder eine Option 'Ausführen' in einem der Menüs.

Alternativ kannst du dein Programm speichern, im Terminal zu seinem Speicherort navigieren und **python dateiname.py** ausführen, wobei **dateiname.py** der Name deiner Python-Datei ist.

Herzlichen Glückwunsch! Du hast dein erstes Python-Programm geschrieben und ausgeführt.

Im nächsten Kapitel werden wir tiefer in die Python-Syntax eintauchen und beginnen, mehr über Variablen, Datentypen, Kontrollstrukturen, Funktionen und mehr zu lernen. Bleib dran!

Fazit zu Kapitel 1

Am Ende unseres ersten Kapitels haben wir ein breites Spektrum dessen abgedeckt, was Python zu einer so überzeugenden und weit verbreiteten Programmiersprache macht. Wir haben gerade erst an der Oberfläche gekratzt, aber wir hoffen, dass du ein besseres Verständnis für die reiche Geschichte der Sprache, ihre zahlreichen Vorteile und das breite Spektrum ihrer Anwendungen gewonnen hast.

Wir begannen unsere Reise mit einem Eintauchen in die Geschichte von Python. Wir haben gelernt, dass es Ende der 1980er Jahre von Guido van Rossum als Nachfolger der Sprache ABC konzipiert wurde. Die Entwicklung von Python als Sprache konzentrierte sich auf Lesbarkeit und Einfachheit, was seine elegante Syntax und sein hohes Abstraktionsniveau erklärt. Diese Einfachheit geht nicht zu Lasten der Leistungsfähigkeit von Python; sie ist ein Zeugnis für van Rossums Designphilosophie, dass Einfachheit und Leistungsfähigkeit in einer Programmiersprache koexistieren können und sollten.

Nachdem wir die Wurzeln von Python verstanden haben, haben wir die vielen Vorteile untersucht, die die Sprache bietet. Python ist nicht nur leicht zu lesen und zu schreiben, sondern auch leistungsstark und vielseitig. Es bietet Datenstrukturen auf hohem Niveau und fördert die Modularität von Programmen und die Wiederverwendung von Code, was es sowohl für Anfänger als auch für erfahrene Programmierer zur idealen Wahl macht. Die Plattformunabhängigkeit von Python bedeutet, dass Python-Anwendungen auf verschiedenen Betriebssystemen mit minimalen oder keinen Änderungen ausgeführt werden können. Seine dynamische Typisierung und integrierte Speicherverwaltung verbessern die Entwicklererfahrung zusätzlich.

Anschließend haben wir das breite Spektrum an Python-Anwendungen erkundet, von Webentwicklung, Datenanalyse, maschinellem Lernen bis hin zu Spieleentwicklung, Automatisierung, Scripting, Cybersicherheit, IoT, Robotik, Bioinformatik und Bildung. Jede Anwendung profitiert von Pythons umfangreicher Bibliotheksunterstützung, den Beiträgen der Community und seiner inhärenten Lesbarkeit und Einfachheit. Diese vielfältige Palette von Anwendungen demonstriert die Anpassungsfähigkeit und Leistungsfähigkeit von Python, um die Herausforderungen und Bedürfnisse verschiedener Domänen zu bewältigen.

Schließlich haben wir dich durch die Einrichtung deiner Python-Entwicklungsumgebung geführt und dein erstes Python-Programm geschrieben. Wir haben die Schritte zum Herunterladen und Installieren von Python durchlaufen, Pythons IDLE, die Befehlszeilenschnittstelle und das

Konzept virtueller Umgebungen vorgestellt. Wir haben auch die Rolle von Texteditoren und integrierten Entwicklungsumgebungen (IDEs) in der Python-Programmierung erforscht. Wir schlossen das Kapitel ab, indem wir ein einfaches "Hallo, Welt!"-Programm schrieben und ausführten, was einen aufregenden Meilenstein auf deiner Reise mit Python markiert.

Zum Abschluss dieses Kapitels ist es wichtig zu betonen, dass Python mehr als nur eine Programmiersprache ist. Es ist ein Werkzeug, das dich befähigen kann, Probleme zu lösen, Daten zu analysieren, Aufgaben zu automatisieren und sogar zu technologischen Fortschritten beizutragen. Die wachsende Popularität von Python und seine aktive Entwicklergemeinschaft weltweit machen es zu einer ausgezeichneten Wahl für jeden, der in die Welt der Programmierung eintauchen oder sein bestehendes Fähigkeitsportfolio erweitern möchte.

Unsere Reise in die Welt von Python hat gerade erst begonnen. Im nächsten Kapitel werden wir tiefer in die Python-Syntax eintauchen, wo du beginnen wirst, mehr über Variablen, Datentypen, Kontrollstrukturen und mehr zu lernen. Mit dem Wissen aus diesem Kapitel und dem, was noch kommen wird, bist du auf dem besten Weg, ein kompetenter Python-Programmierer zu werden. Fröhliches Programmieren!

Kapitel 2: Bausteine von Python

Im vorigen Kapitel haben wir die Grundlagen von Python behandelt, einschließlich seiner Geschichte, Hauptmerkmale und wie man seine Umgebung einrichtet und sein erstes Python-Programm erstellt. Es gibt jedoch noch viel mehr über diese leistungsstarke Programmiersprache zu lernen!

In diesem Kapitel werden wir uns die Bausteine von Python genauer ansehen. Wir beginnen mit einer Einführung in die Syntax und Semantik von Python, die dir ein besseres Verständnis davon vermitteln wird, wie die Sprache funktioniert. Von dort aus werden wir uns eingehender mit Variablen und Datentypen befassen, die verschiedenen Datentypen erkunden, mit denen du in Python arbeiten kannst, und wie du diese Daten manipulieren und transformieren kannst.

Aber das ist noch nicht alles! Wir werden auch Kontrollstrukturen untersuchen, die für die Steuerung des Programmablaufs und das Treffen von Entscheidungen basierend auf bestimmten Bedingungen wesentlich sind. Wir werden erklären, wie man bedingte Anweisungen wie "if" und "else" verwendet, um komplexere Programme zu schreiben, die auf Benutzereingaben reagieren können.

Und natürlich dürfen wir Funktionen und Module nicht vergessen! Diese sind die Bausteine größerer Programme, die es dir ermöglichen, deinen Code in kleinere, handhabbare Teile zu unterteilen. Wir werden dir zeigen, wie du deine eigenen Funktionen und Module definierst sowie wie du vordefinierte Module verwendest, um deinen Programmen neue Funktionalitäten hinzuzufügen.

In jedem Abschnitt werden wir detaillierte Erklärungen und Beispiele bereitstellen, um dir zu helfen, die Konzepte zu verstehen und sie auf reale Szenarien anzuwenden. Am Ende dieses Kapitels wirst du eine solide Grundlage in den fundamentalen Elementen von Python haben, was dich auf den Weg bringt, ein kompetenter Python-Programmierer zu werden. Also lasst uns beginnen!

2.1 Syntax und Semantik von Python

In der Programmierung ist die Syntax ein entscheidendes Element, das die Struktur des Codes definiert. Sie umfasst die Regeln, Konventionen und Prinzipien, die vorgeben, wie Symbole und Schlüsselwörter kombiniert werden müssen, um ein zusammenhängendes und funktionales

Programm zu erstellen. Die Semantik hingegen beschäftigt sich mit der Bedeutung des Codes. Sie befasst sich mit der Interpretation des Programmverhaltens, den Funktionen, die es ausführt, und den Ergebnissen, die es produziert.

Python ist als Hochsprache mit einer robusten Syntax ausgestattet, die leicht zu lesen und zu schreiben ist. Durch die Einhaltung der Regeln und Konventionen der Python-Syntax kannst du gut strukturierte und organisierte Programme erstellen, die leicht zu warten und zu debuggen sind. Darüber hinaus ist die Semantik von Python so konzipiert, dass sie intuitiv und unkompliziert ist, was es einfacher macht, deinen Code zu verstehen und zu durchdenken.

In diesem Abschnitt werden wir uns eingehender mit der Syntax und Semantik von Python befassen und die verschiedenen Elemente erkunden, die die Sprache ausmachen. Wir werden alles behandeln, von grundlegenden Datentypen und Variablen bis hin zu komplexeren Konzepten wie Kontrollfluss und Funktionen. Am Ende dieses Abschnitts wirst du ein solides Verständnis der Syntax und Semantik von Python haben, was dir ermöglichen wird, leistungsstarke und bedeutungsvolle Programme mit Leichtigkeit zu erstellen.

2.1.1 Python-Syntax

Python ist eine weit verbreitete Programmiersprache, und seine klare und einfache Syntax ist einer der Gründe, warum es sowohl für Anfänger als auch für erfahrene Programmierer eine erste Wahl ist. Die Popularität von Python lässt sich auf seine Vielseitigkeit und Flexibilität zurückführen, die es Entwicklern ermöglicht, eine breite Palette von Anwendungen zu erstellen, von einfachen Skripten bis hin zu komplexen Webanwendungen.

Zudem verfügt Python über eine umfangreiche Bibliothek von Modulen und Werkzeugen, die sich leicht in jedes Projekt integrieren lassen, was es zu einer hocheffizienten Programmiersprache macht. Insgesamt machen die Benutzerfreundlichkeit, die Vielseitigkeit und die starke Community von Python es zu einer ausgezeichneten Wahl für jeden, der programmieren lernen oder neue Anwendungen entwickeln möchte.

Einrückung

Eines der charakteristischsten Merkmale der Python-Syntax ist die Verwendung von Einrückungen zur Definition von Codeblöcken. Die meisten anderen Programmiersprachen verwenden geschweifte Klammern {} oder Schlüsselwörter, um diese Blöcke zu definieren. Python verwendet jedoch Einrückungen, was den Code leicht lesbar und verständlich macht. In Python musst du deinen Code mit vier Leerzeichen oder einem Tabulator einrücken (obwohl vier Leerzeichen gemäß dem Python-Stilführer, PEP 8, empfohlen werden).

Beispiel:

Hier ist ein Beispiel:

```
if 5 > 2:
    print("Five is greater than two!")
```

In diesem Beispiel ist die **print**-Anweisung Teil des **if**-Blocks, weil sie unter der **if**-Anweisung eingerückt ist.

Kommentare

Kommentare sind in der Programmierung entscheidend, da sie dir ermöglichen zu beschreiben, was dein Code tut. In Python ist jeder Text, dem ein **#** vorangestellt ist, ein Kommentar und wird vom Python-Interpreter ignoriert. Zum Beispiel:

```
# This is a comment
print("Hello, World!")  # This is a comment too
```

Variablen und Zuweisung

Variablen werden verwendet, um Daten in einem Programm zu speichern. Sie sind wie Behälter, die Informationen enthalten, die im gesamten Programm verwendet und manipuliert werden können. In Python weist du einer Variable einen Wert mit dem Operator = zu. Das bedeutet, dass du eine Variable erstellen und ihr in einer einzigen Codezeile einen Wert zuweisen kannst.

Python ist dynamisch typisiert, was bedeutet, dass du den Datentyp einer Variable nicht deklarieren musst, wenn du sie erstellst. Dies macht es einfacher, schnell Code zu schreiben, ohne sich zu sehr um Details der Datentypen kümmern zu müssen. Es kann jedoch auch zu Fehlern führen, wenn du nicht vorsichtig bist, da Python dir erlaubt, Werte verschiedener Typen derselben Variable zuzuweisen.

Um dies zu vermeiden, ist es wichtig, die Datentypen, mit denen du arbeitest, im Auge zu behalten und sicherzustellen, dass dein Code konsistent ist.

Beispiel:

```
x = 5
y = "Hello, World!"
```

In diesem Beispiel erstellen wir eine Variable **x** und weisen ihr den ganzzahligen Wert **5** zu. Wir erstellen auch eine Variable **y** und weisen ihr den Zeichenkettenwert **"Hello, World!"** zu.

Grundlegende Operatoren

Python enthält eine Vielzahl von Operatoren, die arithmetische oder logische Berechnungen durchführen. Diese Operatoren sind ein wesentlicher Bestandteil der Programmierung, da sie uns ermöglichen, Daten zu manipulieren, um die gewünschten Ergebnisse zu erzielen.

Neben den Standard-arithmetischen Operatoren (+, -, *, /) enthält Python auch eine Reihe anderer Operatoren, wie den Modulo-Operator (%), der den Rest zurückgibt, wenn eine Zahl durch eine andere geteilt wird, und den Potenzierungsoperator (**), der eine Zahl zu einer bestimmten Potenz erhebt.

Bei der Verwendung von Operatoren ist es wichtig, die Reihenfolge der Operationen zu beachten, die bestimmt, in welcher Reihenfolge die Operatoren auf die Operanden angewendet werden. Wenn du die Verwendung von Operatoren in Python beherrschst, kannst du deine Programmierfähigkeiten enorm erweitern und komplexere und ausgefeiltere Programme erstellen.

Beispiel

Hier sind einige Beispiele:

```python
# Arithmetic Operators
x = 10
y = 5

print(x + y)  # Output: 15
print(x - y)  # Output: 5
print(x * y)  # Output: 50
print(x / y)  # Output: 2.0

# Comparison Operators
print(x > y)  # Output: True
print(x < y)  # Output: False
print(x == y) # Output: False
```

Zeichenketten

Eine Zeichenkette ist eine Folge von Zeichen in Python, die durch Einschließen der Zeichen in Anführungszeichen erstellt werden kann. Es gibt zwei Arten von Anführungszeichen, die zur Definition einer Zeichenkette verwendet werden können: einfache Anführungszeichen (' ') und doppelte Anführungszeichen (" ").

Die Verwendung einer der beiden Arten von Anführungszeichen hat keinen Einfluss auf die Funktionalität der Zeichenkette. Es ist jedoch wichtig zu beachten, dass die Wahl der Anführungszeichen im gesamten Code konsistent sein sollte, um der Lesbarkeit und Kohärenz willen.

Es gibt verschiedene Methoden zur Zeichenkettenmanipulation, die zur Verarbeitung und Manipulation von Zeichenketten in Python verwendet werden können. Diese Methoden können für Aufgaben wie das Suchen nach bestimmten Zeichen oder Teilzeichenketten innerhalb einer Zeichenkette, das Ersetzen von Zeichen innerhalb einer Zeichenkette und das Aufteilen einer Zeichenkette in kleinere Teilzeichenketten verwendet werden.

Beispiel:

```python
s1 = 'Hello, World!'
s2 = "Hello, World!"

print(s1)  # Output: Hello, World!
print(s2)  # Output: Hello, World!
```

Du kannst auch Operationen mit Zeichenketten durchführen, wie Verkettung und Wiederholung:

```
s1 = 'Hello, '
s2 = 'World!'

print(s1 + s2)  # Output: Hello, World!
print(s1 * 3)   # Output: Hello, Hello, Hello,
```

Listen

In Python ist eine Liste eine vielseitige und leistungsstarke Datenstruktur, die zum Speichern einer Sammlung von Elementen verwendet wird. Es handelt sich um eine geordnete Sammlung von Elementen, die von beliebigem Typ sein können, einschließlich Ganzzahlen, Gleitkommazahlen, Zeichenketten und sogar andere Listen. Listen werden erstellt, indem man die Elemente in eckige Klammern [] setzt und durch Kommas trennt.

Listen in Python haben mehrere nützliche Eigenschaften. Zum Beispiel sind sie veränderbar, was bedeutet, dass Elemente nach der Erstellung der Liste geändert werden können. Außerdem können Listen in Abschnitte unterteilt werden, was es dir ermöglicht, neue Listen zu erstellen, die nur eine Teilmenge der ursprünglichen Elemente enthalten. Du kannst auch zwei oder mehr Listen mit dem Operator **+** verketten.

Eine der mächtigsten Eigenschaften von Listen in Python ist ihre Fähigkeit, verschachtelt zu werden. Das bedeutet, dass du eine Liste von Listen erstellen kannst, wobei jedes Element in der äußeren Liste eine andere Liste enthält. Dies kann sehr nützlich sein, um hierarchische Daten wie eine Baumstruktur darzustellen.

Insgesamt sind Listen eine grundlegende und wesentliche Datenstruktur in der Python-Programmierung, die es dir ermöglicht, Sammlungen von Elementen flexibel und effizient zu speichern und zu manipulieren.

Beispiel:

```
list1 = [1, 2, 3, 4, 5]
list2 = ['apple', 'banana', 'cherry']

print(list1)  # Output: [1, 2, 3, 4, 5]
print(list2)  # Output: ['apple', 'banana', 'cherry']
```

Du kannst auf die Elemente einer Liste zugreifen, indem du dich auf ihre Indexnummer beziehst. Beachte, dass Listenindizes in Python bei 0 beginnen.

```
print(list1[0])  # Output: 1
print(list2[1])  # Output: banana
```

Bedingte Anweisungen

Python ist eine vielseitige Programmiersprache, die Entwicklern eine breite Palette von Werkzeugen und Techniken bietet. Eine der wichtigsten Eigenschaften von Python ist die Fähigkeit, bedingte Anweisungen zu verwenden.

Eine bedingte Anweisung ist ein Codeabschnitt, der es dem Programm ermöglicht, bestimmte Codeblöcke auszuführen, abhängig davon, ob eine Bedingung wahr ist oder nicht. In Python wird das Schlüsselwort **if** für diesen Zweck verwendet. Darüber hinaus kann das Schlüsselwort **elif** verwendet werden, um zusätzliche Bedingungen zur Überprüfung bereitzustellen.

Schließlich kann das Schlüsselwort **else** verwendet werden, um eine Rückfalloption bereitzustellen, falls keine der Bedingungen erfüllt ist. Durch die Verwendung von bedingten Anweisungen können Programmierer leistungsstarke und flexible Programme erstellen, die sich an verschiedene Situationen und Szenarien anpassen können.

Beispiel:

```
x = 10
y = 5

if x > y:
    print("x is greater than y")
elif x < y:
    print("x is less than y")
else:
    print("x and y are equal")
```

In diesem Beispiel wird die **print**-Anweisung unter der **if**-Bedingung ausgeführt, weil **x** tatsächlich größer als **y** ist.

Schleifen

Schleifen sind ein grundlegendes Konzept in der Programmierung. Sie ermöglichen es uns, einen Codeblock mehrmals auszuführen, was für komplexe Aufgaben häufig erforderlich ist. In Python gibt es zwei Arten von Schleifen: **while** und **for**.

Die **while**-Schleife wird verwendet, wenn wir einen Codeblock ausführen möchten, bis eine bestimmte Bedingung erfüllt ist. Zum Beispiel könnten wir eine **while**-Schleife verwenden, um den Benutzer wiederholt nach einer Eingabe zu fragen, bis er eine gültige Antwort eingibt.

Die **for**-Schleife hingegen wird verwendet, wenn wir einen Codeblock eine bestimmte Anzahl von Malen ausführen möchten. Wir können eine **for**-Schleife verwenden, um über eine Sequenz von Werten zu iterieren, wie eine Liste oder einen Bereich von Zahlen.

Schleifen effektiv zu nutzen ist eine wesentliche Fähigkeit für jeden Programmierer. Durch die Beherrschung der Verwendung von Schleifen können wir effizienteren und leistungsfähigeren Code schreiben, der komplexe Probleme lösen kann.

Beispiel:

```
# while loop
i = 0
while i < 5:
    print(i)
    i += 1

# for loop
for i in range(5):
    print(i)
```

In beiden Schleifen werden die Zahlen von 0 bis 4 ausgegeben.

Funktionen

Funktionen sind eines der wichtigsten Konzepte in der Programmierung. Sie sind wiederverwendbare Codebausteine, die dazu beitragen, dass deine Programme besser organisiert und effizienter sind. Funktionen werden nur ausgeführt, wenn sie aufgerufen werden, was bedeutet, dass sie keine wertvollen Ressourcen verbrauchen, wenn sie nicht benötigt werden.

Neben ihrer Wiederverwendbarkeit können Funktionen auch Eingabedaten, sogenannte Argumente, empfangen, was ihnen ermöglicht, verschiedene Aufgaben je nach den spezifischen Daten, die sie erhalten, auszuführen. Dies macht Funktionen unglaublich flexibel und leistungsstark.

Eine weitere wichtige Eigenschaft von Funktionen ist ihre Fähigkeit, Daten als Ergebnis zurückzugeben. Das bedeutet, dass sie Eingabedaten nehmen, einige Berechnungen oder Operationen mit ihnen durchführen und dann die Ergebnisse an den Aufrufer zurückgeben können. Diese Eigenschaft ist entscheidend für den Aufbau komplexer Programme, die umfangreiche Datenverarbeitung erfordern.

Insgesamt sind Funktionen ein Grundpfeiler der modernen Programmierung und wesentlich für die Erstellung hochwertiger Software. Durch die Verwendung von Funktionen in deinem Code kannst du deine Programme modularer, verständlicher und effizienter gestalten.

Beispiel:

```
def greet(name):
    return f"Hello, {name}!"

print(greet("Alice"))  # Output: Hello, Alice!
```

In diesem Beispiel ist **greet** eine Funktion, die **name** als Argument annimmt und eine Begrüßungszeichenkette zurückgibt.

Wir haben in diesem Abschnitt viel behandelt, und du solltest jetzt ein solides Verständnis der Python-Syntax haben. Im nächsten Abschnitt werden wir uns mit der Semantik von Python befassen, um unseren Überblick über die Struktur und Bedeutung von Python zu vervollständigen.

2.1.2 Python-Semantik

Python ist eine Hochsprache, die für ihre leicht zu erlernende Syntax und ihre leistungsstarke Semantik bekannt ist. Während die Syntax von Python die Regeln dafür definiert, wie Python-Programme strukturiert sind, liefert die Semantik von Python die Regeln dafür, wie diese Strukturen interpretiert werden. Im Wesentlichen ist die Semantik die Bedeutung hinter der Syntax, die dem Python-Interpreter Anweisungen gibt, was zu tun ist, wenn er auf verschiedene Anweisungen in deinem Code trifft. Die Semantik von einfachen Ausdrücken, Kontrollstrukturen und Funktionen sind wichtige Aspekte der Python-Programmierung, über die sich Programmierer bewusst sein müssen.

Einfache Ausdrücke sind die Bausteine von Python-Programmen. Sie bestehen aus Literalen, Variablen und Operatoren und werden verwendet, um Berechnungen und grundlegende Operationen durchzuführen. Kontrollstrukturen hingegen werden verwendet, um den Ablauf eines Programms zu steuern. Sie umfassen bedingte Anweisungen, wie "if"-Anweisungen, und Schleifen, wie "for"- und "while"-Schleifen. Funktionen sind wiederverwendbare Codeblöcke, die eine bestimmte Aufgabe erfüllen. Sie nehmen eine Eingabe, führen einige Operationen daran durch und geben eine Ausgabe zurück.

Durch das Verständnis der Semantik von Python können Programmierer effizienteren und effektiveren Code schreiben. Die Semantik von Python bietet einen Satz von Regeln, die die richtige Interpretation der Syntax eines Programms sicherstellen. Dies hilft, häufige Fehler und Irrtümer zu vermeiden, die auftreten können, wenn die Syntax und Semantik eines Programms nicht übereinstimmen. Darüber hinaus ermöglicht das Verständnis der Python-Semantik Programmierern, komplexere und anspruchsvollere Programme zu schreiben, die eine breite Palette von Aufgaben erfüllen können. Ob du nun ein Anfänger oder ein erfahrener Python-Programmierer bist, es ist wichtig, ein solides Verständnis der Python-Semantik zu haben, um qualitativ hochwertigen Code zu schreiben, der sowohl effizient als auch effektiv ist.

Semantik einfacher Ausdrücke

In Python gibt es verschiedene Arten von Ausdrücken, die zum Schreiben von Programmen verwendet werden können. Einfache Ausdrücke sind eine davon und umfassen Literale, Variablenreferenzen, Operatoren und Funktionsaufrufe. Diese Ausdrücke sind die Bausteine komplexerer Ausdrücke und werden verwendet, um spezifische Operationen an Daten durchzuführen.

Zum Beispiel sind Literale Werte, die sich selbst darstellen, und können verwendet werden, um einer Variablen einen bestimmten Wert zuzuweisen. Variablenreferenzen werden verwendet, um auf den Wert zuzugreifen, der einer Variablen zugewiesen wurde, und ermöglichen es uns, diesen Wert in verschiedenen Teilen des Programms wiederzuverwenden. Operatoren sind

Symbole, die mathematische und logische Operationen darstellen, wie Addition, Subtraktion, Vergleich und logische Verneinung. Schließlich werden Funktionsaufrufe verwendet, um einen vordefinierten Satz von Anweisungen auszuführen, die eine bestimmte Aufgabe erfüllen.

Die Semantik dieser Ausdrücke wird durch die Werte bestimmt, auf denen sie operieren. Zum Beispiel kann der Additionsoperator verwendet werden, um zwei Zahlen zu addieren oder zwei Zeichenketten zu verketten, abhängig von den Typen der Operanden. Ähnlich hängt das Verhalten eines Funktionsaufrufs von seinen Argumenten und der Implementierung der Funktion selbst ab. Das Verständnis der Semantik von Ausdrücken ist entscheidend für das Schreiben korrekter und effizienter Python-Programme.

Beispiel:

Betrachte zum Beispiel die folgenden Beispiele:

```
x = 5          # Variable assignment
y = x + 2      # Addition operation
print(y)       # Function call
```

Hier wird **x = 5** der Wert **5** der Variable **x** zugewiesen. In der nächsten Zeile addiert der Operator **+ x** und **2**, und das Ergebnis wird **y** zugewiesen. Schließlich wird die Funktion **print()** mit dem Argument **y** aufgerufen, und der Wert von **y** wird ausgegeben.

Semantik von Kontrollstrukturen

In Python spielen Kontrollstrukturen eine entscheidende Rolle bei der Steuerung des Programmflusses. Diese Strukturen, zu denen bedingte Anweisungen und Schleifen gehören, helfen dem Programm zu bestimmen, welchen Weg es basierend auf der vom Programmierer festgelegten Logik und den Bedingungen einschlagen soll.

Wenn beispielsweise eine bestimmte Bedingung erfüllt ist, führt das Programm einen bestimmten Satz von Anweisungen aus, während es bei Erfüllung einer anderen Bedingung einen anderen Satz von Anweisungen ausführt. Diese Fähigkeit, den Ausführungspfad des Programms basierend auf einem Satz von Regeln und Bedingungen zu ändern, macht Kontrollstrukturen zu einem leistungsstarken Werkzeug in der Programmierung.

Die Kontrollstrukturen von Python sind äußerst vielseitig und können in einer Vielzahl von Anwendungen eingesetzt werden, von einfachen Skripten bis hin zu komplexen Softwaresystemen.

Beispiel:

Betrachten wir zum Beispiel eine einfache **if**-Anweisung:

```
x = 10

if x > 5:
    print("x is greater than 5")
```

Das Schlüsselwort **if** weist Python an, die Bedingung **x > 5** zu prüfen. Wenn die Bedingung wahr ist, führt Python den eingerückten Codeblock aus, der folgt. Wenn die Bedingung falsch ist, überspringt Python diesen Block.

Semantik von Funktionen

Eine Funktion in Python ist ein wiederverwendbarer Codeblock, der eine bestimmte Aufgabe erfüllt. Das bedeutet, dass du eine Funktion einmal schreiben und sie mehrmals in deinem Programm verwenden kannst. Wenn du eine Funktion mit dem Schlüsselwort **def** definierst, weist du Python an, sich diesen Codeblock zu merken und ihn jedes Mal auszuführen, wenn die Funktion aufgerufen wird.

Dies kann sehr nützlich sein, um Codewiederholungen zu reduzieren und dein Programm modularer zu gestalten. Funktionen können Argumente empfangen, also Werte, die du der Funktion beim Aufruf übergibst. Diese Argumente können innerhalb der Funktion verwendet werden, um verschiedene Aufgaben abhängig vom Wert des Arguments auszuführen.

Darüber hinaus können Funktionen auch Werte zurückgeben, was dir ermöglicht, das Ergebnis der Funktion in einer Variable zu speichern und es an anderer Stelle in deinem Programm zu verwenden. Insgesamt sind Funktionen ein leistungsstarkes Werkzeug in Python, das dir helfen kann, effizienteren und effektiveren Code zu schreiben.

Beispiel:

Zum Beispiel:

```
def greet(name):
    return f"Hello, {name}!"

print(greet("Alice"))  # Outputs: Hello, Alice!
```

In diesem Beispiel zeigt das Schlüsselwort **def** Python an, dass eine Funktion **greet** definiert wird, die ein Argument **name** entgegennimmt. Jedes Mal, wenn **greet** mit einem Argument aufgerufen wird, ersetzt Python dieses Argument anstelle von **name** und führt den Codeblock in der Funktion aus.

Die Syntax und Semantik von Python arbeiten zusammen, um die Struktur und das Verhalten von Python-Programmen zu definieren. Wenn du beides verstehst, bist du auf einem guten Weg, die Python-Programmierung zu beherrschen.

Fehlerbehandlung

Während der Programmierung ist es üblich, auf Fehler zu stoßen. Diese Fehler können aus verschiedenen Gründen auftreten, wie falsche Eingaben, Netzwerkprobleme oder Fehler im Code. Python, als Hochsprache, bietet Mechanismen, um diese Fehler elegant zu behandeln. Zwei dieser Mechanismen sind Ausnahmen und Zusicherungen.

Ausnahmen sind eine Möglichkeit, Laufzeitfehler zu behandeln, die während der Programmausführung auftreten können. Wenn eine Ausnahme auftritt, unterbricht sie den normalen Programmablauf und springt zu einem vordefinierten Ausnahmehandler. Dieser Handler kann angemessene Maßnahmen ergreifen, wie das Protokollieren des Fehlers, das erneute Versuchen der fehlgeschlagenen Operation oder das Anzeigen einer benutzerfreundlichen Fehlermeldung.

Andererseits sind Zusicherungen eine Möglichkeit, erwartete Bedingungen in deinem Programm zu überprüfen. Sie werden verwendet, um zu prüfen, ob bestimmte Annahmen über den Programmzustand an einer bestimmten Stelle im Code wahr sind. Wenn eine Zusicherung fehlschlägt, wird ein AssertionError erzeugt und die Programmausführung wird gestoppt. Zusicherungen können zu Debugging-Zwecken verwendet werden sowie zur Durchsetzung von Vor- und Nachbedingungen in deinen Funktionen oder Methoden.

Zusammenfassend bieten die Ausnahme- und Zusicherungsmechanismen von Python eine solide Möglichkeit, Fehler zu behandeln und die Programmkorrektheit zu gewährleisten. Durch die Verwendung dieser Funktionen kannst du deine Python-Programme zuverlässiger und auf lange Sicht leichter zu warten machen.

Ausnahmen

Ausnahmen sind Anomalien oder ungewöhnliche Bedingungen während der Ausführung eines Skripts. Es könnten Fehler sein wie die Division durch Null, der Versuch, eine nicht existierende Datei zu öffnen, ein Netzwerkverbindungsfehler und so weiter.

Es ist wichtig, Ausnahmen in Python-Programmen zu behandeln, um zu verhindern, dass sie abrupt enden. Wenn eine Ausnahme auftritt, stoppt der Python-Interpreter den aktuellen Prozess und gibt ihn an den aufrufenden Prozess weiter, bis die Ausnahme behandelt wird. Wenn die Ausnahme nicht behandelt wird, stürzt das Programm ab.

Es gibt verschiedene Möglichkeiten, Ausnahmen in Python zu behandeln, wie die Verwendung des try-except-Blocks. Der try-Block wird verwendet, um Code einzuschließen, der eine Ausnahme auslösen könnte, während der except-Block verwendet wird, um die Ausnahme zu behandeln. Darüber hinaus kann der except-Block verwendet werden, um bestimmte Arten von Ausnahmen zu erfassen oder um alle Ausnahmen zu erfassen.

Eine andere Möglichkeit, Ausnahmen in Python zu behandeln, ist die Verwendung des finally-Blocks. Dieser Block wird immer ausgeführt, unabhängig davon, ob eine Ausnahme aufgetreten ist oder nicht. Er kann verwendet werden, um Ressourcen zu bereinigen oder um sicherzustellen, dass bestimmter Code immer ausgeführt wird, auch wenn eine Ausnahme auftritt.

Zusammenfassend ist die Behandlung von Ausnahmen ein wichtiger Teil beim Schreiben robuster Python-Programme. Durch die Behandlung von Ausnahmen können wir verhindern, dass unsere Programme abstürzen, und eine bessere Benutzererfahrung bieten.

Hier ist ein einfaches Beispiel:

```
try:
    x = 1 / 0
except ZeroDivisionError:
    x = 0
    print("Divided by zero, setting x to 0")

print(x)  # Outputs: 0
```

In diesem Beispiel versuchen wir, eine Operation durchzuführen, die eine **ZeroDivisionError**-Ausnahme auslösen würde. Wir fangen diese Ausnahme jedoch mit einem **try/except**-Block ab, und anstatt abzustürzen, behandelt unser Programm den Fehler korrekt, indem es **x** auf 0 setzt und eine Nachricht ausgibt.

Zusicherungen

Eine Zusicherung ist eine Vernunftsprüfung, die du aktivieren oder deaktivieren kannst, nachdem du das Programm fertig getestet hast. Es ist ein Werkzeug, das dem Programmierer hilft zu überprüfen, ob das Programm wie beabsichtigt funktioniert. Im Allgemeinen ist eine Zusicherung eine Aussage über den Zustand des Programms. Wenn die Zusicherung wahr ist, befindet sich das Programm in einem gültigen Zustand. Wenn die Zusicherung falsch ist, hat das Programm einen Fehler, der korrigiert werden muss.

Andererseits ist ein Ausdruck ein Codefragment, das ausgewertet wird und ein Ergebnis liefert. Im Kontext von Tests kann ein Ausdruck verwendet werden, um zu überprüfen, ob eine bestimmte Bedingung wahr ist oder nicht. Wenn der Ausdruck als falsch ausgewertet wird, wird eine Ausnahme ausgelöst.

Ausnahmen sind nützlich, weil sie es dem Programm ermöglichen, Fehler strukturiert zu behandeln. Durch das Auslösen einer Ausnahme kann das Programm einen Fehler an den Benutzer melden und versuchen, sich davon zu erholen.

Beispiel:

Zusicherungen werden in Python mit der Anweisung **assert** durchgeführt. Hier ist ein Beispiel:

```
x = 1
assert x > 0, "Invalid value"

x = -1
assert x > 0, "Invalid value"  # This will raise an AssertionError
```

In diesem Beispiel behaupten wir zunächst, dass **x** größer als 0 ist, was stimmt, daher passiert nichts. Aber wenn wir behaupten, dass **-1** größer als 0 ist, was falsch ist, wird ein **AssertionError** mit der Nachricht "Invalid value" ausgelöst.

Garbage Collection Die Speicherverwaltung von Python ist ein wichtiges Konzept, das man verstehen sollte, um effizienten Code zu schreiben. Ein Schlüsselaspekt der Python-

Speicherverwaltung ist die automatische Speicherzuweisung für Objekte wie Listen, Strings und benutzerdefinierte Objekte. Das bedeutet, wenn du ein Objekt in Python erstellst, weist der Python-Interpreter automatisch den notwendigen Speicher zu, um es zu speichern. Obwohl dies wie ein kleines Detail erscheinen mag, kann es erhebliche Auswirkungen auf die Leistung deines Codes haben.

Im Gegensatz zu vielen anderen Programmiersprachen, bei denen Entwickler den Speicher manuell verwalten müssen, verfügt Python über einen integrierten Garbage Collector, der diese Aufgabe übernimmt. Der Garbage Collector führt Buch über alle Objekte in deinem Code und überprüft regelmäßig, welche noch verwendet werden. Wenn er ein Objekt findet, das in deinem Code nicht mehr referenziert wird, gibt er den Speicher frei, den es verwendet hat. Das bedeutet, dass du dich nicht um die manuelle Freigabe von Speicher kümmern musst, was Python zu einer anfängerfreundlicheren Sprache macht.

Darüber hinaus kann das Verständnis der Funktionsweise des Python-Garbage-Collectors dir helfen, Code zu schreiben, der effizienter mit Speicher umgeht. Wenn du beispielsweise weißt, dass ein bestimmtes Objekt nach einem bestimmten Punkt in deinem Code nicht mehr benötigt wird, kannst du es explizit entfernen, um Speicher freizugeben. Dies kann besonders wichtig sein, wenn du mit großen Datensätzen oder komplexen Algorithmen arbeitest.

Zusammenfassend lässt sich sagen, dass die automatische Speicherverwaltung von Python zwar wie ein kleines Detail erscheinen mag, aber ein wichtiges Konzept ist, das man verstehen sollte, um effizienten und effektiven Code zu schreiben.

Beispiel:

Hier ist ein vereinfachtes Beispiel:

```python
def create_data():
    # Inside this function, we create a list and populate it with some numbers.
    x = list(range(1000000))

# We call the function:
create_data()

# After the function call, 'x' is no longer accessible. The list it was pointing to
is now useless.
# Python's garbage collector will automatically free up the memory used by that list.
```

Die automatische Speicherbereinigung von Python hilft dabei, Speicherlecks zu verhindern und macht Python zu einer benutzerfreundlicheren Sprache für Entwickler. Dennoch ist es gut zu wissen, wie sie funktioniert, um deinen Code besser zu optimieren, besonders wenn du mit großen Datenstrukturen oder in Umgebungen mit begrenzten Ressourcen arbeitest.

Damit schließen wir unsere Diskussion über die Syntax und Semantik von Python ab. Du hast jetzt ein Verständnis für die Struktur von Python, seine grundlegenden Bausteine und wie es die Speicherverwaltung handhabt. Während wir in den folgenden Abschnitten weiter in die

Bausteine von Python eintauchen, wird dir dieses grundlegende Wissen helfen, effektive und effiziente Python-Programme zu schreiben.

2.2 Variablen und Datentypen

Python, eine Programmiersprache auf hohem Niveau, ist bekannt für seine Verwendung von Variablen. Variablen erlauben es Programmierern, Daten in einem Programm zu speichern und zu manipulieren. Jede Variable in Python ist ein bestimmter Speicherort im Computerspeicher, der einen Wert enthält.

Um Variablen Werte zuzuweisen, verwendet Python das Gleichheitszeichen (=), das auch als Zuweisungsoperator bekannt ist. Es ist wichtig zu beachten, dass Variablen verschiedene Arten von Daten enthalten können, wie Zeichenketten, ganze Zahlen und Fließkommazahlen. Durch die Verwendung von Variablen können Programmierer effektiv Code schreiben, der leicht zu lesen, zu verstehen und zu modifizieren ist.

Beispiel:

```
x = 10          # Integer variable
y = 20.5        # Floating point variable
z = "Hello"     # String variable
```

Im obigen Beispiel haben wir drei Variablen erstellt: x, y und z. Sie enthalten jeweils eine Ganzzahl, eine Gleitkommazahl und eine Zeichenkette.

Python unterstützt standardmäßig verschiedene Datentypen, darunter:

2.2.1 Ganzzahlen

Dies sind ganze Zahlen ohne Dezimalpunkt. Sie werden häufig in der Mathematik und Informatik verwendet, um Mengen darzustellen, die nicht in Brüchen oder Dezimalzahlen ausgedrückt werden können.

Neben positiven Ganzzahlen wie 10 und 1000 haben wir auch negative Ganzzahlen wie -1. Ganzzahlen können verwendet werden, um verschiedene reale Situationen zu beschreiben, wie die Anzahl der Personen, die an einer Veranstaltung teilnehmen, oder den Geldbetrag auf einem Bankkonto.

Obwohl sie nicht so präzise sind wie Brüche oder Dezimalzahlen, bleiben sie ein wichtiges Werkzeug zur Darstellung numerischer Daten.

Beispiel:

```
x = 10
print(type(x))   # Output: <class 'int'>
```

2.2.2 Gleitkommazahlen

Auch bekannt als "Floats", sind dies reelle Zahlen, die einen Dezimalpunkt enthalten. Gleitkommazahlen werden umfassend in wissenschaftlichen und technischen Berechnungen eingesetzt, wo die Präzision des Endergebnisses entscheidend ist. Der IEEE 754-Standard definiert verschiedene Formate für Gleitkommazahlen, darunter einfache Genauigkeit (32 Bit) und doppelte Genauigkeit (64 Bit).

Gleitkommazahlen können nicht-numerische Werte (NaN) und Unendlichkeit darstellen, die verwendet werden können, um Ausnahmefälle in Berechnungen zu behandeln. Beispielsweise kann NaN verwendet werden, um anzuzeigen, dass ein Ergebnis undefiniert ist, während Unendlichkeit verwendet werden kann, um einen unbegrenzten Wert darzustellen.

Trotz ihrer Nützlichkeit können Gleitkommazahlen auch Rundungsfehler und andere numerische Probleme verursachen, besonders wenn Operationen mit Zahlen sehr unterschiedlicher Größenordnungen durchgeführt werden. Daher ist es wichtig, bei der Arbeit mit Gleitkommazahlen geeignete numerische Methoden und Algorithmen zu verwenden.

Beispiel:

```
y = 20.5
print(type(y))  # Output: <class 'float'>
```

2.2.3 Zeichenketten

In der Informatik sind Zeichenketten ein grundlegender Datentyp, der Sequenzen von Zeichen darstellt. Zeichenketten können auf verschiedene Arten eingeschlossen werden, wie einfache Anführungszeichen (' '), doppelte Anführungszeichen (" ") oder dreifache Anführungszeichen ("' "' oder """ """) für mehrzeilige Zeichenketten.

Zum Beispiel sind 'Hallo', "Welt" und "'Hallo, Welt!'" alles Beispiele für Zeichenketten. Zeichenketten werden in vielen Programmieraufgaben verwendet, wie dem Speichern und Manipulieren von Textdaten, und sind ein wesentlicher Bestandteil vieler Programmiersprachen.

Darüber hinaus können Zeichenketten verkettet oder kombiniert werden, indem Operatoren wie das Pluszeichen (+) verwendet werden. Dies ermöglicht die Erstellung komplexerer Zeichenketten, die in einer Vielzahl von Anwendungen eingesetzt werden können. Zusammenfassend sind Zeichenketten ein entscheidender Teil der Informatik und werden umfassend in verschiedenen Programmieraufgaben zum Speichern und Manipulieren von Textdaten verwendet.

Beispiel:

```
z = "Hello"
print(type(z))  # Output: <class 'str'>
```

2.2.4 Boolesche Werte

Dies sind Wahrheitswerte und können Wahr (True) oder Falsch (False) sein und bieten eine binäre Darstellung der Logik. In der Programmierung werden boolesche Werte häufig in bedingten Anweisungen verwendet, um bestimmte Codezeilen auszuführen, je nachdem, ob eine gegebene Bedingung wahr oder falsch ist.

Wenn beispielsweise das Passwort eines Benutzers korrekt ist, könnte das Programm eine bestimmte Aktion ausführen, während bei einem falschen Passwort das Programm eine andere Aktion ausführen könnte. Boolesche Werte sind auch nützlich bei mathematischen Operationen, die eine einfache "Ja"- oder "Nein"-Antwort erfordern, wie Abfragen, die zurückgeben, ob ein bestimmter Artikel auf Lager ist oder nicht.

Insgesamt sind boolesche Werte ein grundlegendes Konzept in der Programmierung und werden in einer Vielzahl von Anwendungen eingesetzt.

Beispiel:

```
a = True
b = False
print(type(a))  # Output: <class 'bool'>
```

2.2.5 Listen

Listen sind ein äußerst nützliches und vielseitiges Merkmal in Programmiersprachen. Sie sind geordnete Sammlungen von Elementen, die unterschiedliche Typen haben können und in eckigen Klammern [ ] eingeschlossen sind. Listen können auf verschiedene Arten verwendet werden, wie zum Speichern und Organisieren von Daten, zum Iterieren durch Daten, um Operationen durchzuführen, und mehr. Tatsächlich basieren viele der am häufigsten verwendeten Datenstrukturen in der Programmierung auf den zugrunde liegenden Konzepten von Listen.

Viele Programmiersprachen bieten eine breite Palette von integrierten Funktionen und Operationen, die an Listen durchgeführt werden können, was sie zu einem wesentlichen Werkzeug für jeden Programmierer macht. Ob du nun ein erfahrener Entwickler bist oder gerade erst anfängst, das Verständnis, wie man Listen effektiv einsetzt, ist ein wichtiger Schritt zur Beherrschung der Programmierung.

Beispiel:

```
my_list = [1, 2, 'three', True]
print(type(my_list))  # Output: <class 'list'>
```

2.2.6 Tupel

Tupel sind ähnlich wie Listen, aber sie sind unveränderlich, was bedeutet, dass ein Tupel nach seiner Erstellung nicht mehr geändert werden kann. Tupel werden in runden Klammern ( ) eingeschlossen.

In Python werden Tupel oft verwendet, um zusammengehörige Informationen zu gruppieren. Zum Beispiel könnte ein Tupel verwendet werden, um einen 2D-Punkt im Raum darzustellen, wobei das erste Element des Tupels die x-Koordinate und das zweite Element die y-Koordinate darstellt. Tupel können auch verwendet werden, um mehrere Werte aus einer Funktion zurückzugeben.

Darüber hinaus können Tupel ineinander verschachtelt werden, um komplexere Datenstrukturen zu erstellen. Zum Beispiel kann ein Tupel von Tupeln verwendet werden, um eine Matrix darzustellen.

Zusammenfassend sind Tupel aufgrund ihrer Unveränderlichkeit und Flexibilität bei der Darstellung zusammengehöriger Informationen eine nützliche Datenstruktur in Python.

Beispiel:

```
my_tuple = (1, 2, 'three', True)
print(type(my_tuple))  # Output: <class 'tuple'>
```

2.2.7 Wörterbücher

Wörterbücher sind eine grundlegende Datenstruktur in der Informatik. Sie sind Sammlungen von Schlüssel-Wert-Paaren, die in geschweiften Klammern { } eingeschlossen sind.

Ein Hauptmerkmal von Wörterbüchern ist, dass die Schlüssel eindeutig sein müssen, was effiziente Suchen und Abrufen von Werten ermöglicht. Neben ihrer Verwendung in der Informatik haben Wörterbücher eine breite Palette von Anwendungen in der realen Welt.

Zum Beispiel können sie verwendet werden, um Informationen in Bereichen wie Finanzen, Medizin und Linguistik zu speichern und zu organisieren. Darüber hinaus bieten Wörterbücher eine flexible und leistungsstarke Möglichkeit, komplexe Datenstrukturen darzustellen, was sie zu einem wesentlichen Werkzeug für jeden Programmierer oder Datenwissenschaftler macht.

Beispiel:

```
my_dict = {'name': 'Alice', 'age': 25}
print(type(my_dict))  # Output: <class 'dict'>
```

Es ist entscheidend, die verschiedenen Datentypen in Python zu verstehen und zu wissen, wie man sie effektiv einsetzt. Dieses Wissen ist wesentlich, weil es dir ermöglicht, die von deinem Programm benötigten Daten präzise darzustellen und zu manipulieren.

Durch die präzise Darstellung von Daten kannst du sicherstellen, dass dein Programm reibungslos, effizient und fehlerfrei funktioniert. Darüber hinaus ermöglicht dir die Fähigkeit, Daten effektiv zu manipulieren, komplexe Programme zu erstellen, die komplizierte Aufgaben ausführen können. Daher ist es unerlässlich, ein gutes Verständnis der Datentypen und ihrer Verwendung in der Python-Programmierung zu haben.

Um das Verständnis von Variablen und Datentypen in Python zu verbessern, kann es nützlich sein, Typkonvertierung und dynamische Typisierung einzuführen:

2.2.8 Typkonvertierung

In Python kannst du einen Datentyp leicht in einen anderen umwandeln. Dies wird als Typkonvertierung oder Typumwandlung bezeichnet. Die Typkonvertierung ist ein sehr nützliches Werkzeug in der Python-Programmierung, da sie es dir ermöglicht, die Art und Weise zu ändern, wie Daten gespeichert werden, damit du Operationen an ihnen durchführen kannst, die sonst nicht möglich wären.

Wenn du zum Beispiel eine Zeichenkette hast, die eine Zahl darstellt, kannst du die Funktion int() verwenden, um sie in eine Ganzzahl umzuwandeln, damit du mathematische Operationen damit durchführen kannst. Ähnlich verhält es sich, wenn du eine Liste von Zahlen hast: Du kannst die Funktion str() verwenden, um sie in eine Zeichenkette umzuwandeln, damit du sie ausgeben oder in eine Datei schreiben kannst.

Die folgenden Funktionen können verwendet werden, um Datentypen in Python zu konvertieren:

- int(): wandelt eine Zahl in eine Ganzzahl um

- float(): wandelt eine Zahl in eine Gleitkommazahl um

- str(): wandelt einen Wert in eine Zeichenkette um

- list(): wandelt eine Sequenz in eine Liste um

- tuple(): wandelt eine Sequenz in ein Tupel um

- dict(): erstellt ein Wörterbuch aus einer Sequenz von Schlüssel-Wert-Paaren

- bool(): wandelt einen Wert in einen booleschen Wert (True oder False) um

Wie du sehen kannst, ist die Typkonvertierung ein leistungsstarkes Werkzeug, das es dir ermöglicht, mit Daten auf viele verschiedene Arten zu arbeiten. Durch die Verwendung dieser Funktionen kannst du Daten leicht manipulieren, um sie an deine Bedürfnisse anzupassen und komplexe Operationen durchzuführen, die sonst schwierig oder unmöglich durchzuführen wären.

Beispiel:

Hier sind einige Beispiele:

```
# converting integer to float
x = 10
print(float(x))  # Output: 10.0

# converting float to integer
y = 20.5
print(int(y))  # Output: 20

# converting integer to string
z = 100
print(str(z))  # Output: '100'
```

2.2.9 Dynamische Typisierung

Python ist eine Programmiersprache mit dynamischer Typisierung, die es dir ermöglicht, Variablen im Laufe des Codes verschiedenen Datentypen zuzuweisen. Diese Flexibilität macht Python zu einer beliebten Wahl unter Entwicklern, besonders im Vergleich zu statisch typisierten Sprachen, die verlangen, dass für jede Variable bei der Erstellung ein bestimmter Datentyp deklariert wird.

Diese Eigenschaft von Python ist auch bei der Arbeit mit komplexen Programmen vorteilhaft, da sie eine größere Anpassungsfähigkeit und Benutzerfreundlichkeit ermöglicht. Darüber hinaus wird Python oft für seine Lesbarkeit und Einfachheit gelobt, was es sowohl für Anfänger als auch für erfahrene Programmierer leichter zu erlernen und zu verwenden macht.

Beispiel:

Hier ist ein Beispiel:

```
x = 10
print(x)  # Output: 10

x = "Hello, World!"
print(x)  # Output: Hello, World!
```

Im obigen Beispiel wird **x** zuerst der ganzzahlige Wert **10** zugewiesen. Später wird **x** dem Zeichenkettenwert **"Hallo, Welt!"** neu zugewiesen. Beide Zuweisungen sind vollkommen gültig.

Obwohl die dynamische Typisierung in Python Flexibilität bietet, könnte sie zu typbezogenen Fehlern in deinem Code führen, weshalb es wichtig ist, sich der Typänderungen bei der Neuzuweisung von Variablen bewusst zu sein.

Das Verständnis, wie Python Variablen und Datentypen handhabt, ist grundlegend, um in der Sprache kompetent zu werden. Dieses Wissen bildet die Grundlage für die gesamte Datenmanipulation in Python und ist sowohl für einfache Skripte als auch für komplexe Datenanalyseaufgaben entscheidend.

Um unsere Diskussion über Variablen und Datentypen in Python abzuschließen, lohnt es sich, Pythons Ansatz zum Geltungsbereich von Variablen zu besprechen. Dies mag wie ein fortgeschrittenes Thema erscheinen, aber ein grundlegendes Verständnis davon von Anfang an wird sehr nützlich sein, wenn du tiefer in die Python-Programmierung einsteigst.

2.2.10 Geltungsbereich von Variablen

Der Geltungsbereich einer Variable bezieht sich auf die verschiedenen Stellen in deinem Code, an denen auf eine Variable zugegriffen werden kann. Dies ist ein wichtiges Konzept, das beim Schreiben von Code zu verstehen ist, da es die Funktionalität deines Programms erheblich beeinflussen kann.

Um den Geltungsbereich einer Variable zu definieren, musst du berücksichtigen, wo sie deklariert wird, sowie alle Funktionen oder Blöcke, in denen sie verschachtelt ist. Durch die Kontrolle des Geltungsbereichs deiner Variablen kannst du sicherstellen, dass sie nur dann und dort zugänglich sind, wenn und wo sie benötigt werden, was dazu beitragen kann, Konflikte zu vermeiden und die allgemeine Effizienz deines Codes zu verbessern.

Python hat zwei grundlegende Geltungsbereiche:

Globaler Geltungsbereich: Die Variable wird außerhalb jeder Funktion definiert und ist an jeder Stelle im Code zugänglich.

Wenn wir vom globalen Geltungsbereich sprechen, beziehen wir uns auf eine Variable, die außerhalb jeder Funktion definiert ist und von jedem Teil des Codes aus zugänglich ist. Das bedeutet, dass die Variable nicht auf eine bestimmte Funktion beschränkt ist und mehrmals im gesamten Code verwendet werden kann.

Dies kann in Situationen nützlich sein, in denen du von verschiedenen Teilen deines Programms aus auf eine Variable zugreifen musst oder wenn du den Wert einer Variable in verschiedenen Funktionen konsistent halten möchtest. Durch die Verwendung des globalen Geltungsbereichs kannst du sicherstellen, dass eine Variable immer und überall verfügbar ist, wo sie benötigt wird, ohne dir Sorgen über Geltungsbereichsprobleme machen zu müssen.

Beispiel:

```
x = 10  # Global variable

def func():
    print(x)  # Accessing the global variable inside a function

func()  # Output: 10
```

Lokaler Geltungsbereich: Die Variable wird innerhalb einer Funktion definiert und ist nur innerhalb dieser Funktion zugänglich. Das bedeutet, dass die Variable einen begrenzten Geltungsbereich hat und von außerhalb der Funktion nicht zugänglich ist. Dies ist nützlich, um

Variablen getrennt und organisiert zu halten, und kann dazu beitragen, Namenskonflikte mit Variablen in anderen Teilen des Codes zu vermeiden.

Es ist jedoch wichtig zu beachten, dass lokale Variablen zerstört werden, wenn die Funktion, in der sie definiert sind, die Ausführung beendet, so dass auf sie außerhalb dieser Funktion nicht zugegriffen oder sie nicht modifiziert werden können. Wenn du von außerhalb einer Funktion auf eine Variable zugreifen musst, kannst du stattdessen eine globale Variable verwenden, auf die von jedem Teil des Codes aus zugegriffen werden kann.

Beispiel:

```
def func():
    y = 5  # Local variable
    print(y)

func()  # Output: 5
print(y)  # Raises NameError: name 'y' is not defined
```

Im ersten Beispiel ist **x** eine globale Variable, daher ist sie sowohl außerhalb als auch innerhalb von Funktionen zugänglich. Im zweiten Beispiel ist **y** eine lokale Variable für **func()**, daher führt der Versuch, **y** außerhalb von **func()** auszugeben, zu einem **NameError**.

Durch das Verständnis des Geltungsbereichs von Variablen kannst du bestimmte Arten von Fehlern vermeiden und einen strukturierteren und wartbareren Code schreiben. Dies, zusammen mit dem Verständnis der dynamischen Typisierung und der Typkonvertierung in Python, bildet eine solide Grundlage für deine Python-Programmierreise. Dies sind einige der grundlegenden Aspekte von Python, die für die Beherrschung der Sprache unerlässlich sind.

Damit schließen wir unsere detaillierte Beschreibung der Variablen und Datentypen in Python ab. In den nächsten Abschnitten werden wir die Bausteine von Python weiter erforschen, beginnend mit Operatoren und Kontrollstrukturen, und allmählich zu komplexeren Themen übergehen.

2.3 Grundlegende Operatoren

Operatoren sind in Python sehr wichtig. Sie sind spezielle Symbole, die verwendet werden, um eine Vielzahl wichtiger Aufgaben auszuführen, wie arithmetische Operationen, logische Berechnungen oder Vergleiche. Du kannst beispielsweise Operatoren verwenden, um Zahlen zu addieren oder zu subtrahieren, zwei Werte zu vergleichen oder logische Operationen wie "und" oder "oder" durchzuführen.

Diese Operatoren werden verwendet, um die Werte oder Variablen zu manipulieren, auf die sie wirken, die als Operanden bekannt sind. In Python gibt es eine breite Palette von Operatoren zur Auswahl, jeder mit seinem eigenen einzigartigen Satz von Merkmalen und Fähigkeiten.

Durch die Beherrschung der Verwendung von Operatoren kannst du deine Fähigkeit, effektiven und effizienten Python-Code zu schreiben, erheblich verbessern.

Hier sind einige der grundlegenden Operatoren in Python:

2.3.1 Arithmetische Operatoren

Arithmetische Operatoren sind ein wesentliches Werkzeug in der Computerprogrammierung, da sie uns ermöglichen, mathematische Operationen mit Leichtigkeit durchzuführen. Tatsächlich stehen mathematische Operationen im Mittelpunkt vieler Computerprogramme, von einfachen Taschenrechnern bis hin zu komplexen Simulationen.

Durch die Verwendung arithmetischer Operatoren können wir Zahlen addieren, subtrahieren, multiplizieren und dividieren sowie fortgeschrittenere Operationen wie Exponenzierung und Modulo-Arithmetik durchführen. Diese Operatoren werden in Programmiersprachen wie Java, Python und C++ weithin verwendet und sind ein grundlegendes Konzept, mit dem jeder angehende Programmierer vertraut sein sollte.

Durch das Verständnis, wie arithmetische Operatoren funktionieren, können wir anspruchsvollere und leistungsfähigere Programme erstellen, die komplexe mathematische Berechnungen mit Leichtigkeit bewältigen können.

Beispiel:

```
x = 10
y = 5

print(x + y)   # Addition, Output: 15
print(x - y)   # Subtraction, Output: 5
print(x * y)   # Multiplication, Output: 50
print(x / y)   # Division, Output: 2.0
print(x % y)   # Modulus (remainder of x/y), Output: 0
print(x ** y)  # Exponentiation (x to the power y), Output: 100000
print(x // y)  # Floor division (division that results into whole number), Output: 2
```

2.3.1 Vergleichsoperatoren

Vergleichsoperatoren werden in der Programmierung häufig verwendet, um verschiedene Werte zu vergleichen. Sie sind ein wesentlicher Bestandteil vieler Programmiersprachen und werden zur Auswertung von Ausdrücken verwendet. Durch die Auswertung von Ausdrücken können Programmierer feststellen, ob eine bestimmte Bedingung erfüllt ist. Wenn beispielsweise eine bestimmte Variable gleich Null ist, kann ein Vergleichsoperator feststellen, ob dies wahr oder falsch ist.

Es gibt viele verschiedene Arten von Vergleichsoperatoren, jeder mit seinem eigenen spezifischen Zweck. Zu den am häufigsten verwendeten Vergleichsoperatoren gehören der Gleichheitsoperator (==), der Ungleichheitsoperator (!=), der Kleiner-als-Operator (<), der

Kleiner-oder-gleich-Operator (<=), der Größer-als-Operator (>) und der Größer-oder-gleich-Operator (>=).

Bei der Verwendung von Vergleichsoperatoren ist es wichtig, die Datentypen zu berücksichtigen, die verglichen werden. Zum Beispiel kann der Vergleich einer Zeichenkette mit einer Ganzzahl möglicherweise nicht das erwartete Ergebnis liefern. Programmiersprachen haben oft spezifische Regeln für den Vergleich verschiedener Datentypen.

Zusammenfassend sind Vergleichsoperatoren ein entscheidender Bestandteil der Programmierung und werden verwendet, um Ausdrücke auszuwerten und festzustellen, ob bestimmte Bedingungen erfüllt sind. Das Verständnis der verschiedenen Arten von Vergleichsoperatoren und ihrer spezifischen Zwecke ist für jeden Programmierer unerlässlich.

Beispiel:

```
x = 10
y = 5

print(x == y)   # Gleich, Ausgabe: False
print(x != y)   # Ungleich, Ausgabe: True
print(x > y)    # Größer als, Ausgabe: True
print(x < y)    # Kleiner als, Ausgabe: False
print(x >= y)   # Größer oder gleich, Ausgabe: True
print(x <= y)   # Kleiner oder gleich, Ausgabe: False
```

2.3.2 Logische Operatoren

Logische Operatoren sind ein wichtiger Bestandteil in der Computerprogrammierung. Programmierer verwenden logische Operatoren, um bedingte Anweisungen zu kombinieren. In Python gibt es drei häufig verwendete logische Operatoren: and, or und not.

Diese Operatoren ermöglichen es Programmierern, komplexe Bedingungen zu erstellen, die erfüllt sein müssen, damit bestimmte Aktionen innerhalb eines Programms ausgeführt werden. Der and-Operator kann beispielsweise verwendet werden, um zu prüfen, ob zwei Bedingungen gleichzeitig wahr sind, während der or-Operator verwendet werden kann, um zu prüfen, ob eine von zwei Bedingungen wahr ist.

Der not-Operator hingegen kann verwendet werden, um den Wert eines booleschen Ausdrucks umzukehren. Durch die Nutzung dieser logischen Operatoren können Programmierer robusteren und anspruchsvolleren Code schreiben, der eine größere Bandbreite an Situationen bewältigen kann.

Beispiel:

```
x = True
y = False

print(x and y)   # Logisches UND, Ausgabe: False
print(x or y)    # Logisches ODER, Ausgabe: True
```

```
print(not x)      # Logisches NICHT, Ausgabe: False
```

2.3.3 Zuweisungsoperatoren

Zuweisungsoperatoren werden verwendet, um Variablen Werte zuzuweisen. Der grundlegende Zuweisungsoperator ist **=**. In Python gibt es auch zusammengesetzte Zuweisungsoperatoren, die eine Operation und eine Zuweisung in einem Schritt durchführen. Dazu gehören **+=**, **-=** und ***=** und andere.

Zuweisungsoperatoren sind ein wesentlicher Aspekt der Python-Programmierung, da sie es Entwicklern ermöglichen, Variablen leicht Werte zuzuweisen. Dies ist besonders nützlich bei komplexen Programmen, die zahlreiche Variablen mit veränderlichen Werten erfordern. Durch die Verwendung von Zuweisungsoperatoren können Entwickler Variablen schnell und effizient Werte zuweisen.

Neben den grundlegenden und zusammengesetzten Zuweisungsoperatoren bietet Python auch erweiterte Zuweisungsoperatoren. Diese Operatoren ähneln den zusammengesetzten Zuweisungsoperatoren, ändern aber den linken Operanden an Ort und Stelle. Einige Beispiele für erweiterte Zuweisungsoperatoren sind **|=**, **&=** und **^=** und andere.

Zusammenfassend sind Zuweisungsoperatoren ein entscheidender Aspekt der Python-Programmierung. Durch ihre Verwendung können Entwickler Variablen schnell und effizient Werte zuweisen, was ihren Code lesbarer und leichter zu warten macht.

Beispiel:

```
x = 10        # Weise x den Wert 10 zu
x += 5        # Addiere 5 zu x und weise das Ergebnis x zu (äquivalent zu x = x + 5)
x -= 5         # Subtrahiere 5 von x und weise das Ergebnis x zu (äquivalent zu x = x -
5)
x *= 5        # Multipliziere x mit 5 und weise das Ergebnis x zu (äquivalent zu x = x *
5)
x /= 5         # Dividiere x durch 5 und weise das Ergebnis x zu (äquivalent zu x = x /
5)
```

Das Verständnis dieser grundlegenden Operatoren ist entscheidend für das Schreiben von Python-Code, da sie die Grundlage für verschiedene Berechnungen und Logik in Python-Programmen bilden. Diese Operatoren ermöglichen es uns, arithmetische Operationen durchzuführen, Werte zu vergleichen, Zuweisungen vorzunehmen und logische Ausdrücke zu manipulieren. Sie dienen als fundamentale Bausteine der Python-Programmierung.

Neben den arithmetischen, Vergleichs-, logischen und Zuweisungsoperatoren unterstützt Python auch verschiedene andere Arten von Operatoren, die in verschiedenen Kontexten nützlich sind. Hier sind einige davon:

2.3.4 Bitweise Operatoren

Bitweise Operatoren sind eine Art von Operator, die mit Operanden arbeiten, als ob sie Ketten von Binärziffern wären. Das bedeutet, dass sie auf jedem Bit individuell operieren, anstatt auf dem gesamten Wert jedes Operanden.

Dies ermöglicht die Durchführung einer breiten Palette von Operationen, einschließlich logischer Operationen wie AND, OR und NOT, sowie arithmetischer Operationen wie Addition und Subtraktion. Durch die Arbeit auf Bit-Ebene können bitweise Operatoren verwendet werden, um Daten effizienter zu manipulieren, was besonders bei bestimmten Anwendungen wie Kryptographie und digitaler Signalverarbeitung nützlich sein kann.

Obwohl sie daher wie ein kleiner und spezialisierter Teil der Computerprogrammierung erscheinen mögen, sind bitweise Operatoren tatsächlich ein leistungsstarkes Werkzeug, das zur Durchführung einer Vielzahl von Aufgaben eingesetzt werden kann.

Beispiel:

```
x = 10  # binary: 1010
y = 4   # binary: 0100

print(x & y)  # Bitwise AND, Output: 0 (0000)
print(x | y)  # Bitwise OR, Output: 14 (1110)
print(~x)     # Bitwise NOT, Output: -11 (-1011)
print(x ^ y)  # Bitwise XOR, Output: 14 (1110)
print(x >> y) # Bitwise right shift, Output: 0 (0000)
print(x << y) # Bitwise left shift, Output: 160 (10100000)
```

2.3.5 Mitgliedschaftsoperatoren

Mitgliedschaftsoperatoren werden in Python häufig verwendet, um zu prüfen, ob ein Wert oder eine Variable Teil einer Sequenz (Zeichenkette, Liste, Tupel, Menge, Wörterbuch) ist. Diese Operatoren umfassen 'in' und 'not in'. Mit 'in' können Sie überprüfen, ob ein Wert in einer Sequenz vorhanden ist, und mit 'not in' können Sie überprüfen, ob ein Wert in einer Sequenz nicht vorhanden ist.

Neben ihrer grundlegenden Funktionalität können Mitgliedschaftsoperatoren in komplexeren Ausdrücken verwendet werden, wie zum Beispiel in verschachtelten 'if'-Anweisungen. Auf diese Weise können sie ein leistungsstarkes Werkzeug für Programmierer sein, die bestimmte Werte in großen Datensätzen suchen oder andere Operationen in Sequenzen durchführen müssen.

Beispiel:

```
list = [1, 2, 3, 4, 5]

print(1 in list)      # Ausgabe: True
print(6 in list)      # Ausgabe: False
print(6 not in list)  # Ausgabe: True
```

2.3.6 Identitätsoperatoren

Identitätsoperatoren werden in Python verwendet, um zu vergleichen, ob zwei Objekte die gleiche Instanz einer Klasse sind. Das bedeutet, dass sie die Speicheradressen zweier Objekte vergleichen. Die beiden wichtigsten Identitätsoperatoren sind **is** und **is not**.

Bei Verwendung des Operators **is** wird überprüft, ob zwei Objekte dieselbe Speicheradresse haben, was bedeutet, dass sie genau dasselbe Objekt sind. Bei Verwendung des Operators **is not** wird überprüft, ob zwei Objekte nicht dieselbe Speicheradresse haben, was bedeutet, dass sie nicht dasselbe Objekt sind.

Es ist wichtig zu beachten, dass der Identitätsvergleich sich vom Wertevergleich unterscheidet. Der Wertevergleich prüft, ob zwei Objekte den gleichen Wert haben, während der Identitätsvergleich prüft, ob zwei Objekte die gleiche Instanz einer Klasse sind.

Insgesamt sind Identitätsoperatoren ein nützliches Werkzeug in Python, um zu überprüfen, ob zwei Objekte die gleiche Instanz einer Klasse sind, und sie können in verschiedenen Szenarien verwendet werden, um sicherzustellen, dass ein Programm wie erwartet ausgeführt wird.

Beispiel:

```
x = 5
y = 5
z = '5'

print(x is y)      # Ausgabe: True
print(x is z)      # Ausgabe: False
print(x is not z)  # Ausgabe: True
```

2.3.7 Operatorpräzedenz

Die Operatorpräzedenz bezieht sich auf die Reihenfolge, in der Operationen ausgeführt werden, zum Beispiel, ob die Multiplikation vor der Addition ausgeführt wird. Die Reihenfolge, in der Operationen ausgeführt werden, kann einen erheblichen Einfluss auf das Ergebnis der Berechnung haben. In Python werden Operatoren mit höherer Präzedenz zuerst ausgewertet, gefolgt von Operatoren mit niedrigerer Präzedenz. Wenn Operatoren die gleiche Präzedenz haben, werden sie von links nach rechts ausgewertet.

Es ist wichtig, die Regeln der Operatorpräzedenz zu verstehen, um korrekten und effizienten Code zu schreiben. Wenn wir beispielsweise die Addition vor der Multiplikation durchführen möchten, können wir Klammern verwenden, um die Additionsoperationen zu gruppieren. Dies stellt sicher, dass die Additionsoperationen vor den Multiplikationsoperationen durchgeführt werden.

Neben der Operatorpräzedenz hat Python auch Regeln für die Assoziativität von Operatoren. Dies bestimmt die Reihenfolge, in der Operationen mit der gleichen Präzedenz ausgeführt werden. Zum Beispiel hat der Additionsoperator Linksassoziativität, was bedeutet, dass die

Operationen von links nach rechts ausgeführt werden. Das bedeutet, dass in dem Ausdruck **1 + 2 + 3** die Operationen in der Reihenfolge **1 + 2** zuerst ausgeführt werden, gefolgt von **3 + (1 + 2)**.

Das Verständnis der Operatorpräzedenz und -assoziativität ist ein wichtiger Aspekt für das Schreiben von korrektem und effizientem Python-Code. Indem wir diese Regeln befolgen, können wir sicherstellen, dass unser Code die beabsichtigten Berechnungen in der erwarteten Reihenfolge durchführt, was zu korrekten Ergebnissen und effizienter Leistung führt.

Hier ist die Reihenfolge der Operatorpräzedenz in Python, von der höchsten zur niedrigsten:

1. Klammern **()**

2. Potenzierung *****

3. Bitweise NOT **~**

4. Multiplikation, Division, Modulo und Ganzzahldivision **, /, %, //**

5. Addition und Subtraktion **+, -**

6. Bitweise Verschiebungsoperatoren **>>, <<**

7. Bitweise AND **&**

8. Bitweise XOR **^**

9. Bitweise OR **|**

10. Vergleichsoperatoren **==, !=, >, >=, <, <=**

11. Zuweisungsoperatoren **=, +=, -=, *=, /=, %=, //=, **=, &=, ^=, >>=, <<=, |=**

12. Identitätsoperatoren **is, is not**

13. Mitgliedschaftsoperatoren **in, not in**

14. Logisches NOT **not**

15. Logisches AND **and**

16. Logisches OR **or**

Zum Beispiel:

```
x = 5 + 2 * 3  # multiplication has higher precedence, so 2*3 is evaluated first
print(x)  # Output: 11

y = (5 + 2) * 3  # parentheses have the highest precedence, so 5+2 is evaluated first
print(y)  # Output: 21
```

Das Verständnis der Operatorpräzedenz ermöglicht es dir, komplexere und präzisere Ausdrücke in Python zu schreiben. Es ist ein wesentliches Konzept, das dir helfen wird, klaren und korrekten Code zu schreiben.

Damit schließen wir unsere Diskussion über die grundlegenden Operatoren in Python und ihre Verwendung beim Schreiben von Python-Programmen ab. Das Verständnis dieser Konzepte bildet eine solide Grundlage für die Programmierung in Python und ermöglicht es dir, eine breite Palette von Operationen in Python durchzuführen. Als Nächstes werden wir die Kontrollstrukturen in Python erkunden, einschließlich bedingter Anweisungen und Schleifen, die wesentliche Werkzeuge zur Steuerung des Programmablaufs sind.

2.4 Praktische Übungen

Um die in diesem Kapitel besprochenen Konzepte zu festigen, probiere die folgenden Übungen aus. Die Lösungen werden nach jeder Frage bereitgestellt, aber versuche, die Übungen selbstständig zu lösen, bevor du dir die Antworten ansiehst.

Übung 1: Erstelle ein Python-Programm, das zwei Zahlen als Benutzereingaben entgegennimmt, alle grundlegenden arithmetischen Operationen mit diesen Zahlen durchführt und die Ergebnisse ausgibt.

Lösung:

```python
# taking two numbers as inputs from the user
num1 = float(input("Enter first number: "))
num2 = float(input("Enter second number: "))

# performing arithmetic operations
add = num1 + num2
subtract = num1 - num2
multiply = num1 * num2
divide = num1 / num2

# printing the results
print(f"The sum of {num1} and {num2} is: {add}")
print(f"The difference between {num1} and {num2} is: {subtract}")
print(f"The product of {num1} and {num2} is: {multiply}")
print(f"The quotient of {num1} and {num2} is: {divide}")
```

Übung 2: Erstelle ein Python-Programm, das den Benutzer nach einer Zahl fragt und dann ausgibt, ob die Zahl gerade oder ungerade ist.

Lösung:

```python
# asking the user for a number
num = int(input("Enter a number: "))
```

```
# checking whether the number is even or odd
if num % 2 == 0:
    print(f"{num} is an even number.")
else:
    print(f"{num} is an odd number.")
```

Übung 3: Erstelle ein Python-Programm, das Vergleichsoperatoren verwendet, um zwei vom Benutzer eingegebene Zahlen zu vergleichen und auszugeben, ob sie gleich sind, und wenn nicht, welche die größere ist.

Lösung:

```
# taking two numbers as inputs from the user
num1 = float(input("Enter first number: "))
num2 = float(input("Enter second number: "))

# using comparison operators to compare the numbers
if num1 == num2:
    print("The numbers are equal.")
elif num1 > num2:
    print(f"The number {num1} is larger.")
else:
    print(f"The number {num2} is larger.")
```

Übung 4: Erstelle ein Python-Programm, das logische Operatoren verwendet, um festzustellen, ob eine vom Benutzer eingegebene Zahl innerhalb eines bestimmten Bereichs liegt.

Lösung:

```
# taking a number as input from the user
num = float(input("Enter a number: "))

# specifying the range
lower_bound = 10
upper_bound = 20

# checking whether the number is within the range
if num >= lower_bound and num <= upper_bound:
    print(f"The number {num} is within the range of {lower_bound} and {upper_bound}.")
else:
    print(f"The number {num} is outside the range of {lower_bound} and {upper_bound}.")
```

Diese Übungen helfen dir, die Python-Syntax zu üben, mit Variablen und verschiedenen Datentypen zu arbeiten und die grundlegenden Operatoren von Python zu verwenden. Denke immer daran, dass Übung der Schlüssel ist, wenn man eine neue Programmiersprache lernt.

Fazit zu Kapitel 2

In diesem Kapitel haben wir uns eingehend mit den grundlegenden Bausteinen von Python beschäftigt, einschließlich der Syntax der Sprache, der Semantik und den wichtigsten Programmierkonzepten. Wir haben die Intuitivität von Python und sein benutzerfreundliches Design untersucht, die beide zu seiner schnell wachsenden Beliebtheit sowohl bei Anfängern als auch bei Profis beigetragen haben.

Beginnend mit einer Erkundung der Python-Syntax und -Semantik haben wir die grundlegenden Regeln betrachtet, die die Struktur von Python-Programmen bestimmen. Die klare und lesbare Syntax von Python macht es zu einer äußerst ausdrucksstarken Sprache, die es Entwicklern ermöglicht, komplexe Aufgaben mit vergleichsweise wenigen Codezeilen zu bewältigen. Das Verständnis der Konzepte der Einrückung und der Bedeutung von Leerzeichen, der Verwendung von Kommentaren und der korrekten Platzierung von Doppelpunkten ist entscheidend für das Schreiben von korrektem und funktionalem Python-Code. Darüber hinaus haben wir uns mit der Semantik von Python befasst und gelernt, wie Python Befehle ausführt und welche Feinheiten das dynamische Typsystem aufweist, was die Flexibilität von Python verdeutlicht.

Anschließend haben wir die verschiedenen Arten von Variablen und Datentypen in Python erkundet. Variablen sind für jede Programmiersprache von grundlegender Bedeutung, und Python bietet eine Vielzahl von Datentypen, um unterschiedlichen Anforderungen gerecht zu werden. Wir haben verschiedene grundlegende Datentypen untersucht, darunter Zahlen (Ganzzahlen und Gleitkommazahlen), Boolesche Werte, Zeichenketten und None, und haben auch komplexere Typen wie Listen, Tupel, Wörterbücher und Mengen betrachtet. Jeder Typ hat seine eigenen einzigartigen Eigenschaften und Anwendungen, was die Fähigkeit von Python unterstreicht, eine breite Palette von Datenmanipulationsaufgaben zu bewältigen.

In den folgenden Abschnitten haben wir unser Verständnis von Python vertieft, indem wir die verschiedenen Operatoren erkundet haben, die es bietet. Wir haben die grundlegenden arithmetischen Operatoren für mathematische Berechnungen und die Vergleichsoperatoren für Wertevergleiche behandelt. Wir haben auch die logischen Operatoren untersucht, die es uns ermöglichen, komplexe logische Bedingungen zu erstellen. Darüber hinaus haben wir uns mit fortgeschritteneren Konzepten wie Bitoperatoren, Zugehörigkeits- und Identitätsoperatoren befasst. Das Verständnis dieser Operatoren ist der Schlüssel, um das Potenzial von Python bei der Datenmanipulation und Entscheidungsprozessen voll auszuschöpfen.

Schließlich haben wir das Kapitel mit einer Reihe praktischer Übungen abgeschlossen, die darauf ausgelegt sind, dein Verständnis der erlernten Konzepte anzuwenden und zu festigen. Durch das Experimentieren und Testen verschiedener Codeabschnitte hast du zweifellos die Kraft und Einfachheit von Python aus erster Hand erfahren. Dieser praktische Ansatz ist entscheidend, um eine neue Programmiersprache zu erlernen und sich mit ihr vertraut zu machen.

Zum Abschluss dieses Kapitels ist es wichtig zu bedenken, dass wir zwar viele grundlegende Aspekte von Python behandelt haben, es aber immer noch mehr zu lernen gibt. Python ist eine dynamische und sich ständig weiterentwickelnde Sprache mit einem reichen Ökosystem an Bibliotheken und Frameworks, die ihre Fähigkeiten erweitern. Wenn du deine Reise mit Python fortsetzt, wirst du neue Funktionen und Techniken entdecken, die deinen Code effizienter und effektiver machen.

In den kommenden Kapiteln werden wir auf dieser Grundlage aufbauen und fortgeschrittenere Themen wie Kontrollstrukturen, Funktionen und objektorientierte Programmierung in Python erkunden. Wir werden uns auch mit den leistungsstarken Bibliotheken von Python für Aufgaben wie Datenanalyse, maschinelles Lernen und Webentwicklung befassen. Also übe weiter, bleib neugierig und genieße deine Reise zur Beherrschung von Python.

Kapitel 3: Kontrollieren des Flusses

Im Bereich der Programmierung sind Kontrollstrukturen unerlässlich, um den Ausführungsfluss eines Programms zu steuern. Ohne sie würde ein Programm einfach Zeile für Zeile von oben nach unten ausgeführt werden, was in der dynamischen und komplexen Welt der Softwareentwicklung nicht besonders nützlich ist. Kontrollstrukturen ermöglichen es einem Programm zu entscheiden, was basierend auf verschiedenen Bedingungen zu tun ist, Operationen zu wiederholen und von einem Codeabschnitt zum anderen zu springen. Sie erlauben einem Programm, intelligent zu reagieren und zu handeln, indem es seine Aktionen entsprechend den spezifischen Umständen anpasst, auf die es trifft.

Darüber hinaus kann die Verwendung von Kontrollstrukturen die Funktionalität und Effizienz eines Programms erheblich verbessern. Durch die Integration von bedingten Anweisungen, Schleifen und Funktionsaufrufen kann ein Programmierer Programme erstellen, die komplexe Entscheidungen treffen, sich wiederholende Aufgaben ausführen und Code in wiederverwendbare Blöcke organisieren können. Dies kann zur Entwicklung robusterer und skalierbarer Softwareanwendungen führen, die verschiedene Szenarien der realen Welt bewältigen können.

In diesem Kapitel werden wir die verschiedenen Kontrollstrukturen, die Python bietet, eingehend untersuchen. Wir werden bedingte Anweisungen behandeln, die es einem Programm ermöglichen, Aktionen basierend auf bestimmten Bedingungen auszuführen, sowie Schleifen, die es einem Programm ermöglichen, einen bestimmten Codeblock mehrmals zu wiederholen. Zusätzlich werden wir uns mit Funktionsaufrufen befassen, die es einem Programm ermöglichen, einen bestimmten Satz von Anweisungen auszuführen, wenn sie aufgerufen werden. Durch praktische Beispiele werden wir die Syntax und Semantik dieser Konstrukte verstehen und erforschen, wie sie in realen Programmierszenarien eingesetzt werden können.

Lassen Sie uns also in unser erstes Thema eintauchen: Kontrollstrukturen in Python, und lernen, wie man Programme erstellt, die effizient, flexibel und intelligent sind.

3.1 Kontrollstrukturen in Python

Python ist eine vielseitige Sprache, die eine Vielzahl nützlicher Kontrollstrukturen bietet. Ihre Kontrollstrukturen umfassen bedingte Anweisungen, Schleifen und den Mechanismus des

Funktionsaufrufs. Diese Strukturen sind für die Programmierung unerlässlich und spielen eine wichtige Rolle bei der Erstellung komplexer Programme.

Bedingte Anweisungen sind ein wesentlicher Aspekt der Kontrollstrukturen in Python. Sie ermöglichen es Programmierern, bestimmte Codeblöcke auszuführen, je nachdem, ob eine Bedingung wahr oder falsch ist. Dies wird durch die Verwendung der Anweisungen if, elif und else erreicht. Eine if-Anweisung wird verwendet, um zu überprüfen, ob eine Bedingung wahr ist, und wenn ja, wird der entsprechende Codeblock ausgeführt. Eine elif-Anweisung wird verwendet, um zusätzliche Bedingungen zu überprüfen, wenn die erste Bedingung falsch ist. Schließlich wird eine else-Anweisung verwendet, um einen Codeblock auszuführen, wenn alle vorherigen Bedingungen falsch sind.

Schleifen sind eine weitere wichtige Kontrollstruktur in Python. Sie ermöglichen es Programmierern, einen Codeblock wiederholt auszuführen, bis eine bestimmte Bedingung erfüllt ist. Es gibt zwei Arten von Schleifen in Python: for-Schleifen und while-Schleifen. Eine for-Schleife wird verwendet, um über eine Sequenz von Elementen zu iterieren, während eine while-Schleife verwendet wird, um einen Codeblock auszuführen, solange eine bestimmte Bedingung erfüllt ist.

Der Mechanismus des Funktionsaufrufs ist ein weiterer Schlüsselaspekt der Kontrollstrukturen in Python. Er ermöglicht es Programmierern, wiederverwendbare Codeblöcke zu definieren, die von verschiedenen Teilen eines Programms aufgerufen werden können. Funktionen werden mit dem Schlüsselwort def definiert, gefolgt vom Namen der Funktion und allen Parametern, die die Funktion benötigt. Sobald eine Funktion definiert wurde, kann sie von überall im Programm mit ihrem Namen aufgerufen werden, wobei alle erforderlichen Argumente übergeben werden.

Zusammenfassend sind die Kontrollstrukturen von Python für die Programmierung unerlässlich und ermöglichen es Programmierern, komplexe Programme zu erstellen. Sie umfassen bedingte Anweisungen, Schleifen und den Mechanismus des Funktionsaufrufs. Durch die Beherrschung dieser Strukturen können Programmierer effiziente und effektive Programme erstellen.

3.1.1 Bedingte Anweisungen (if, elif, else)

Die **if**-Anweisung ist ein grundlegender Bestandteil der Programmierung in Python. Sie dient als Kontrollstruktur, die es einem Programm ermöglicht, verschiedene Aktionen durchzuführen, je nachdem, ob eine bestimmte Bedingung wahr oder falsch ist. Diese Eigenschaft macht **if**-Anweisungen zu einem wesentlichen Werkzeug für die Erstellung dynamischer und reaktiver Programme.

Bei der Verwendung von **if**-Anweisungen können Programmierer Entscheidungsalgorithmen erstellen, die es ihren Programmen ermöglichen, je nach Eingabe oder anderen Bedingungen unterschiedliche Aufgaben auszuführen. Ein Programm, das die Temperatur überprüft, könnte beispielsweise eine **if**-Anweisung verwenden, um festzustellen, ob die Temperatur zu hoch oder zu niedrig ist, und dann entsprechend handeln.

Darüber hinaus können **if**-Anweisungen verschachtelt werden, was es Programmierern ermöglicht, komplexere Kontrollstrukturen zu erstellen, die ein breiteres Spektrum an Szenarien bewältigen können. Verschachtelte **if**-Anweisungen können verwendet werden, um mehrere Bedingungen zu überprüfen oder um Entscheidungsbäume zu erstellen, die sich je nach Eingabe oder anderen Faktoren in verschiedene Richtungen verzweigen.

Zusammenfassend ist die **if**-Anweisung ein vielseitiges und leistungsstarkes Werkzeug, das es Programmierern ermöglicht, dynamische und reaktive Programme zu erstellen. Durch die Beherrschung der Verwendung von **if**-Anweisungen können Programmierer anspruchsvollere und effektivere Anwendungen erstellen, die ein breiteres Spektrum an Szenarien und Benutzereingaben bewältigen können.

Beispiel:

Hier ist die grundlegende Syntax:

```
if condition:
    # code to execute if the condition is True
Erstellen wir zum Beispiel ein einfaches Programm, das eine Nachricht basierend auf
dem Wert einer Variablen ausgibt:
x = 10

if x > 0:
    print("x is positive")
```

In diesem Code ist die Bedingung **x > 0**. Wenn diese Bedingung wahr ist, gibt das Programm "x ist positiv" aus.

Aber was ist, wenn wir mehrere Bedingungen behandeln wollen? Hier kommen die Schlüsselwörter **elif** (Abkürzung für "else if") und **else** ins Spiel. Das Schlüsselwort **elif** ermöglicht es uns, zusätzliche Bedingungen zu überprüfen, wenn die vorherigen Bedingungen nicht erfüllt wurden. Das Schlüsselwort **else** deckt alle anderen Fälle ab, in denen die vorherigen Bedingungen nicht erfüllt wurden.

Hier ist ein Beispiel:

```
x = -5

if x > 0:
    print("x is positive")
elif x < 0:
    print("x is negative")
else:
    print("x is zero")
```

In diesem Code überprüft das Programm zuerst, ob **x** positiv ist. Wenn nicht, überprüft es, ob **x** negativ ist. Wenn **x** weder positiv noch negativ ist (d.h. **x** ist null), gibt es "x ist null" aus.

Dies ist ein einfaches Beispiel dafür, wie bedingte Anweisungen es einem Python-Programm ermöglichen, Entscheidungen zu treffen. Hier sind einige zusätzliche Punkte, um unsere Diskussion über bedingte Anweisungen in Python zu vertiefen.

Verschachtelte If-Anweisungen

In Python können **if**-Anweisungen ineinander verschachtelt werden. Das bedeutet, dass man eine **if**-Anweisung innerhalb einer anderen **if**-Anweisung haben kann. Dies kann besonders nützlich sein, wenn man eine weitere Bedingung überprüfen möchte, nachdem eine bestimmte Bedingung als wahr bewertet wurde.

Nehmen wir zum Beispiel an, dass man überprüfen möchte, ob eine Zahl größer als 5 ist, und wenn ja, möchte man auch überprüfen, ob es sich um eine gerade Zahl handelt. Dies kann man mit verschachtelten **if**-Anweisungen erreichen. Zuerst würde man überprüfen, ob die Zahl größer als 5 ist. Wenn ja, würde man dann überprüfen, ob sie gerade ist, indem man eine weitere **if**-Anweisung innerhalb der ersten **if**-Anweisung verwendet.

Auf diese Weise kann man mehrere Überprüfungen auf strukturierte und organisierte Weise durchführen.

Beispiel:

Hier ist ein Beispiel:

```
x = 10
y = 20

if x == 10:
    print("x equals 10")

    if y == 20:
        print("y equals 20")
        print("Both conditions are true.")
```

In diesem Beispiel prüft das Programm zunächst, ob **x** gleich 10 ist. Wenn diese Bedingung wahr ist, tritt es in den Hauptteil der **if**-Anweisung ein und gibt "x ist gleich 10" aus. Innerhalb dieser **if**-Anweisung gibt es eine weitere **if**-Anweisung, die prüft, ob **y** gleich 20 ist. Wenn auch diese Bedingung wahr ist, gibt sie "y ist gleich 20" und "Beide Bedingungen sind wahr" aus.

Bedingte Ausdrücke (Ternärer Operator)

Python unterstützt auch eine prägnante Form zum Schreiben bedingter Ausdrücke mit dem ternären Operator. Der ternäre Operator ist eine Abkürzung für eine **if-else**-Anweisung. Anstatt die vollständige **if-else**-Anweisung zu schreiben, ermöglicht dir der ternäre Operator, eine kürzere Version der Anweisung zu schreiben, die leichter zu lesen und zu verstehen ist.

Der ternäre Operator ist ein leistungsstarkes Werkzeug, das zur Vereinfachung des Codes und zur Steigerung seiner Effizienz eingesetzt werden kann. Durch die Verwendung des ternären

Operators kannst du Code schreiben, der prägnant und leicht verständlich ist. Diese Funktion ist besonders nützlich, wenn du an großen Projekten arbeitest, bei denen Lesbarkeit und Effizienz des Codes entscheidend sind. Insgesamt ist der ternäre Operator ein nützliches Werkzeug, mit dem jeder Python-Entwickler vertraut sein sollte.

Beispiel:

So funktioniert es:

```
x = 10
message = "Hello" if x == 10 else "Goodbye"
print(message)  # outputs: Hello
```

In diesem Beispiel wird der Variablen **message** der Wert "Hello" zugewiesen, wenn **x** gleich 10 ist, und andernfalls "Goodbye". Die Syntax eines bedingten Ausdrucks ist **wert_wenn_wahr if bedingung else wert_wenn_falsch**. Dies ist eine praktische Möglichkeit, kompakte **if-else**-Anweisungen zu schreiben, sollte jedoch mit Bedacht und nur bei einfacher Logik verwendet werden, um den Code klar und lesbar zu halten.

Die pass-Anweisung

In Python erfordert die **if**-Anweisung mindestens eine Anweisung in jedem **if**-, **elif**- oder **else**-Block und kann nicht leer sein. Es kann jedoch Situationen während des Entwicklungsprozesses geben, in denen du einen bedingten Block erstellst, aber noch nicht bereit bist, den tatsächlichen Code dafür zu schreiben. Hier kommt die **pass**-Anweisung ins Spiel.

Die **pass**-Anweisung tut nichts, was sie zu einem ausgezeichneten Platzhalter macht. Du kannst **pass** verwenden, um die Struktur deines Programms zu erstellen, ohne dich um die Details kümmern zu müssen. Dies ermöglicht es dir, dich auf die kritischen Aspekte deines Codes zu konzentrieren und die Lücken später zu füllen. Die Verwendung von **pass** macht deinen Code auch lesbarer und leichter verständlich für andere Entwickler, die möglicherweise am selben Code arbeiten.

Beispiel:

```
x = 10

if x == 10:
    pass  # TODO: add actual code here
```

Dies zeigt, wie die **pass**-Anweisung es uns ermöglicht, einen **if**-Block zu definieren, der nichts tut. Es ist üblich, **pass** zusammen mit einem **TODO**-Kommentar zu verwenden, der erklärt, was der endgültige Code tun sollte.

Diese Konzepte vervollständigen unser Verständnis der bedingten Anweisungen in Python und zeigen ihre Flexibilität und Anpassungsfähigkeit an verschiedene Programmierbedürfnisse. Sie bilden die Grundlage für die Entscheidungsfindung in Python-Code, eine kritische Komponente bei der Entwicklung komplexer und interaktiver Softwareanwendungen. Um unser Verständnis noch weiter zu vertiefen, wollen wir nun einige bewährte Praktiken im Zusammenhang mit der Verwendung von bedingten Anweisungen in Python erörtern:

Vereinfachen komplexer Bedingungen

Wenn es um mehrere Bedingungen geht, kann es sein, dass du mit einer komplexen und schwer lesbaren bedingten Anweisung endest. In solchen Fällen ist es oft hilfreich, die komplexe Bedingung in einfachere Zwischenvariablen zu zerlegen.

Du könntest beispielsweise einen Satz boolescher Variablen erstellen, um jede Teilbedingung darzustellen, und dann diese Variablen mit logischen Operatoren kombinieren, um die Gesamtbedingung zu bilden. Dies macht den Code nicht nur leichter lesbar, sondern erleichtert auch das Debuggen und die Wartung in der Zukunft.

Darüber hinaus kann die Verwendung von Zwischenvariablen dazu beitragen, dass du dieselbe komplexe Bedingung nicht mehrmals in deinem gesamten Code wiederholst, wodurch das Risiko von Fehlern reduziert und die Gesamteffizienz verbessert wird.

Wenn du also das nächste Mal mit einer komplexen bedingten Anweisung kämpfst, denke an die Kraft der Zwischenvariablen und zerlege diese Anweisung in handhabbare Teile!

Beispiel:

```
# hard to read
if (x > 10 and x < 20) or (y > 30 and y < 40) or z > 50:
    print("Complex condition met")

# easier to read
is_x_in_range = x > 10 and x < 20
is_y_in_range = y > 30 and y < 40
is_z_large = z > 50

if is_x_in_range or is_y_in_range or is_z_large:
    print("Complex condition met")
```

Verkettete Vergleiche vermeiden

Beim Programmieren in Python ist es möglich, mehrere Vergleiche in einem einzigen Ausdruck zu verketten. Anstatt beispielsweise den herkömmlichen Operator **and** zu verwenden, um zwei Variablen **x** und **y** mit einer dritten **z** wie **x < y and y < z** zu vergleichen, könntest du verkettete Vergleichsoperatoren auf diese Weise verwenden: **x < y < z**.

Dies mag als eine clevere und prägnante Art, Code zu schreiben, erscheinen, aber es ist wichtig, die Lesbarkeit deines Codes zu berücksichtigen, besonders für Entwickler, die mit dieser Syntax nicht vertraut sind. Im Allgemeinen ist es besser, klaren und expliziten Code zu schreiben, der leicht zu verfolgen ist, auch wenn das bedeutet, dass der Code etwas länger ist.

Beispiel:

```python
# potentially confusing
if 0 < x < 10:
    print("x is a positive single digit number")

# clearer
if x > 0 and x < 10:
    print("x is a positive single digit number")
```

Überprüfung der Mitgliedschaft mit in

Wenn du überprüfst, ob ein Wert in einer Sammlung (wie einer Liste oder einem Dictionary) existiert, verwende das Schlüsselwort **in**. Dieses Schlüsselwort ermöglicht es dir, nach dem Vorhandensein eines Wertes in der Sammlung zu suchen, ohne mit einer Schleife über die gesamte Sammlung iterieren zu müssen. Dies macht deinen Code effizienter, besonders wenn es um große Sammlungen geht.

Die Verwendung des Schlüsselworts **in** macht deinen Code lesbarer und "pythonischer", was wichtig ist, wenn du mit anderen Entwicklern zusammenarbeitest oder den Code über längere Zeit pflegst. Schließlich ist dieser Ansatz weniger fehleranfällig als die Verwendung einer Schleife, da du leicht ein Element in der Sammlung übersehen kannst, wenn du über sie iterierst, besonders wenn die Sammlung groß oder komplex ist.

Im Allgemeinen ist es eine gute Praxis, das Schlüsselwort **in** zu verwenden, wenn du das Vorhandensein eines Wertes in einer Sammlung in Python überprüfst.

Beispiel:

```python
# Pythonic
if x in my_list:
    print("x is in my_list")

# Non-Pythonic
found = False
for item in my_list:
    if item == x:
        found = True
        break

if found:
    print("x is in my_list")
```

Diese Best Practices machen nicht nur deine bedingten Anweisungen effektiver, sondern stellen auch sicher, dass dein Code sauber, lesbar und pythonisch ist. Es ist wichtig, diese Punkte im Hinterkopf zu behalten, während wir zu anderen Kontrollstrukturen in den folgenden Abschnitten übergehen.

Um nun sicherzustellen, dass wir ein vollständiges Verständnis haben, wollen wir ein paar wichtige Eigenschaften von Python besprechen, die oft Hand in Hand mit bedingten Anweisungen gehen: die Operatoren **is** und **is not**.

Die Operatoren is und is not

In Python sind **is** und **is not** spezielle Operatoren für Identitätstests. Wenn wir diese Operatoren verwenden, prüfen wir, ob sich zwei Variablen auf dasselbe Objekt im Speicher beziehen. Dies unterscheidet sich von den Operatoren **==** und **!=**, die die Werte der Objekte vergleichen. Es ist wichtig, diesen Unterschied zu verstehen, da er Auswirkungen auf die Leistung deines Codes haben kann.

Angenommen, wir haben beispielsweise eine Liste in Python und möchten überprüfen, ob ein bestimmter Wert in dieser Liste enthalten ist. Wir können den Operator **in** verwenden, um dies zu tun. Wenn wir jedoch den Operator **is** anstelle von **in** verwenden, erhalten wir nicht das erwartete Ergebnis. Das liegt daran, dass **is** die Identität überprüft, nicht die Gleichheit.

Ein weiterer zu beachtender Punkt ist, dass der Operator **is** verwendet werden kann, um zu testen, ob eine Variable **None** ist. Das liegt daran, dass in Python **None** ein spezielles Objekt ist, das die Abwesenheit eines Wertes darstellt. Wenn wir **is** verwenden, um zu testen, ob es **None** ist, überprüfen wir, ob die Variable auf dasselbe Objekt wie **None** zeigt.

Obwohl **is** und **is not** also ähnlich wie **==** und **!=** erscheinen mögen, haben sie tatsächlich einen anderen Zweck. Wenn du den Unterschied zwischen diesen Operatoren verstehst, kannst du besseren Code schreiben und häufige Fehler vermeiden.

Beispiel:

Hier ist ein Beispiel zur Veranschaulichung:

```
# Using the `==` operator
list1 = [1, 2, 3]
list2 = [1, 2, 3]

print(list1 == list2)  # Outputs: True

# Using the `is` operator
print(list1 is list2)  # Outputs: False
```

Im vorherigen Beispiel enthalten **list1** und **list2** die gleichen Elemente, daher ist **list1 == list2** **True**. Allerdings sind **list1** und **list2** zwei verschiedene Objekte (obwohl ihr Inhalt gleich ist), weshalb **list1 is list2 False** ist.

Der Operator **is** wird häufig mit **None** verwendet, da es in Python nur eine Instanz von **None** gibt, sodass du **is** zuverlässig verwenden kannst, um zu überprüfen, ob eine Variable **None** ist:

```
x = None
```

```
if x is None:
    print("x is None")
```

Im obigen Code ist **if x is None:** die pythonische Art zu überprüfen, ob **x None** ist. Es wird gegenüber der weniger pythonischen Form **if x == None:** bevorzugt.

Damit haben wir praktisch alles abgedeckt, was du über bedingte Anweisungen in Python wissen musst, und eine solide Grundlage für die restlichen Kontrollstrukturen gelegt, die wir lernen werden. Denke daran, dass wie bei allen Programmierkonzepten der beste Weg zum Lernen darin besteht, viel Code zu schreiben und mit verschiedenen Konstrukten und Mustern zu experimentieren.

3.1.2 Schleifenstrukturen (for, while)

In Python müssen wir, wie in den meisten Programmiersprachen, oft einen Codeblock mehrmals ausführen. Hier kommen Schleifenstrukturen ins Spiel. Schleifenstrukturen werden verwendet, um einen Codeblock zu wiederholen, bis eine bestimmte Bedingung erfüllt ist. Python bietet zwei Haupttypen von Schleifen: **for**-Schleifen und **while**-Schleifen.

Die **for**-Schleifen werden verwendet, um über eine Sequenz von Elementen zu iterieren. Du kannst eine **for**-Schleife verwenden, um über eine Liste, ein Tupel, ein Set oder ein Dictionary oder jedes andere Objekt, das iterierbar ist, zu iterieren. Bei jeder Iteration der Schleife wird der Codeblock mit dem aktuellen Element als Schleifenvariable ausgeführt.

Die **while**-Schleifen werden verwendet, um einen Codeblock zu wiederholen, bis eine bestimmte Bedingung erfüllt ist. Die Schleife wird weiter ausgeführt, solange die Bedingung wahr ist. Du kannst eine **while**-Schleife verwenden, um eine Aufgabe wiederholt auszuführen, bis eine bestimmte Bedingung erfüllt ist. Bei jeder Iteration der Schleife wird die Bedingung überprüft und, wenn sie wahr ist, wird der Codeblock ausgeführt.

For-Schleifen

In Python werden **for**-Schleifen typischerweise verwendet, um über eine Sequenz (wie eine Liste, ein Tupel, ein Dictionary, ein Set oder einen String) oder andere iterierbare Objekte zu iterieren. Das Iterieren über eine Sequenz wird als Traversierung bezeichnet.

Das Traversieren einer Sequenz in Python ist eine grundlegende Aufgabe, die in vielen Anwendungen verwendet wird. Es ermöglicht dir, auf jedes Element einer Sequenz zuzugreifen und eine Operation daran durchzuführen. Dies kann in einer Vielzahl von Szenarien nützlich sein, wie bei der Datenverarbeitung, Textanalyse und Grafikmanipulation.

Die Verwendung einer **for**-Schleife zum Traversieren einer Sequenz ist sehr einfach. Du gibst einfach die Sequenz an, die du durchlaufen möchtest, und verwendest dann das Schlüsselwort **for**, gefolgt von einem Variablennamen, um jedes Element in der Sequenz zu repräsentieren. Innerhalb der Schleife kannst du jede beliebige Operation am aktuellen Element durchführen.

Neben Sequenzen können **for**-Schleifen auch verwendet werden, um über andere iterierbare Objekte wie Iteratoren und Generatoren zu iterieren. Dies macht sie zu einem sehr leistungsstarken Werkzeug für die Arbeit mit Daten in Python.

Wenn du also neu in Python bist, ist das Erlernen der Verwendung von **for**-Schleifen zum Traversieren von Sequenzen eine wesentliche Fähigkeit, die es zu beherrschen gilt. Mit diesem Wissen wirst du in der Lage sein, eine breite Palette von Datenverarbeitungsaufgaben anzugehen und die volle Leistungsfähigkeit von Python zu entfalten.

Beispiel:

Hier ist ein einfaches Beispiel:

```
# Traversing a list
fruits = ['apple', 'banana', 'cherry']
for fruit in fruits:
    print(fruit)

# Outputs:
# apple
# banana
# cherry
```

Im vorherigen Beispiel ist **fruit** die Schleifenvariable, die bei jeder Iteration der Schleife den Wert des nächsten Elements in **fruits** annimmt.

Wir können auch die Funktion **range()** in einer **for**-Schleife verwenden, um eine Sequenz von Zahlen zu generieren, was für verschiedene Aufgaben nützlich sein kann, wie zum Beispiel das Erstellen von Schleifen mit einer bestimmten Länge:

```
# Using range() in for loop
for i in range(5):
    print(i)

# Outputs:
# 0
# 1
# 2
# 3
# 4
```

In diesem Beispiel ist **i** die Schleifenvariable, und **range(5)** generiert eine Sequenz von Zahlen von 0 bis 4.

While-Schleifen

Eine **while**-Schleife ist eine der vielen Kontrollstrukturen in Python. Diese Schleife führt wiederholt einen Codeblock aus, solange eine bestimmte Bedingung erfüllt ist. Dies kann sehr nützlich sein, wenn du eine Aufgabe mehrmals ausführen musst, bis eine bestimmte Bedingung erfüllt ist.

Es ist wichtig zu beachten, dass die Bedingung, die am Anfang der Schleife überprüft wird, möglicherweise nie wahr ist, daher ist es wichtig sicherzustellen, dass es bei Bedarf einen Weg gibt, die Schleife zu verlassen. Außerdem ist es wichtig, den Code innerhalb der Schleife präzise und effizient zu halten, da die Schleife weiterhin ausgeführt wird, bis die Bedingung nicht mehr erfüllt ist.

Insgesamt sind **while**-Schleifen ein leistungsstarkes Werkzeug in Python, das dir helfen kann, sich wiederholende Aufgaben zu automatisieren und deinen Code zu optimieren.

Beispiel:

Hier ist ein Beispiel:

```python
# Counting up with a while loop
count = 0
while count < 5:
    print(count)
    count += 1  # equivalent to count = count + 1

# Outputs:
# 0
# 1
# 2
# 3
# 4
```

In diesem Beispiel wird der Code innerhalb der **while**-Schleife ausgeführt, bis **count** nicht mehr kleiner als 5 ist.

Sowohl **for**-Schleifen als auch **while**-Schleifen sind grundlegende Kontrollstrukturen in Python, die du in fast allen nicht-trivialen Python-Programmen sehen wirst. Es ist entscheidend, sie zu verstehen, um Code zu schreiben, der wiederkehrende Aufgaben effizient bewältigen kann.

Um nun eine umfassende Diskussion über Schleifen in Python zu bieten, wollen wir uns mit einigen zusätzlichen Themen befassen, die oft nützlich sein können:

Verschachtelte Schleifen

Python ist eine leistungsstarke Programmiersprache, mit der du relativ einfach komplexe Programme erstellen kannst. Eine der Haupteigenschaften von Python ist die Fähigkeit, verschachtelte Schleifen zu verwenden, also Schleifen innerhalb von Schleifen. Das bedeutet, dass du komplexe Logikstrukturen erstellen kannst, die in einer bestimmten Reihenfolge ausgeführt werden, was dir ermöglicht, Daten auf verschiedene Weise zu manipulieren.

Du kannst zum Beispiel verschachtelte Schleifen verwenden, um über eine zweidimensionale Matrix zu iterieren und dabei eine bestimmte Operation an jedem Element durchzuführen.

Diese Flexibilität ist einer der Gründe, warum Python bei Programmierern so beliebt ist, da es ihnen ermöglicht, effizienten und skalierbaren Code zu erstellen, der große Datenmengen verarbeiten kann.

Wenn du also deine Programmierfähigkeiten verbessern möchtest, lohnt es sich definitiv, den Umgang mit verschachtelten Schleifen in Python zu erlernen!

Beispiel:

Hier ist ein Beispiel:

```
# A simple example of nested loops
for i in range(3):  # outer loop
    for j in range(3):  # inner loop
        print(i, j)

# Outputs:
# 0 0
# 0 1
# 0 2
# 1 0
# 1 1
# 1 2
# 2 0
# 2 1
# 2 2
```

In diesem Beispiel wird bei jeder Iteration der äußeren Schleife die innere Schleife dreimal ausgeführt.

Die Anweisungen break und continue

In Python werden **break** und **continue** verwendet, um den normalen Ablauf einer Schleife zu verändern. Wenn eine **break**-Anweisung angetroffen wird, wird die Schleife sofort beendet und die Steuerung an die erste Anweisung nach der Schleife übergeben. Dies ist nützlich, wenn du eine Schleife vorzeitig verlassen möchtest, wenn eine bestimmte Bedingung erfüllt ist.

Andererseits wird die **continue**-Anweisung verwendet, um die restlichen Anweisungen in der aktuellen Iteration der Schleife zu überspringen und zur nächsten Iteration überzugehen. Dies kann nützlich sein, wenn du bestimmte Iterationen basierend auf einer bestimmten Bedingung überspringen und zur nächsten übergehen möchtest.

Daher ist es wichtig, diese beiden Anweisungen zu verstehen und wie sie zur Steuerung des Ablaufs einer Schleife in Python eingesetzt werden können.

Beispiel:

Hier ist ein Beispiel:

```
# Using break in a for loop
```

```python
for i in range(5):
    if i == 3:
        break
    print(i)

# Outputs:
# 0
# 1
# 2
```

In diesem Beispiel wird die Schleife beendet, sobald **i** gleich 3 ist, und die Programmsteuerung setzt mit der nächsten Anweisung nach der Schleife fort.

Die **continue**-Anweisung wird verwendet, um den Rest des Codes innerhalb der umschließenden Schleife für die aktuelle Iteration zu überspringen und mit der nächsten Iteration fortzufahren. Hier ist ein Beispiel:

```python
# Using continue in a for loop
for i in range(5):
    if i == 3:
        continue
    print(i)

# Outputs:
# 0
# 1
# 2
# 4
```

In diesem Beispiel überspringt die **continue**-Anweisung, wenn **i** gleich 3 ist, die print-Anweisung für diese Iteration, und die Schleife fährt mit der nächsten Iteration fort.

Else-Klausel in Schleifen

In Python können sowohl **for**- als auch **while**-Schleifen eine optionale **else**-Klausel haben, die ausgeführt wird, wenn die Schleife ihre Ausführung beendet hat. Diese **else**-Klausel ist nützlich, wenn du nach Beendigung der Schleife Code ausführen möchtest.

Du könntest zum Beispiel eine Nachricht ausgeben wollen, die anzeigt, dass die Schleife beendet wurde. Wenn die Schleife mit einer **break**-Anweisung verlassen wird, wird die **else**-Klausel nicht ausgeführt. Es ist wichtig zu beachten, dass die **else**-Klausel auch dann nicht ausgeführt wird, wenn die Schleife mit einer **return**-Anweisung verlassen wird.

Die **else**-Klausel kann in Kombination mit der **break**-Anweisung verwendet werden, um eine Aktion nur dann durchzuführen, wenn die Schleife nicht vorzeitig verlassen wurde.

Beispiel:

```python
# for loop with else clause
```

```python
for i in range(5):
    print(i)
else:
    print("Loop has ended")

# Outputs:
# 0
# 1
# 2
# 3
# 4
# Loop has ended
```

Das Verständnis dieser zusätzlichen Funktionen wird dir helfen, effektivere und effizientere Schleifen in Python zu schreiben. Es ist wichtig, viel zu üben, indem du Schleifen schreibst und verstehst, wie du ihren Ablauf kontrollieren kannst, um in der Python-Programmierung kompetent zu werden.

Wir haben viel über Schleifen und die Kontrolle ihres Ablaufs behandelt, aber es gibt noch ein wichtiges Konzept, das in diesem Abschnitt vorgestellt werden soll: List Comprehensions. Diese leistungsstarke Python-Funktion ermöglicht es dir, neue Listen basierend auf bestehenden Listen auf sehr prägnante Weise zu erstellen.

List Comprehensions

List Comprehensions bieten eine prägnante Möglichkeit, Listen basierend auf bestehenden Listen (oder anderen iterierbaren Objekten) zu erstellen. Sie sind ein leistungsstarkes Werkzeug zur Datenmanipulation und können verwendet werden, um die Lesbarkeit und Effizienz des Codes zu verbessern.

Bei der Verwendung von List Comprehensions kannst du vermeiden, lange und komplizierte **for**-Schleifen zu schreiben, die schwer zu lesen und zu verstehen sein können. Stattdessen kannst du eine vereinfachte Syntax verwenden, um neue Listen basierend auf bestehenden zu erstellen.

Dies kann deinen Code prägnanter und leichter lesbar machen. Darüber hinaus können List Comprehensions zum Filtern von Daten verwendet werden, wodurch du einfach nur die Informationen extrahieren kannst, die du aus einem größeren Datensatz benötigst. Insgesamt sind List Comprehensions ein wertvolles Werkzeug, das jeder Programmierer in seinem Arsenal haben sollte.

Beispiel:

Hier ist ein einfaches Beispiel:

```python
# Using a list comprehension to create a new list
numbers = [1, 2, 3, 4, 5]
squares = [number**2 for number in numbers]
```

```
print(squares)  # Outputs: [1, 4, 9, 16, 25]
```

In diesem Beispiel ist **squares** eine neue Liste, die die Quadrate jeder Zahl in **numbers** enthält. Die List Comprehension ist im Wesentlichen eine einzeilige **for**-Schleife, die über **numbers** iteriert und jede Zahl quadriert.

Du kannst auch Bedingungen zu List Comprehensions hinzufügen. Hier ist ein Beispiel, das nur die Quadrate von geraden Zahlen enthält:

```
# Using a list comprehension with a condition
numbers = [1, 2, 3, 4, 5]
even_squares = [number**2 for number in numbers if number % 2 == 0]

print(even_squares)  # Outputs: [4, 16]
```

In diesem Beispiel stellt die Bedingung **if number % 2 == 0** sicher, dass nur die Quadrate der geraden Zahlen in **even_squares** aufgenommen werden.

List Comprehensions sind eine leistungsstarke Funktion, die deinen Python-Code prägnanter und lesbarer machen kann. Sie können jedoch auch schwer zu lesen und zu verstehen sein, wenn sie übermäßig oder für komplexe Aufgaben verwendet werden, also nutze sie mit Bedacht.

3.2 Fehler- und Ausnahmebehandlung

Bei der Arbeit mit Python ist es wichtig, die verschiedenen Arten von Fehlern zu verstehen, die auftreten können. Die beiden Haupttypen sind Syntaxfehler und Ausnahmen. Syntaxfehler sind die häufigste Art und treten auf, wenn der Python-Parser eine Codezeile nicht verstehen kann. Dies kann beispielsweise durch eine fehlende Klammer oder ein falsch geschriebenes Schlüsselwort verursacht werden.

Ausnahmen hingegen sind etwas komplexer. Sie treten auf, wenn während der Programmausführung unerwartete Situationen auftreten, selbst wenn der Code syntaktisch korrekt ist. Es gibt viele verschiedene Arten von Ausnahmen, die auftreten können, wie Division durch Null, Namensfehler und Typfehler. Es ist wichtig, dass Programmierer sich dieser Ausnahmen bewusst sind und wissen, wie sie richtig damit umgehen können.

Neben dem Verständnis der verschiedenen Fehlertypen, die auftreten können, ist es auch wichtig zu wissen, wie man seinen Code debuggt. Eine gängige Technik ist die Verwendung von Print-Anweisungen, um die Werte von Variablen an verschiedenen Stellen des Programms zu überprüfen. Eine andere Technik ist die Verwendung eines Debuggers, der es dir ermöglicht, Schritt für Schritt durch den Code zu gehen und genau zu sehen, was in jeder Zeile passiert.

Indem du die verschiedenen Arten von Fehlern, die auftreten können, und wie du deinen Code debuggen kannst, verstehst, kannst du ein effektiverer und effizienterer Python-Programmierer werden.

Hier ist zum Beispiel ein Syntaxfehler:

```
# This line has a syntax error because it's missing a closing parenthesis
print("Hello, world!"
Die Ausführung dieses Codes gibt folgende Ausgabe:
 File "<stdin>", line 1
    print("Hello, world!"
                          ^
SyntaxError: unexpected EOF while parsing
Und hier ist eine Ausnahme:
# This line will raise an exception because you can't divide by zero
print(5 / 0)
Die Ausführung dieses Codes gibt folgende Ausgabe:
Traceback (most recent call last):
  File "<stdin>", line 1, in <module>
ZeroDivisionError: division by zero
```

Selbst wenn dein Code syntaktisch korrekt ist, kann er immer noch Ausnahmen auslösen, wenn unerwartete Bedingungen auftreten. Hier kommt die Fehler- und Ausnahmebehandlung ins Spiel.

3.2.1 Ausnahmebehandlung mit try und except

Python bietet die Schlüsselwörter **try** und **except**, um Ausnahmen abzufangen und zu behandeln. Wenn ein Fehler auftritt, stoppt Python die Ausführung des Codes und kann je nach Fehlertyp eine Fehlermeldung anzeigen. Durch die Verwendung der Schlüsselwörter **try** und **except** kannst du Python anweisen, den Fehler elegant zu behandeln und mit der Codeausführung fortzufahren.

Dem Schlüsselwort **try** folgt ein Codeblock, der eine Ausnahme auslösen könnte, und dem Schlüsselwort **except** folgt ein Codeblock, der festlegt, wie die Ausnahme behandelt werden soll. Darüber hinaus kannst du das Schlüsselwort **else** verwenden, um einen Codeblock anzugeben, der ausgeführt wird, wenn keine Ausnahme auftritt, und das Schlüsselwort **finally**, um einen Codeblock anzugeben, der immer ausgeführt wird, unabhängig davon, ob eine Ausnahme auftritt oder nicht.

Hier ist ein grundlegendes Beispiel:

```
try:
    # This line will raise an exception
    print(5 / 0)
except ZeroDivisionError:
    # This line will run if a ZeroDivisionError is raised
    print("You can't divide by zero!")
```

Die Ausführung dieses Codes gibt folgende Ausgabe:

```
You can't divide by zero!
```

In diesem Beispiel enthält der **try**-Block Code, der eine Ausnahme auslösen könnte. Der **except**-Block enthält Code, der ausgeführt wird, wenn eine bestimmte Ausnahme (in diesem Fall **ZeroDivisionError**) im **try**-Block ausgelöst wird.

Wenn du nicht weißt, welche Art von Ausnahme eine Codezeile auslösen könnte, kannst du eine **except**-Anweisung ohne Spezifizierung verwenden, um alle Ausnahmen abzufangen:

```
try:
    # This line will raise an exception
    print(5 / 0)
except:
    # This line will run if any exception is raised
    print("An error occurred!")
```

3.2.2 Die else- und finally-Klauseln

Du kannst auch **else**- und **finally**-Klauseln in einer **try/except**-Anweisung einschließen. Die **else**-Klausel wird ausgeführt, wenn keine Ausnahme ausgelöst wird, und die **finally**-Klausel wird in jedem Fall ausgeführt:

```
try:
    # This line won't raise an exception
    print("Hello, world!")
except:
    print("An error occurred!")
else:
    print("No errors occurred!")
finally:
    print("This line runs no matter what.")
```

Bei der Ausführung dieses Codes erhältst du folgende Ausgabe:

```
Hello, world!
No errors occurred!
```

This line runs no matter what.

In diesem Beispiel wird der **else**-Block ausgeführt, da im **try**-Block keine Ausnahme ausgelöst wurde. Der **finally**-Block wird in jedem Fall ausgeführt, auch wenn eine Ausnahme ausgelöst und abgefangen wurde.

3.2.3 Auslösen von Ausnahmen

Schließlich kannst du mit der Anweisung **raise** deine eigenen Ausnahmen auslösen:

```
# This line will raise a ValueError
raise ValueError("This is a custom error message.")
# This line will raise a ValueError
raise ValueError("This is a custom error message.")
Dies gibt folgende Ausgabe:
Traceback (most recent call last):
  File "<stdin>", line 2, in <module>
ValueError: This is a custom error message.
```

Hier lösen wir eine **ValueError**-Ausnahme mit einer benutzerdefinierten Fehlermeldung aus. Dies kann nützlich sein, wenn du weitere Informationen darüber geben möchtest, was schiefgelaufen ist, oder wenn du das Programm anhalten möchtest, wenn eine bestimmte Bedingung erfüllt ist.

Du kannst auch deine eigenen benutzerdefinierten Ausnahmen erstellen, indem du neue Ausnahmeklassen definierst. Dies kann nützlich sein, wenn du einen bestimmten Ausnahmetyp erstellen möchtest, der nicht von den eingebauten Python-Ausnahmen abgedeckt wird:

```
class CustomError(Exception):
    pass

# Raise a custom exception
raise CustomError("This is a custom error message.")
```

Dies löst eine **CustomError**-Ausnahme mit der Nachricht "This is a custom error message" aus.

Zusammenfassend ist das Verständnis und die angemessene Behandlung von Fehlern und Ausnahmen in Python entscheidend für das Schreiben robuster und zuverlässiger Code. Durch die Verwendung der **try/except**-Anweisung kannst du Ausnahmen abfangen und behandeln; die **else**- und **finally**-Klauseln ermöglichen es dir, Code anzugeben, der abhängig davon ausgeführt werden soll, ob eine Ausnahme ausgelöst wurde, und die **raise**-Anweisung ermöglicht es dir, deine eigenen Ausnahmen auszulösen. Durch die effektive Kombination dieser Werkzeuge kannst du jede unerwartete Situation bewältigen, die bei der Ausführung deines Codes auftreten kann.

3.2.4 Die assert-Anweisung

Die **assert**-Anweisung ermöglicht es dir zu überprüfen, ob eine bestimmte Bedingung erfüllt ist, und wenn nicht, wird das Programm einen **AssertionError** auslösen. Sie wird normalerweise zu Debugging-Zwecken verwendet und hilft sicherzustellen, dass der Programmzustand wie erwartet ist. Sie folgt der Syntax **assert Bedingung [, Fehlermeldung]**.

```
x = 5
```

```
assert x < 10, "x should be less than 10"
```

In diesem Beispiel passiert nichts, da die Bedingung **x < 10** wahr ist. Wenn **x** jedoch größer oder gleich 10 wäre, würde das Programm einen **AssertionError** mit der Nachricht "x should be less than 10" auslösen.

```
x = 15
assert x < 10, "x should be less than 10"
```

Dies ergibt:

```
AssertionError: x should be less than 10
```

Die **assert**-Anweisung ist ein nützliches Werkzeug, wenn du schnell Debugging-Behauptungen in ein Programm einfügen möchtest. Sie ermöglicht es dir, die Korrektheit eines Programms zu bestätigen oder Fehler leichter zu lokalisieren, indem du die Codebereiche eingrenzst, in denen Fehler auftreten könnten. Es ist jedoch wichtig zu beachten, dass Assertions global mit den Kommandozeilenschaltern **-O** und **-OO** sowie mit der Umgebungsvariable **PYTHONOPTIMIZE** in Python deaktiviert werden können.

Denke daran, dass die Ausnahmebehandlung und Assertions wichtige Werkzeuge in deinem Python-Programmier-Toolkit sind. Während die Ausnahmebehandlung es dir ermöglicht, mit unerwarteten Ereignissen während der Programmausführung umzugehen, ermöglichen Assertions es dir, die Korrektheit deines Codes während der Entwicklung zu überprüfen. Das Verständnis und die effektive Nutzung dieser Werkzeuge wird die Zuverlässigkeit und Robustheit deiner Programme erheblich verbessern.

3.3 Verstehen von Iterables und Iteratoren

In Python ist ein Iterable ein Objekt, das durchlaufen werden kann (d.h. du kannst über seine Elemente iterieren). Die meisten Container-Objekte können als Iterables verwendet werden. Das bedeutet, dass du die Elemente von Listen, Tupeln und Dictionaries durchlaufen kannst. Allerdings können Iterables auch andere Objekte umfassen, wie Strings, Sets und Generatoren.

Strings können zum Beispiel mit einer **for**-Schleife durchlaufen werden. In diesem Fall wird jedes Zeichen des Strings der Reihe nach zurückgegeben. Sets hingegen geben ihre Elemente in beliebiger Reihenfolge zurück. Generatoren, die Funktionen sind, welche die **yield**-Anweisung anstelle von **return** verwenden, können ebenfalls als Iterables genutzt werden.

Außerdem ist es wichtig zu beachten, dass Iterables nicht dasselbe sind wie Iteratoren. Während Iterables durchlaufen werden können, sind Iteratoren Objekte, die den nächsten Wert in einer Sequenz zurückgeben. Ein Iterable kann mit der Funktion **iter()** in einen Iterator umgewandelt werden.

Beispiel:

```
# A list is an iterable
my_list = [1, 2, 3, 4, 5]
for num in my_list:
    print(num)
```

Dies erzeugt folgende Ausgabe:

```
1
2
3
4
5
```

Andererseits ist ein Iterator ein Objekt, das über ein Iterable-Objekt iteriert und mit der Funktion **iter()** erstellt werden kann. Die Funktion **next()** wird verwendet, um manuell durch alle Elemente eines Iterators zu iterieren. Wenn wir das Ende erreichen und keine weiteren Daten zurückzugeben sind, wird die Ausnahme **StopIteration** ausgelöst.

```
# Create an iterator object from a list
my_list = [1, 2, 3, 4, 5]
my_iter = iter(my_list)

# Output: 1
print(next(my_iter))

# Output: 2
print(next(my_iter))

# This will go on until a StopIteration exception is raised
```

3.3.1 Iteratoren in Python

In Python müssen Iterator-Objekte zwei spezielle Methoden implementieren, **_iter_()** und **_next_()**, die zusammen als Iterator-Protokoll bekannt sind. Das Iterator-Protokoll ist ein wesentlicher Bestandteil der Python-Programmierung, da es Programmierern ermöglicht, effizient über Datensequenzen zu iterieren, ohne die gesamte Sequenz in den Speicher laden zu müssen.

Die Methode **_iter_** wird in **for**- und **in**-Anweisungen verwendet und gibt das Iterator-Objekt selbst zurück. Das bedeutet, dass das Iterator-Objekt in einer **for**-Schleife und in Schleifensteuerungsanweisungen wie **break** und **continue** verwendet werden kann. Die Methode **_iter_** wird auch verwendet, um den Iterator zu initialisieren, wie zum Beispiel die aktuelle Position am Anfang der Sequenz festzulegen.

Die Methode **_next_** hingegen gibt den nächsten Wert des Iterators zurück und rückt den Iterator um eine Position vor. Wenn keine weiteren Elemente zurückzugeben sind, sollte sie die Ausnahme **StopIteration** auslösen. Die Methode **_next_** wird von der eingebauten Funktion **next()** verwendet, die den nächsten Wert des Iterators abruft.

Insgesamt ist das Verständnis des Iterator-Protokolls entscheidend für Python-Programmierer, die mit Datensequenzen arbeiten müssen. Durch die Implementierung der Methoden **_iter_** und **_next_** können Programmierer ihre eigenen Iterator-Objekte erstellen und in **for**-Schleifen und anderen Teilen ihres Codes verwenden.

Beispiel:

Hier ist ein Beispiel für einen einfachen Iterator, der Zahlen zurückgibt, beginnend mit 1, und jede Sequenz wird um eins erhöht (gibt 1,2,3,4,5 usw. zurück):

```python
class MyIterator:
    def __iter__(self):
        self.a = 1
        return self

    def __next__(self):
        x = self.a
        self.a += 1
        return x

# Create an object of the iterator
my_iter = MyIterator()

# Use next() to get the next items in the iterator
print(next(my_iter))  # Output: 1
print(next(my_iter))  # Output: 2
```

3.3.2 Die for-Schleife und Iteratoren

Die **for**-Schleife in Python ist ein wesentliches Werkzeug zum prägnanten und lesbaren Iterieren über eine Sequenz. Die Schleife erstellt ein Iterator-Objekt, das dem Programmierer ermöglicht, die Methode **next()** bei jeder Iteration auszuführen.

Dieses Iterator-Objekt wird automatisch von Python erstellt und ist für die Verwendung mit der **for**-Schleife konzipiert. Wenn die **for**-Schleife ausgeführt wird, iteriert sie über die Sequenz und führt die Methode **next()** für jedes Element in der Sequenz aus, bis keine weiteren Elemente zum Iterieren übrig sind. Dies macht die **for**-Schleife in Python zu einem leistungsstarken und flexiblen Werkzeug für die Arbeit mit Sequenzen jeder Größe oder Komplexität.

Beispiel:

```python
for element in iterable:
    # do something with element
```

Dies wird folgendermaßen implementiert:

```python
# create an iterator object from that iterable
iter_obj = iter(iterable)

# infinite loop
while True:
    try:
        # get the next item
        element = next(iter_obj)
        # do something with element
    except StopIteration:
        # if StopIteration is raised, break from loop
        break
```

Intern erstellt die **for**-Schleife also ein Iterator-Objekt, **iter_obj**, indem sie **iter()** auf das Iterable anwendet.

3.3.3 Iteratoren und eingebaute Typen

Python, eine der am weitesten verbreiteten Programmiersprachen, verfügt über eine Vielzahl von Funktionen, die sie zu einem Favoriten unter Programmierern machen. Eine dieser Funktionen ist ihre Unterstützung für Iteration, die für viele ihrer eingebauten Typen verfügbar ist.

Dazu gehören unter anderem Dateien, Strings und Dictionaries. Um durch eines dieser Iterables zu iterieren, kann eine **for**-Schleife verwendet werden, was die Standardmethode in Python ist. Mit dieser Sprache kannst du mühelos leistungsstarke Programme erstellen, indem du ihre zahlreichen Fähigkeiten nutzt.

Beispiel:

```python
# Iterating over string
for char

 in "Hello":
    print(char)

# Output:
# H
# e
# l
# l
# o
```

Das Verständnis der Konzepte von Iterables und Iteratoren ist entscheidend für die Programmierung in Python. Sie bilden die Grundlage für viele der fortgeschritteneren Funktionen von Python, einschließlich Generatoren, List Comprehensions und mehr. Durch das

Verständnis dieser Konzepte kannst du die Flexibilität und Leistungsfähigkeit von Python in deinem Code voll ausschöpfen.

Im Kontext von Iterables und Iteratoren ist ein wichtiger Aspekt, den es wert sein könnte zu diskutieren, das **itertools**-Modul von Python.

3.3.4 Das itertools-Modul von Python

Das **itertools**-Modul von Python ist eine vielseitige Sammlung von Funktionen und Werkzeugen zur Verwaltung und Manipulation von Iteratoren. Das Modul bietet eine Vielzahl von Funktionen, die die Kombination von Iteratoren auf komplexe Weise ermöglichen, was die Erstellung anspruchsvollerer Iterationsmuster erlaubt.

Zu den Merkmalen des **itertools**-Moduls gehören die Fähigkeit, unendliche Iteratoren zu erstellen, mehrere Iteratoren zu verketten, Elemente in einem Iterator basierend auf einer Prädikatsfunktion zu filtern und einen Iterator basierend auf einem entsprechenden booleschen Iterator zu komprimieren.

Durch die Nutzung des **itertools**-Moduls können Python-Programmierer effizienteren und eleganteren Code schreiben, der komplexe Aufgaben mit weniger Code ausführen kann. Dies kann zu schnelleren Entwicklungszyklen und besser wartbaren Codebasen führen. Insgesamt ist das **itertools**-Modul eine wertvolle Ergänzung im Arsenal jedes Python-Programmierers.

Beispiel:

Hier sind einige Beispiele:

1. **itertools.chain**: Diese Funktion nimmt mehrere Iteratoren als Argumente und gibt einen neuen Iterator zurück, der den Inhalt aller Eingaben liefert, als ob sie von einem einzigen Iterator stammen würden.

```
import itertools

for item in itertools.chain([1, 2], ['a', 'b']):
    print(item)

# Output:
# 1
# 2
# a
# b
```

2. **itertools.cycle**: Diese Funktion gibt einen Iterator zurück, der eine unendliche Verkettung des Inhalts der Eingabe erzeugt.

```
import itertools

counter = 0
for item in itertools.cycle('ABC'):
```

```
    if counter == 6:
        break
    print(item)
    counter += 1

# Output:
# A
# B
# C
# A
# B
# C
```

3. **itertools.count**: Diese Funktion gibt einen Iterator zurück, der fortlaufende ganze Zahlen unbegrenzt erzeugt. Die erste Zahl kann als Argument übergeben werden (Standardwert ist Null). Es gibt kein oberes Grenzargument (achte darauf, nicht in eine Endlosschleife zu geraten).

```
import itertools

for i in itertools.count(10):
    if i > 15:
        break
    print(i)

# Output:
# 10
# 11
# 12
# 13
# 14
# 15
```

Dies sind nur einige Beispiele dafür, was das **itertools**-Modul leisten kann. Dieses Modul ist ein unglaublich leistungsstarkes Werkzeug, das Hilfsfunktionen zum Erstellen und Interagieren mit iterierbaren Sequenzen und Mustern bietet. Sie können deine Iterationen kompakter und effizienter machen. Durch das Verstehen und Verwenden des **itertools**-Moduls kannst du dein Verständnis von Iterables und Iteratoren in Python auf die nächste Stufe heben.

Ein weiteres wichtiges Konzept, das diskutiert werden könnte, ist die Idee der "Generatoren". Generatoren sind eine Art von Iterable, wie Listen oder Tupel, erlauben jedoch keine Indizierung und können nur einmal durchlaufen werden. Sie werden mit Funktionen und der **yield**-Anweisung erstellt.

3.3.5 Generatoren in Python

Ein Generator in Python ist ein leistungsstarkes und vielseitiges Werkzeug zur Erstellung von Objekten, die als Iterable fungieren. Man kann ihn sich als eine Möglichkeit vorstellen, eine

Sequenz von Werten zu erzeugen, ohne sie tatsächlich im Speicher zu speichern. Obwohl sie Ähnlichkeiten mit anderen Iterables wie Listen oder Tupeln aufweisen, kommen Generatoren mit ihren eigenen einzigartigen Vorteilen. Im Gegensatz zu Listen erlauben Generatoren keine Indizierung mit beliebigen Indizes, können aber dennoch mit **for**-Schleifen durchlaufen werden. Das bedeutet, dass Generatoren speichereffizienter sein können, wenn es um große Datensätze geht. Außerdem können sie verwendet werden, um unendliche Sequenzen zu erstellen, die mit Listen oder Tupeln nicht möglich wären.

Generatoren werden mit Funktionen und dem Schlüsselwort **yield** erstellt. Wenn eine Generatorfunktion aufgerufen wird, gibt sie ein Generator-Objekt zurück, das durchlaufen werden kann. Das Schlüsselwort **yield** wird verwendet, um einen Wert aus der Generatorfunktion zurückzugeben und sie vorübergehend zu unterbrechen. Die Generatorfunktion kann dann beim nächsten Durchlauf an der Stelle fortgesetzt werden, an der sie angehalten wurde.

Insgesamt sind Generatoren ein leistungsstarkes und flexibles Werkzeug, das in einer Vielzahl von Situationen eingesetzt werden kann. Ob du mit großen Datensätzen arbeitest oder unendliche Sequenzen erstellst, Generatoren können im Vergleich zu anderen Iterables eine effizientere und elegantere Lösung bieten.

Beispiel:

Hier ist ein einfaches Beispiel für eine Generatorfunktion:

```python
def count_up_to(n):
    i = 1
    while i <= n:
        yield i
        i += 1
```

Du kannst einen Generator erstellen, indem du die Funktion aufrufst:

```python
counter = count_up_to(5)
```

Die Variable **counter** ist jetzt ein Generator-Objekt. Du kannst über seine Elemente mit **next** iterieren:

```python
print(next(counter))   # Output: 1
print(next(counter))   # Output: 2
# and so on...
```

Wenn keine weiteren Elemente im Generator vorhanden sind, löst der Aufruf von **next** eine **StopIteration**-Ausnahme aus. Du kannst auch über einen Generator iterieren:

```python
counter = count_up_to(5)
for num in counter:
```

```
    print(num)
```

Dies erzeugt die folgende Ausgabe:

```
1
2
3
4
5
```

Einer der Hauptvorteile von Generatoren ist, dass sie "faul" (lazy) sind, was bedeutet, dass sie Werte erst bei Bedarf erzeugen. Das heißt, ein Generator kann eine sehr große Sequenz von Werten erzeugen, ohne sie alle im Speicher zu halten. Dies macht Generatoren zu einem leistungsstarken Werkzeug für die Arbeit mit großen Datensätzen oder wenn die Generierung jedes Wertes in einer Sequenz rechenintensiv ist.

Zusammenfassend ist das Verständnis des Generator-Konzepts wesentlich für die effektive Arbeit mit Datenströmen oder großen Datendateien in Python. Sie sind ein integraler Bestandteil der Python-Sprache, und zu wissen, wie man sie verwendet, ermöglicht es dir, effizienteren und saubereren Code zu schreiben.

3.4 Praktische Übungen

Übung 1: Bedingte Anweisungen

Erstelle ein Python-Programm, das den Benutzer nach einer ganzen Zahl fragt und ausgibt, ob die Zahl gerade oder ungerade ist.

```python
# Here's a sample solution
number = int(input("Enter a number: "))
if number % 2 == 0:
    print(f"{number} is even")
else:
    print(f"{number} is odd")
```

Übung 2: Schleifen

Schreibe ein Python-Programm, das alle Zahlen von 0 bis 6 ausgibt, außer 3 und 6.

```python
# Here's a sample solution
for x in range(6):
    if (x == 3 or x==6):
        continue
    print(x, end=' ')
```

Übung 3: Fehlerbehandlung und Ausnahmen

Schreibe ein Python-Programm, das den Benutzer nach einer ganzen Zahl fragt und deren Quadrat ausgibt. Verwende eine while-Schleife mit einem try/except-Block, um falsche Eingaben zu behandeln.

```
# Here's a sample solution
while True:
    try:
        n = int(input("Enter an integer: "))
        print("The square of the number is", n**2)
        break
    except ValueError:
        print("That was not a valid integer. Please try again...")
```

Übung 4: Iterables und Iteratoren

Erstelle einen Iterator in Python, der die Fibonacci-Reihe zurückgibt. Die Fibonacci-Folge ist eine Reihe von Zahlen, bei der jede Zahl die Summe der beiden vorherigen ist und üblicherweise mit 0 und 1 beginnt.

```
# Here's a sample solution
class Fibonacci:
    def __iter__(self):
        self.a = 0
        self.b = 1
        return self

    def __next__(self):
        fib = self.a
        self.a, self.b = self.b, self.a + self.b
        return fib

fib = Fibonacci()
for i in range(10):
    print(next(fib), end=" ")
```

Diese Übungen sollten dir helfen, die in diesem Kapitel besprochenen Konzepte zu verstehen und anzuwenden. Stelle sicher, dass du diese Übungen ausprobierst und mit dem Code experimentierst, um dein Verständnis der Flusssteuerung in Python zu vertiefen.

Fazit zu Kapitel 3

In diesem Kapitel haben wir uns eingehend mit den Hauptelementen beschäftigt, die es dir ermöglichen, den Ablauf deiner Python-Programme zu steuern. Wir begannen mit den Kontrollstrukturen in Python, einschließlich bedingter Anweisungen und Schleifen, die die grundlegenden Bausteine jeder Programmiersprache sind. Wir haben gelernt, wie man 'if', 'elif' und 'else' Anweisungen verwendet, um Entscheidungen in unserem Code zu treffen, und wie 'for' und 'while' Schleifen es uns ermöglichen, einen Codeblock mehrmals auszuführen, wodurch Wiederholungen reduziert und unser Code effizienter wird.

Anschließend haben wir die Fehler- und Ausnahmebehandlung in Python untersucht und den Unterschied zwischen Syntaxfehlern und Ausnahmen verstanden. Wir haben gesehen, wie Pythons try-except-else-finally Blöcke es uns ermöglichen, Ausnahmen elegant zu behandeln, die Robustheit unseres Codes zu verbessern und die Benutzererfahrung zu steigern.

Unsere Erkundung der Flusssteuerung in Python wäre ohne das Verständnis der Konzepte von Iterables und Iteratoren nicht vollständig. Wir haben über das Iterationsprotokoll von Python gelernt und wie wir es nutzen können, um benutzerdefinierte Iterator-Objekte zu erstellen. Wir haben auch das **itertools**-Modul erwähnt, das leistungsstarke Funktionen zur Manipulation von Iteratoren bietet.

Schließlich haben wir Generatoren besprochen, eine besondere Art von Iterator. Wir haben gelernt, wie sie es uns ermöglichen, Iterables auf eine speichereffizientere Weise zu erstellen, was besonders nützlich ist, wenn wir mit großen Datenströmen arbeiten.

Die in diesem Kapitel behandelten Konzepte sind für die Programmierung in Python grundlegend. Sie tiefgreifend zu verstehen und zu wissen, wie man sie effektiv einsetzt, wird dir ermöglichen, flexiblere, effizientere und robustere Python-Programme zu schreiben.

Jetzt, da wir ein solides Verständnis der Flusssteuerung in Python haben, sind wir gerüstet, um in komplexere Themen wie Funktionen, Module und objektorientierte Programmierung einzutauchen. Wie immer, vergiss nicht, mit dem Code zu experimentieren und die Übungsaufgaben zu lösen: Die beste Art zu lernen ist durch Anwendung.

Damit schließen wir unsere Erkundung der Flusssteuerung in Python ab! Wir sehen uns im nächsten Kapitel!

Kapitel 4: Funktionen, Module und Pakete

In diesem Kapitel werden wir einige der komplexeren und leistungsstärkeren Aspekte der Python-Programmierung vertiefen. Insbesondere werden wir die Konzepte von Funktionen, Modulen und Paketen diskutieren, die wesentliche Werkzeuge für jeden Programmierer sind, der wartbaren und gut organisierten Code schreiben möchte.

Funktionen sind das Rückgrat der Python-Programmierung. Sie ermöglichen es uns, eine Abfolge von Anweisungen zu kapseln, die eine bestimmte Aufgabe ausführen, was die Wiederverwendung von Code erleichtert und die Modularität in unserer Software fördert. Darüber hinaus bieten Module und Pakete eine Möglichkeit, diese Funktionen und anderen verwandten Code in einem strukturierten und hierarchischen Format zu organisieren, was besonders nützlich ist, wenn man an größeren Python-Projekten arbeitet.

Durch die Verwendung von Funktionen, Modulen und Paketen können wir unseren Code in kleinere, wiederverwendbare Teile aufteilen, was seine Wartung und Änderung im Laufe der Zeit erleichtert. Zudem helfen diese Konzepte dabei, solide Software-Design-Prinzipien wie Modularität und Wiederverwendbarkeit zu fördern, die für jeden Programmierer, der sauberen und effizienten Code schreiben möchte, unerlässlich sind.

Zusammenfassend wird dieses Kapitel die Grundlagen von Funktionen, Modulen und Paketen in Python behandeln und dir die Werkzeuge an die Hand geben, die du brauchst, um gut strukturierten und wartbaren Code zu schreiben.

Beginnen wir mit dem ersten Thema:

4.1 Definition und Aufruf von Funktionen

4.1.1 Definition von Funktionen

In Python definieren wir eine Funktion mit dem Schlüsselwort **def**, gefolgt vom Namen der Funktion und Klammern **()**. Die Klammern können eine durch Kommas getrennte Liste von Parametern enthalten, die unsere Funktion akzeptieren soll. Diese Parameter können an die Funktion übergeben werden, wenn sie aufgerufen wird, und verwendet werden, um das Verhalten der Funktion zu modifizieren. Zum Beispiel könnten wir eine Funktion definieren, die zwei Zahlen als Parameter nimmt und ihre Summe zurückgibt.

Innerhalb des Funktionskörpers können wir jeden Code schreiben, den wir ausführen möchten, wenn die Funktion aufgerufen wird. Dieser Code kann bedingte Anweisungen, Schleifen und Aufrufe anderer Funktionen enthalten. Wir können auch Variablen innerhalb des Funktionskörpers definieren, die nur innerhalb des Kontexts der Funktion existieren.

Es ist wichtig zu beachten, dass Funktionen in Python Objekte erster Klasse sind, was bedeutet, dass sie Variablen zugewiesen, als Argumente an andere Funktionen übergeben und als Funktionswerte zurückgegeben werden können. Dies erleichtert das Schreiben von Code, der modular und wiederverwendbar ist.

Um eine Funktion aufzurufen, schreiben wir einfach den Namen der Funktion, gefolgt von Klammern und allen Argumenten, die wir übergeben möchten. Die Funktion wird dann ausgeführt und gibt bei Bedarf einen Wert zurück. Wir können auch die Anweisung **return** verwenden, um die Funktion vorzeitig zu verlassen und einen Wert an den Aufrufer zurückzugeben.

Die Syntax sieht folgendermaßen aus:

```
def function_name(parameters):
    # function body
    statements
Hier ist zum Beispiel eine einfache Funktion, die zwei Zahlen als Parameter nimmt und
ihre Summe ausgibt:
def add_numbers(num1, num2):
    sum = num1 + num2
    print(sum)
```

4.1.2 Aufruf von Funktionen

Um eine Funktion aufzurufen, müssen wir sie zuerst definieren. Das Definieren einer Funktion beinhaltet die Angabe ihres Namens, aller erforderlichen Parameter und der Operationen, die sie ausführt. Sobald eine Funktion definiert ist, können wir sie aufrufen, indem wir ihren Namen gefolgt von Klammern **()** verwenden.

Innerhalb dieser Klammern stellen wir die Argumente bereit, die mit den in der Funktion definierten Parametern übereinstimmen. Dies ermöglicht uns, Daten an die Funktion zu übergeben, die sie dann für ihre Operationen verwenden kann.

Indem wir unseren Code in Funktionen aufteilen, können wir ihn modularer und leichter lesbar und wartbar machen. Darüber hinaus können Funktionen in unserem gesamten Code wiederverwendet werden, was die Menge an dupliziertem Code reduziert und die Effizienz unserer Programme erhöht.

So können wir die Funktion **add_numbers** aufrufen:

```
add_numbers(3, 5)
```

Dies wird folgende Ausgabe erzeugen: **8**

Funktionen können auch einen Wert an den Aufrufer zurückgeben, indem sie das Schlüsselwort **return** verwenden. Die **return**-Anweisung beendet die Ausführung der Funktion und sendet den Wert des folgenden Ausdrucks zurück an den Aufrufer. Eine Funktion ohne **return**-Anweisung gibt **None** zurück.

Hier ist unsere modifizierte **add_numbers**-Funktion, die die Summe zurückgibt:

```
def add_numbers(num1, num2):
    sum = num1 + num2
    return sum

result = add_numbers(3, 5)
print(result)  # Outputs: 8
```

In dieser modifizierten Version berechnet die Funktion **add_numbers** die Summe der beiden Zahlen und gibt dann diese Summe zurück. Wir können dann den zurückgegebenen Wert in einer Variablen speichern (in diesem Fall **result**) und nach Bedarf verwenden.

Das Verständnis, wie man Funktionen definiert und aufruft, ist der erste Schritt zum Schreiben von modularerem und wiederverwendbarem Python-Code. Funktionen fördern die Wiederverwendung von Code und können dazu beitragen, dass deine Programme strukturierter und leichter zu verwalten sind.

4.1.3 Funktionsparameter

Python ist eine Programmiersprache, die eine breite Palette von Funktionen bietet, einschließlich der Möglichkeit, Funktionsparameter mit einem hohen Maß an Flexibilität zu definieren. Dies bietet viel Freiheit und Kontrolle darüber, wie der Code funktioniert.

Zum Beispiel können Sie Standardwerte für Parameter angeben, die sie optional machen, wodurch Sie den Code an Ihre spezifischen Bedürfnisse anpassen können. Darüber hinaus können Sie variable Argumentanzahlen akzeptieren, was es ermöglicht, mit einer Vielzahl von Eingabedaten zu arbeiten. Ob Sie Anfänger oder erfahrener Entwickler sind, Python ist eine großartige Sprache zum Lernen und Arbeiten.

Standardparameter

Standardparameter in Python ermöglichen es, Funktionen mit weniger Argumenten aufzurufen, als ursprünglich angegeben. Dies kann besonders nützlich sein, wenn Sie eine Funktion haben, die mehrere Argumente akzeptiert, aber Sie nur eine Teilmenge dieser Argumente bei einem bestimmten Funktionsaufruf verwenden müssen. Durch die Verwendung von Standardparametern können Sie einfach die Argumente weglassen, die Sie nicht benötigen, und die Funktion wird automatisch die Standardwerte für fehlende Argumente einsetzen.

Nehmen wir zum Beispiel an, Sie haben eine Funktion, die drei Argumente akzeptiert: **nombre**, **edad** und **género**. Bei einem bestimmten Funktionsaufruf benötigen Sie jedoch nur die Argumente **nombre** und **género**. Anstatt einen Wert für **edad** übergeben zu müssen, den Sie eigentlich nicht benötigen, können Sie ihn einfach weglassen und die Funktion den von Ihnen angegebenen Standardwert verwenden lassen.

Neben der Verkürzung Ihres Codes können Standardparameter ihn auch lesbarer machen, indem sie deutlich machen, welche Argumente optional und welche obligatorisch sind. Dies kann besonders nützlich sein, wenn Sie mit großen Codebasen arbeiten oder mit anderen Entwicklern zusammenarbeiten.

Hier ist ein Beispiel:

```
def greet(name, greeting="Hello"):
    print(f"{greeting}, {name}")

greet("Alice")  # Outputs: Hello, Alice
greet("Bob", "Good morning")  # Outputs: Good morning, Bob
```

Variabellängen-Argumente

Python ist eine hochflexible Sprache, und eine der Arten, wie sie diese Flexibilität zeigt, ist durch Funktionsparameter, die eine variable Anzahl von Argumenten akzeptieren können. Dies ist eine unglaublich nützliche Funktion, die Ihren Code modularer, leichter lesbar und langfristig wartbarer machen kann.

Mit dem Parameter *args können Sie eine beliebige Anzahl von nicht-schlüsselbasierten Argumenten an eine Funktion übergeben. Dies ist besonders nützlich, wenn Sie mit Funktionen arbeiten, die eine unbekannte Anzahl von Argumenten akzeptieren, oder wenn Sie einer Funktion programmatisch eine Liste von Argumenten bereitstellen möchten.

Ähnlich ermöglicht es der Parameter **kwargs, eine beliebige Anzahl von Schlüsselwort-Argumenten an eine Funktion zu übergeben. Dies ist nützlich, wenn Sie einer Funktion eine Reihe von Schlüssel-Wert-Paaren bereitstellen möchten, die Sie zur Anpassung ihres Verhaltens verwenden können. Durch die Verwendung dieser beiden Parameter zusammen können Sie hochflexible und anpassbare Funktionen erstellen, die in einem breiten Spektrum von Kontexten eingesetzt werden können.

Wenn Sie also das nächste Mal Code in Python schreiben, denken Sie daran, die Parameter *args und *kwargs zu nutzen, um Ihren Code modularer, leichter lesbar und langfristig wartbarer zu machen!

Beispiel:

```
def print_args(*args):
    for arg in args:
        print(arg)
```

```
print_args("Alice", "Bob", "Charlie")
# Outputs: Alice
#          Bob
#          Charlie

def print_kwargs(**kwargs):
    for k, v in kwargs.items():
        print(f"{k} = {v}")

print_kwargs(name="Alice", age=25)
# Outputs: name = Alice
#          age = 25
```

4.1.4 Dokumentationsstrings

Python ist eine Programmiersprache mit einer Funktion, die es ermöglicht, eine textuelle Beschreibung des Zwecks und Verhaltens einer Funktion einzufügen. Diese Funktion wird Dokumentationsstring oder Docstring genannt. Ein Docstring wird in der Regel mit dreifachen Anführungszeichen am Anfang des Funktionskörpers erstellt.

Der Docstring ist ein nützliches Werkzeug, da er verwendet werden kann, um anderen Entwicklern, die mit dem Code arbeiten könnten, weitere Informationen über die Funktion bereitzustellen. Dies kann Informationen wie die erwarteten Ein- und Ausgabedaten der Funktion sowie wichtige Details zur Implementierung umfassen.

Durch die Verwendung eines Docstrings kannst du deinen Code lesbarer und leichter zu warten machen. Darüber hinaus kann die Verwendung eines Docstrings dir helfen sicherzustellen, dass dein Code gut dokumentiert ist, was besonders wichtig sein kann, wenn du im Team arbeitest oder wenn du planst, deinen Code mit anderen zu teilen.

Beispiel:

```
def greet(name, greeting="Hello"):
    """
    This function prints a greeting to the user.
    If no specific greeting is provided, it defaults to "Hello".
    """
    print(f"{greeting}, {name}")
```

Das Verständnis, wie man Funktionen in Python definiert und aufruft, einschließlich wie man flexible Parameter spezifiziert und wie man seine Funktionen dokumentiert, ist der erste Schritt zur Erstellung von wiederverwendbarem und modularem Code. Diese Praxis verbessert die Lesbarkeit, Wartbarkeit und Wiederverwendbarkeit und ist eine gängige Praxis in der Python-Programmierung.

Nun haben wir einen weiteren wichtigen Aspekt, den wir in diesem Abschnitt besprechen müssen: den Unterschied zwischen lokalen und globalen Variablen im Kontext von Funktionen.

4.1.5 Lokale und globale Variablen

In Python wird eine Variable, die innerhalb einer Funktion deklariert wird, als lokale Variable bezeichnet. Diese Variablen sind nur innerhalb der Funktion definiert und können nur innerhalb dieser Funktion aufgerufen werden. Lokale Variablen können jedoch Werte außerhalb der Funktion zugewiesen bekommen, wenn sie zuvor als global deklariert wurden.

Dies kann in Situationen nützlich sein, in denen die Variable von mehreren Funktionen aufgerufen werden muss. Darüber hinaus können lokale Variablen denselben Namen wie globale Variablen haben, sind aber nicht dieselbe Variable. Das bedeutet, dass Änderungen an der lokalen Variable die globale Variable nicht beeinflussen werden.

Hier ist ein Beispiel:

```python
def my_function():
    local_var = "I'm local!"
    print(local_var)

my_function()  # Outputs: I'm local!
print(local_var)  # NameError: name 'local_var' is not defined
```

Wie du sehen kannst, wird **local_var** nur innerhalb von **my_function()** erkannt. Wenn wir versuchen, sie außerhalb der Funktion auszugeben, erzeugt Python einen **NameError**.

Eine Variable, die außerhalb der Funktion oder im globalen Bereich deklariert wird, wird als globale Variable bezeichnet. Das bedeutet, dass auf eine globale Variable innerhalb oder außerhalb der Funktion zugegriffen werden kann. Hier ist ein Beispiel:

```python
global_var = "I'm global!"

def my_function():
    print(global_var)

my_function()  # Outputs: I'm global!
print(global_var)  # Outputs: I'm global!
```

In diesem Fall kann **global_var** ohne Probleme ausgegeben werden, sowohl innerhalb von **my_function()** als auch außerhalb davon.

Wenn du jedoch versuchst, die globale Variable innerhalb einer Funktion zu ändern, musst du sie als global deklarieren; andernfalls wird Python sie als lokale Variable behandeln. Schauen wir uns das in Aktion an:

```python
global_var = "I'm global!"

def my_function():
    global global_var
    global_var = "I've been changed!"
```

```
my_function()
print(global_var)   # Outputs: I've been changed!
```

Hier verwenden wir das Schlüsselwort **global**, um anzuzeigen, dass wir uns auf die globale Variable **global_var** beziehen und nicht eine neue lokale Variable erstellen.

Das Verständnis des Unterschieds zwischen globalen und lokalen Variablen ist wichtig, da es beeinflussen kann, wie du deine Programme und Funktionen in Python strukturierst.

Nun haben wir die Grundlagen der Funktionen in Python behandelt. Wir haben besprochen, wie man Funktionen definiert und aufruft, wie man flexible Parameter bereitstellt, wie man seine Funktionen mit Docstrings dokumentiert und den Unterschied zwischen lokalen und globalen Variablen. Dies sind grundlegende Konzepte, die relevant sein werden, wenn wir tiefer in die Python-Programmierung eintauchen.

4.2 Geltungsbereich von Variablen

In der Programmierung bezieht sich der Geltungsbereich einer Variable auf den Teil des Codes, in dem sie aufgerufen oder referenziert werden kann. In Python gibt es zwei Haupttypen von Variablengeltungsbereichen: global und lokal. Der globale Geltungsbereich ist von überall im Code aus zugänglich, während der lokale Geltungsbereich auf einen bestimmten Codeblock, wie eine Funktion, beschränkt ist. Python hat jedoch zwei weitere Geltungsbereiche: nicht-lokal und eingebaut.

Der nicht-lokale Geltungsbereich ist ein Zwischenbereich, der es ermöglicht, dass eine Variable von verschachtelten Funktionen aus aufgerufen wird. Mit anderen Worten, eine nicht-lokale Variable ist nicht global, aber auch nicht genau lokal. Sie liegt irgendwo dazwischen.

Andererseits ist der eingebaute Geltungsbereich ein spezieller Bereich, der alle integrierten Funktionen und Module enthält. Jedes Python-Programm hat standardmäßig Zugriff auf diesen Geltungsbereich.

Durch das Verständnis der verschiedenen Arten von Variablengeltungsbereichen in Python kannst du effizienteren und skalierbaren Code schreiben, der leichter zu debuggen und zu warten ist.

4.2.1 Globaler Geltungsbereich

Wie bereits erwähnt, wird eine Variable, die innerhalb des Hauptteils eines Python-Skripts definiert wird, als globale Variable betrachtet, was bedeutet, dass auf die Variable von überall im Code aus zugegriffen werden kann. Wenn du jedoch eine globale Variable innerhalb einer Funktion ändern möchtest, musst du das Schlüsselwort **global** verwenden.

Dies kann geschehen, indem du die Variable mit dem Schlüsselwort **global** am Anfang der Funktion deklarierst, bevor du Änderungen an ihr vornimmst. Das Schlüsselwort **global** teilt dem Python-Interpreter mit, dass die Variable, die geändert wird, die globale Variable ist und nicht eine neue lokale Variable.

Es ist wichtig zu beachten, dass das Ändern globaler Variablen innerhalb einer Funktion zu unerwarteten Ergebnissen führen kann und mit Vorsicht verwendet werden sollte.

Beispiel:

```python
x = 10  # global variable

def my_func():
    global x
    x = 20  # modifies the global variable

my_func()
print(x)  # Outputs: 20
```

4.2.2 Lokaler Geltungsbereich

Bei der Definition einer Variable innerhalb einer Funktion ist es wichtig zu beachten, dass sie einen lokalen Geltungsbereich hat, was bedeutet, dass sie nur innerhalb dieser spezifischen Funktion verwendet werden kann. Dies gilt für jede Variable, die innerhalb einer Funktion deklariert wird, es sei denn, sie wird explizit als global deklariert. Es ist auch wichtig zu beachten, dass dieses Konzept des lokalen und globalen Geltungsbereichs erhebliche Auswirkungen auf die Funktionalität und Organisation deines Codes haben kann.

Zum Beispiel kannst du durch die Verwendung lokaler Variablen innerhalb einer Funktion Namenskonflikte mit Variablen vermeiden, die in anderen Teilen deines Programms verwendet werden. Es ist jedoch auch wichtig sicherzustellen, dass jede Variable, auf die du außerhalb einer Funktion zugreifen musst, als global deklariert wird, da sie sonst außerhalb des Geltungsbereichs der Funktion nicht zugänglich sind.

Beispiel:

```python
def my_func():
    y = 10  # lokale Variable
    print(y)  # Ausgabe: 10

my_func()
print(y)  # Verursacht einen NameError
```

Im obigen Code ist **y** nur innerhalb von **my_func** definiert, daher führt der Versuch, **y** außerhalb der Funktion auszugeben, zu einem **NameError**.

4.2.3 Nicht-lokaler Geltungsbereich

Nicht-lokale Variablen sind eine Art von Variable, die in verschachtelten Funktionen verwendet wird. Diese Variablen unterscheiden sich von lokalen Variablen, da ihr Geltungsbereich in der nächstgelegenen umgebenden Funktion liegt, die nicht global ist. Im Gegensatz dazu ist der Geltungsbereich lokaler Variablen auf die Funktion beschränkt, in der sie definiert sind. Im Fall von nicht-lokalen Variablen werden Änderungen ihres Wertes im nächstgelegenen umgebenden Geltungsbereich erscheinen.

Diese Eigenschaft ist besonders nützlich in Fällen, in denen du auf Variablen einer äußeren Funktion in einer inneren Funktion zugreifen möchtest. Nicht-lokale Variablen ermöglichen es dir, dies zu tun, ohne die Variablen als Argumente an die innere Funktion übergeben zu müssen. Darüber hinaus können nicht-lokale Variablen verwendet werden, um Closures zu erstellen, also Funktionen, die sich an die Werte der nicht-lokalen Variablen erinnern, die bei ihrer Definition im Geltungsbereich waren.

Beispiel:

```
def outer_func():
    x = 10  # Variable der umgebenden Funktion
    def inner_func():
        nonlocal x
        x = 20  # ändert die Variable im nächsten umgebenden Geltungsbereich
    inner_func()
    print(x)  # Ausgabe: 20

outer_func()
```

4.2.4 Eingebauter Geltungsbereich

Der eingebaute Geltungsbereich enthält eine Reihe von Namen, die automatisch in den Speicher von Python geladen werden, wenn es ausgeführt wird. Diese Namen umfassen eingebaute Funktionen wie **print()**, **len()** und **type()** sowie Namen von eingebauten Ausnahmen.

Es ist erwähnenswert, dass man bei der Benennung lokaler oder globaler Variablen vorsichtig sein sollte, denn wenn sie den gleichen Namen wie eine eingebaute Funktion haben, wird Python diejenige verwenden, die im nächstgelegenen Geltungsbereich ist. Das bedeutet, dass es nicht empfohlen wird, für deine Variablen denselben Namen wie für eingebaute Funktionen zu verwenden, da dies Verwirrung stiften und zu Fehlern führen kann.

Außerdem ist es wichtig zu beachten, dass der eingebaute Geltungsbereich modifiziert werden kann. Dies kann jedoch gefährlich sein, da es das Verhalten der eingebauten Funktionen in deinem Code beeinflussen und zu unerwarteten Ergebnissen führen kann. Daher wird empfohlen, den eingebauten Geltungsbereich nicht zu modifizieren, es sei denn, du bist dir absolut sicher, was du tust.

Schließlich ist es erwähnenswert, dass auf den eingebauten Geltungsbereich mit dem Modul **builtins** zugegriffen werden kann. Dieses Modul enthält die Namen aller eingebauten Funktionen, Ausnahmen und anderer Objekte. Du kannst dieses Modul importieren und auf die Namen mit der Punktnotation zugreifen, wie **builtins.print()**, **builtins.len()** und so weiter.

Beispiel:

```
print = "Hello, World!"
print(print)  # Verursacht einen TypeError
```

In diesem Beispiel haben wir die eingebaute Funktion **print()** mit einer Zeichenkette überschrieben, was zu einem Fehler führt, wenn wir versuchen, **print()** als Funktion zu verwenden.

Das Verständnis des Geltungsbereichs von Variablen ist entscheidend im Umgang mit Funktionen, besonders wenn du mit größeren und komplexeren Programmen arbeitest. Ein Missverständnis des Geltungsbereichs kann zu unerwartetem Verhalten und schwer zu findenden Fehlern führen, daher lohnt es sich, sich die Zeit zu nehmen, diese Konzepte wirklich zu verstehen.

4.2.5 Beste Praktiken für den Geltungsbereich von Variablen

Globale Variablen vermeiden

Obwohl globale Variablen in Python verwendet werden können, ist es oft besser, sie wenn möglich zu vermeiden. Dies liegt daran, dass auf sie von überall zugegriffen werden kann, was zu unerwünschten Nebeneffekten führen kann, wenn du nicht vorsichtig bist. Wenn beispielsweise eine globale Variable geändert wird, kann dies das Verhalten des Programms auf unerwartete Weise beeinflussen. Im Gegensatz dazu kann auf lokale Variablen nur innerhalb ihres Geltungsbereichs zugegriffen werden, was deinen Code einfacher zu verstehen und zu debuggen macht. Mit anderen Worten, die Verwendung von lokalen Variablen ist eine gute Praxis, die dir helfen kann, Fehler und andere Probleme in deinem Code zu vermeiden.

Darüber hinaus können globale Variablen deinen Code auch weniger modular und schwieriger zu warten machen. Dies liegt daran, dass sie eine Abhängigkeit zwischen verschiedenen Teilen deines Programms einführen, was es schwieriger machen kann, deinen Code in Zukunft zu ändern oder zu erweitern. Durch die Verwendung lokaler Variablen stattdessen kannst du den Zustand deines Programms innerhalb jeder Funktion oder Methode kapseln, was es einfacher macht, über deinen Code nachzudenken und ihn zu ändern.

Schließlich kann die Verwendung von globalen Variablen auch die Leistung deines Codes beeinflussen, besonders bei größeren Programmen. Dies liegt daran, dass globale Variablen mehr Speicher benötigen und die Ausführung deines Programms verlangsamen können. Im Gegensatz dazu sind lokale Variablen in der Regel effizienter und können dazu beitragen, den Speicherbedarf deines Codes zu reduzieren. Durch die Verwendung lokaler Variablen anstelle von globalen kannst du daher die Leistung deines Codes verbessern und ihn skalierbarer machen.

Nebeneffekte minimieren

Funktionen, die globale oder nicht-lokale Variablen ändern, haben sogenannte "Nebeneffekte". Obwohl sie manchmal notwendig sind, können sie deinen Code schwieriger zu verstehen und zu debuggen machen. Soweit möglich sollten Funktionen in sich geschlossen sein, nur mit ihren Eingaben arbeiten und ihre Ausgabe zurückgeben, ohne etwas anderes zu beeinflussen.

Eine Möglichkeit, Nebeneffekte zu minimieren, ist die Verwendung von Konzepten der funktionalen Programmierung wie Unveränderlichkeit. In einer unveränderlichen Funktion wird eine Eingabe, sobald sie empfangen wurde, nie geändert. Stattdessen erstellt die Funktion eine neue Ausgabe basierend auf der Eingabe. Dieser Ansatz stellt sicher, dass die ursprüngliche Eingabe unverändert bleibt und eliminiert das Risiko unerwünschter Nebeneffekte.

Eine andere Möglichkeit, Nebeneffekte zu minimieren, ist die Verwendung von Prinzipien der objektorientierten Programmierung (OOP). Bei OOP sind Daten und Funktionen in Objekten enthalten, und Interaktionen zwischen Objekten werden sorgfältig kontrolliert. Dieser Ansatz kann dazu beitragen, dass dein Code organisiert bleibt und leicht zu verstehen ist, selbst wenn er komplexer wird.

Letztendlich geht es beim Minimieren von Nebeneffekten darum, Code zu erstellen, der robust, effizient und leicht zu warten ist. Indem du bewährten Praktiken wie den hier genannten folgst, kannst du sicherstellen, dass dein Code nicht nur funktional ist, sondern auch einfach zu bearbeiten und zu verstehen.

Eingebaute Funktionen nicht verdecken

Wie bereits erwähnt, ist es möglich, eine lokale oder globale Variable zu definieren, die den gleichen Namen wie eine eingebaute Funktion in Python hat. Dies ist jedoch eine schlechte Praxis, da es deinen Code schwerer lesbar macht und zu Fehlern führen kann. Wähle immer Variablennamen, die nicht bereits von Pythons eingebauten Funktionen belegt sind.

Dies kann dir viele Kopfschmerzen in der Zukunft ersparen. Eine Möglichkeit, dies zu tun, ist die Verwendung eines Präfixes, das den Zweck der Variable beschreibt. Wenn du beispielsweise das Alter eines Benutzers speicherst, könntest du "alter" als Namen der Variable verwenden, aber es ist besser, etwas wie "alter_benutzer" zu verwenden, um es klarer zu machen.

Außerdem kannst du auch längere Variablennamen verwenden, die die Funktion der Variable beschreiben, was dazu beitragen kann, deinen Code lesbarer zu machen. Anstatt beispielsweise "x" als Variablennamen zu verwenden, könntest du "gesamtanzahl_der_elemente_in_der_liste" verwenden, wenn das ist, was die Variable zählt. Es mag umständlich erscheinen, aber sich die Zeit zu nehmen, aussagekräftige Variablennamen zu wählen, wird deinen Code langfristig leichter verständlich und wartbar machen.

Beschreibende Namen für Variablen verwenden

Eine der besten Praktiken beim Programmieren ist die Wahl von Variablennamen, die die Daten beschreiben, die sie speichern. Dadurch wird dein Code viel leichter zu lesen und zu verstehen, was dir langfristig Zeit sparen wird. Anstatt generische Namen wie 'x' oder 'y' zu verwenden, versuche, beschreibende Namen zu wählen, die genau widerspiegeln, wofür die Variable verwendet wird.

Wenn du beispielsweise eine Variable verwendest, um das Alter eines Benutzers zu speichern, benenne sie 'benutzerAlter' anstatt nur 'alter'. Dies macht den Code nicht nur für dich leichter zu verstehen, sondern auch für jeden anderen Entwickler, der in Zukunft mit dem Code arbeiten könnte.

Also nimm dir das nächste Mal, wenn du Code schreibst, einen Moment Zeit, um beschreibende Variablennamen zu wählen; das wird dir das Leben leichter machen!

```
# Good
def calculate_average(nums):
    return sum(nums) / len(nums)

# Bad
def a(n):
    return sum(n) / len(n)
```

Halte Funktionen klein und fokussiert

Eine der besten Praktiken für das Schreiben von gutem Code ist sicherzustellen, dass jede Funktion nur eine Aufgabe erfüllt. Dies hilft dabei, den Code lesbarer und leichter verständlich zu machen. Indem man Funktionen klein und fokussiert hält, verringert sich auch die Wahrscheinlichkeit unerwarteter Interaktionen zwischen Variablen.

Darüber hinaus sind kleine Funktionen einfacher zu testen und zu debuggen, was langfristig viel Zeit und Mühe sparen kann. Es ist wichtig zu bedenken, dass das Aufteilen größerer Funktionen in kleinere den Code modularer und mit der Zeit leichter zu warten machen kann. Daher ist es immer eine gute Idee, Funktionen klein und fokussiert zu halten.

Das Verstehen und Befolgen dieser Best Practices kann dir helfen, häufige Fehler zu vermeiden und deinen Code viel wartbarer und robuster zu machen. Das nächste Thema wird die Module und Pakete von Python behandeln, die Werkzeuge bieten, um deinen Code so zu organisieren, dass der Geltungsbereich von Variablen leichter zu verwalten ist und diese Best Practices eingehalten werden können.

4.3 Module und Pakete

In Python sind Module und Pakete eine Möglichkeit, größere Projekte zu organisieren und sie leichter verwaltbar und verständlich zu machen. Bei der Entwicklung komplexer Software ist es oft notwendig, sie in kleinere, überschaubare Komponenten zu zerlegen. Module und Pakete bieten eine praktische Möglichkeit, dies zu tun, indem sie Entwicklern erlauben, verwandten Code logisch zu gruppieren.

Module, bei denen es sich um einzelne Python-Dateien handelt, können Funktionen, Klassen und andere Objekte enthalten, die in anderen Teilen des Projekts verwendet werden können. Durch die Aufteilung des Codes in kleinere, wiederverwendbare Module können Entwickler Codeduplizierung vermeiden und die Wartung und Aktualisierung erleichtern.

Pakete hingegen sind Verzeichnisse, die mehrere Module enthalten. Sie werden verwendet, um verwandte Funktionalitäten zu gruppieren und eine Möglichkeit zu bieten, größere Projekte zu organisieren. Ein Paket kann Unterpakete enthalten, die wiederum weitere Unterpakete oder Module enthalten können. Dies ermöglicht eine hierarchische Organisation des Codes, die ihn leichter verständlich und navigierbar machen kann.

Insgesamt sind Module und Pakete eine wesentliche Funktion von Python, die es Entwicklern ermöglicht, organisierten und wartbaren Code zu schreiben. Durch das Zerlegen größerer Projekte in kleinere, überschaubare Komponenten können Entwickler Software erstellen, die mit der Zeit leichter zu verstehen und zu bearbeiten ist.

4.3.1 Module in Python

Ein Modul in Python ist eine Datei, die wiederverwendbaren Code enthält, der in andere Python-Dateien importiert werden kann. Es ermöglicht dir, deinen Code in kleinere und handhabbare Dateien zu organisieren, was die Wartung und Wiederverwendung in mehreren Projekten erleichtert.

Neben Python-Definitionen und -Anweisungen können Module auch Dokumentationsstrings enthalten, die nützliche Informationen über das Modul liefern. Dies kann Informationen über den Zweck des Moduls, seine Verwendung und wichtige Überlegungen umfassen.

Bei der Erstellung eines Moduls ist es wichtig, einen beschreibenden Namen zu wählen, der die Funktionalität des darin enthaltenen Codes widerspiegelt. Wenn du beispielsweise ein Modul erstellst, das mathematische Operationen enthält, könntest du einen Namen wie **mathematische_operationen.py** wählen.

Um ein Modul zu erstellen, erstelle einfach eine neue Python-Datei und definiere darin Funktionen, Klassen oder Variablen. Sobald du dein Modul erstellt hast, kannst du es mit der **import**-Anweisung in andere Python-Dateien importieren, was dir ermöglicht, deinen Code in mehreren Projekten wiederzuverwenden.

Zum Beispiel erstellen wir ein Modul **mathematische_operationen.py**:

```
# math_operations.py

def add(a, b):
    return a + b

def subtract(a, b):
    return a - b
```

Du kannst jede Python-Quelldatei als Modul verwenden, indem du eine Import-Anweisung in einer anderen Python-Quelldatei ausführst. So würdest du das Modul **math_operations** verwenden:

```
import math_operations

result = math_operations.add(10, 5)
print(result)  # Outputs: 15
```

Python bietet verschiedene Möglichkeiten, Module zu importieren. Wenn du nur eine bestimmte Funktion aus einem Modul benötigst, kannst du nur diese Funktion importieren:

```
from math_operations import add

result = add(10, 5)
print(result)  # Outputs: 15
```

4.3.2 Pakete in Python

Wenn dein Projekt an Größe zunimmt, ist es wichtig zu bedenken, dass die Organisation deiner Module in Verzeichnissen unglaublich nützlich sein kann. Hier kommen Pakete ins Spiel. Im Wesentlichen ist ein Paket einfach eine Möglichkeit, verwandte Module innerhalb einer einzigen Verzeichnishierarchie zu gruppieren.

Ein Paket zu erstellen ist ein ziemlich einfacher Prozess. Du beginnst mit der Erstellung eines neuen Verzeichnisses und fügst dann eine spezielle Datei namens **__init__.py** in dieses Verzeichnis ein. Diese Datei kann leer gelassen werden oder gültigen Python-Code enthalten. Durch die Verwendung von Paketen kannst du die Organisation deines Codes verbessern und ihn im Laufe der Zeit leichter wartbar machen. Darüber hinaus können Pakete verwendet werden, um wiederverwendbare Codekomponenten zu erstellen, die zwischen mehreren Projekten geteilt werden können.

Angenommen, wir haben ein Verzeichnis namens **my_package** mit zwei Modulen, **module1.py** und **module2.py**:

```
my_package/
    __init__.py
    module1.py
    module2.py
```

Du kannst die Module in **my_package** wie folgt importieren:

```
from my_package import module1, module2
```

Und auf die in diesen Modulen definierten Funktionen oder Variablen zugreifen:

```
result1 = module1.some_function()
result2 = module2.some_function()
```

Das Verständnis von Python-Modulen und -Paketen ist entscheidend, wenn es darum geht, größere Projekte zu strukturieren. Neben dem allgemeinen Verständnis von Modulen und Paketen ist es nützlich, die **__name__**-Variable von Python zu kennen. Dies ist eine integrierte Variable in Python, und sie erhält ihren Wert abhängig davon, wie wir unser Programm ausführen.

In einer Python-Datei ist **__name__** gleich **"__main__"**, wenn wir diese Datei direkt ausführen. Wenn wir diese Datei jedoch als Modul in eine andere Datei importieren, ist **__name__** gleich dem Namen des importierten Moduls (der Python-Dateiname ohne die Erweiterung **.py**).

Hier ist ein Beispiel zur Veranschaulichung:

Angenommen, wir haben **module1.py**:

```
# module1.py

def print_module_name():
    print(__name__)

print_module_name()
Die direkte Ausführung von modulo1.py ergibt:
$ python module1.py
__main__
Wenn wir nun modulo1 in eine andere Python-Datei importieren:
# module2.py

import module1
Die Ausführung von modulo2.py ergibt jetzt:
$ python module2.py
module1
```

Diese Funktion wird häufig verwendet, um Code in unserem Modul zu schreiben, den wir nur ausführen möchten, wenn wir das Modul direkt ausführen, und nicht, wenn es an anderer Stelle importiert wird. Dies sieht man oft in Python-Dateien in Form einer **if __name__ == "__main__":** Bedingung am Ende der Datei.

Das Verständnis, wie **__name__** funktioniert, kann dir helfen, flexiblere und wiederverwendbare Module zu schreiben.

Damit haben wir nun das Python-System zur Organisation von Code in Modulen und Paketen ausführlich erkundet, einschließlich wie man sie erstellt, importiert und verwendet. Module und Pakete sind der Schlüssel zum Aufbau größerer und komplexerer Anwendungen auf wartbare Weise. Als Nächstes werden wir uns mit einer spezifischeren Art von Modul befassen: jenen, die in der Standardbibliothek von Python selbst enthalten sind.

4.3.3 Das import-System von Python

Das **import**-System von Python hält einen Cache bereits importierter Module, um die Leistung zu verbessern. Das bedeutet, wenn du ein Modul importierst, wird Python den Code des Moduls nicht erneut laden und ausführen, wenn du es in derselben Sitzung erneut importierst.

Obwohl der Leistungsgewinn erheblich ist, kann diese Funktion Probleme verursachen, wenn du aktiv ein Modul entwickelst und testest. Wenn du beispielsweise Änderungen an einem Modul vornimmst, nachdem du es importiert hast, musst du deinen Python-Interpreter neu starten oder die Funktion **reload()** aus dem Modul **importlib** verwenden, um diese Änderungen zu sehen.

Die Funktion **reload()**, die ein Modulobjekt als Argument nimmt, lädt das Modul neu und aktualisiert den Cache mit dem neuen Code. Es ist wichtig zu beachten, dass die Funktion **reload()** nur funktioniert, wenn das Modul ursprünglich mit der **import**-Anweisung geladen wurde; andernfalls musst du andere Methoden verwenden, um das Modul neu zu laden.

Wenn du Python 3.4 oder neuer verwendest, kannst du außerdem die Funktion **importlib.reload()** anstelle von **reload()** verwenden. Diese Funktion ist flexibler und ermöglicht es dir, Module aus anderen Quellen wie einem String oder einem Byte-Stream neu zu laden.

Zusammenfassend lässt sich sagen, dass der Import-Cache von Python die Leistung zwar erheblich verbessert, es jedoch wichtig ist, sich seiner Einschränkungen bei der Entwicklung und dem Testen von Modulen bewusst zu sein. Durch die Verwendung der Funktion **reload()** oder der Funktion **importlib.reload()**, wenn du Python 3.4 oder neuer verwendest, kannst du sicherstellen, dass Änderungen an deinem Code im Modul berücksichtigt werden.

Hier ist ein Beispiel:

```python
pythonCopy code
from importlib import reload
import my_module

# Imagine we make some changes in my_module at this point...

reload(my_module)  # This will reload the module and apply the changes
```

Dies ist ein etwas fortgeschrittenes Konzept, aber es ist gut, es im Hinterkopf zu behalten, wenn du an größeren Projekten arbeitest oder aktiv deine eigenen Module entwickelst und testest.

Damit schließen wir unsere Diskussion über Module und Pakete in Python ab. Das Verständnis dieser Konzepte ist entscheidend, um deinen Code effektiv zu organisieren und die umfangreiche Standardbibliothek von Python sowie Pakete von Drittanbietern zu nutzen. Im weiteren Verlauf werden wir auf komplexere und interessantere Möglichkeiten stoßen, unseren Code zu strukturieren und zu organisieren.

4.4 Rekursive Funktionen in Python

Rekursion ist eine leistungsstarke Technik in der Informatik zur Lösung komplexer Probleme. Sie besteht darin, ein Problem in kleinere, handhabbare Teilprobleme zu zerlegen und diese dann nacheinander zu lösen.

Dieser Prozess wird fortgesetzt, bis die Teilprobleme klein genug sind, um leicht gelöst zu werden. Diese Methode wird häufig in der Programmierung eingesetzt, und in Python wird sie durch Funktionen realisiert, die sich selbst aufrufen. Diese Funktionen werden als rekursive Funktionen bezeichnet und sind besonders nützlich bei Problemen mit einer rekursiven Struktur, wie sie in der Graphentheorie und bei Datenstrukturen vorkommen.

Durch die Zerlegung eines komplexen Problems in kleinere Teilprobleme ermöglicht uns die Rekursion, Probleme zu lösen, die sonst unlösbar wären.

4.4.1 Verstehen der Rekursion

Beginnen wir mit einem einfachen Beispiel: der Berechnung der Fakultät einer Zahl. Die Fakultät einer Zahl **n** ist ein grundlegendes Konzept in der Mathematik, das das Produkt aller positiven ganzen Zahlen kleiner oder gleich **n** darstellt. Dieser Begriff kann in mathematischer Notation formal als **n! = n * (n-1) * (n-2) * ... * 3 * 2 * 1** ausgedrückt werden. Es ist erwähnenswert, dass die Fakultätsfunktion in vielen Bereichen der Mathematik entscheidend ist, einschließlich Kombinatorik, Wahrscheinlichkeitstheorie und Zahlentheorie.

Eine interessante Tatsache über Fakultäten ist, dass sie extrem schnell wachsen. Zum Beispiel ist die Fakultät von 10 gleich 3.628.800, während die Fakultät von 20 eine beeindruckende Zahl von 2.432.902.008.176.640.000 ist. Infolgedessen kann die Berechnung der Fakultät großer Zahlen eine Herausforderung sein, und es gibt verschiedene Algorithmen und Techniken, um dieses Problem anzugehen.

Zusammenfassend ist die Fakultätsfunktion ein grundlegendes Konzept in der Mathematik, das das Produkt aller positiven ganzen Zahlen kleiner oder gleich einer gegebenen Zahl darstellt. Obwohl die Berechnung von Fakultäten großer Zahlen eine Herausforderung sein kann, ist das Verständnis der grundlegenden Konzepte dieses Begriffs in verschiedenen Bereichen der Mathematik, einschließlich Kombinatorik, Wahrscheinlichkeitstheorie und Zahlentheorie, unerlässlich.

Beispiel:

Dies kann in Python mithilfe einer Schleife implementiert werden:

```python
def factorial(n):
    result = 1
    for i in range(1, n + 1):
        result *= i
    return result
```

```
print(factorial(5))  # Outputs: 120
```

Es gibt jedoch eine rekursive Definition des Faktorials, die ziemlich elegant ist: n! = n * (n-1)!. Auf Deutsch bedeutet das, dass die Fakultät von n gleich n mal die Fakultät von n-1 ist. Diese rekursive Definition führt direkt zu einer rekursiven Funktion zur Berechnung der Fakultät:

```
def factorial(n):
    if n == 1:
        return 1
    else:
        return n * factorial(n-1)

print(factorial(5))  # Outputs: 120
```

In dieser Funktion ist der Basisfall **n == 1**. Wir überprüfen den Basisfall und geben ein Ergebnis zurück, wenn er zutrifft. Wenn wir nicht mit dem Basisfall übereinstimmen, führen wir einen rekursiven Aufruf durch.

4.4.2 Rekursive Funktionen müssen einen Basisfall haben

Jede rekursive Funktion muss einen Basisfall haben, d.h. eine Bedingung, unter der sie sich nicht selbst aufruft, damit die Rekursion schließlich endet. Dies liegt daran, dass ohne einen Basisfall die Funktion sich selbst unbegrenzt weiter aufrufen würde, was zu einer sogenannten unendlichen Rekursion führt. Dies kann nicht nur dazu führen, dass das Programm abstürzt oder einfriert, sondern es kann auch ein schwer zu erkennender und zu korrigierender Fehler sein.

Um dies zu vermeiden, ist es wichtig sicherzustellen, dass der Basisfall gültig ist und dass die Funktion die Eingabewerte mit jedem rekursiven Aufruf korrekt näher an den Basisfall heranführt. Das bedeutet, dass die Funktion so gestaltet sein muss, dass sie es ihr ermöglicht, auf den Basisfall zuzusteuern, bis dieser schließlich erreicht wird. Dadurch kann die Funktion vermeiden, in einer Endlosschleife gefangen zu werden und einen **RecursionError** zu verursachen.

4.4.3 Der Aufrufstapel und die Rekursion

Rekursive Funktionsaufrufe werden mithilfe einer Datenstruktur namens Aufrufstapel (Call Stack) verwaltet. Jedes Mal, wenn eine Funktion aufgerufen wird, wird ein neuer Stack-Frame zum Aufrufstapel hinzugefügt. Dieser Frame enthält die lokalen Variablen der Funktion und die Stelle im Code, an die die Kontrolle zurückgegeben werden soll, wenn die Funktion ihre Ausführung beendet hat.

Wenn eine Funktion sich selbst aufruft, wird ein neuer Stack-Frame für den rekursiven Aufruf erstellt, der über dem Frame des Aufrufers liegt. Wenn der rekursive Aufruf die Kontrolle zurückgibt, kehrt diese zur aufrufenden Funktion zurück, und ihr Stack-Frame wird aus dem Aufrufstapel entfernt.

Wenn es zu viele rekursive Aufrufe gibt und der Aufrufstapel zu tief wird, erzeugt Python einen **RecursionError**. Dies dient dazu, zu verhindern, dass Python-Programme den gesamten Stack-Speicher des Systems verbrauchen und möglicherweise abstürzen.

Beispiel:

Hier ist ein Beispiel:

```python
def recursive_function(n):
    if n == 0:
        return
    print(n)
    recursive_function(n - 1)

recursive_function(5)
```

Dieses Programm gibt die Zahlen von 5 bis 1 in absteigender Reihenfolge aus. Jeder Aufruf von **recursive_function** fügt einen neuen Frame zum Aufrufstapel hinzu. Wenn **n == 0** ist, kehrt die Funktion zurück, ohne einen rekursiven Aufruf zu tätigen, und die Stack-Frames werden nacheinander vom Aufrufstapel entfernt.

Rekursion ist ein mächtiges Konzept in der Programmierung, sollte aber mit Vorsicht eingesetzt werden, da sie zu komplexem Code und möglichen Stack-Überlauf-Problemen führen kann. Dennoch ist sie ein nützliches Werkzeug in deinem Repertoire.

Obwohl Rekursion zu sehr eleganten Lösungen für bestimmte Probleme führen kann, ist es auch wichtig zu beachten, dass sie nicht immer die effizienteste Lösung in Bezug auf Ausführungsgeschwindigkeit und Speichernutzung ist, besonders in Python. Aufgrund der Verwendung des Aufrufstapels zur Verwaltung der Rekursion hat Python eine Begrenzung der Rekursionstiefe, die es verarbeiten kann, typischerweise einige tausend Ebenen, was jedoch je nach genauer Konfiguration deiner Umgebung variieren kann.

Darüber hinaus verursacht jeder rekursive Aufruf einen gewissen Overhead, da ein neuer Stack-Frame erstellt und zerstört werden muss, und dies kann die Ausführung verlangsamen, wenn die Anzahl der rekursiven Aufrufe sehr groß ist.

Aus diesen Gründen ist für Probleme mit großen Eingaben, die sowohl iterativ als auch rekursiv gelöst werden können, die iterative Lösung in Python oft effizienter. Es gibt jedoch Probleme, die von Natur aus rekursiv sind, wie Baum- und Graphendurchläufe, bei denen die rekursive Lösung die direkteste ist.

Es gibt auch fortgeschrittenere Techniken wie Endrekursion und dynamische Programmierung, die rekursive Lösungen optimieren können, um einige dieser Einschränkungen zu überwinden. Dies sind jedoch fortgeschrittenere Themen und liegen außerhalb des Rahmens dieser einführenden Diskussion.

Zusammenfassend ist das Verständnis der Rekursion ein Schlüssel, um in der Programmierung kompetent zu werden. Es ist ein wesentliches Konzept, das uns ermöglicht, Probleme auf eine andere Weise anzugehen und zu lösen. Trotz einiger möglicher Einschränkungen, insbesondere in Python, bleibt es ein sehr nützliches Konzept zum Verstehen und Beherrschen. Wir ermutigen die Leser, dieses Thema weiter zu erforschen und die Komplexität der rekursiven Programmierung zu verstehen. Es kann eine hervorragende Übung sein, um deine Problemlösungs- und Programmierfähigkeiten zu verbessern.

Damit haben wir nun Funktionen, Module, Pakete und Rekursion in Python behandelt. Dies sind grundlegende Konzepte, die jeder Python-Programmierer kennen sollte. Die Beherrschung dieser Konzepte ermöglicht es uns, effizienten, organisierten und wiederverwendbaren Code zu schreiben. Mit dieser soliden Grundlage können wir nun zu komplexeren und spannenderen Themen in der Python-Programmierung übergehen. Bleib dran!

4.5 Praktische Übungen

Übung 1: Eine Funktion schreiben und aufrufen

Schreibe eine Python-Funktion, die eine Liste von Zahlen als Eingabe nimmt und deren Durchschnitt zurückgibt. Rufe diese Funktion mit einer Liste von Zahlen auf und gib das Ergebnis aus.

```python
def calculate_average(numbers):
    return sum(numbers) / len(numbers)

numbers = [10, 20, 30, 40, 50]
print(calculate_average(numbers))  # Outputs: 30.0
```

Übung 2: Verstehen des Geltungsbereichs von Variablen

Untersuche den untenstehenden Code und sage voraus, was er ausgeben wird. Führe ihn dann aus, um dein Verständnis zu überprüfen.

```python
def my_func():
    inner_variable = "I'm inside the function"
    print(inner_variable)

inner_variable = "I'm outside the function"
my_func()
print(inner_variable)
```

Übung 3: Import und Verwendung eines Moduls

Importiere das Modul **math** und verwende es, um die Quadratwurzel von 16 zu berechnen.

```python
import math
```

```
print(math.sqrt(16))  # Outputs: 4.0
```

Übung 4: Rekursive Funktion

Schreibe eine rekursive Funktion zur Berechnung der Fakultät einer Zahl. Rufe diese Funktion mit der Zahl 5 auf und gib das Ergebnis aus.

```python
def factorial(n):
    if n == 1:
        return 1
    else:
        return n * factorial(n-1)

print(factorial(5))  # Outputs: 120
```

Übung 5: Fehlerbehandlung

Modifiziere die Funktion aus Übung 1, um den Fall zu behandeln, dass die Eingabeliste leer ist (und der Durchschnitt daher nicht definiert ist). Sie sollte in diesem Fall eine Ausnahme mit einer passenden Fehlermeldung erzeugen.

```python
def calculate_average(numbers):
    if len(numbers) == 0:
        raise ValueError("The input list is empty")
    return sum(numbers) / len(numbers)

numbers = []
try:
    print(calculate_average(numbers))
except ValueError as e:
    print(e)
```

Diese Übungen decken die in diesem Kapitel besprochenen Konzepte ab. Das Lösen dieser Aufgaben wird dir helfen, dein Verständnis dafür zu festigen, wie man Funktionen definiert und aufruft, den Geltungsbereich von Variablen versteht, Module und Pakete verwendet, rekursive Funktionen schreibt und Fehler in Python behandelt. Viel Spaß beim Programmieren!

Fazit zu Kapitel 4

In diesem aufschlussreichen Kapitel über "Funktionen, Module und Pakete" haben wir uns mit den wesentlichen Aspekten der Programmierung befasst, die es uns ermöglichen, effizienten, wiederverwendbaren und gut organisierten Code zu erstellen. Wie wir gesehen haben, erlauben uns diese Konstrukte, Verhalten und Zustände zu kapseln, die Wiederverwendung von Code zu fördern und die Programmkomplexität zu bewältigen. Sie bieten die Bausteine, die wir zum Entwerfen, Schreiben und Verstehen von Software verwenden.

Beginnend mit der "Definition und dem Aufruf von Funktionen" haben wir die grundlegende Struktur von Funktionen untersucht, die aus einer Definition besteht, die festlegt, was eine Funktion tut, gefolgt von einem Aufruf, der sie ausführt. Indem wir Code in Funktionen verpacken, können wir ihn einmal schreiben und in vielen verschiedenen Kontexten verwenden, wodurch unsere Programme kürzer, lesbarer und einfacher zu warten sind.

Dann widmeten wir uns dem "Geltungsbereich von Variablen", der sich auf die Teile eines Programms bezieht, in denen eine Variable zugänglich ist. Das Verständnis des Geltungsbereichs ist entscheidend, um Fehler zu vermeiden, wie wir bei unserer Untersuchung lokaler und globaler Variablen gelernt haben. Das Konzept des 'Geltungsbereichs' ermöglicht es uns, denselben Namen für verschiedene Variablen in verschiedenen Teilen eines Programms ohne Verwirrung zu verwenden.

"Module und Pakete" waren unser drittes Thema. Module helfen uns, unseren Code in separate Dateien zu organisieren, wobei jede verwandte Funktionen, Klassen und Variablen enthält. Pakete hingegen gruppieren verwandte Module in einer Verzeichnishierarchie. Dieser Mechanismus ermöglicht es uns, große und komplexe Anwendungen zu entwickeln, indem wir sie in überschaubare und logisch zusammenhängende Teile aufteilen.

Wir haben uns auch mit dem Konzept der Rekursion in "Rekursive Funktionen in Python" beschäftigt, einer Technik, bei der eine Funktion sich selbst aufruft. Obwohl Python einige Einschränkungen bei der Rekursion in Bezug auf Ausführungsgeschwindigkeit und Speichernutzung hat, bleibt sie ein Schlüsselkonzept, das es zu beherrschen gilt, besonders für Probleme, die von Natur aus rekursiv sind, wie Baum- und Graphendurchläufe.

Schließlich haben wir unser Wissen mit einer Reihe von Übungen in die Praxis umgesetzt. Diese praktischen Beispiele haben die erlernten Konzepte verstärkt und gezeigt, wie sie in realen Programmierszenarien eingesetzt werden können.

Dieses Kapitel hat uns über die Grundlagen von Python hinausgeführt und fortgeschrittene Konzepte eingeführt, die den Kern vieler Python-Programme bilden. Die Beherrschung dieser Konzepte ist entscheidend für jeden angehenden Python-Entwickler und legt den Grundstein für noch fortgeschrittenere Themen wie objektorientierte Programmierung, Datei-E/A und Datenbankschnittstellen, unter anderem.

Wie bei jedem Lernprozess kommt das Verständnis jedoch mit der Praxis. Ich ermutige dich, mit den in diesem Kapitel vorgestellten Konzepten zu experimentieren. Schreibe deine eigenen Funktionen, erkunde verschiedene Module und Pakete und sieh, wie weit du mit der Rekursion kommen kannst. Nutze diese Werkzeuge, um Probleme zu lösen, etwas Nützliches zu bauen oder einfach Spaß zu haben.

Die wahre Kraft dieser Konzepte wird deutlich, wenn du sie in komplexeren Situationen anwendest. Je mehr du sie benutzt, desto wohler wirst du dich mit ihnen fühlen und desto besser wirst du ihr Potenzial verstehen. Also experimentiere weiter, programmiere weiter und vor allem, lerne weiter.

Während wir auf dieser Reise durch Python fortschreiten, denke daran, dass alle großen Pythonistas genau dort begonnen haben, wo du jetzt bist. Mach weiter so und auf zum nächsten Kapitel!

Kapitel 5: Vertiefung in Datenstrukturen

Datenstrukturen sind ein wesentlicher Bestandteil jeder Programmiersprache, da sie die Grundlage für das Speichern, Organisieren und Manipulieren von Daten bilden. Python bietet eine Vielzahl vielseitiger und benutzerfreundlicher Datenstrukturen, die ein breites Spektrum an Möglichkeiten für die Datenspeicherung und -manipulation bieten.

In diesem Kapitel werden wir die in Python integrierten Datenstrukturen detaillierter untersuchen, wobei wir uns auf Listen, Tupel, Sets und Dictionaries konzentrieren. Indem wir tiefer in die fortgeschrittenen Konzepte und Funktionen dieser Strukturen eintauchen, können wir unseren Werkzeugkasten erweitern und ein tieferes Verständnis dafür erlangen, wie man leistungsfähigere und effizientere Python-Programme schreibt.

Ein Schlüsselaspekt der Python-Datenstrukturen ist ihre Fähigkeit, große Datenmengen zu verarbeiten, was sie ideal für die Arbeit mit umfangreichen Datensätzen macht. Darüber hinaus sind Python-Datenstrukturen äußerst flexibel, was uns ermöglicht, Elemente nach Bedarf zu ändern, hinzuzufügen oder zu entfernen. Diese Flexibilität macht sie für ein breites Spektrum von Anwendungen geeignet, von einfacher Datenspeicherung bis hin zu komplexen Datenanalysen.

Ein weiteres entscheidendes Merkmal der Python-Datenstrukturen ist ihre Effizienz. Durch die Verwendung optimierter Algorithmen und Datenstrukturen kann Python Operationen auf großen Datensätzen schnell und mit minimalem Overhead ausführen. Diese Effizienz ist besonders wichtig für Anwendungen, bei denen Geschwindigkeit und Leistung entscheidend sind, wie maschinelles Lernen und Datenverarbeitung.

Insgesamt sind Python-Datenstrukturen ein fundamentaler Bestandteil der Sprache, der es Entwicklern ermöglicht, flexibel, effizient und leistungsstark mit Daten zu arbeiten. Durch die Beherrschung dieser Strukturen und ihrer zugehörigen Konzepte können wir anspruchsvollere und vereinfachte Python-Programme schreiben, wodurch wir besser darauf vorbereitet sind, komplexe datenorientierte Herausforderungen zu bewältigen.

5.1 Fortgeschrittene Konzepte zu Listen, Tupeln, Sets und Dictionaries

In den vorherigen Kapiteln haben wir diese Datenstrukturen vorgestellt und einige ihrer grundlegenden Funktionalitäten behandelt. Während wir tiefer in das Thema Datenstrukturen eintauchen, wird es immer wichtiger, ihre Komplexitäten zu verstehen. Aus diesem Grund erweitern wir nun unsere Diskussion, um die fortgeschritteneren Aspekte dieser Strukturen abzudecken, beginnend mit Listen.

Listen sind eine grundlegende Datenstruktur, die in der Informatik und Programmierung weit verbreitet ist. Sie sind eine Sammlung von Elementen, die in einer bestimmten Reihenfolge gespeichert werden und durch Hinzufügen, Entfernen oder Ändern von Elementen modifiziert werden können. Einer der Hauptvorteile von Listen ist ihre Flexibilität: Sie können jeden Datentyp enthalten, einschließlich Ganzzahlen, Strings und sogar andere Listen.

In diesem Abschnitt werden wir einige der komplexeren Funktionalitäten von Listen erkunden, wie Slicing, Verkettung und Sortierung. Wir werden auch verschiedene Arten von Listen besprechen, wie verkettete Listen und doppelt verkettete Listen, sowie ihre jeweiligen Vor- und Nachteile. Am Ende dieses Kapitels wirst du ein umfassendes Verständnis von Listen und ihren fortgeschrittenen Eigenschaften haben.

5.1.1 Fortgeschrittene Konzepte zu Listen

List Comprehensions

List Comprehensions sind eines der vielen Merkmale, die Python zu einer beliebten Programmiersprache machen. Ihre einzigartige Syntax ermöglicht es uns, Listen sehr präzise und elegant zu erstellen, was Python-Code oft lesbarer macht als Code, der in anderen Programmiersprachen geschrieben wurde.

Durch die Verwendung von List Comprehensions können wir die Anzahl der Codezeilen reduzieren, die zum Erstellen einer Liste erforderlich sind, und wir können dies oft schneller tun als mit einer herkömmlichen for-Schleife. Dieses Feature von Python ist besonders nützlich, wenn wir mit großen Datensätzen arbeiten oder wenn wir komplexe Operationen an einer Liste von Elementen durchführen müssen.

Darüber hinaus können List Comprehensions leicht mit anderen Python-Features kombiniert werden, wie Lambda-Funktionen oder den Funktionen map() und filter(), was uns ermöglicht, noch leistungsfähigeren und effizienteren Code zu schreiben. Insgesamt sind List Comprehensions ein Schlüsselwerkzeug im Arsenal jedes Python-Programmierers und können den Prozess des Schreibens von effektivem und effizientem Code erheblich vereinfachen.

Hier ist ein Beispiel:

```
numbers = [1, 2, 3, 4, 5]
squares = [number**2 for number in numbers]
```

```
print(squares)  # Outputs: [1, 4, 9, 16, 25]
```

Wir können auch Bedingungen in unsere List Comprehensions einbauen, um mehr Logik bei der Generierung unserer Listen hinzuzufügen. Generieren wir zum Beispiel eine Liste von Quadraten nur für gerade Zahlen:

```
numbers = [1, 2, 3, 4, 5]
even_squares = [number**2 for number in numbers if number % 2 == 0]
print(even_squares)  # Outputs: [4, 16]
```

Verschachtelte Listen

Listen sind unglaublich vielseitige Datenstrukturen, die jede Art von Objekt enthalten können, einschließlich anderer Listen. Diese verschachtelten Listen können als mehrdimensionale Arrays dienen und bieten eine leistungsstarke Möglichkeit, Daten zu organisieren und zu speichern. Die Fähigkeit, verschachtelte Listen zu erstellen und zu manipulieren, ist eine grundlegende Fertigkeit für jeden Programmierer und kann besonders nützlich sein in komplexen Projekten wie Datenanalyse oder Spieleentwicklung.

Durch sorgfältige Strukturierung deiner Listen kannst du sicherstellen, dass dein Code effizient und leicht lesbar ist, was die Zusammenarbeit mit anderen Entwicklern und den Aufbau robuster, umfassender Programme erleichtert. Ganz gleich, ob du gerade erst anfängst oder ein erfahrener Programmierer bist, das Verständnis der Arbeit mit verschachtelten Listen ist ein wesentlicher Bestandteil jedes Programmier-Skillsets.

Beispiel:

Hier ist ein Beispiel für eine 2D-Matrix (ein Array), dargestellt als Liste von Listen:

```
matrix = [[1, 2, 3], [4, 5, 6], [7, 8, 9]]
print(matrix[0])  # Outputs: [1, 2, 3]
print(matrix[1][2])  # Outputs: 6
```

Sortieren von Listen

Python-Listen sind eine leistungsstarke Datenstruktur, die es dir ermöglicht, Sammlungen von Elementen zu speichern und zu manipulieren. Eine der vielen nützlichen integrierten Methoden für Listen ist die Methode **sort()**. Diese Methode sortiert die Liste in-place, was bedeutet, dass sie die Reihenfolge der Elemente in der ursprünglichen Liste ändert. Es ist wichtig zu beachten, dass die Methode **sort()** nur für Listen definiert ist und nicht mit anderen iterierbaren Typen wie Tupeln oder Dictionaries verwendet werden kann.

Es gibt jedoch andere Methoden, um diese Arten von Datenstrukturen zu sortieren. Zum Beispiel kannst du die Funktion **sorted()** verwenden, um ein Tupel oder ein Dictionary zu sortieren. Diese Funktion gibt eine neue sortierte Liste zurück, anstatt die ursprüngliche

Datenstruktur in-place zu verändern, wie es die Methode **sort()** tut. Außerdem kannst du die Methode **items()** verwenden, um die Schlüssel und Werte eines Dictionaries als Liste von Tupeln zu extrahieren, die dann mit der Funktion **sorted()** sortiert werden können.

Zusammenfassend lässt sich sagen, dass die Methode **sort()** zwar eine bequeme Möglichkeit ist, eine Liste in-place zu sortieren, es jedoch wichtig ist, sich zu merken, dass sie nur für Listen definiert ist und nicht mit anderen iterierbaren Typen verwendet werden kann. Es gibt jedoch andere Methoden, um diese Arten von Datenstrukturen zu sortieren, wie die Funktion **sorted()** und die Methode **items()**, die dir helfen können, dasselbe Ergebnis zu erzielen, ohne die ursprüngliche Datenstruktur zu verändern.

```python
numbers = [5, 2, 3, 1, 4]
numbers.sort()
print(numbers)  # Outputs: [1, 2, 3, 4, 5]
```

Du kannst eine Liste auch in absteigender Reihenfolge sortieren, indem du das Argument **reverse=True** an die Methode **sort()** übergibst:

```python
numbers = [5, 2, 3, 1, 4]
numbers.sort(reverse=True)
print(numbers)  # Outputs: [5, 4, 3, 2, 1]
```

Die Funktion sorted()

Die Funktion **sorted()** ist eine unglaublich nützliche Funktion, die verwendet werden kann, um Iterables in einer neuen Liste zu sortieren, ohne das ursprüngliche Iterable zu verändern. Es ist wichtig zu beachten, dass diese Funktion mit jedem Typ von Iterable verwendet werden kann, nicht nur mit Listen. Das bedeutet, dass sie verwendet werden kann, um andere Datenstrukturen wie Tupel und Sets zu sortieren. Außerdem gibt die Funktion **sorted()** eine neue Liste zurück, die zusammen mit dem ursprünglichen Iterable verwendet werden kann.

Einer der Vorteile der Verwendung der Funktion **sorted()** ist, dass sie eine effizientere Nutzung des Speichers ermöglicht. Da die Funktion eine neue Liste erstellt, ist es möglich, die neue sortierte Liste im Speicher zu speichern, ohne sich Gedanken über die Veränderung des ursprünglichen Iterables machen zu müssen. Dies kann besonders nützlich sein, wenn mit großen Datensätzen gearbeitet wird, die nicht leicht modifiziert werden können.

Ein weiterer Vorteil der Funktion **sorted()** ist, dass sie oft schneller ist als die Verwendung der Methode **sort()**, besonders wenn es um komplexe Datenstrukturen geht. Dies liegt daran, dass die Funktion **sorted()** einen optimierten Algorithmus zum Sortieren verwendet, während die Methode **sort()** für die In-place-Modifikation von Listen optimiert ist.

Insgesamt ist die Funktion **sorted()** ein ausgezeichnetes Werkzeug für jeden, der mit Iterables arbeitet. Ihre Fähigkeit, jeden Typ von Iterable zu sortieren und eine neue Liste zu erstellen, macht sie zu einer wertvollen Ergänzung des Werkzeugkastens jedes Python-Programmierers.

```
numbers = (5, 2, 3, 1, 4)  # A tuple
sorted_numbers = sorted(numbers)
print(sorted_numbers)  # Outputs: [1, 2, 3, 4, 5]
```

Slicing von Listen

Python-Listen können gesliced werden, was bedeutet, dass eine neue Liste aus einer Teilmenge einer bestehenden Liste erstellt wird. Dies kann durch Angabe der Anfangs- und Endindexpositionen der Elemente erfolgen, die in die neue Liste aufgenommen werden sollen.

Slicing ist eine nützliche Technik in der Python-Programmierung, da es dir ermöglicht, mit bestimmten Teilen einer Liste zu arbeiten, ohne die ursprüngliche Liste zu verändern. Du kannst Slicing auch verwenden, um die Reihenfolge einer Liste umzukehren oder um jedes zweite Element in einer Liste zu extrahieren.

Außerdem kannst du Slicing mit anderen Listenoperationen wie Verkettung oder Addition kombinieren, um komplexe Listen zu erstellen, die deinen spezifischen Programmieranforderungen entsprechen.

Beispiel:

```
numbers = [1, 2, 3, 4, 5]
middle_two = numbers[1:3]
print(middle_two)  # Outputs: [2, 3]
```

In Python beginnen die Listenindizes bei 0, und das Slicing schließt den Startindex ein, aber schließt den Endindex aus. Also erhält **numbers[1:3]** die Elemente an den Indizes 1 und 2, aber nicht an Index 3.

Slicing kann auch mit negativen Indizes durchgeführt werden, die vom Ende der Liste aus zählen. Zum Beispiel erhält **numbers[-2:]** die letzten zwei Elemente der Liste:

```
last_two = numbers[-2:]
print(last_two)  # Outputs: [4, 5]
```

Dies sind nur einige der leistungsstarken Werkzeuge, die Python für die Arbeit mit Listen bietet. Sie können deinen Code erheblich vereinfachen und effizienter gestalten. Als Nächstes werden wir zu fortgeschrittenen Funktionen von Tupeln, Sets und Dictionaries übergehen.

Lass uns nun fortfahren und mehr über die anderen Strukturen sprechen: Tupel, Sets und Dictionaries.

5.1.2 Fortgeschrittene Konzepte zu Tupeln

Tuple Unpacking

In Python sind Tupel eine geordnete Sammlung von Elementen. Eine der einzigartigen Eigenschaften von Tupeln ist das "Unpacking". Unpacking ist ein leistungsstarkes Werkzeug, das es uns ermöglicht, die Elemente eines Tupels gleichzeitig mehreren Variablen zuzuweisen.

Dies kann besonders nützlich sein, wenn man mit großen Datensätzen oder komplexen Algorithmen arbeitet, da es uns ermöglicht, leicht auf bestimmte Elemente zuzugreifen und sie zu manipulieren, ohne jedes Element manuell einzeln zuweisen zu müssen.

Darüber hinaus können Tupel verschachtelt werden, was bedeutet, dass ein Tupel ein anderes Tupel als eines seiner Elemente enthalten kann. Dies ermöglicht noch mehr Flexibilität und Kontrolle bei der Arbeit mit Datensätzen. Insgesamt sind Tupel eine nützliche und vielseitige Datenstruktur in Python, die die Effizienz und Effektivität deines Codes erheblich verbessern kann.

Beispiel:

```
coordinates = (4, 5)
x, y = coordinates
print(x)  # Outputs: 4
print(y)  # Outputs: 5
```

Tupel als Dictionary-Schlüssel

Anders als Listen sind Tupel unveränderlich (immutable), was bedeutet, dass ihre Werte nach der Erstellung nicht mehr geändert werden können. Dies macht Tupel in bestimmten Aspekten sicherer als Listen, da es garantiert, dass ihre Werte während des gesamten Programms konstant bleiben.

Das bedeutet, dass Tupel (aber nicht Listen) als Schlüssel in Dictionaries verwendet werden können, was in bestimmten Situationen besonders nützlich sein kann. Wenn du beispielsweise ein Dictionary hast, das die Namen der Mitarbeiter ihren Gehältern zuordnet, könntest du ein Tupel als Schlüssel verwenden, um den Namen und die Abteilung jedes Mitarbeiters darzustellen, sodass du leicht sein Gehalt anhand einer Kombination aus seinem Namen und seiner Abteilung als Schlüssel nachschlagen kannst.

Da Tupel unveränderlich sind, können sie in bestimmten Situationen effizienter sein als Listen, da sie weniger Speicherplatz benötigen und schneller darauf zugegriffen werden kann. Es ist jedoch wichtig zu beachten, dass Tupel aufgrund ihrer Unveränderlichkeit möglicherweise nicht die beste Wahl für Situationen sind, in denen der Inhalt einer Datenstruktur häufig geändert werden muss.

Beispiel:

```
employee_directory = {
    ("John", "Doe"): "Front Desk",
    ("Jane", "Doe"): "Engineering",
}
```

```
print(employee_directory[("John", "Doe")])  # Outputs: "Front Desk"
```

5.1.3 Fortgeschrittene Konzepte zu Mengen

Mengenoperationen

Mengen in Python sind eine leistungsstarke Datenstruktur, die eine effiziente Datenmanipulation und -analyse ermöglicht. Mit Unterstützung für verschiedene mathematische Operationen wie Vereinigung (|), Schnittmenge (**&**), Differenz (-) und symmetrische Differenz (^) bieten Mengen Flexibilität und Vielseitigkeit in einer breiten Palette von Anwendungen. Ob du mit großen oder kleinen Datensätzen arbeitest, Mengen bieten eine schnelle und effiziente Möglichkeit, komplexe Berechnungen und Operationen durchzuführen.

Darüber hinaus sind Mengen ein wesentliches Werkzeug für jeden Entwickler oder Datenwissenschaftler, der seinen Arbeitsablauf optimieren und die Leistung seines Codes verbessern möchte. Ob du gerade mit Python anfängst oder bereits ein erfahrener Programmierer bist, die Beherrschung der Verwendung von Mengen ist ein wesentlicher Schritt, um ein effektiverer und effizienterer Entwickler zu werden.

Beispiel:

```
set1 = {1, 2, 3, 4}
set2 = {3, 4, 5, 6}
print(set1 | set2)  # Outputs: {1, 2, 3, 4, 5, 6}
print(set1 & set2)  # Outputs: {3, 4}
print(set1 - set2)  # Outputs: {1, 2}
print(set1 ^ set2)  # Outputs: {1, 2, 5, 6}
```

5.1.4 Fortgeschrittene Konzepte zu Dictionaries

Dictionary Comprehensions

Ähnlich wie bei Listen-Comprehensions unterstützt Python Dictionary-Comprehensions, die es uns ermöglichen, Dictionaries auf klare und präzise Weise zu erstellen. Dies kann nützlich sein, wenn wir mit großen Datensätzen arbeiten, die eine schnelle und effiziente Verarbeitung erfordern.

Durch die Verwendung von Dictionary-Comprehensions können wir leicht Dictionaries mit spezifischen Schlüssel-Wert-Paaren generieren, die auf bestimmten Bedingungen basieren. Zum Beispiel können wir ein neues Dictionary erstellen, das nur Schlüssel-Wert-Paare enthält, bei denen der Wert größer als ein bestimmter Schwellenwert ist. Dies kann uns helfen, unerwünschte Daten zu filtern und uns nur auf die für unsere Analyse relevanten Informationen zu konzentrieren.

Dictionary-Comprehensions können innerhalb anderer Comprehensions, wie Listen-Comprehensions, verschachtelt werden, um komplexere Datenstrukturen zu erstellen.

Insgesamt sind Dictionary-Comprehensions ein leistungsstarkes Werkzeug in Python, das uns helfen kann, unseren Code zu optimieren und ihn lesbarer und wartbarer zu gestalten.

Beispiel:

```
numbers = [1, 2, 3, 4, 5]
squares = {number: number**2 for number in numbers}
print(squares)  # Outputs: {1: 1, 2: 4, 3: 9, 4: 16, 5: 25}
```

Zugriff auf Schlüssel und Werte

Dictionaries sind Datenstrukturen, die Schlüssel und Werte speichern. Sie verfügen über verschiedene Methoden zum Zugriff und zur Manipulation ihres Inhalts. Zum Beispiel kannst du die Schlüssel und Werte einfach separat oder zusammen mithilfe von integrierten Funktionen abrufen. Darüber hinaus können Dictionaries durch Hinzufügen, Aktualisieren oder Löschen von Einträgen modifiziert werden. Dictionaries werden in der Programmierung häufig für Aufgaben wie das Zählen von Elementvorkommen, das Zuordnen von Werten zu Schlüsseln und das strukturierte Speichern von Daten verwendet.

Beispiel:

```
employee_directory = {
    "John Doe": "Front Desk",
    "Jane Doe": "Engineering",
}
print(employee_directory.keys())  # Outputs: dict_keys(['John Doe', 'Jane Doe'])
print(employee_directory.values())    # Outputs: dict_values(['Front Desk', 'Engineering'])
print(employee_directory.items())  # Outputs: dict_items([('John Doe', 'Front Desk'), ('Jane Doe', 'Engineering')])
```

Dies sind einige der fortgeschrittenen Merkmale von Tupeln, Mengen und Dictionaries. Wie wir sehen können, sind diese Strukturen ziemlich leistungsstark und flexibel, was uns ermöglicht, Daten auf verschiedene Weise je nach unseren Bedürfnissen zu handhaben. Im weiteren Verlauf dieses Kapitels werden wir komplexere Datenstrukturen untersuchen und wie wir die Eigenschaften von Python nutzen können, um effektiv mit ihnen zu arbeiten.

Tauchen wir noch etwas tiefer in einige zusätzliche Operationen und Nuancen ein, die es wert sind, im Kontext der Python-Datenstrukturen diskutiert zu werden.

5.1.5 Kombination verschiedener Datenstrukturen

Python verfügt über eine breite Palette von Datenstrukturen, die verwendet werden können. Diese Strukturen können verschachtelt kombiniert werden, was eine komplexe Datenmanipulation ermöglicht. Zum Beispiel können Dictionaries verwendet werden, um Schlüssel-Wert-Paare zu speichern, während Listen verwendet werden können, um eine

Sequenz von Werten zu speichern. Durch die Kombination dieser beiden Datenstrukturen ist es möglich, ein Dictionary zu erstellen, das Listen enthält.

Ähnlich können Listen von Dictionaries erstellt werden, um eine Sammlung verwandter Daten zu speichern. Außerdem ist es möglich, Dictionaries zu kombinieren, um ein Dictionary von Dictionaries zu erstellen. Dies ermöglicht eine noch komplexere Struktur, bei der die Daten hierarchisch zugegriffen und manipuliert werden können. Infolgedessen sind Python-Datenstrukturen unglaublich vielseitig und können zur Lösung einer breiten Palette von Problemen eingesetzt werden.

Beispiel:

Hier ist ein Beispiel für ein Dictionary, das Listen enthält:

```python
employee_skills = {
    "John": ["Python", "Java"],
    "Jane": ["C++", "JavaScript"],
}
print(employee_skills["John"])  # Outputs: ["Python", "Java"]
```

In diesem Fall haben wir ein Dictionary, bei dem die Schlüssel die Namen der Mitarbeiter sind und die Werte Listen von Fähigkeiten, die jeder Mitarbeiter hat. Auf diese Weise können wir leicht die Fähigkeiten jedes Mitarbeiters nachschlagen.

5.1.6 Unveränderliche vs. veränderliche Datenstrukturen

Denke daran, dass Python eine Programmiersprache ist, die eine Vielzahl von Datenstrukturen zum Speichern und Manipulieren von Daten bietet. Diese Datenstrukturen werden in zwei Typen unterteilt: veränderlich und unveränderlich. Veränderliche Datenstrukturen können nach ihrer Erstellung modifiziert werden, was bedeutet, dass du Elemente hinzufügen, entfernen oder ändern kannst.

Beispiele für veränderliche Datenstrukturen in Python sind Listen, Mengen und Dictionaries. Andererseits können unveränderliche Datenstrukturen nach ihrer Erstellung nicht modifiziert werden. Das bedeutet, dass du, sobald du eine unveränderliche Datenstruktur erstellt hast, keine Elemente hinzufügen, entfernen oder ändern kannst. Stattdessen kannst du nur eine neue Datenstruktur basierend auf der ursprünglichen erstellen.

Beispiele für unveränderliche Datenstrukturen in Python sind Tupel und Zeichenketten. Daher ist es wichtig, den Unterschied zwischen veränderlichen und unveränderlichen Datenstrukturen zu verstehen, um die richtige für deine Bedürfnisse auszuwählen und unerwartete Fehler in deinem Code zu vermeiden.

Listen, Mengen und Dictionaries sind veränderlich. Du kannst Elemente hinzufügen, entfernen oder ändern, nachdem die Struktur erstellt wurde. Das bedeutet, dass du sie nach ihrer Erstellung modifizieren kannst, was mehr Flexibilität und Vielseitigkeit in deiner Programmierung ermöglicht. Mit Listen kannst du Elemente nach Bedarf hinzufügen, entfernen oder ändern, was sie ideal für Situationen macht, in denen du eine Sammlung von Elementen speichern musst, die sich mit der Zeit ändern können. Mengen ähneln Listen, garantieren aber, dass jedes Element einzigartig ist, was sie nützlich für Aufgaben wie das Entfernen von Duplikaten macht. Dictionaries hingegen ermöglichen es dir, Werte mit Schlüsseln zu verknüpfen und bieten eine Möglichkeit, Daten basierend auf aussagekräftigen Identifikatoren zu speichern und abzurufen. Durch die Verwendung dieser veränderlichen Datenstrukturen in deinem Code kannst du leistungsfähigere und dynamischere Anwendungen erstellen, die sich an sich ändernde Umstände und Benutzerbedürfnisse anpassen können.

Tupel und Zeichenketten sind unveränderlich, was bedeutet, dass ihre Werte nach der Erstellung nicht mehr geändert werden können. Diese Eigenschaft macht sie besonders nützlich in Situationen, in denen du Daten speichern musst, die nicht versehentlich oder absichtlich geändert werden sollen.

Nehmen wir zum Beispiel an, du speicherst die Koordinaten eines Punktes in einem zweidimensionalen Raum. Du könntest ein Tupel verwenden, um den Punkt darzustellen, wobei das erste Element die x-Koordinate und das zweite Element die y-Koordinate ist. Da Tupel unveränderlich sind, kannst du sicher sein, dass die Koordinaten des Punktes nicht versehentlich geändert werden, was zu Fehlern in deinem Programm führen könnte.

Ähnlich sind Zeichenketten in Python unveränderlich, was bedeutet, dass du sie nach ihrer Erstellung nicht mehr ändern kannst. Dies macht sie nützlich für die Speicherung von Daten, die nicht geändert werden sollten, wie den Namen einer Person oder den Titel eines Buches.

Wenn du den Inhalt eines Tupels oder einer Zeichenkette ändern musst, musst du ein neues erstellen. Wenn du zum Beispiel den Wert der x-Koordinate eines Punktes ändern möchtest, müsstest du ein neues Tupel mit dem neuen Wert erstellen und das alte mit dem neuen überschreiben. Obwohl dies umständlich erscheinen mag, stellt es sicher, dass deine Daten konsistent und präzise bleiben, was in vielen Programmieranwendungen wesentlich ist.

Dieser Unterschied ist wichtig, weil er beeinflusst, wie sich diese Strukturen verhalten, wenn du sie in deinem Code verwendest. Zum Beispiel können Tupel, da sie unveränderlich sind, als Schlüssel in Dictionaries verwendet werden, während Listen das nicht können.

Das Wissen, wann veränderliche gegenüber unveränderlichen Datenstrukturen verwendet werden sollten, kommt mit Erfahrung und dem Verständnis der spezifischen Anforderungen deines Projekts.

5.1.7 Iteration über Datenstrukturen

Um in Python kompetent zu sein, ist es wichtig, nicht nur die Grundlagen zu beherrschen, sondern auch in fortgeschrittenere Themen wie die effektive Iteration über Python-Datenstrukturen einzutauchen. Dies ist besonders wichtig beim Umgang mit verschachtelten Sammlungen, die beim Arbeiten mit komplexen Daten häufig vorkommen. Glücklicherweise bietet Python verschiedene Möglichkeiten, über Sammlungen zu iterieren, darunter for-

Schleifen, while-Schleifen und List Comprehensions, jede mit eigenen Anwendungsfällen und einzigartigen Vorteilen.

Darüber hinaus ist es wichtig zu beachten, dass das Verständnis, wie man effektiv über Datenstrukturen iteriert, nur ein Teil des Puzzles ist, wenn es darum geht, ein geschickter Python-Programmierer zu werden. Andere wichtige Themen, die es zu erkunden gilt, umfassen objektorientierte Programmierung, Fehlerbehandlung und die Arbeit mit externen Bibliotheken. Indem du weiterhin diese fortgeschrittenen Themen lernst und übst, kannst du deine Python-Fähigkeiten auf die nächste Stufe heben und ein wahrer Experte in der Sprache werden.

Enumerate

Die Funktion **enumerate()** ist eine eingebaute Python-Funktion, die es dir ermöglicht, über ein iterierbares Objekt zusammen mit einem Index zu iterieren. Sie gibt ein Tupel zurück, bei dem das erste Element der Index und das zweite Element das entsprechende Element des Iterables ist.

Dies kann besonders nützlich sein, wenn du die Position von Elementen in einer Liste oder einem anderen iterierbaren Objekt verfolgen möchtest. Du kannst beispielsweise **enumerate()** verwenden, um eine Liste von Elementen zu durchlaufen und sowohl den Index als auch den Wert jedes Elements auszugeben. Du kannst **enumerate()** auch verwenden, um ein Wörterbuch zu erstellen, wobei die Schlüssel die Indizes und die Werte die entsprechenden Elemente des Iterables sind. Insgesamt ist die Funktion **enumerate()** ein hervorragendes Werkzeug für die Arbeit mit iterierbaren Objekten in Python.

Beispiel:

```
languages = ["Python", "Java", "C++", "JavaScript"]
for i, language in enumerate(languages):
    print(f"Language {i}: {language}")
```

Items (Elemente)

Wenn du über ein Wörterbuch iterierst, ermöglicht dir die Verwendung der Methode **.items()**, gleichzeitig auf Schlüssel und Wert zuzugreifen. Dies kann für verschiedene Zwecke nützlich sein, wie das Manipulieren von Werten oder Schlüsseln oder das Durchführen von Berechnungen basierend auf beiden.

Darüber hinaus kann die Methode **.items()** zusammen mit verschiedenen anderen Funktionen und Methoden von Python verwendet werden, wie **sorted()**, um die im Wörterbuch enthaltenen Daten noch weiter zu manipulieren. Durch die Nutzung der zahlreichen in Python integrierten Methoden und Funktionen kannst du die Funktionalität und Nützlichkeit deines Codes erheblich erweitern und gleichzeitig seine Lesbarkeit und Wartbarkeit im Laufe der Zeit erleichtern.

Beispiel:

```
employee_skills = {
    "John": ["Python", "Java"],
    "Jane": ["C++", "JavaScript"],
}
for name, skills in employee_skills.items():
    print(f"{name} knows {', '.join(skills)}.")
```

5.1.8 Andere eingebaute Funktionen für Datenstrukturen

Python bietet viele nützliche eingebaute Funktionen, die bei der Arbeit mit Sammlungen äußerst hilfreich sein können. Diese Funktionen erleichtern nicht nur die Datenmanipulation, sondern können auch Zeit und Aufwand sparen.

Zum Beispiel kann die Funktion **len()** schnell verwendet werden, um die Länge einer Sammlung zu bestimmen, was nützlich sein kann, wenn du wissen musst, wie viele Elemente in einer Liste oder einem Tupel enthalten sind. Ähnlich ermöglichen dir die Funktionen **max()** und **min()**, leicht die maximalen und minimalen Werte einer Sammlung zu finden.

Eine weitere nützliche Funktion ist **sorted()**, die verwendet werden kann, um eine Sammlung in aufsteigender oder absteigender Reihenfolge zu sortieren. Dies kann nützlich sein, wenn du Daten schnell organisieren musst oder wenn du Daten in einer bestimmten Reihenfolge präsentieren möchtest.

Zusammenfassend können die eingebauten Sammlungsfunktionen von Python bei der Arbeit mit Daten äußerst nützlich sein. Ob du die Länge einer Sammlung bestimmen, ihre maximalen oder minimalen Werte finden oder sie in einer bestimmten Reihenfolge sortieren musst, diese Funktionen können dir Zeit sparen und deinen Code effizienter machen.

```
numbers = [4, 2, 9, 7]
print(len(numbers))   # Outputs: 4
print(max(numbers))   # Outputs: 9
print(min(numbers))   # Outputs: 2
print(sorted(numbers))   # Outputs: [2, 4, 7, 9]
```

Diese Funktionen verleihen den eingebauten Datenstrukturen von Python Vielseitigkeit. Je vertrauter du mit ihnen wirst, desto effizienter kannst du Datenmanipulationsaufgaben in deinen Python-Programmen handhaben.

Mit diesen zusätzlichen Ideen haben wir die meisten fortgeschrittenen Konzepte im Zusammenhang mit den eingebauten Datenstrukturen von Python abgedeckt. Als Nächstes werden wir uns mit einigen spezialisierteren Strukturen befassen, die Python bietet, wie Stacks, Queues und andere.

5.2 Implementierung von Datenstrukturen (Stack, Queue, Linked List, etc.)

Programmiersprachen sind unglaublich leistungsstarke Werkzeuge, die Datenstrukturen auf vielfältige Weise manipulieren können. In Python haben wir mehrere integrierte Datenstrukturen wie Listen, Tupel, Sets und Dictionaries, die uns helfen können, eine Vielzahl von Aufgaben zu erledigen. Was Python jedoch so besonders macht, ist seine Fähigkeit, mit noch komplexeren Datenstrukturen zu arbeiten.

Zum Beispiel ermöglicht uns Python, Stacks zu implementieren, die eine Sammlung von Elementen sind, die in einer bestimmten Reihenfolge hinzugefügt oder entfernt werden können. Wir können auch Queues verwenden, die ähnlich wie Stacks sind, aber nach dem Prinzip "First-In-First-Out" arbeiten.

Und wenn wir noch fortgeschrittenere Datenstrukturen benötigen, ermöglicht uns Python, Linked Lists zu erstellen, die Ketten von Knoten sind, die leicht durchlaufen und manipuliert werden können. Mit all diesen Werkzeugen zur Verfügung sticht Python wirklich als eine der vielseitigsten und leistungsstärksten Programmiersprachen hervor.

5.2.1 Stack

Ein Stack ist eine Last-In-First-Out (LIFO) Datenstruktur, die nach dem Prinzip arbeitet, Elemente vom oberen Ende hinzuzufügen und zu entfernen. Das bedeutet, dass das zuletzt zum Stack hinzugefügte Element das erste sein wird, das entfernt wird. Es ist wie ein Stapel Teller; du kannst einen neuen Teller oben hinzufügen und nur den obersten Teller entfernen.

In der Informatik werden Stacks verwendet, um Funktionsaufrufe zu verwalten, den Programmstatus zu verfolgen und Ausdrücke auszuwerten. Sie sind in verschiedenen Programmiersprachen beliebt, darunter Python, Java und C++.

Wir können eine Python-Liste als Stack verwenden. Die Methode **append()** kann verwendet werden, um ein Element oben auf den Stack zu legen, und die Methode **pop()** kann verwendet werden, um ein Element von oben zu entfernen. Ein wichtiger Hinweis ist, dass die Methode **pop()** das entfernte Element zurückgibt, sodass du es bei Bedarf in einer Variable speichern kannst. Außerdem kannst du die Methode **len()** verwenden, um die Anzahl der Elemente im Stack zu erhalten.

Insgesamt sind Stacks eine grundlegende Datenstruktur in der Informatik, und das Verständnis ihrer Funktionsweise ist wesentlich für die Entwicklung effizienter Algorithmen und Programme.

Beispiel:

Hier ist ein Beispiel dafür, wie wir einen Stack in Python implementieren können:

```
stack = []

# Push elements onto stack
```

```
stack.append('A')
stack.append('B')
stack.append('C')
print(f"Stack: {stack}")  # Outputs: ['A', 'B', 'C']

# Pop elements from stack
print(f"Popped: {stack.pop()}")  # Outputs: 'C'
print(f"Stack after pop: {stack}")  # Outputs: ['A', 'B']
```

5.2.2 Queue

Eine Queue (Warteschlange) ist eine Datenstruktur, die dem First-In-First-Out (FIFO) Prinzip folgt, was bedeutet, dass das erste Element, das zur Queue hinzugefügt wird, auch das erste ist, das entfernt wird. Dies lässt sich mit einer Warteschlange im echten Leben vergleichen, bei der die erste Person in der Reihe zuerst bedient wird. Das Konzept der Queues wird in der Informatik weit verbreitet eingesetzt, insbesondere in Betriebssystemen und Netzwerkprotokollen.

Das **collections**-Modul von Python stellt ein **deque**-Objekt bereit, das als Queue verwendet werden kann. Ein Deque ist eine beidseitige Warteschlange, die das effiziente Hinzufügen und Entfernen von Elementen an beiden Enden ermöglicht. Neben der Methode **append()** zum Hinzufügen eines Elements am Ende der Queue kann die Methode **appendleft()** verwendet werden, um ein Element am Anfang hinzuzufügen. Ähnlich kann neben der Methode **popleft()** zum Entfernen eines Elements vom Anfang die Methode **pop()** verwendet werden, um ein Element vom Ende der Queue zu entfernen.

Darüber hinaus können Queues auf verschiedene Arten implementiert werden, etwa unter Verwendung von Arrays oder verketteten Listen. Jede Implementierung hat ihre eigenen Vor- und Nachteile, und die Wahl der richtigen Implementierung hängt vom spezifischen Anwendungsfall ab. Beispielsweise kann eine Array-basierte Queue für kleine Queues mit fester Größe effizienter sein, während eine auf verketteten Listen basierende Queue für große oder dynamische Queues effizienter sein kann.

Hier ist ein Beispiel:

```
from collections import deque

queue = deque()

# Enqueue elements
queue.append('A')
queue.append('B')
queue.append('C')
print(f"Queue: {list(queue)}")  # Outputs: ['A', 'B', 'C']

# Dequeue elements
print(f"Dequeued: {queue.popleft()}")  # Outputs: 'A'
print(f"Queue after dequeue: {list(queue)}")  # Outputs: ['B', 'C']
```

5.2.3 Verkettete Listen

Eine verkettete Liste ist eine Datenstruktur, die aus Knoten besteht, wobei jeder Knoten ein Datenfragment und eine Referenz auf den nächsten Knoten in der Sequenz enthält. Verkettete Listen können einfach verkettet sein, wobei jeder Knoten eine Referenz auf den nächsten Knoten hat, oder doppelt verkettet, wobei jeder Knoten sowohl eine Referenz auf den nächsten als auch auf den vorherigen Knoten hat.

Verkettete Listen werden häufig in der Informatik und Programmierung verwendet, aufgrund ihrer Flexibilität und Fähigkeit, Daten effizient zu speichern und abzurufen. Sie sind besonders nützlich für Situationen, in denen die Größe der Daten unbekannt ist oder sich häufig ändern kann, da Knoten nach Bedarf zur Liste hinzugefügt oder aus ihr entfernt werden können. Verkettete Listen können als Baustein für andere Datenstrukturen wie Stacks oder Queues verwendet werden.

Beispiel:

Hier ist ein Beispiel, wie wir eine einfache verkettete Liste in Python implementieren können:

```python
class Node:
    def __init__(self, data=None):
        self.data = data
        self.next = None

class LinkedList:
    def __init__(self):
        self.head = Node()

    def append(self, data):
        new_node = Node(data)
        if self.head.data is None:
            self.head = new_node
        else:
            cur_node = self.head
            while cur_node.next:
                cur_node = cur_node.next
            cur_node.next = new_node

    def display(self):
        elements = []
        cur_node = self.head
        while cur_node:
            elements.append(cur_node.data)
            cur_node = cur_node.next
        return elements

my_list = LinkedList()
my_list.append('A')
my_list.append('B')
my_list.append('C')
```

```
print(my_list.display())  # Outputs: ['A', 'B', 'C']
```

5.2.4 Bäume

Ein Baum ist eine nichtlineare Datenstruktur, die eine hierarchische Baumstruktur mit einer Reihe verbundener Knoten simuliert. Der oberste Knoten wird als Wurzel bezeichnet. Jeder Knoten im Baum enthält seine eigenen Daten und eine Liste seiner Kinder.

Die Verwendung von Bäumen ist in der Informatik allgegenwärtig, mit Anwendungen in Bereichen wie Dateisystemen, Datenbankindexierung und Computergrafik. Ein Dateisystem könnte beispielsweise eine Baumstruktur verwenden, um Dateien und Ordner zu organisieren, wobei der Wurzelknoten das Verzeichnis der obersten Ebene darstellt. In einer Datenbank könnte ein Baum verwendet werden, um Datensätze basierend auf einem hierarchischen Schlüssel zu indexieren, wie etwa die Position eines Benutzers im Organigramm eines Unternehmens. In der Computergrafik kann eine Baumstruktur verwendet werden, um einen Szenengraphen darzustellen, wobei jeder Knoten ein Objekt in der Szene und seine relative Position zu anderen Objekten repräsentiert.

Trotz ihrer Vielseitigkeit können Bäume eine herausfordernde Datenstruktur sein, besonders für große Datensätze. Operationen wie Suchen und Einfügen können im schlimmsten Fall eine Zeitkomplexität von $O(n)$ haben, wobei n die Anzahl der Knoten im Baum ist. Dies hat zur Entwicklung verschiedener Optimierungstechniken geführt, wie selbstbalancierende Bäume und B-Bäume, die die Leistung von baumbasierten Algorithmen verbessern können.

Beispiel:

Hier ist ein einfaches Python-Programm zum Erstellen eines Baums:

```
class Node:
    def __init__(self, data=None):
        self.data = data
        self.children = []

def add_child(node, data):
    node.children.append(Node(data))

root = Node('A')
add_child(root, 'B')
add_child(root, 'C')
```

Die Datenstruktur und Algorithmen, die du verwenden wirst, hängen stark von den spezifischen Parametern deines Problems ab, einschließlich der Größe des Datensatzes und der Operationen, die du an den Daten durchführen musst. Das Erlernen dieser Strukturen wird dir helfen, die effizienteste Lösung für deine spezifische Aufgabe auszuwählen. Es ist auch erwähnenswert, dass Python verschiedene Bibliotheken wie heapq, bisect, queue, struct, array hat, die ebenfalls verwendet werden könnten, um speziellere Datenstrukturen zu nutzen und verschiedene Aufgaben zu erfüllen.

5.3   Funktionen   und   Methoden   eingebauter Datenstrukturen

Python ist eine leistungsstarke Programmiersprache, die eine breite Palette von eingebauten Funktionen und Methoden bietet. Diese Funktionen und Methoden erleichtern die Arbeit mit Datenstrukturen, selbst für Anfänger.

Zum Beispiel bietet Python eine Vielzahl von Funktionen für die Arbeit mit Listen, Tupeln und Wörterbüchern. Zu diesen Funktionen gehören append(), insert(), remove(), pop() und index(). Darüber hinaus ermöglichen Pythons eingebaute Methoden wie sort() und reverse() die einfache Manipulation von Listen.

Die eingebauten Funktionen und Methoden von Python helfen, Programmieraufgaben zu beschleunigen und reduzieren die Menge an Code, die geschrieben werden muss, was es zu einer beliebten Wahl für Programmierer aller Erfahrungsstufen macht.

Hier ist eine Zusammenfassung:

- **len()**: Gibt die Anzahl der Elemente in einem Container zurück.

```
my_list = [1, 2, 3, 4, 5]
print(len(my_list))  # Outputs: 5
```

- **sort()**: Sortiert die Elemente in einer Liste in aufsteigender Reihenfolge.

```
my_list = [5, 3, 1, 4, 2]
my_list.sort()
print(my_list)  # Outputs: [1, 2, 3, 4, 5]
```

- **min() und max()**: Gibt jeweils das kleinste und größte Element zurück.

```
my_list = [5, 3, 1, 4, 2]
print(min(my_list))  # Outputs: 1
print(max(my_list))  # Outputs: 5
```

- **List Comprehensions**: Bietet eine kompakte Möglichkeit, Elemente in einer Liste zu filtern und zu modifizieren.

```
my_list = [1, 2, 3, 4, 5]
squares = [x**2 for x in my_list if x % 2 == 0]
print(squares)  # Outputs: [4, 16]
```

5.4 Python Collections-Modul

Das **collections**-Modul von Python ist eine großartige Ressource für Entwickler, die mit verschiedenen Datenstrukturen arbeiten möchten. Zusätzlich zu den eingebauten bietet das Modul eine Vielzahl spezialisierter Datenstrukturen, die helfen können, die Leistung zu optimieren und den Code zu vereinfachen.

Zum Beispiel ist die Klasse **defaultdict** eine Unterklasse der eingebauten **dict**-Klasse, die fehlende Schlüssel automatisch mit einem Standardwert initialisiert. Eine weitere nützliche Datenstruktur ist die Klasse **Counter**, mit der Sie das Vorkommen von Elementen in einer Liste oder einem anderen iterierbaren Objekt zählen können. Durch die Nutzung dieser zusätzlichen Datenstrukturen können Entwickler effizienteren und effektiveren Code schreiben.

Hier ist eine kurze Einführung:

- **Counter**: Eine Unterklasse von dict zum Zählen von hashbaren Objekten.

```
from collections import Counter
c = Counter('hello world')
print(c)  # Outputs: Counter({'l': 3, 'o': 2, 'h': 1, 'e': 1, ' ': 1, 'w': 1, 'r': 1,
'd': 1})
```

- **defaultdict**: Eine Unterklasse von dict, die eine Fabrikfunktion aufruft, um fehlende Werte bereitzustellen.

```
from collections import defaultdict
d = defaultdict(int)
d['missing']
print(d)  # Outputs: defaultdict(<class 'int'>, {'missing': 0})
```

- **OrderedDict**: Eine Unterklasse von dict, die sich die Reihenfolge merkt, in der Einträge hinzugefügt wurden.

```
from collections import OrderedDict
d = OrderedDict()
d['a'] = 1
d['b'] = 2
print(d)  # Outputs: OrderedDict([('a', 1), ('b', 2)])
```

- **deque**: Ein listenähnlicher Container mit schnellen Hinzufügungen und Entfernungen an beiden Enden.

```
from collections import deque
d = deque()
d.append('a')
d.append('b')
```

```
print(d)  # Outputs: deque(['a', 'b'])
```

- **namedtuple**: Erzeugt Unterklassen von tuple mit benannten Feldern.

```
from collections import namedtuple
Point = namedtuple('Point', ['x', 'y'])
p = Point(1, y=2)
print(p)  # Outputs: Point(x=1, y=2)
```

5.5 Veränderbarkeit und Unveränderbarkeit

In Python sind Objekte entweder veränderbar oder unveränderbar. Veränderbare Objekte können nach ihrer Erstellung geändert werden, während unveränderbare Objekte nicht geändert werden können. Die Kenntnis der Veränderbarkeit der Datenstruktur, mit der du arbeitest, ist entscheidend, da sie die Art und Weise beeinflussen kann, wie du mit den Daten umgehst.

Zum Beispiel kannst du bei veränderbaren Objekten Elemente zu einer Liste hinzufügen oder entfernen, während du bei unveränderbaren Objekten ein neues Objekt erstellen musst, wenn du eine Änderung vornehmen möchtest. Das bedeutet, wenn du mit einem großen Datensatz arbeitest, kann das Verständnis der Veränderbarkeit der Objekte, die du verwendest, erhebliche Auswirkungen auf die Leistung deines Codes haben.

Die Kenntnis der Veränderbarkeit eines Objekts kann dir helfen, unerwartete Fehler oder Ausfälle in deinem Code zu vermeiden, da du besser vorhersehen kannst, wie sich das Objekt verhält, wenn du es manipulierst. Daher ist es wichtig, die Veränderbarkeit von Objekten bei der Arbeit mit Python immer zu berücksichtigen und dieses Wissen zu nutzen, um effizienteren, robusteren und fehlerfreien Code zu schreiben.

Zum Beispiel sind Listen veränderbar: Du kannst ihren Inhalt modifizieren:

```
my_list = [1, 2, 3]
my_list[0] = 10
print(my_list)  # Outputs: [10, 2, 3]
```

Tupel hingegen sind unveränderbar; der Versuch, ihren Inhalt zu modifizieren, führt zu einem Fehler:

```
my_tuple = (1, 2, 3)
my_tuple[0] = 10  # Raises a TypeError
```

Das Verständnis des Verhaltens dieser Funktionen, Module und Konzepte kann deine Nutzung der umfangreichen Datenstrukturen von Python erheblich verbessern.

5.6 Praktische Übungen

Übung 1: Implementierung eines Stacks

```python
# In Python, we can implement a stack by simply using a list where we use the append()
method for push operation and pop() method for pop operation.

class Stack:
    def __init__(self):
        self.stack = []

    def push(self, item):
        self.stack.append(item)

    def pop(self):
        if len(self.stack) < 1:
            return None
        return self.stack.pop()

    def size(self):
        return len(self.stack)

s = Stack()
s.push("A")
s.push("B")
s.push("C")
print(s.size()) # outputs: 3
print(s.pop())  # outputs: C
print(s.size()) # outputs: 2
```

Übung 2: Implementierung einer Warteschlange

```python
# Queue in Python can be implemented using deque class from the collections module.
Deque is preferred over list in the cases where we need quicker append and pop
operations from both the ends of container, as deque provides an O(1) time complexity
for append and pop operations as compared to list which provides O(n) time complexity.

from collections import deque

class Queue:
    def __init__(self):
        self.queue = deque()

    def enqueue(self, item):
        self.queue.append(item)

    def dequeue(self):
        if len(self.queue) < 1:
            return None
        return self.queue.popleft()
```

```python
    def size(self):
        return len(self.queue)

q = Queue()
q.enqueue("A")
q.enqueue("B")
q.enqueue("C")
print(q.size())    # outputs: 3
print(q.dequeue())  # outputs: A
print(q.size())    # outputs: 2
```

Übung 3: Verwendung von List Comprehensions

Schreibe eine List Comprehension, die alle geraden Zahlen von 0 bis 10 quadriert.

```python
squares = [i ** 2 for i in range(11) if i % 2 == 0]
print(squares)  # outputs: [0, 4, 16, 36, 64, 100]
```

Übung 4: Implementierung einer verketteten Liste

Dies ist eine fortgeschrittenere Übung. Versuche, eine einfach verkettete Liste mit **Node**-Objekten zu implementieren.

```python
class Node:
    def __init__(self, data=None):
        self.data = data
        self.next = None

class LinkedList:
    def __init__(self):
        self.head = None

    def insert(self, data):
        if not self.head:
            self.head = Node(data)
        else:
            current = self.head
            while current.next:
                current = current.next
            current.next = Node(data)
```

Jede Übung bietet eine Möglichkeit, die in diesem Kapitel behandelten Konzepte anzuwenden und hilft dabei, dein Wissen und Verständnis der Python-Datenstrukturen zu festigen.

Fazit zu Kapitel 5

In diesem Kapitel, "Vertiefung in Datenstrukturen", haben wir eine umfangreiche Sammlung von grundlegenden und fortgeschrittenen Datenstrukturen in Python behandelt, die entscheidend für das Schreiben von effizientem und elegantem Code sind.

Datenstrukturen sind die wichtigsten Bausteine jeder Softwareentwicklung, und Python bietet einen vollständigen Satz integrierter Datenstrukturen, was es zu einer ausgezeichneten Wahl für Programmierer macht. Wir begannen mit der Erforschung fortgeschrittener Konzepte in Listen, Tupeln, Sets und Dictionaries, den integrierten Datenstrukturen von Python. Wir haben verstanden, dass diese Strukturen eine flexible Möglichkeit bieten, Daten zu verwalten und zu organisieren, mit verschiedenen Methoden zur Manipulation und Interaktion mit den darin gespeicherten Daten. Ihre dynamische Natur, was bedeutet, dass ihre Größe und Typ verändert werden können, gibt Python einen bedeutenden Vorteil bei der Datenverarbeitung.

Anschließend tauchten wir in den Bereich der komplexeren benutzerdefinierten Datenstrukturen ein, indem wir die grundlegenden Konzepte von Stack, Queue, Linked List und Binary Search Tree von Grund auf implementierten. Wir erkannten, dass Python zwar über integrierte Datenstrukturen verfügt, um die meisten Szenarien zu bewältigen, aber manchmal kann für komplexere Probleme die Erstellung einer benutzerdefinierten Datenstruktur zu effizienteren und lesbarem Code führen.

Wir haben auch das Konzept der Unveränderbarkeit diskutiert, das bei der Arbeit mit Tupeln und Sets wesentlich ist. Diese Eigenschaft macht sie ideal für Anwendungsfälle, bei denen die Datenintegrität entscheidend ist und die Daten nach ihrer Erstellung nicht verändert werden sollten.

Danach haben wir das Konzept der Speicherverwaltung in Python angesprochen. Das Verständnis davon ist grundlegend, wenn man mit großen Datensätzen arbeitet, da die Speichereffizienz die Leistung erheblich beeinflussen kann.

Abschließend haben wir dir eine Reihe praktischer Übungen zur Verfügung gestellt, damit du das Gelernte in diesem Kapitel üben und anwenden kannst. Diese Übungen sind darauf ausgelegt, dich herauszufordern und sicherzustellen, dass du die Grundkonzepte auf einer tieferen Ebene verstehst.

Von der grundlegenden Listenmanipulation bis hin zur Erstellung komplexer Strukturen wie Binärbäume hat dir dieses Kapitel die Werkzeuge und das Verständnis vermittelt, die du brauchst, um Datenstrukturen in Python zu beherrschen. Dieses Wissen ist nicht nur theoretisch; es ist hochgradig praktisch und wird kontinuierlich genutzt, während du tiefer in die Programmierung mit Python einsteigst. Du solltest dich jetzt wohl fühlen, mit einer Vielzahl von Datenstrukturen zu arbeiten, ihre Stärken und Schwächen zu verstehen und zu wissen, wann du welche einsetzen sollst.

In den folgenden Kapiteln werden wir auf diesen Grundlagen aufbauen, während wir fortgeschrittenere Aspekte von Python und SQL erkunden. Denke daran, dass die Beherrschung von Datenstrukturen ein wesentlicher Teil davon ist, ein kompetenter Programmierer zu werden, und die in diesem Kapitel erlernten Konzepte werden dich bei der Lösung komplexerer Probleme auf deiner Coding-Reise unterstützen. Übe weiter, experimentiere weiter und verbessere weiterhin deine Fähigkeiten.

Kapitel 6: Objektorientierte Programmierung in Python

In der Welt der Programmierung ist die Objektorientierte Programmierung (OOP) ein beliebtes und effektives Paradigma, das das Konzept der "Objekte" verwendet, um Anwendungen und Software zu entwerfen. Dieses Programmierparadigma dreht sich um die Idee, Objekte zu erstellen, die spezifische Eigenschaften und Methoden haben, die innerhalb der Programmierumgebung manipuliert und kontrolliert werden können. Mit OOP wird die Programmierung intuitiver und handhabbarer durch die Erstellung von modularem und wiederverwendbarem Code.

Python ist eine objektorientierte Programmiersprache, die aufgrund ihrer Benutzerfreundlichkeit und Vielseitigkeit an Popularität gewonnen hat. Fast alles in Python ist ein Objekt, was bedeutet, dass du diese Objekte leicht manipulieren und kontrollieren kannst. Tatsächlich verfügt Python über eine umfangreiche Bibliothek integrierter Objekte und Module, die das Programmieren in Python sehr einfach machen.

In diesem Kapitel stellen wir dir die grundlegenden Prinzipien der objektorientierten Programmierung in Python vor. Wir werden uns auf Klassen, Objekte und Vererbung konzentrieren, Konzepte, die wesentlich sind, um zu verstehen, wie Python funktioniert. Am Ende dieses Kapitels wirst du ein solides Verständnis der objektorientierten Programmierung in Python haben und bist auf einem guten Weg, dieses mächtige Programmierparadigma zu beherrschen.

Lass uns in unser erstes Thema eintauchen!

6.1 Klassen, Objekte und Vererbung

In Python ist eine Klasse ein grundlegendes Konzept, das verwendet wird, um Objekte zu erstellen, die Instanzen der Klasse sind. Eine Klasse ist im Wesentlichen ein Bauplan für die Erstellung von Objekten, der Anfangswerte für den Zustand (Membervariablen oder Attribute) und Implementierungen von Verhalten (Memberfunktionen oder Methoden) bereitstellt.

In der objektorientierten Programmierung sind Klassen wichtig, weil sie es dir ermöglichen, komplexe Systeme auf intuitive und modulare Weise zu modellieren. Durch die Kapselung der

Funktionalität innerhalb einer Klasse kannst du ein sauberes und wiederverwendbares Design erstellen, das die Trennung von Belangen fördert und die Komplexität deines Codes reduziert.

Darüber hinaus ermöglicht die Verwendung von Klassen in Python die Erstellung benutzerdefinierter Datentypen, die auf verschiedene Weise verwendet werden können. Du könntest beispielsweise eine Klasse erstellen, die eine Person repräsentiert, mit Attributen wie Name, Alter und Adresse, und Methoden, die es dir ermöglichen, mit dieser Person zu interagieren. Dies kann in vielen verschiedenen Anwendungen nützlich sein, von der Erstellung grafischer Benutzeroberflächen bis hin zur Erstellung von Datenstrukturen.

Insgesamt ist das Verständnis von Klassen in Python für eine effektive objektorientierte Programmierung unerlässlich und kann dir helfen, modularen, wiederverwendbaren und wartbaren Code zu erstellen.

Beispiel:

Verstehen wir dies anhand eines einfachen Beispiels:

```python
# Define a class
class Dog:
    # A simple class attribute
    species = "Canis Familiaris"

    # Initializer / instance attributes
    def __init__(self, name, age):
        self.name = name
        self.age = age

    # instance method
    def description(self):
        return f"{self.name} is {self.age} years old"

    # another instance method
    def speak(self, sound):
        return f"{self.name} says {sound}"

# Create instances of the Dog class
buddy = Dog("Buddy", 9)
miles = Dog("Miles", 4)

# Access the instance attributes
print(buddy.description())  # output: Buddy is 9 years old
print(miles.description())  # output: Miles is 4 years old

# Call our instance methods
print(buddy.speak("Woof Woof"))  # output: Buddy says Woof Woof
print(miles.speak("Bow Wow"))  # output: Miles says Bow Wow
```

In diesem Beispiel ist **Dog** eine Klasse mit dem Klassenattribut **species** und verfügt über die Methode **_init_**, die als Konstruktor fungiert, um neue Objekte dieser Klasse zu initialisieren. Die Methoden **description** und **speak** sind Verhaltensweisen, die Objekte der Klasse **Dog** ausführen können.

Betrachten wir nun die Vererbung, die eine Möglichkeit ist, eine neue Klasse unter Verwendung von Details einer bestehenden Klasse zu erstellen, ohne diese zu modifizieren. Die neu gebildete Klasse ist eine abgeleitete Klasse (oder Kindklasse). Die bestehende Klasse ist eine Basisklasse (oder Elternklasse).

```python
# Parent class
class Bird:
    def __init__(self):
        print("Bird is ready")

    def whoisThis(self):
        print("Bird")

    def swim(self):
        print("Swim faster")

# Child class
class Penguin(Bird):
    def __init__(self):
        # call super() function
        super().__init__()
        print("Penguin is ready")

    def whoisThis(self):
        print("Penguin")

    def run(self):
        print("Run faster")

peggy = Penguin()
peggy.whoisThis()  # Output: Penguin
peggy.swim()  # Output: Swim faster
peggy.run()  # Output: Run faster
```

In diesem Beispiel haben wir zwei Klassen **Bird** (Elternklasse) und **Penguin** (Kindklasse). Die Kindklasse erbt die Funktionen der Elternklasse. Wir können dies anhand der Methode **swim** erkennen. Außerdem modifiziert die Kindklasse das Verhalten der Elternklasse. Dies können wir anhand der Methode **whoisThis** sehen. Darüber hinaus erweitert die Kindklasse die Funktionalitäten.

super() ist eine leistungsstarke integrierte Funktion in Python, die dazu dient, ein temporäres Objekt der Superklasse zurückzugeben, was dem Entwickler ermöglicht, die Methoden dieser

Superklasse aufzurufen. Dies ist nützlich in Fällen, in denen eine Unterklasse die Funktionalität ihrer Superklasse erben und erweitern muss.

Um dies zu veranschaulichen, betrachten wir ein hypothetisches Szenario, bei dem du ein Softwaresystem zur Verwaltung eines Zoos entwickelst. Du baust eine Klassenhierarchie auf, beginnend mit einer Klasse Animal, die die gemeinsamen Eigenschaften aller Tiere im Zoo repräsentiert. Dann erstellst du eine Klasse Bird, die von der Klasse Animal erbt und spezifische Eigenschaften von Vögeln hinzufügt. Schließlich erstellst du eine Klasse Penguin, die von der Klasse Bird erbt und spezifische Eigenschaften von Pinguinen hinzufügt.

Stell dir nun vor, dass du einen Teil des Codes der Klasse Animal in der Klasse Bird wiederverwenden möchtest. Du könntest den Code kopieren und einfügen, aber das wäre mühsam und fehleranfällig. Stattdessen kannst du **super()** verwenden, um den Initialisierer der Klasse Animal im Initialisierer der Klasse Bird aufzurufen, so:

```python
class Animal:
    def __init__(self, name, species):
        self.name = name
        self.species = species

class Bird(Animal):
    def __init__(self, name, species, wingspan):
        super().__init__(name, species)
        self.wingspan = wingspan
```

Dieser Code erstellt eine Bird-Klasse, die alle Eigenschaften der Animal-Klasse sowie eine wingspan-Eigenschaft besitzt. Durch die Verwendung von **super().__init__()** im Initialisierer der Bird-Klasse können wir den Code der Animal-Klasse wiederverwenden, ohne ihn zu duplizieren.

In größeren und komplexeren Hierarchien wird diese Technik besonders nützlich, da sie dazu beitragen kann, Code-Duplizierung zu vermeiden und die Aktualisierung oder Änderung Ihrer Klassen zu erleichtern. Durch die Verwendung von **super()** können Sie eine flexible und erweiterbare Klassenhierarchie erstellen, die im Laufe der Zeit leicht zu warten und zu modifizieren ist.

Hier ist ein weiteres Beispiel, das helfen könnte, dieses Konzept zu veranschaulichen:

```python
class Rectangle:
    def __init__(self, length, width):
        self.length = length
        self.width = width

    def area(self):
        return self.length * self.width

    def perimeter(self):
        return 2 * self.length + 2 * self.width
```

```python
# Here we declare that the Square class inherits from the Rectangle class
class Square(Rectangle):
    def __init__(self, length):
        super().__init__(length, length)

square = Square(4)
print(square.area())       # Output: 16
print(square.perimeter())  # Output: 16
```

In diesem Beispiel ist **Square** eine Unterklasse von **Rectangle**. Wir verwenden **super()**, um den **_init_()** der **Rectangle**-Klasse aufzurufen, was uns ermöglicht, ihn in der **Square**-Klasse zu nutzen. Dies setzt sowohl die Länge als auch die Breite auf denselben gegebenen Wert, wodurch effektiv ein Quadrat erstellt wird. Nun kann die **Square**-Klasse die Methoden **area** und **perimeter** der **Rectangle**-Klasse nutzen, was wiederum die Redundanz in unserem Code reduziert.

Dies unterstreicht die Stärke der Vererbung und die Verwendung von **super()**: Du kannst leicht auf Klassen aufbauen, Code wiederverwenden und nach Bedarf modifizieren.

Methodenüberschreibung

In der Objektorientierten Programmierung (OOP) ist die Methodenüberschreibung eine leistungsstarke Funktion, die es einer Unterklasse ermöglicht, eine andere Implementierung für eine Methode bereitzustellen, die bereits in ihrer Oberklasse definiert wurde. Dieses objektorientierte Designprinzip kommt zur Anwendung, wenn eine Unterklasse das Verhalten ihrer Oberklasse modifizieren oder erweitern möchte. Im Wesentlichen ist die Methodenüberschreibung eine Möglichkeit, das Verhalten einer bestehenden Methode anzupassen, damit es besser zu den Bedürfnissen der Unterklasse passt.

Darüber hinaus ist die Methodenüberschreibung ein Schlüsselaspekt des Polymorphismus in der OOP. Dies bedeutet, dass dieselbe Methode bei Objekten verschiedener Klassen aufgerufen werden kann, und jedes Objekt mit seiner eigenen Implementierung der Methode reagiert. Dies ist eine unglaublich nützliche Funktion für die Gestaltung großer Softwaresysteme, da sie es Programmierern ermöglicht, Code zu schreiben, der wiederverwendbar und flexibel ist.

Es ist wichtig zu beachten, dass bei der Überschreibung einer Methode die Unterklasse die Methodensignatur der Oberklasse einhalten muss. Die Methodensignatur besteht aus dem Namen der Methode, der Anzahl der Parameter und den Typen der Parameter. Durch die Beibehaltung der Methodensignatur stellt die Unterklasse sicher, dass sie auf die gleiche Weise verwendet werden kann wie die Methode der Oberklasse, die sie überschreibt.

Zusammenfassend ist die Methodenüberschreibung eine grundlegende Funktion der OOP, die es einer Unterklasse ermöglicht, das Verhalten einer Methode anzupassen, die bereits in ihrer Oberklasse definiert wurde. Diese Funktion ist wesentlich für die Erstellung von wiederverwendbarem und flexiblem Code in großen Softwaresystemen und ist ein Schlüsselaspekt des Polymorphismus.

So funktioniert die Methodenüberschreibung:

```python
class Bird:
    def intro(self):
        print("There are many types of birds.")

    def flight(self):
        print("Most of the birds can fly but some cannot.")

class Sparrow(Bird):
    def flight(self):
        print("Sparrows can fly.")

class Ostrich(Bird):
    def flight(self):
        print("Ostriches cannot fly.")

b1 = Bird()
b2 = Sparrow()
b3 = Ostrich()

b1.intro()
b1.flight()

b2.intro()
b2.flight()

b3.intro()
b3.flight()
```

Wenn du diesen Code ausführst, wirst du sehen, dass beim Aufruf der **flight**-Methode einer Instanz der Klasse **Sparrow** oder **Ostrich** die überschriebene Methode in der Unterklasse anstelle der Methode in der Klasse **Bird** verwendet wird. Dies ist ein zentraler Aspekt der Funktionsweise von Vererbung in Python und vielen anderen objektorientierten Sprachen, was ein hohes Maß an Codewiederverwendung und Modularität ermöglicht.

Mit der Methodenüberschreibung kannst du das Verhalten der Methoden der Elternklasse nach den Bedürfnissen deiner Unterklasse anpassen, was sie zu einem leistungsstarken Werkzeug für die Erstellung flexibler und organisierter Codestrukturen macht.

6.2 Polymorphismus und Kapselung

6.2.1 Polymorphismus

In der objektorientierten Programmierung bezieht sich Polymorphismus auf die Fähigkeit eines Objekts, viele Formen anzunehmen. Das bedeutet, dass eine einzelne Klasse auf mehrere Arten verwendet werden kann, oder eine Kindklasse kann die Art und Weise ändern, wie einige Methoden im Vergleich zu ihrer Elternklasse funktionieren.

Polymorphismus ist ein leistungsstarkes Werkzeug für Softwareentwickler, da es einen flexibleren und anpassungsfähigeren Code ermöglicht. Stell dir zum Beispiel ein Programm vor, das verschiedene Arten von Formen wie Kreise, Quadrate und Rechtecke verwaltet. Anstatt für jede Form separate Klassen zu erstellen, könnte ein Entwickler eine einzelne Klasse "Shape" erstellen, die grundlegende Eigenschaften und Methoden definiert, und dann Kindklassen für jede spezifische Form erstellen.

Diese Kindklassen könnten ihre eigenen einzigartigen Eigenschaften und Methoden haben, würden aber auch die Eigenschaften und Methoden der Elternklasse "Shape" erben. Das bedeutet, dass der Entwickler Code schreiben könnte, der mit jeder Art von Form funktioniert, ohne sich um die spezifischen Details jeder Form kümmern zu müssen.

Wenn der Entwickler außerdem einen neuen Formtyp zum Programm hinzufügen muss, kann er einfach eine neue Kindklasse erstellen, die von der Klasse "Shape" erbt. Dies macht den Code skalierbarer und mit der Zeit leichter zu warten.

Zusammenfassend ist Polymorphismus ein Schlüsselkonzept in der objektorientierten Programmierung, das einen flexibleren, anpassungsfähigeren und skalierbaren Code ermöglicht. Durch die effektive Nutzung von Polymorphismus können Entwickler Programme erstellen, die im Laufe der Zeit leichter zu verstehen, zu modifizieren und zu erweitern sind.

Beispiel:

Der beste Weg, dies zu verstehen, ist durch ein Beispiel.

```python
class Bird:
    def intro(self):
        print("There are many types of birds.")

    def flight(self):
        print("Most of the birds can fly but some cannot.")

class Sparrow(Bird):
    def flight(self):
        print("Sparrows can fly.")

class Ostrich(Bird):
    def flight(self):
        print("Ostriches cannot fly.")

obj_bird = Bird()
obj_spr = Sparrow()
obj_ost = Ostrich()

obj_bird.intro()
obj_bird.flight()
```

```
obj_spr.intro()
obj_spr.flight()

obj_ost.intro()
obj_ost.flight()
```

Im obigen Programm definieren wir zwei Klassen **Sparrow** und **Ostrich**, die beide von **Bird** erben. Die Methode **flight** in **Sparrow** und **Ostrich** funktioniert unterschiedlich, was Polymorphismus demonstriert.

6.2.2 Kapselung

Kapselung ist ein entscheidendes Konzept in der objektorientierten Programmierung. Es beinhaltet die Gruppierung von Daten zusammen mit den Methoden, die sie manipulieren, in einer einzigen Einheit. Dadurch schützt die Kapselung die Daten davor, durch externe Faktoren verändert oder falsch verwendet zu werden.

Python bietet eine Möglichkeit, den Zugriff auf Methoden und Variablen durch die Verwendung von Unterstrichen am Anfang (_) zu beschränken. Diese Technik wird als Kapselung bezeichnet und kann dazu beitragen, die Integrität der Daten zu wahren, indem direkte Änderungen verhindert werden. Darüber hinaus können wir Klassenmethoden als privat deklarieren, indem wir einen doppelten Unterstrich (__) vor den Methodennamen setzen. Dies verbessert die Kapselung weiter, indem die Methode von externen Quellen aus unzugänglich gemacht wird.

Insgesamt dient die Kapselung als Grundpfeiler der objektorientierten Programmierung, indem sie ein Mittel zum Schutz der Daten bietet und deren ordnungsgemäße Verwendung innerhalb eines Programms gewährleistet. Durch das Verständnis der Bedeutung der Kapselung und wie sie in Python implementiert werden kann, können Programmierer sichereren und robusteren Code schreiben.

Beispiel:

```python
class Computer:

    def __init__(self):
        self.__maxprice = 900

    def sell(self):
        print("Selling Price: {}".format(self.__maxprice))

    def setMaxPrice(self, price):
        self.__maxprice = price

c = Computer()
c.sell()

# change the price
c.__maxprice = 1000
```

```
c.sell()

# using setter function
c.setMaxPrice(1000)
c.sell()
```

Im vorherigen Programm definieren wir eine Klasse **Computer** und verwenden die Methode **_init_()**, um den maximalen Verkaufspreis des **Computer** zu speichern. Wir versuchen, den Preis zu ändern. Allerdings können wir ihn nicht ändern, weil Python **_maxprice** als private Attribute behandelt. Als Python-Programmierer verwenden wir doppelte Unterstriche (_) vor den Namen von Attributen und Methoden, um diese privat und für Außenstehende nicht sichtbar zu machen. Python gibt uns jedoch das Privileg, den Wert mit Setter-Methoden zu aktualisieren. Um den Wert zu ändern, haben wir also die Methode **setMaxPrice()** verwendet.

Zusammenfassend ist Kapselung ein grundlegendes Konzept in der Objektorientierten Programmierung (OOP), das das Zusammenfassen von Daten und den Methoden, die diese Daten manipulieren, in einer einzigen Einheit beinhaltet. Dies hilft, versehentliche Änderungen an den Daten zu verhindern. Kapselung ist eine Möglichkeit sicherzustellen, dass der interne Zustand eines Objekts nicht direkt von außerhalb des Objekts verändert werden kann, sondern nur über seine Methoden zugänglich oder modifizierbar ist, was seine Integrität gewährleistet.

Darüber hinaus hilft die Kapselung auch, die Organisation und Wartbarkeit des Codes zu verbessern. Durch die Kapselung von Daten und Methoden in einer einzigen Einheit wird der Code modularer und leichter verständlich. Dies erleichtert die Änderung und Wartung des Codes im Laufe der Zeit.

Wenn sie mit Polymorphismus kombiniert wird, wird die Kapselung noch leistungsfähiger. Polymorphismus ist die Fähigkeit eines Objekts, viele Formen anzunehmen. Das bedeutet, dass ein Objekt in verschiedenen Kontexten verwendet werden kann und sich je nach Kontext, in dem es verwendet wird, unterschiedlich verhalten kann. Zusammen mit der Kapselung ermöglicht der Polymorphismus einen effizienteren und flexibleren Code, der sich an verschiedene Situationen anpassen kann.

Daher ist es wichtig, die Prinzipien der Kapselung und des Polymorphismus zu verstehen, um effizienten, organisierten und wartbaren Code in der OOP zu schreiben. Durch die Implementierung dieser Prinzipien können Entwickler Code erstellen, der robuster, flexibler und anpassungsfähiger an sich ändernde Anforderungen und Umgebungen ist.

Mit **Polymorphismus** erlaubt dir Pythons "Duck-Typing", jedes Objekt zu verwenden, das das erforderliche Verhalten bereitstellt, ohne es zu zwingen, eine Unterklasse einer bestimmten Klasse zu sein oder eine bestimmte Schnittstelle zu implementieren. Dies führt zu wiederverwendbarerem und saubererem Code.

Mit **Kapselung** stellst du sicher, dass der interne Zustand des Objekts nur durch seine eigenen Methoden geändert werden kann. Diese Kapselung bietet einen Schutzschild, der die Daten vor Änderungen durch externe Methoden schützt. Sie ermöglicht es Objekten auch, in einem komplexen System zu interagieren, ohne zu viel übereinander wissen zu müssen, was den Code wartbarer und flexibler für Änderungen macht.

Darüber hinaus kannst du durch die Kombination dieser Prinzipien mit den zuvor diskutierten (d.h. Vererbung, super und Methodenüberschreibung) Python-Programme schreiben, die die Vorteile der objektorientierten Programmierung voll ausnutzen. Dies kann zu Code führen, der lesbarer, wiederverwendbarer und leichter zu warten oder zu aktualisieren ist.

Im nächsten Thema werden wir die objektorientierte Programmierung weiter erkunden, indem wir fortgeschrittenere Funktionen diskutieren, einschließlich magischer Methoden und classmethods/staticmethods. Dies wird dir ermöglichen, die Leistungsfähigkeit von Pythons flexiblem Objektmodell noch besser zu nutzen.

Jetzt, da wir ein gutes Verständnis der Implementierung von Klassen, Objekten, Vererbung, Polymorphismus und Kapselung in Python haben, können wir unser Wissen über fortgeschrittenere Themen in den nächsten Abschnitten weiter ausbauen.

6.3 Spezielle Funktionen in Python

Tauchen wir ein in die speziellen Funktionen in Python, auch bekannt als "magische" oder "dunder" Methoden. Diese Methoden bieten eine einfache Möglichkeit, deine Klassen wie eingebaute Typen agieren zu lassen. Das bedeutet, dass du typspezifische Funktionen (wie **len** oder **+**) mit deinen Objekten verwenden kannst. Du hast diese bereits bei der Verwendung der **__init__**-Methode für Klassen gesehen. Lass uns diese näher betrachten:

1. Methoden __str__ und __repr__

Die Methoden **__str__** und **__repr__** in Python stellen die Objekte der Klasse als Zeichenkette dar: Es sind Methoden zur Darstellung einer Klasse als Zeichenkette. Die Methode **__str__** in Python stellt die Objekte der Klasse als menschenlesbare Zeichenkette dar, während die Methode **__repr__** eine eindeutige Darstellung des Objekts sein soll und idealerweise mehr Details als **__str__** enthalten sollte. Wenn **__repr__** definiert ist und **__str__** nicht, verhalten sich die Objekte so, als ob **__str__=__repr__** wäre.

```python
class Employee:
    def __init__(self, name, age):
        self.name = name
        self.age = age

    def __str__(self):
        return f'Employee[name={self.name}, age={self.age}]'

    def __repr__(self):
        return f'{self.__class__.__name__}({self.name!r}, {self.age!r})'

emp = Employee('John Doe', 30)
print(str(emp)) # Employee[name=John Doe, age=30]
```

```
print(repr(emp)) # Employee('John Doe', 30)
```

2. Methoden _add_ und _sub_

Diese Methoden werden verwendet, um die Operatoren **+** und **-** zu überladen.

```python
class Complex:
    def __init__(self, real, imag):
        self.real = real
        self.imag = imag

    def __add__(self, other):
        return Complex(self.real + other.real, self.imag + other.imag)

    def __sub__(self, other):
        return Complex(self.real - other.real, self.imag - other.imag)

    def __str__(self):
        return f'{self.real} + {self.imag}i'

c1 = Complex(1, 2)
c2 = Complex(2, 3)
c3 = c1 + c2
c4 = c1 - c2
print(c3) # 3 + 5i
print(c4) # -1 - 1i
```

3. Methode _len_

Die Methode **_len_** gibt die Länge (die Anzahl der Elemente) eines Objekts zurück. Die Methode sollte nur für Klassen implementiert werden, die Sammlungen sind.

```python
class Stack:
    def __init__(self):
        self.items = []

    def push(self, item):
        self.items.append(item)

    def __len__(self):
        return len(self.items)

s = Stack()
s.push('Hello')
s.push('World')
print(len(s)) # 2
```

4. Methoden _getitem_ und _setitem_

Die Methode **_getitem_** wird verwendet, um self[key] für den Zugriff zu implementieren. Entsprechend wird **_setitem_** für die Zuweisung an self[key] verwendet.

```python
class CustomDict:
    def __init__(self, items):
        self.items = items

    def __getitem__(self, key):
        return self.items[key]

    def __setitem__(self, key, value):
        self.items[key] = value

custom_dict = CustomDict({'one': 1, 'two': 2})
print(custom_dict['one'])  # 1
custom_dict['three'] = 3
print(custom_dict['three'])  # 3
```

5. Methoden _eq_ und _ne_

Diese Methoden werden verwendet, um die Operatoren (==) und (!=) zu überladen.

```python
class Employee:
    def __init__(self, name, id):
        self.name = name
        self.id = id

    def __eq__(self, other):
        return self.id == other.id

    def __ne__(self, other):
        return self.id != other.id

emp1 = Employee('John', 'E101')
emp2 = Employee('Jane', 'E102')
emp3 = Employee('David', 'E101')

print(emp1 == emp2)  # False
print(emp1 == emp3)  # True
print(emp1 != emp3)  # False
```

6. Methode _del_

Die Methode **_del_** ist in Python als Destruktor-Methode bekannt. Sie wird aufgerufen, wenn alle Referenzen auf das Objekt entfernt wurden, das heißt, wenn ein Objekt vom Garbage Collector erfasst wird.

```python
class Test:
    def __init__(self):
```

```
        print('Constructor Executed')

    def __del__(self):
        print('Destructor Executed')

t1 = Test()  # Constructor Executed
t1 = None  # Destructor Executed
```

Wie du sehen kannst, sind magische Methoden der Schlüssel für die effektive Nutzung des objektorientierten Programmierparadigmas in Python, was dir ermöglicht, Verhaltensweisen für benutzerdefinierte Klassen zu definieren, die intuitiv zu verstehen und einfach zu verwenden sind.

Dekoratoren in Python

Tatsächlich gibt es ein weiteres Python-Konzept, das in diesem Kapitel interessant zu diskutieren wäre: Python-Dekoratoren, die sehr nützlich sein können, wenn du das Verhalten einer Methode ändern möchtest, ohne ihren Quellcode zu ändern.

Ein Dekorator in Python ist ein leistungsstarkes Werkzeug, das Entwicklern hilft, das Verhalten einer Funktion, Methode oder Klassendefinition zu modifizieren, ohne den gesamten Code neu schreiben zu müssen. Es ist eine Funktion höherer Ordnung, die eine andere Funktion als Argument nimmt und eine modifizierte Version davon zurückgibt.

Der Dekorator modifiziert das ursprüngliche Objekt, das ihm als Argument übergeben wird, und gibt eine aktualisierte Version zurück, die an den in der Definition verwendeten Namen gebunden ist. Dekoratoren werden in der Python-Community weit verbreitet eingesetzt und sind ein Schlüsselmerkmal der Sprache, das es Entwicklern ermöglicht, präziseren und eleganteren Code zu schreiben.

Sie sind besonders nützlich bei der Arbeit mit großen Codebasen, da sie es Entwicklern ermöglichen, Änderungen am Verhalten einer Funktion vorzunehmen, ohne deren Implementierung ändern zu müssen. Darüber hinaus können Dekoratoren verwendet werden, um einer Funktion neue Funktionalität hinzuzufügen, wie Protokollierung, Caching oder Authentifizierung, ohne ihren Quellcode ändern zu müssen.

Insgesamt sind Dekoratoren ein leistungsstarkes Werkzeug, das Entwicklern helfen kann, effizienteren und wartbareren Code in Python zu schreiben.

Beispiel:

Hier ist ein grundlegendes Beispiel eines Dekorators in Python:

```
def my_decorator(func):
    def wrapper():
        print("Something is happening before the function is called.")
        func()
        print("Something is happening after the function is called.")
```

```
    return wrapper

@my_decorator
def say_hello():
    print("Hello!")

say_hello()
```

Wenn du diesen Code ausführst, wirst du sehen:

```
Something is happening before the function is called.
Hello!
Something is happening after the function is called.
```

Im vorherigen Beispiel ist **@my_decorator** ein Dekorator. Funktionen, die andere Funktionen als Argumente nehmen, werden auch als Funktionen höherer Ordnung bezeichnet. In diesem Fall ist **my_decorator** eine Funktion höherer Ordnung.

Das Symbol **@** ist nur syntaktischer Zucker, der es uns ermöglicht, einen Dekorator einfach auf eine Funktion anzuwenden. Die Zeile **@my_decorator** ist gleichwertig mit **say_hello = my_decorator(say_hello)**.

Das mag viel zu verarbeiten sein, wenn du neu bei Dekoratoren bist. Keine Sorge. Dekoratoren sind ein mächtiges Werkzeug in Python, können aber anfangs etwas schwer zu verstehen sein. Nimm dir einfach Zeit für dieses Konzept, experimentiere ein wenig mit einigen Beispielen und du wirst den Dreh schon rauskriegen.

Das Konzept der Dekoratoren eröffnet eine ganz neue Welt von Möglichkeiten in Python. Sie können für Protokollierung, Zugriffskontrolle und Authentifizierung, Rate-Limiting, Caching und vieles mehr verwendet werden.

Dekorator-Factories können verwendet werden, wenn du einen Dekorator verwenden möchtest, aber ihm Argumente übergeben musst. Eine Dekorator-Factory ist eine Funktion, die einen Dekorator zurückgibt. So kannst du eine erstellen:

```
def repeat(num_times):
    def decorator_repeat(func):
        def wrapper(*args, **kwargs):
            for _ in range(num_times):
                result = func(*args, **kwargs)
            return result
        return wrapper
    return decorator_repeat

@repeat(num_times=3)
def greet(name):
    print(f"Hello {name}")
```

```
greet("World")
```

In diesem Beispiel gibt **repeat(num_times=3)** einen Dekorator zurück, der die dekorierte Funktion dreimal wiederholen wird. Dies wird als Dekorator-Factory bezeichnet.

Wenn du diesen Code ausführst, wirst du sehen:

```
Hello World
Hello World
Hello World
```

Wie du sehen kannst, wurde die Funktion greet dreimal aufgerufen.

Dies ist eine fortgeschrittenere Verwendung von Dekoratoren, aber sobald du sie verstehst, können sie unglaublich mächtig sein und deinen Code lesbarer und wartbarer machen. Die Fähigkeit, das Verhalten einer Funktion auf eine so saubere und lesbare Weise zu modifizieren, ist eines der Dinge, die Python zu einer großartigen Sprache machen, mit der man arbeiten kann.

6.4 Abstrakte Basisklassen (ABCs) in Python

Bei der Gestaltung großer funktionaler Einheiten in der Objektorientierten Programmierung (OOP), die Vererbung beinhalten, ist es wichtig, die Verwendung von Abstrakten Basisklassen (ABCs) zu berücksichtigen. Eine ABC ist ein Konzept, das beinhaltet, eine Hauptklasse zu definieren, um bestimmte Funktionalitäten bereitzustellen, die alle abgeleiteten Klassen implementieren sollten. Dieser Ansatz stellt sicher, dass die Hauptklasse selbst keine bedeutungsvollen Objekte erstellen kann.

Glücklicherweise stellt in Python das Modul 'abc' in der Standardbibliothek die Infrastruktur bereit, um benutzerdefinierte abstrakte Basisklassen zu definieren. Dies verbessert die Lesbarkeit und Robustheit des Codes, indem es uns ermöglicht, eine Vorlage für andere Klassen zu definieren. Durch die Verwendung von ABCs können wir eine Klassenhierarchie erstellen, die eine gemeinsame Schnittstelle teilt, was die Implementierung und Wartung des Codes erleichtert.

Neben der Bereitstellung einer gemeinsamen Schnittstelle können abstrakte Basisklassen auch eine gemeinsame API für ihre Ableitungen definieren. Das bedeutet, dass man abgeleitete Klassen dazu zwingen kann, spezielle Methoden zu implementieren, was die Konsistenz und Zuverlässigkeit des Codes verbessert. Durch die Verwendung abstrakter Basisklassen können wir auch sicherstellen, dass der Code skalierbarer und in Zukunft leichter zu modifizieren ist.

Hier ist ein Beispiel:

```
from abc import ABC, abstractmethod
```

```python
class AbstractClassExample(ABC):

    @abstractmethod
    def do_something(self):
        pass

class AnotherSubclass(AbstractClassExample):
    def do_something(self):
        super().do_something()
        print("The subclass is doing something")

x = AnotherSubclass()
x.do_something()
```

In diesem Beispiel haben wir eine abstrakte Basisklasse **AbstractClassExample** mit einer Methode **do_something()**. Diese Methode ist mit dem Dekorator **@abstractmethod** versehen, was bedeutet, dass sie in jeder konkreten (d.h. nicht abstrakten) Unterklasse überschrieben werden muss.

In der Klasse **AnotherSubclass**, die eine Unterklasse von **AbstractClassExample** ist, überschreiben wir die Methode **do_something()**. Diese Unterklasse ist nicht abstrakt und wir können sie instanziieren.

Wenn wir versuchen, eine Instanz von **AbstractClassExample** zu erstellen, ohne **do_something()** zu überschreiben, erhalten wir einen **TypeError**.

y = AbstractClassExample() # This will raise TypeError.

Dies ist ein vorteilhaftes Verhalten. Es stellt sicher, dass wir keine erforderlichen Methoden in unseren Unterklassen vergessen zu implementieren.

ABCs sind ein wertvolles Werkzeug, um klaren und prägnanten Code bereitzustellen, eine wohldefinierte API durchzusetzen und potenzielle Fehler zu erkennen, bevor sie Probleme verursachen. Es ist eine gute Praxis, sie zu verwenden, wenn wir erwarten, dass eine Klasse vererbt wird, aber bestimmte Methoden von den Unterklassen implementiert werden müssen, um ein korrektes Funktionieren zu gewährleisten.

6.4.1 ABCs mit eingebauten Typen

Das Modul 'collections' in der Python-Standardbibliothek ist ein sehr nützliches Werkzeug für jeden Programmierer, der sauberen und effizienten Code schreiben möchte. In diesem Modul findest du eine Vielzahl von Abstrakten Basisklassen (ABCs), die verwendet werden können, um zu testen, ob eine Klasse eine bestimmte Schnittstelle bereitstellt. Du kannst dieses Modul beispielsweise verwenden, um zu überprüfen, ob eine Klasse "hashbar" ist oder ob es sich um eine veränderbare Sequenz handelt. Dies kann dir viel Zeit und Aufwand beim Programmieren sparen, da du deine Klassen einfach mit diesen ABCs testen kannst, anstatt deine eigenen Tests von Grund auf schreiben zu müssen.

Neben der Bereitstellung von ABCs enthält das Modul 'collections' auch eine Reihe anderer nützlicher Werkzeuge für die Arbeit mit Datenstrukturen. Du kannst beispielsweise die Klasse 'deque' verwenden, um Doppelendschlangen zu erstellen, die für die Implementierung von Algorithmen wie die Breitensuche nützlich sind. Die Klasse 'defaultdict' ist ein weiteres nützliches Werkzeug, das deinen Code vereinfachen kann, indem es automatisch Standardwerte für fehlende Schlüssel in einem Wörterbuch erstellt. Schließlich kann die Klasse 'Counter' verwendet werden, um das Vorkommen von Elementen in einer Sequenz zu zählen, was für Aufgaben wie das Finden der häufigsten Elemente in einer Liste nützlich ist.

Insgesamt ist das Modul 'collections' ein unglaublich leistungsstarkes Werkzeug für Python-Programmierer, und es lohnt sich, Zeit zu investieren, um zu lernen, wie man es effektiv nutzt. Durch die Nutzung der ABCs und anderer Werkzeuge, die von diesem Modul bereitgestellt werden, kannst du saubereren und effizienteren Code schreiben, der leichter zu lesen, zu debuggen und im Laufe der Zeit zu warten ist.

Beispiel:

```python
from collections.abc import MutableSequence

class MyList(MutableSequence):
    def __init__(self, data=[]):
        self.data = data

    def __delitem__(self, index):
        del self.data[index]

    def __getitem__(self, index):
        return self.data[index]

    def __len__(self):
        return len(self.data)

    def __setitem__(self, index, value):
        self.data[index] = value

    def insert(self, index, value):
        self.data.insert(index, value)

mylist = MyList([1, 2, 3, 4])
print(mylist[2])  # Prints: 3
mylist[2] = 7
print(mylist[2])  # Prints: 7
```

Im obigen Beispiel ist **MyList** eine benutzerdefinierte veränderbare Sequenz. Dies liegt daran, dass sie alle Methoden implementiert, die **collections.abc.MutableSequence** erfordert.

Auf diese Weise können Sie die eingebauten ABCs von Python nicht nur verwenden, um sicherzustellen, dass Ihre Klassen die richtigen Schnittstellen einhalten, sondern auch, um die Schnittstellen der eingebauten Python-Typen tiefer zu verstehen.

6.5 Operatorüberladung

Die Operatorüberladung ermöglicht es Benutzern, ihr eigenes Verhalten für die Standardoperatoren von Python im Kontext einer benutzerdefinierten Klasse zu definieren. Das bedeutet, dass Entwickler intuitiveren Code erstellen können, der von anderen leichter gelesen und verstanden werden kann. Es kann den Code eleganter und weniger ausführlich machen und auch das Verständnis der Codeabsicht erleichtern.

Durch die Definition spezieller Methoden in der Klasse kann Python diese Methoden aufrufen, wenn es auf den relevanten Operator trifft. Dies gibt den Benutzern mehr Kontrolle darüber, wie sich ihr Code verhält, und kann zu einer effizienteren und effektiveren Programmierung führen.

Hier ist ein einfaches Beispiel:

```python
class Point:
    def __init__(self, x=0, y=0):
        self.x = x
        self.y = y

    def __str__(self):
        return "({0},{1})".format(self.x, self.y)

    def __add__(self, other):
        x = self.x + other.x
        y = self.y + other.y
        return Point(x, y)

p1 = Point(2, 3)
p2 = Point(-1, 2)
print(p1 + p2)  # Output: (1,5)
```

Im obigen Beispiel definieren wir eine Klasse **Point**, die einen Punkt im 2D-Raum darstellt. Die Methode **_add_** ist eine spezielle Methode, die wir definieren, um den Operator **+** zu überladen. Wenn wir also versuchen, zwei **Point**-Objekte mit **+** zu addieren, ruft Python die Methode **_add_** auf, die die jeweiligen **x**- und **y**-Koordinaten der Punkte addiert.

Dies ist nur ein grundlegendes Beispiel für Operatorüberladung. Python erlaubt die Überladung einer Vielzahl von Operatoren, wobei jeder die Definition einer entsprechenden speziellen Methode erfordert.

Die Operatorüberladung kann deine Klassen intuitiver und einfacher zu benutzen machen, indem sie ihnen ermöglicht, auf natürliche Weise mit der Standardsyntax von Python zu interagieren. Sie sollte jedoch mit Vorsicht verwendet werden, da sie auch zu Code führen kann, der schwer zu verstehen ist, wenn sich die überladenen Operatoren nicht intuitiv verhalten.

6.6 Metaklassen in Python

Metaklassen sind ein faszinierendes und komplexes Thema in der Programmierung, das für die meisten Entwickler schwer zu verstehen sein kann. Ihre Verwendung ist für die tägliche Programmierung möglicherweise nicht notwendig, aber sie sind unerlässlich für fortgeschrittene Programmieraufgaben, die mehr Flexibilität und Kontrolle über die Python-Sprache erfordern.

Python ist einzigartig darin, dass eine Klasse als ein Objekt behandelt wird, und hier kommen die Metaklassen ins Spiel. Eine Metaklasse ist eine Klasse, die das Verhalten anderer Klassen definiert, weshalb jede Klasse in Python eine Instanz einer Metaklasse ist. Standardmäßig verwendet Python die integrierte Metaklasse "type", um das Verhalten anderer Klassen zu definieren.

Das bedeutet, dass Metaklassen ein integraler Bestandteil des objektorientierten Programmierparadigmas von Python sind und eine leistungsstarke Möglichkeit bieten, das Verhalten von Klassen und Objekten anzupassen. Darüber hinaus bieten Metaklassen eine Möglichkeit, benutzerdefinierte Funktionalitäten zur Python-Sprache hinzuzufügen, was in einer Vielzahl von Anwendungen nützlich sein kann.

Beispiel:

Hier ist ein einfaches Beispiel für die Erstellung einer Metaklasse:

```python
class Meta(type):
    def __new__(meta, name, bases, dct):
        x = super().__new__(meta, name, bases, dct)
        x.attr = 100
        return x

class MyClass(metaclass=Meta):
    pass

print(MyClass.attr)  # Output: 100
```

Im obigen Code ist **Meta** eine Metaklasse, die eine Unterklasse von 'type' ist. Wenn eine neue Klasse (MyClass) mit Meta als ihre Metaklasse erstellt wird, wird die **__new__**-Methode von Meta ausgeführt. Wir fügen in dieser Methode ein Attribut 'attr' zur neuen Klasse hinzu. Infolgedessen kannst du auf 'MyClass.attr' zugreifen, was 100 als Ausgabe liefern wird.

Obwohl Metaklassen ein hochentwickeltes Konzept sind und für die meisten Programmieraufgaben übertrieben sein können, können sie unter den richtigen Umständen äußerst leistungsstark sein. Sie sind der Mechanismus hinter vielen der "magischen" Funktionen von Python, wie Django ORM, das es ermöglicht, ein Datenbankschema mit Python-Klassen zu definieren.

Beachte, dass die Verwendung von Metaklassen nicht auf die leichte Schulter genommen werden sollte. Es ist leicht, verwirrenden und schwer zu wartenden Code zu erstellen, wenn man sie falsch einsetzt. In der Regel gilt es als bessere Praxis, einfachere Konstrukte wie Dekoratoren oder Klassenfabriken zu verwenden, es sei denn, die Verwendung von Metaklassen bietet einen klaren Vorteil.

Das Verständnis von Metaklassen kann dir jedoch ein tieferes Verständnis des Python-Objektmodells vermitteln und kann hilfreich sein, um zu verstehen, wie einige der fortgeschritteneren Python-Bibliotheken unter der Haube funktionieren.

6.7 Praktische Übungen

Übung 1: Klassendefinition und Objekterstellung

Definiere eine Klasse **Student** mit zwei Attributen: **name** und **grade**. Die **grade** sollte ein Fließkommawert zwischen 0 und 100 sein. Implementiere eine Methode **pass_or_fail**, die "Bestanden" ausgibt, wenn die Note 60 oder höher ist, und "Durchgefallen" andernfalls.

```
class Student:
    def __init__(self, name, grade):
        self.name = name
        self.grade = grade

    def pass_or_fail(self):
        if self.grade >= 60:
            print("Pass")
        else:
            print("Fail")

# Test the Student class
student1 = Student("Alice", 85)
student1.pass_or_fail()  # Outputs: Pass
```

Übung 2: Vererbung und Polymorphismus

Erstelle eine Klasse **Animal** mit einer Methode **speak**, die "Ich weiß nicht, was ich sage" ausgibt. Erstelle dann zwei Klassen **Dog** und **Cat**, die von **Animal** erben und die Methode **speak** überschreiben, um jeweils "Woof" und "Meow" auszugeben.

class Animal:

```python
    def speak(self):
        print("I don't know what I say")

class Dog(Animal):
    def speak(self):
        print("Woof")

class Cat(Animal):
    def speak(self):
        print("Meow")

# Test the Dog and Cat classes
dog = Dog()
dog.speak()   # Outputs: Woof

cat = Cat()
cat.speak()   # Outputs: Meow
```

Übung 3: Kapselung

Erstelle eine Klasse **Car** mit zwei Attributen: **speed** und **max_speed**. Die Geschwindigkeit (**speed**) soll anfänglich 0 sein und die Höchstgeschwindigkeit (**max_speed**) soll während der Initialisierung festgelegt werden. Implementiere die Methoden **accelerate** und **brake**, die die Geschwindigkeit erhöhen bzw. verringern. Die Methode **accelerate** darf nicht zulassen, dass die Geschwindigkeit die **max_speed** überschreitet.

```python
class Car:
    def __init__(self, max_speed):
        self.speed = 0
        self.max_speed = max_speed

    def accelerate(self):
        if self.speed < self.max_speed:
            self.speed += 10
            if self.speed > self.max_speed:
                self.speed = self.max_speed

    def brake(self):
        if self.speed > 0:
            self.speed -= 10
            if self.speed < 0:
                self.speed = 0

# Test the Car class
car = Car(100)
car.accelerate()
print(car.speed)   # Outputs: 10
car.accelerate()
print(car.speed)   # Outputs: 20
car.brake()
```

```
print(car.speed)  # Outputs: 10
```

Diese Übungen zielen darauf ab, dein Verständnis von Klassen, Objekten, Vererbung, Polymorphismus und Kapselung in Python zu festigen. Denke daran, dass Übung der Schlüssel zur Beherrschung dieser Konzepte ist!

Fazit zu Kapitel 6

Zusammenfassend war Kapitel 6 eine tiefgehende Analyse der Objektorientierten Programmierung (OOP) in Python, ein Programmierparadigma, das es Programmierern ermöglicht, Softwaresysteme zu erstellen, die modular, wiederverwendbar und leicht verständlich sind. Dieses Kapitel hat dazu beigetragen, die grundlegenden Konzepte der OOP in Python zu entdecken, nämlich Klassen, Objekte und Vererbung, welche die Bausteine dieses Programmierparadigmas sind.

Das erste Konzept, in das wir eingetaucht sind, waren Klassen und Objekte. Hier haben wir gelernt, dass eine Klasse im Wesentlichen ein Bauplan zur Erstellung von Objekten ist, die Instanzen der Klasse sind. Die Attribute einer Klasse repräsentieren den Zustand eines Objekts, während die Methoden das Verhalten eines Objekts darstellen. Außerdem wird der Prozess der Erstellung eines Objekts aus einer Klasse als Instanziierung bezeichnet.

Als Nächstes konzentrierten wir uns auf das Konzept der Vererbung, ein Eckpfeiler der OOP, der es einer Klasse ermöglicht, Attribute und Methoden von einer anderen Klasse zu erben. Dies unterstützt die Wiederverwendung von Code, da gemeinsame Attribute und Methoden in einer Basisklasse (auch als Elternklasse oder Superklasse bekannt) definiert und zwischen abgeleiteten Klassen (auch als Kind- oder Subklassen bekannt) geteilt werden können. Darüber hinaus haben wir die Funktion **super()** untersucht, die im Kontext der Vererbung verwendet wird, um Methoden aus der Elternklasse aufzurufen.

Danach haben wir uns mit zwei wesentlichen Prinzipien der OOP befasst, Polymorphismus und Kapselung. Polymorphismus ermöglicht die Verwendung einer Entität eines einzelnen Typs (Methode, Operator oder Objekt), um verschiedene Typen in verschiedenen Szenarien darzustellen, was die Flexibilität im Code fördert. Kapselung hingegen dreht sich um das Verbergen der internen Details, wie ein Objekt funktioniert, und das Offenlegen nur des Notwendigen. Dies führt zu erhöhter Sicherheit und Einfachheit im Code.

Dann haben wir die speziellen Funktionen von Python untersucht, die eine Möglichkeit bieten, deinen Klassen "Magie" hinzuzufügen. Diese Funktionen, die von doppelten Unterstrichen umgeben sind (z.B. **_init_**, **_str_**), ermöglichen es uns, eingebaute Typen zu emulieren oder Operatorüberladung zu implementieren, was die Ausdruckskraft unseres Codes verbessert.

Anschließend haben wir abstrakte Basisklassen (ABCs) erkundet, einen Mechanismus zur Definition abstrakter Klassen und Methoden. Eine abstrakte Klasse kann nicht instanziiert werden; sie ist dazu bestimmt, von anderen Klassen abgeleitet zu werden. Abstrakte Klassen bieten eine Möglichkeit, Schnittstellen zu definieren und gleichzeitig sicherzustellen, dass abgeleitete Klassen bestimmte Methoden der Basisklasse implementieren.

Abschließend haben wir praktische Beispiele untersucht, um das theoretische Wissen in die Praxis umzusetzen und ein besseres Verständnis dieser Konzepte zu erlangen. Die Übungen reichten von einfachen Klassendefinitionen und Objekten bis hin zu komplexeren Aufgaben, die mehrere Beziehungen und Interaktionen zwischen Klassen umfassen.

Zusammenfassend hat dich dieses Kapitel darauf vorbereitet, deinen Python-Code so zu strukturieren, dass er wartbar und wiederverwendbar ist, indem du den Prinzipien der OOP folgst. Während wir unsere Reise fortsetzen, werden wir auf diesen Konzepten aufbauen, um fortgeschrittenere Aspekte der Python-Programmierung zu erkunden. Wie immer, denke daran, weiterhin zu üben und mit dem Code zu experimentieren, um diese Konzepte vollständig zu verstehen und anzuwenden. Frohes Programmieren!

Kapitel 7: Datei Ein-/Ausgabe und Ressourcenverwaltung

In jeder realen Anwendung bilden Daten eine entscheidende Komponente. Diese Daten werden üblicherweise in Dateien und Datenbanken gespeichert, und die Fähigkeit, Daten aus Dateien zu lesen und in Dateien zu schreiben, ist eine wertvolle und oft notwendige Fertigkeit für einen Programmierer. In diesem Kapitel werden wir die Datei-Ein-/Ausgabe (I/O) Operationen und Ressourcenverwaltung in Python untersuchen, zwei entscheidende Aspekte für den Umgang mit externen Ressourcen.

Python bietet integrierte Funktionen zum Erstellen, Schreiben und Lesen von Dateien. Darüber hinaus stellt es Werkzeuge bereit, um diese Ressourcen effektiv zu verwalten und sicherzustellen, dass sie nach ihrer Verwendung bereinigt werden. Dies ist entscheidend, um Ressourcenlecks zu vermeiden, die dazu führen können, dass Anwendungen mehr Speicher oder Dateihandles als nötig verbrauchen, was sie verlangsamt oder sogar zum Absturz bringen kann.

Außerdem ist das Verständnis von Datei-Ein-/Ausgabeoperationen in Python grundlegend für die Handhabung verschiedener Datentypen und die Durchführung verschiedener Operationen mit ihnen. Zum Beispiel kann man Daten aus einer Datei lesen, sie verarbeiten und die verarbeiteten Daten in eine andere Datei schreiben. Dies ist eine häufige Aufgabe in vielen Data-Science-Anwendungen, wo es notwendig ist, große Datenmengen zu verarbeiten und zu analysieren.

Darüber hinaus ist die Ressourcenverwaltung ein wichtiger Aspekt der Programmierung, und Python bietet verschiedene Werkzeuge und Techniken zur effektiven Ressourcenverwaltung. Dazu gehören Werkzeuge für Garbage Collection, Speicherverwaltung und die Verwaltung von Dateihandles. Durch effektive Ressourcenverwaltung kann man sicherstellen, dass das Programm reibungslos und effizient läuft, ohne unnötigen Speicherverbrauch oder Dateihandle-Lecks.

Wenn Programmierer also die Datei-Ein-/Ausgabeoperationen und Ressourcenverwaltung in Python verstehen, können sie robustere und effizientere Programme erstellen, die große Datenmengen problemlos verarbeiten können. Diese Fähigkeiten sind für jeden Programmierer unerlässlich, der mit realen Anwendungen arbeiten und effektiv mit externen Ressourcen umgehen möchte.

Beginnen wir mit den Grundlagen der Dateibehandlung in Python.

7.1 Dateioperationen

Eine Dateioperation umfasst mehrere Schritte. Zuerst muss die Datei geöffnet werden. Dies macht der Computer, damit der Benutzer Operationen wie Lesen oder Schreiben in die Datei durchführen kann. Sobald die Datei geöffnet ist, kann der Benutzer die gewünschten Operationen ausführen.

Dies kann das Lesen von Daten aus der Datei, das Schreiben von Daten in die Datei oder das Ändern bestehender Daten innerhalb der Datei umfassen. Schließlich muss die Datei, sobald der Benutzer mit ihr fertig ist, geschlossen werden. Dies ist ein wichtiger Schritt, da das Nichtschließen einer Datei zu Datenverlust oder anderen Fehlern führen kann. Wie du siehst, umfassen Dateioperationen mehrere Schritte, die zusammenarbeiten, um Benutzern das Lesen und Schreiben in Dateien auf ihrem Computer zu ermöglichen.

7.1.1 Eine Datei öffnen

Python stellt die Funktion **open()** zum Öffnen einer Datei bereit. Diese Funktion ist sehr nützlich bei der Arbeit mit Dateien in Python. Sie erfordert als erstes Argument den Pfad und den Namen der Datei. Dieser Dateipfad kann absolut oder relativ zum aktuellen Verzeichnis sein.

Sobald die Datei geöffnet ist, kannst du eine Vielzahl von Operationen an ihr durchführen, wie sie zu lesen, in sie zu schreiben oder ihr Inhalte hinzuzufügen. Du kannst auch den Modus angeben, in dem du die Datei öffnen möchtest, wie Lesemodus, Schreibmodus oder Anhängemodus. Darüber hinaus kannst du die Kodierung der Datei angeben, was wichtig ist, wenn mit Nicht-ASCII-Zeichen gearbeitet wird. Insgesamt ist die Funktion **open()** ein leistungsstarkes Werkzeug für die Arbeit mit Dateien in Python.

file = open('example.txt') # Opens example.txt file

Wenn du **open()** verwendest, gibt es ein Dateiobjekt zurück und wird in der Regel mit zwei Argumenten verwendet: **open(dateiname, modus)**. Das zweite Argument ist optional, und wenn es nicht angegeben wird, setzt Python es standardmäßig auf **'r'** (Lesemodus).

Die verschiedenen Modi sind:

- **'r'** - Lesemodus, der verwendet wird, wenn die Datei nur gelesen werden soll.

- **'w'** - Schreibmodus, der zum Bearbeiten und Schreiben neuer Informationen in die Datei verwendet wird (jede bestehende Datei mit demselben Namen wird gelöscht, wenn dieser Modus aktiviert wird).

- **'a'** - Anfügemodus, der verwendet wird, um neue Daten am Ende der Datei hinzuzufügen; d.h., die neuen Informationen werden automatisch am Ende angefügt.

- **'r+'** - Spezieller Lese- und Schreibmodus, der verwendet wird, um beide Aktionen beim Arbeiten mit einer Datei zu handhaben.

Hier ist ein Beispiel:

```
file = open('example.txt', 'r')  # Opens the file in read mode
```

Lesen einer Datei: Sobald die Datei im Lesemodus geöffnet ist, können wir die Funktion read() verwenden, um den Inhalt der Datei zu lesen.

```
content = file.read()  # Reads the entire file
print(content)
```

In eine Datei schreiben: Um in eine Datei zu schreiben, öffnen wir sie im Modus 'w' oder 'a' und verwenden die Funktion write().

```
file = open('example.txt', 'w')  # Opens the file in write mode
file.write('Hello, world!')  # Writes 'Hello, world!' to the file
```

Eine Datei schließen: Es ist eine gute Praxis, eine Datei immer zu schließen, wenn man mit ihr fertig ist.

```
file.close()
```

Durch das Öffnen und Schließen einer Datei mit den integrierten Funktionen von Python stellen wir sicher, dass unsere Anwendung die Systemressourcen ordnungsgemäß verwaltet.

Nun werden wir über die Behandlung von Dateiausnahmen und die Verwendung der Anweisung **with** für ein besseres Ressourcenmanagement sprechen.

7.1.2 Ausnahmebehandlung während Dateioperationen

Bei der Arbeit mit Dateien ist es wichtig, die Möglichkeit von Fehlern oder Ausnahmen zu berücksichtigen. Ein häufiges Beispiel ist der Versuch, eine Datei zu öffnen, die nicht existiert, was zur Generierung eines **FileNotFoundError** führt. Um solche Probleme zu vermeiden, wird empfohlen, **try-except**-Blöcke zu verwenden, um solche Ausnahmen zu behandeln.

Dies kann dazu beitragen, sicherzustellen, dass Ihr Code robust ist und unerwartete Situationen bewältigen kann, die bei der Arbeit mit Dateien auftreten können. Außerdem ist es immer eine gute Idee, mögliche Fehler zu überprüfen und geeignete Fehlerbehandlungsmechanismen in Ihren Code einzubauen, um Probleme von vornherein zu vermeiden.

Hier ist ein Beispiel:

```
try:
    file = open('non_existent_file.txt', 'r')
```

```
    file.read()
except FileNotFoundError:
    print('The file does not exist.')
finally:
    file.close()
```

In diesem Beispiel versucht der **try**-Block, eine Datei zu öffnen und zu lesen. Wenn die Datei nicht existiert, erzeugt Python eine **FileNotFoundError**-Ausnahme. Der **except**-Block fängt diese Ausnahme ab und gibt eine Meldung aus. Unabhängig davon, ob eine Ausnahme aufgetreten ist, schließt der **finally**-Block die Datei.

7.1.3 Die Anweisung with für eine bessere Ressourcenverwaltung

Das Schließen von Dateien ist ein entscheidender Schritt, der bei der Arbeit mit Python nicht übersehen werden sollte. Wenn eine Datei nicht geschlossen wird, kann dies zu Datenverlust oder anderen unvorhergesehenen Problemen führen. In manchen Fällen kann ein Fehler im Programm auftreten, was dazu führen kann, dass die Programmausführung stoppt und das Schließen der Datei übersprungen wird.

Dies kann zu dem führen, was als "Ressourcenleck" bekannt ist, was für die Leistung Ihres Programms schädlich sein kann. Um dies zu vermeiden, bietet Python die **with**-Anweisung, die sicherstellt, dass die Datei ordnungsgemäß geschlossen wird, wenn der Block innerhalb von **with** verlassen wird. Mit der **with**-Anweisung können Sie sicher sein, dass Ihre Dateien korrekt behandelt werden, was Ihnen ermöglicht, sich auf andere wichtige Aspekte Ihres Programms zu konzentrieren.

Hier ist ein Beispiel:

```
with open('example.txt', 'r') as file:
    content = file.read()
    print(content)
```

Im obigen Beispiel wird das Schlüsselwort **with** in Verbindung mit der Funktion **open()** verwendet. Die **with**-Anweisung erstellt einen Kontext, in dem die Dateioperationen durchgeführt werden. Sobald die Operationen innerhalb des **with**-Blocks abgeschlossen sind, schließt Python die Datei automatisch, selbst wenn innerhalb des Blocks Ausnahmen auftreten.

Die Verwendung der **with**-Anweisung für Datei-I/O-Operationen ist eine bewährte Methode, da sie eine bessere Syntax und Ausnahmebehandlung bietet und außerdem die Datei automatisch schließt.

7.1.4 Arbeiten mit Binärdateien

Bei der Arbeit mit Dateien in Python ist es wichtig, die Unterschiede zwischen Textdateien und Binärdateien zu verstehen. Während Textdateien die Standardeinstellung sind, erfordern Binärdateien, wie Bilder oder ausführbare Dateien, eine spezielle Behandlung. Um mit

Binärdateien in Python zu arbeiten, musst du den Modus 'b' beim Öffnen der Datei angeben. Dies teilt Python mit, dass die Datei als Binärdaten und nicht als Text behandelt werden soll.

Zusätzlich zur Angabe des Modus 'b' benötigst du möglicherweise auch andere Funktionen und Methoden speziell für Binärdaten. Zum Beispiel bietet das Modul 'struct' Funktionen zum Packen und Entpacken von Binärdaten, was beim Arbeiten mit Binärdateien nützlich sein kann. Ähnlich bietet das Modul 'array' eine Möglichkeit, mit Arrays von Binärdaten in Python zu arbeiten.

Wenn du die Feinheiten der Arbeit mit Binärdaten in Python verstehst, kannst du robustere und flexiblere Programme schreiben, die in der Lage sind, eine Vielzahl von Dateiformaten und Datentypen zu verarbeiten.

Beispiel:

```
with open('example.bin', 'wb') as file:
    file.write(b'\\x00\\x0F')  # Writes two bytes into the file
```

Im vorherigen Beispiel haben wir 'wb' als Dateimodus verwendet, um anzuzeigen, dass wir binär schreiben.

7.1.5 Serialisierung mit pickle

Serialisierung ist der Prozess der Umwandlung eines Objekts in eine Bytefolge, die gespeichert oder übertragen und später wiederhergestellt werden kann (möglicherweise auf einem anderen Computer). Dieser Prozess ist wichtig, weil er ermöglicht, dass Daten leicht zwischen verschiedenen Systemen und Plattformen übertragen werden können und auch die Erstellung von Sicherungskopien wichtiger Daten erlaubt.

In Python wird das Modul **pickle** für die Serialisierung von Objekten verwendet. Dieses Modul bietet eine Möglichkeit, Python-Objekte zu serialisieren und zu deserialisieren, sodass sie in einer Datei gespeichert oder über ein Netzwerk übertragen werden können. Außerdem kann das Modul **pickle** komplexe Datenstrukturen verarbeiten, was es zu einem leistungsstarken Werkzeug für Entwickler macht, die große Datenmengen zwischen verschiedenen Systemen oder Prozessen übertragen müssen.

Beispiel:

Hier ist ein einfaches Beispiel für die Serialisierung mit **pickle**:

```
import pickle

data = {
    'a': [1, 2.0, 3, 4+6j],
    'b': ("character string", b"byte string"),
    'c': {None, True, False}
}
```

```
with open('data.pickle', 'wb') as f:
    pickle.dump(data, f)
Und hier ist, wie du die Daten zurückladen kannst:
with open('data.pickle', 'rb') as f:
    data_loaded = pickle.load(f)

print(data_loaded)
```

pickle ist ein sehr leistungsstarkes Modul, das komplexe Python-Objekte serialisieren und deserialisieren kann, birgt jedoch potenzielle Sicherheitsrisiken, wenn du Daten aus einer nicht vertrauenswürdigen Quelle lädst.

Diese Themen vervollständigen die Grundkonzepte der Datei-E/A in Python und bieten dir die notwendigen Werkzeuge zum effektiven Lesen, Schreiben und Verwalten von Ressourcen.

Nun fügen wir eine kurze Diskussion darüber hinzu, wie man mit Binärdateien und Serialisierung in Python arbeitet.

7.1.6 Arbeiten mit Binärdateien

In Python werden Dateien standardmäßig als Text behandelt. Das bedeutet, dass du einfach Textstrings in Dateien lesen und schreiben kannst. Es gibt jedoch Situationen, in denen du möglicherweise mit Binärdateien arbeiten musst, wie Bildern oder ausführbaren Dateien. Binärdateien enthalten nicht-textuelle Daten, wie Bilder oder Audiodateien, die nicht als Klartext dargestellt werden können.

Um mit Binärdateien in Python zu arbeiten, kannst du den Modus 'b' beim Öffnen einer Datei verwenden. Dies teilt Python mit, dass du mit einer Binärdatei und nicht mit einer Textdatei arbeitest. Sobald du eine Binärdatei geöffnet hast, kannst du ihren Inhalt in eine Bytefolge einlesen, die du dann auf verschiedene Weise manipulieren oder verarbeiten kannst. Du könntest zum Beispiel die Bytefolge verwenden, um eine neue Bilddatei zu erstellen oder bestimmte Informationen aus der Datei zu extrahieren.

Binärdateien werden in vielen verschiedenen Anwendungen weit verbreitet eingesetzt, vom Bild- und Audioprocessing bis hin zur Datenspeicherung und -übertragung. Wenn du lernst, wie man mit Binärdateien in Python arbeitet, kannst du deine Programmierfähigkeiten erweitern und komplexere Projekte übernehmen.

Beispiel:

```
with open('example.bin', 'wb') as file:
    file.write(b'\\x00\\x0F')  # Writes two bytes into the file
```

Im vorherigen Beispiel haben wir 'wb' als Dateimodus verwendet, um anzuzeigen, dass wir binär schreiben.

7.1.7 Serialisierung mit pickle

Serialisierung ist ein entscheidender Prozess in der Informatik, der verwendet wird, um ein Objekt in eine Bytefolge umzuwandeln, die gespeichert oder übertragen und später wieder rekonstruiert werden kann. Dies ist besonders wichtig, wenn es darum geht, Daten zwischen verschiedenen Maschinen zu übertragen oder Daten für die spätere Verwendung zu speichern.

In Python ist das Modul **pickle** das Standardmodul für die Serialisierung von Objekten. Dieses leistungsstarke Modul wird verwendet, um Python-Objekte in eine Bytefolge umzuwandeln, die in einer Datei, Datenbank oder sogar über ein Netzwerk übertragen werden können. Mit pickle kannst du komplexe Datenstrukturen wie Listen, Wörterbücher und sogar Klassen leicht speichern und wiederherstellen.

Dies macht es zu einem unverzichtbaren Werkzeug für Entwickler, die Zeit und Aufwand bei der Datenverwaltung sparen möchten.

Beispiel:

Hier ist ein einfaches Beispiel für die Serialisierung mit **pickle**:

```
import pickle

data = {
    'a': [1, 2.0, 3, 4+6j],
    'b': ("character string", b"byte string"),
    'c': {None, True, False}
}

with open('data.pickle', 'wb') as f:
    pickle.dump(data, f)
Und so kannst du die Daten zurückladen:
with open('data.pickle', 'rb') as f:
    data_loaded = pickle.load(f)

print(data_loaded)
```

Das **pickle**-Modul ist ein äußerst effektives Werkzeug zur Serialisierung und Deserialisierung komplexer Python-Objekte. Es ist besonders nützlich, wenn Sie Daten für die spätere Verwendung speichern oder zwischen verschiedenen Maschinen übertragen müssen.

Es ist jedoch wichtig zu beachten, dass dieses Modul potenzielle Sicherheitsrisiken darstellen kann, wenn die geladenen Daten aus einer nicht vertrauenswürdigen Quelle stammen. Außerdem ist es entscheidend sicherzustellen, dass die mit **pickle** gespeicherten Daten mit der Python-Version kompatibel sind, die zum Laden verwendet wird.

Daher ist es ratsam, bei der Verwendung des **pickle**-Moduls vorsichtig zu sein und Maßnahmen zu ergreifen, um sicherzustellen, dass die geladenen Daten sicher und zuverlässig sind.

7.1.8 Umgang mit Dateipfaden

Beim Arbeiten mit Dateien sind Dateipfade oft ein wichtiger Faktor. Ein Dateipfad ist einfach der Speicherort einer Datei auf einem Computer und kann je nach Betriebssystem auf verschiedene Weise dargestellt werden. Das **os**-Modul von Python bietet eine Reihe von Funktionen, mit denen Sie plattformunabhängig mit Dateipfaden arbeiten können.

Diese Funktionen können verwendet werden, um Dateipfade zu erstellen, zu ändern und abzurufen, sowie um durch Verzeichnisse zu navigieren und andere dateibezogene Operationen durchzuführen. Durch die Verwendung des **os**-Moduls können Sie sicherstellen, dass Ihr Python-Code auf jedem Betriebssystem korrekt funktioniert, unabhängig von den spezifischen Dateipfadkonventionen, die von diesem System verwendet werden.

Beispiel:

```
import os

# Get the current working directory
cwd = os.getcwd()
print(f'Current working directory: {cwd}')

# Change the current working directory
os.chdir('/path/to/your/directory')
cwd = os.getcwd()
print(f'Current working directory: {cwd}')
```

Das Modul **os** stellt auch das Modul **os.path** bereit, um Pfadnamen in einer für das Betriebssystem, auf dem Python installiert ist, geeigneten Weise zu manipulieren.

```
import os

# Join two or more pathname components
path = os.path.join('/path/to/your/directory', 'myfile.txt')
print(f'Path: {path}')

# Split the pathname path into a pair, (head, tail)
head, tail = os.path.split('/path/to/your/directory/myfile.txt')
print(f'Head: {head}, Tail: {tail}')
```

In den obigen Beispielen haben wir zunächst **os.path.join()** verwendet, um zwei oder mehr Pfadkomponenten mit dem für das aktuelle Betriebssystem geeigneten Trennzeichen zu verbinden. Anschließend haben wir **os.path.split()** verwendet, um den Pfad in ein Paar aufzuteilen, wobei der Hauptteil (alles vor dem letzten Schrägstrich) und der Endteil (alles nach dem letzten Schrägstrich) zurückgegeben werden.

7.1.9 Das pathlib-Modul

Python 3.4 führte das Modul **pathlib** ein, das eine höherwertige Alternative zu **os.path** darstellt. **pathlib** kapselt die Funktionalität von **os.path** und erweitert dessen Fähigkeiten, indem es mehr Komfort und objektorientierte Robustheit bietet. Im Wesentlichen stellt **pathlib** Dateisystempfade als richtige Objekte anstatt als rohe Zeichenketten dar, was die Handhabung wesentlich intuitiver macht.

Darüber hinaus bietet es Methoden und Eigenschaften, um Informationen über den Pfad zu extrahieren, wie seinen Namen, absoluten Pfad, Dateierweiterung und übergeordnetes Verzeichnis. Es erleichtert auch die Manipulation von Pfaden durch nützliche Methoden wie das Verbinden von Pfaden, Normalisieren von Pfaden und Erstellen neuer Pfade aus bestehenden.

All diese Funktionen machen **pathlib** zu einem unverzichtbaren Werkzeug für jeden Entwickler, der programmatisch mit dem Dateisystem interagieren muss.

Beispiel:

Hier ist ein Beispiel:

```python
from pathlib import Path

# Creating a path object
p = Path('/path/to/your/directory/myfile.txt')

# Different parts of the path
print(p.parts)

# Name of file
print(p.name)

# Suffix of file
print(p.suffix)

# Parent directory
print(p.parent)
```

In diesem Beispiel erstellen wir ein **Path**-Objekt und können dann verschiedene Eigenschaften wie **parts**, **name**, **suffix** und **parent** verwenden, um Informationen über den Pfad zu erhalten. Diese Eigenschaften erleichtern die Ausführung häufiger Aufgaben und machen Ihren Code lesbarer.

7.2 Kontextmanager

Kontextmanager in Python sind ein leistungsstarkes Werkzeug, das Entwicklern helfen kann, Ressourcenlecks zu vermeiden und ihren Code effektiver zu verwalten. Neben der Handhabung von Datei-Ein-/Ausgabe können Kontextmanager für eine Vielzahl von Aufgaben eingesetzt werden, die Ressourcenzuweisung und -bereinigung erfordern. Beispielsweise können Sie Kontextmanager verwenden, um Netzwerkverbindungen herzustellen und zu schließen, Ressourcen zu sperren und zu entsperren oder sogar den Anwendungsstatus zu verwalten.

Eine besonders nützliche Eigenschaft von Kontextmanagern ist ihre Fähigkeit, Ausnahmen sauber und präzise zu behandeln. Indem Sie einen Kontextmanager definieren, der Ressourcen im Falle einer Ausnahme automatisch freigibt, können Sie sicherstellen, dass Ihr Code Fehler immer elegant behandelt und keine Ressourcen in einem inkonsistenten Zustand hinterlässt.

Ein weiterer Vorteil der Verwendung von Kontextmanagern ist, dass sie Ihren Code lesbarer und wartbarer machen können. Durch die Kapselung der Logik für Ressourcenzuweisung und -bereinigung in einem einzigen Codeblock können Sie die Menge an redundantem Code reduzieren und Ihren Code verständlicher machen.

Kontextmanager sind ein unverzichtbares Werkzeug für jeden Python-Entwickler, der sauberen, robusten und wartbaren Code schreiben möchte.

Ein Kontextmanager ist ein Objekt, das Methoden definiert, die zusammen mit der **with**-Anweisung verwendet werden, einschließlich **_enter_** und **_exit_**.

Die **_enter_**-Methode wird zu Beginn des **with**-Blocks ausgeführt. Der zurückgegebene Wert wird der Variablen in der **as**-Klausel der **with**-Anweisung zugewiesen.

Die **_exit_**-Methode wird nach dem **with**-Block ausgeführt. Sie wird verwendet, um Bereinigungsaktionen zu handhaben, wie das Schließen einer Datei oder einer Netzwerkverbindung.

Hier ist ein Beispiel für einen Kontextmanager, der eine Datei öffnet und schließt:

```python
class ManagedFile:
    def __init__(self, filename):
        self.filename = filename

    def __enter__(self):
        self.file = open(self.filename, 'r')
        return self.file

    def __exit__(self, exc_type, exc_val, exc_tb):
        if self.file:
            self.file.close()

with ManagedFile('hello.txt') as f:
    content = f.read()
    print(content)
```

In diesem Code ist **ManagedFile** ein Kontextmanager. Wenn ein **ManagedFile**-Objekt in einer **with**-Anweisung verwendet wird, wird seine **_enter_**-Methode aufgerufen, und es öffnet die

Datei. Dann wird das Dateiobjekt zurückgegeben und der Variable **f** zugewiesen. Nach dem **with**-Block wird die **_exit_**-Methode aufgerufen, um die Datei zu schließen.

Kontextmanager sind eine einfache und elegante Möglichkeit, um sicherzustellen, dass Ressourcen in Ihren Python-Programmen korrekt und effizient verwaltet werden. Sie können mit der **with**-Anweisung verwendet werden, um Einrichtungs- und Aufräumaktionen zu definieren, die automatisch ausgeführt werden, wodurch Ihr Code sauberer, lesbarer und weniger anfällig für Fehler oder Ressourcenlecks wird.

Als Nächstes diskutieren wir ein weiteres Thema, das sich um die Ressourcenverwaltung dreht: die Arbeit mit Verzeichnissen und Dateisystemen. Wir werden überprüfen, wie man die Module **os** und **shutil** verwendet, um Verzeichnisse zu manipulieren, Verzeichnisinhalte zu lesen und mit Dateipfaden zu arbeiten.

7.3 Verzeichnisse und Dateisysteme

In der heutigen datengetriebenen Welt ist die Manipulation von Verzeichnissen und Dateisystemen ein entscheidender Aspekt vieler realer Python-Aufgaben, einschließlich Datenvorverarbeitung, Speichern von Machine-Learning-Modellen, Protokollierung und mehr. Um diese Aufgaben effektiv durchzuführen, bietet Python eine breite Palette von integrierten Bibliotheken wie **os** und **shutil**.

Die **os**-Bibliothek bietet eine umfassende Reihe von Funktionen zur Nutzung betriebssystemabhängiger Funktionalitäten, die es Ihnen ermöglichen, mit dem zugrunde liegenden Betriebssystem zu interagieren, auf dem Python ausgeführt wird. Sie können beispielsweise das **os**-Modul verwenden, um Dateien zu erstellen, umzubenennen, zu verschieben und vieles mehr. Die **shutil**-Bibliothek hingegen bietet eine Schnittstelle auf höherer Ebene zum Kopieren von Dateien und vollständigen Verzeichnisbäumen, was sie zu einem wesentlichen Werkzeug für die Datenmanipulation macht.

Durch die Beherrschung dieser Bibliotheken können Sie das volle Potenzial der Dateiverwaltungsfähigkeiten von Python nutzen, was Ihnen ermöglicht, komplexe Datenmanipulationen mit Leichtigkeit durchzuführen. Egal, ob Sie ein erfahrener Datenwissenschaftler oder ein Anfänger sind, ein solides Verständnis dieser Bibliotheken wird Ihre Python-Programmierfähigkeiten definitiv verbessern.

Beispiel:

Beginnen wir mit der Betrachtung einiger nützlicher Funktionen, die das **os**-Modul bereitstellt:

```
import os

# Get the current working directory
print(os.getcwd())

# List all files and directories in the current directory
```

```
print(os.listdir())

# Change the current working directory
os.chdir('/path/to/your/directory')
print(os.getcwd())
```

In diesem Beispiel rufen wir zuerst das aktuelle Arbeitsverzeichnis ab und geben es mit **os.getcwd()** aus. Dann listen wir alle Dateien und Verzeichnisse im aktuellen Verzeichnis mit **os.listdir()** auf. Schließlich ändern wir das aktuelle Arbeitsverzeichnis zu '/pfad/zu/deinem/verzeichnis' mit **os.chdir()**.

Schauen wir uns nun das Modul **shutil** genauer an, das ein unglaublich leistungsstarkes und vielseitiges Werkzeug ist, das eine breite Palette von Operationen auf höherer Ebene für Dateien und Dateisammlungen bietet. Mit **shutil** kannst du verschiedene dateibezogene Aufgaben ausführen, wie das Kopieren und Verschieben von Dateien, das Umbenennen von Dateien und das Löschen von Dateien.

Darüber hinaus ermöglicht dir das Modul **shutil**, Informationen über die Festplattennutzung einfach und effizient zu erhalten, wodurch du den Speicherplatz deiner Dateien besser verwalten kannst. Du kannst **shutil** auch verwenden, um bestimmte Dateien innerhalb deines Dateisystems zu lokalisieren, was es einfacher macht, die benötigten Dateien schnell und einfach zu finden. Insgesamt ist das Modul **shutil** ein unverzichtbares Werkzeug für jeden, der regelmäßig mit Dateien arbeitet, und bietet eine breite Palette von Funktionen und Fähigkeiten, die deine Aufgaben zur Dateiverwaltung sicherlich erleichtern werden.

Hier ist ein Beispiel, wie man eine Datei mit **shutil** kopiert:

```
import shutil

# Copy the file at 'source' to 'destination'
shutil.copy2('/path/to/source/file', '/path/to/destination/directory')
```

In diesem Beispiel verwenden wir **shutil.copy2()**, um eine Datei zu kopieren. Diese Funktion bewahrt auch die Metadaten der Datei, wie zum Beispiel Zeitstempel.

Die Module **os** und **shutil** bieten uns mächtige Werkzeuge zur Manipulation und Interaktion mit dem Dateisystem und vereinfachen dabei Aufgaben, die weitaus komplizierter wären, wenn wir diese Funktionalitäten von Grund auf programmieren müssten. Das nächste Thema, in das wir in diesem Abschnitt eintauchen werden, beinhaltet den Umgang mit binären Daten unter Verwendung der Module **pickle** und **json**, aber lassen Sie uns vorerst hier innehalten.

7.4 Arbeiten mit binären Daten: Die Module pickle und json

Als Python-Programmierer wirst du wahrscheinlich oft mit Daten in verschiedenen Formaten arbeiten müssen, wie Text oder Binärdaten. Glücklicherweise bietet Python mehrere integrierte Module, die dir helfen können, diese Datentypen effektiv zu manipulieren und mit ihnen zu arbeiten. Zwei dieser Module sind **pickle** und **json**.

Das Modul **pickle** ist ein hervorragendes Werkzeug, um eine Python-Objektstruktur in einen Bytestrom umzuwandeln, oder zu "pickeln". Dieser Prozess beinhaltet die Serialisierung der Objekthierarchie, was dir ermöglicht, das Objekt in einer Datei zu speichern oder über ein Netzwerk zu übertragen. Darüber hinaus kann das Modul **pickle** die gepickelten Daten wieder in die ursprüngliche Hierarchie von Python-Objekten zurückführen, oder "entpickeln".

Ein weiteres häufig verwendetes integriertes Modul für die Arbeit mit Daten ist das Modul **json**. Dieses Modul ermöglicht es dir, JSON-Daten zu codieren und zu decodieren, ein beliebtes Format für den Datenaustausch. Mit dem Modul **json** kannst du Python-Objekte einfach in JSON-Strings umwandeln und umgekehrt. Das Modul bietet auch Optionen zur Anpassung des Codierungs- und Decodierungsprozesses, wie die Angabe der zu verwendenden Datentypen oder den Umgang mit zirkulären Referenzen.

Insgesamt hast du mit den Modulen **pickle** und **json** in Python leistungsstarke Werkzeuge zur Verfügung, um mit Daten in verschiedenen Formaten zu arbeiten. Egal, ob du Daten in einer Datei speichern, über ein Netzwerk übertragen oder mit anderen Systemen kommunizieren musst, diese Module können dir helfen, die Arbeit effizient und effektiv zu erledigen.

Beispiel:

Hier ist ein Beispiel, wie man ein Python-Objekt (in diesem Fall ein Dictionary) pickelt:

```python
import pickle

# Define a Python object (a dictionary)
data = {"name": "John", "age": 30, "city": "New York"}

# Pickle the Python object to a file
with open("data.pkl", "wb") as file:
    pickle.dump(data, file)
```

Und hier ist ein Beispiel, wie man das Python-Objekt wieder entpackt:

```python
import pickle

# Unpickle the Python object from a file
with open("data.pkl", "rb") as file:
    data_loaded = pickle.load(file)

print(data_loaded)  # Outputs: {"name": "John", "age": 30, "city": "New York"}
```

Obwohl **pickle** ein leistungsstarkes Werkzeug für die Serialisierung von Python-Objekten ist, ist es auf bestimmte Python-Datentypen beschränkt und kann nicht effektiv mit anderen Programmiersprachen verwendet werden. Andererseits ist **json** ein wesentlich vielseitigeres und weit verbreitetes Format, das einen effizienten Datenaustausch in Webdiensten und APIs ermöglicht.

Seine Einfachheit und Benutzerfreundlichkeit haben es zu einer beliebten Wahl unter Entwicklern gemacht, und es kann leicht in eine breite Palette von Programmiersprachen integriert werden. Darüber hinaus unterstützt **json** eine Vielzahl von Datentypen, einschließlich Zahlen, Zeichenketten und Boolesche Werte, was es zu einer flexibleren Option für die Datenserialisierung macht. Während **pickle** ein nützliches Werkzeug für Python-spezifische Datentypen ist, ist **json** die bessere Wahl für den plattformübergreifenden Datenaustausch und die Interoperabilität.

So kannst du das Modul **json** verwenden, um Python-Daten im JSON-Format zu serialisieren:

```
import json

# Define a Python object (a dictionary)
data = {"name": "John", "age": 30, "city": "New York"}

# Serialize the Python object to a JSON string
data_json = json.dumps(data)

print(data_json)  # Outputs: {"name": "John", "age": 30, "city": "New York"}
Und hier ist, wie du einen JSON-String zurück in ein Python-Objekt deserialisieren
kannst:
import json

# JSON string
data_json = '{"name": "John", "age": 30, "city": "New York"}'

# Deserialize the JSON string to a Python object
data_loaded = json.loads(data_json)

print(data_loaded)  # Outputs: {"name": "John", "age": 30, "city": "New York"}
```

In beiden Beispielen haben wir die Funktion **dumps()** des Moduls **json** verwendet, um ein Python-Objekt in einen JSON-formatierten String zu serialisieren, und die Funktion **loads()**, um einen JSON-formatierten String in ein Python-Objekt zu deserialisieren.

Die Manipulation von Binärdaten und der Umgang mit verschiedenen Datenformaten ist ein grundlegender Bestandteil vieler Arbeiten in Python, besonders wenn man mit Daten und APIs arbeitet. Im nächsten Abschnitt werden wir einen weiteren entscheidenden Teil der E/A in Python untersuchen, nämlich die Handhabung von Netzwerkverbindungen.

7.5 Arbeiten mit Netzwerkverbindungen: Das Modul socket

Bei der Programmierung von Netzwerkverbindungen in Python ist eines der am häufigsten verwendeten Module das integrierte **socket**-Modul. Dieses Modul ist unglaublich vielseitig und bietet Entwicklern eine breite Palette von Optionen für die Netzwerkkommunikation. Mit Unterstützung für verschiedene Protokolle, einschließlich TCP, UDP und Raw-Sockets, ermöglicht das **socket**-Modul eine reibungslose Kommunikation zwischen verschiedenen Maschinen über ein Netzwerk.

Neben seiner Flexibilität und umfassenden Protokollunterstützung ist das **socket**-Modul auch für seine Robustheit und Zuverlässigkeit bekannt. Es wurde im Laufe der Jahre umfassend getestet und optimiert, was es zu einer zuverlässigen und stabilen Option für Entwickler macht, die mit Netzwerkverbindungen in Python arbeiten.

Das **socket**-Modul ist ein unverzichtbares Werkzeug für jeden Entwickler, der mit Netzwerkverbindungen in Python arbeitet. Seine Vielseitigkeit, Zuverlässigkeit und umfassende Protokollunterstützung machen es zu einer idealen Wahl für eine breite Palette von Projekten und Anwendungen.

Beispiel:

Hier ist ein Beispiel, wie man einen einfachen Server erstellt, der auf eingehende Verbindungen lauscht:

```python
import socket

# Create a socket object
s = socket.socket(socket.AF_INET, socket.SOCK_STREAM)

# Bind the socket to a specific address and port
s.bind(('localhost', 12345))

# Listen for incoming connections (max 5 connections)
s.listen(5)

while True:
    # Establish a connection with the client
    c, addr = s.accept()
    print('Got connection from', addr)

    # Send a thank you message to the client
    c.send(b'Thank you for connecting')

    # Close the connection
    c.close()
```

In diesem Beispiel erstellen wir zunächst ein Socket-Objekt mit der Funktion **socket()**, wobei wir die Adressfamilie (AF_INET für IPv4) und den Socket-Typ (SOCK_STREAM für TCP) angeben. Dann binden wir den Socket an eine bestimmte Adresse und Port mit der Funktion **bind()** und beginnen, auf eingehende Verbindungen mit **listen()** zu warten. Sobald sich ein Client mit dem Server verbindet, akzeptieren wir die Verbindung mit **accept()**, senden eine Nachricht an den Client mit **send()** und schließen schließlich die Verbindung mit **close()**.

Auf der Client-Seite können wir uns wie folgt mit dem Server verbinden:

```python
import socket

# Create a socket object
s = socket.socket(socket.AF_INET, socket.SOCK_STREAM)

# Connect to the server
s.connect(('localhost', 12345))

# Receive data from the server
print(s.recv(1024))

# Close the connection
s.close()
```

In diesem Client-Code haben wir erneut ein Socket-Objekt erstellt, diesmal jedoch die Funktion **connect()** verwendet, um uns mit dem Server zu verbinden. Dann empfangen wir Daten vom Server mittels **recv()** und schließen die Verbindung mit **close()**.

Beachte, dass Netzwerkprogrammierung ein umfangreiches Thema ist, und obwohl das **socket**-Modul eine Low-Level-Schnittstelle für Netzwerkkommunikation darstellt, gibt es viele High-Level-Module und Frameworks in Python, die einfachere und sicherere Wege bieten, um mit Netzwerkverbindungen umzugehen, wie **requests** für HTTP oder **aiohttp** für asynchrones HTTP.

Im nächsten Abschnitt werden wir untersuchen, wie Python mit Datenbanken interagieren kann, einem weiteren kritischen Aspekt der Ressourcenverwaltung und E/A-Operationen.

7.6 Speicherverwaltung in Python

Python ist eine High-Level-Programmiersprache, die in den letzten Jahren aufgrund ihrer Benutzerfreundlichkeit und leistungsstarken Funktionen enorme Popularität gewonnen hat. Eine der Schlüsseleigenschaften, die Python von anderen Programmiersprachen unterscheidet, ist ihr automatisches Speicherverwaltungssystem. Dieses System ermöglicht es Entwicklern, sich auf das Schreiben von Code zu konzentrieren, ohne sich um die manuelle Zuweisung und Freigabe von Speicher kümmern zu müssen, was in Low-Level-Sprachen wie C oder C++ ein langsamer und fehleranfälliger Prozess sein kann.

Das automatische Speicherverwaltungssystem in Python basiert auf zwei Schlüsselelementen: Referenzzählung und Garbage Collection. Die Referenzzählung ist eine Technik, die vom Python-Interpreter verwendet wird, um alle Referenzen auf ein Objekt im Speicher zu verfolgen. Jedes Mal, wenn eine neue Referenz auf ein Objekt erstellt wird, erhöht sich die Referenzzählung. Ebenso wird bei jeder Entfernung einer Referenz auf ein Objekt die Referenzzählung verringert. Sobald die Referenzzählung eines Objekts null erreicht, weiß der Python-Interpreter, dass das Objekt nicht mehr verwendet wird und kann den damit verbundenen Speicher freigeben.

Die Garbage Collection ist ein weiterer wichtiger Aspekt des automatischen Speicherverwaltungssystems von Python. Diese Funktion ist dafür verantwortlich, Objekte zu identifizieren und zu entfernen, die vom Programm nicht mehr verwendet werden. Sie funktioniert, indem sie regelmäßig den vom Programm genutzten Speicherbereich scannt und nach Objekten sucht, die eine Referenzzählung von null haben. Sobald diese Objekte identifiziert sind, kann der Garbage Collector den mit ihnen verbundenen Speicher freigeben und für andere Teile des Programms verfügbar machen.

Insgesamt ist das automatische Speicherverwaltungssystem von Python ein leistungsstarkes Werkzeug, das es Entwicklern ermöglicht, sich auf das Schreiben von Code zu konzentrieren, ohne sich um die Komplexität der Speicherverwaltung kümmern zu müssen. Durch die Verwendung von Referenzzählung und Garbage Collection kann Python die Speicherverwaltung automatisch handhaben, was es zu einer idealen Wahl für Entwickler macht, die schnell und effizient qualitativ hochwertigen Code schreiben möchten.

7.6.1 Referenzzählung

Python verwendet Referenzzählung als seine Haupttechnik zur Speicherverwaltung. Das bedeutet, dass jedes Objekt in Python eine Referenzzählung hat, was im Grunde eine Zählung der Anzahl der Male ist, die dieses Objekt im Code verwendet wird. Wenn ein Objekt einer Variablen zugewiesen wird, erhöht sich seine Referenzzählung um eins. Wenn das Objekt nicht mehr benötigt wird, verringert sich die Referenzzählung um eins. Sobald die Referenzzählung eines Objekts null erreicht, wird es nicht mehr verwendet und daher freigegeben, wodurch Speicher für andere Objekte verfügbar wird.

Diese Technik hat einige Vorteile gegenüber anderen Speicherverwaltungstechniken. Sie ist zum Beispiel schnell und einfach und kann auch mit zyklischen Referenzen umgehen, was für andere Speicherverwaltungstechniken kompliziert sein kann. Sie ist jedoch nicht perfekt und hat einige Einschränkungen. Wenn du beispielsweise eine große Anzahl von Objekten mit sehr kleinen Referenzzählungen hast, könntest du mit viel verschwendetem Speicher für nicht verwendete Objekte enden. Außerdem kann die Referenzzählung nicht alle Arten von Speicherverwaltungsproblemen bewältigen, wie etwa Speicherlecks, die durch zirkuläre Referenzen verursacht werden.

Betrachte den folgenden Python-Code:

```
# Python program to explain memory management
```

```
# creating object
list1 = [1, 2, 3, 4] # memory is allocated

# reference count becomes zero
list1 = None
```

In dem obigen Beispiel erstellen wir eine Liste **list1**. Solange **list1** auf die Liste zeigt, hält der Speichermanager von Python die Liste im Speicher. Wenn wir **list1 = None** setzen, wird der Referenzzähler der Liste auf null gesetzt, und der Speichermanager von Python gibt die Liste aus dem Speicher frei.

7.6.2 Garbage Collection

Selbst mit Referenzzählung kann es noch zu Speicherlecks durch zirkuläre Referenzen kommen, ein Szenario, bei dem eine Gruppe von Objekten sich gegenseitig referenzieren, wodurch ihr Referenzzähler nie auf null fällt.

Glücklicherweise bietet Python einen Garbage Collector, um diese Situationen zu bewältigen. Der Garbage Collector ist ein ausgeklügelter Algorithmus, der regelmäßig ausgeführt wird und nach Gruppen von Objekten sucht, die sich gegenseitig referenzieren, aber von keinem anderen Teil des Codes referenziert werden. Wenn solche Gruppen gefunden werden, werden sie zur Freigabe markiert, wodurch Speicher freigegeben wird.

Der Garbage Collector verwendet eine Kombination aus Referenzzählung und Zykluserkennung, um Objekte zu identifizieren, die nicht mehr benötigt werden. Das bedeutet, dass ein Objekt auch dann freigegeben werden kann, wenn sein Referenzzähler nicht null ist, falls es Teil einer zirkulären Referenz ist, die nicht mehr benötigt wird.

Neben der Vermeidung von Speicherlecks kann der Garbage Collector auch die Leistung von Python-Programmen verbessern. Durch die Freigabe von nicht mehr benötigtem Speicher kann der Garbage Collector die Häufigkeit von Aufrufen der Speicherzuweisungsroutinen des Systems reduzieren, die langsam sein können.

Es ist erwähnenswert, dass der Garbage Collector nicht perfekt ist und manchmal Fehler machen kann. Zum Beispiel kann er in bestimmten Situationen zirkuläre Referenzen nicht erkennen, was zu Speicherlecks führt. Solche Fälle sind jedoch relativ selten und können in der Regel durch manuelles Aufbrechen der zirkulären Referenz oder durch einen anderen Ansatz zur Speicherverwaltung behoben werden.

Beispiel:

Hier ist ein einfaches Beispiel des **gc**-Moduls in Aktion:

```
# Python program to illustrate
# use of gc module
import gc

# create a cycle
```

```
list = ['Python', 'Java', 'C++']
list.append(list)

print("Garbage collection thresholds:",
        gc.get_threshold())
```

Dieses Programm erstellt eine zirkuläre Referenz mit einer Liste und gibt dann die aktuellen Schwellenwerte für die Garbage Collection aus. Diese Schwellenwerte sind die Stufen, bei denen der Garbage Collector von Python beginnt, nach zirkulären Referenzen zu suchen und ungenutzten Speicher zu bereinigen.

Das Verständnis, wie Python die Speicherverwaltung handhabt, ist ein wesentlicher Bestandteil, um ein kompetenter Python-Programmierer zu werden. Es ermöglicht dir, effizienten und leistungsorientierten Code zu schreiben, indem es dir hilft, die Speichernutzung deines Programms besser zu verwalten.

7.7 Praktische Übungen

Übung 1: Schreibe ein Python-Programm, um die folgenden Zeilen in eine Datei zu schreiben und dann die Datei zu lesen.

```
lines = [
    "Python is an interpreted, high-level, general-purpose programming language.\\n",
    "It was created by Guido van Rossum and first released in 1991.\\n",
    "Python's design philosophy emphasizes code readability.\\n"
]
Antwort:
with open('myfile.txt', 'w') as f:
    f.writelines(lines)

with open('myfile.txt', 'r') as f:
    print(f.read())
```

Übung 2: Verwende den **contextmanager**-Dekorator aus **contextlib**, um einen Kontextmanager zu erstellen, der **"Entering"** beim Betreten des Kontexts und **"Exiting"** beim Verlassen des Kontexts ausgibt.

Antwort:

```
import contextlib

@contextlib.contextmanager
def my_context():
    print("Entering")
    yield
    print("Exiting")
```

```
with my_context():
    print("In the context")
```

Übung 3: Schreibe ein Python-Programm, um eine zirkuläre Referenz zu erstellen und die Referenzzählung der Objekte anzuzeigen, die an der zirkulären Referenz beteiligt sind. Verwende außerdem das **gc**-Modul, um zu zeigen, dass der Garbage Collector die zirkuläre Referenz ordnungsgemäß freigibt.

Antwort:

```python
import gc
import sys

class MyClass:
    def __init__(self, name):
        self.name = name

# Create a circular reference
a = MyClass('a')
b = MyClass('b')

a.other = b
b.other = a

# Print reference counts
print("Reference count for a: ", sys.getrefcount(a))
print("Reference count for b: ", sys.getrefcount(b))

# Remove references
a = None
b = None

# Force garbage collection
gc.collect()

print("Garbage collector has run.")
```

Diese Übungen bieten dir praktische Erfahrung im Umgang mit Dateioperationen, Kontextmanagern und Speicherverwaltung in Python. Der Kernpunkt ist, den Wert dieser Konzepte für das Schreiben von sauberem, effizientem und effektivem Python-Code zu verstehen.

Fazit zu Kapitel 7

Kapitel 7 hat sich eingehend mit Datei-E/A und Ressourcenverwaltung befasst, zwei wesentlichen Komponenten, die einen Python-Programmierer gut vorbereiten. Wir haben diskutiert, wie Python Dateioperationen handhabt, und untersucht, wie wir Dateien in Python lesen, schreiben, anhängen und schließen können. Wir haben gelernt, dass Python verschiedene Modi zum Öffnen von Dateien bietet, jeder mit seinen spezifischen Anwendungsfällen. Diese Konzepte helfen uns zu verstehen, wie wir Daten manipulieren können, die in externen Dateien gespeichert sind – eine notwendige Fähigkeit für viele Python-basierte Aufgaben, insbesondere Datenanalyse und maschinelles Lernen.

In Abschnitt 7.2 haben wir uns mit Kontextmanagern befasst, einer leistungsstarken Funktion in Python, die es uns ermöglicht, Ressourcen effektiver zu verwalten. Durch die Verwendung von Kontextmanagern können wir Ressourcen nach Bedarf automatisch einrichten und abbauen, was uns hilft, häufige Probleme wie Ressourcenlecks zu vermeiden. Wir haben die **with**-Anweisung kennengelernt und wie sie unseren Code sauberer und lesbarer machen kann. Wir haben auch untersucht, wie wir unsere eigenen Kontextmanager mit dem Modul **contextlib** erstellen können, was uns eine bessere Kontrolle über die Ressourcennutzung in unseren Programmen ermöglicht.

In Abschnitt 7.3 haben wir das Speicherverwaltungsmodell von Python behandelt und dabei Referenzzählung und Garbage Collection kennengelernt. Wir haben entdeckt, wie der Garbage Collector von Python hilft, Speicher freizugeben, indem er Objekte entfernt, die von unserem Programm nicht mehr zugänglich sind, wodurch Speicherlecks verhindert werden und unsere Programme effizienter laufen können.

Wir haben auch kurz das Konzept der zirkulären Referenzen eingeführt, eine Situation, in der zwei oder mehr Objekte sich gegenseitig referenzieren, was zu potenziellen Speicherlecks führen könnte, wenn sie nicht korrekt vom Garbage Collector von Python behandelt werden. Das Verständnis des Speicherverwaltungs- und Garbage-Collection-Systems von Python kann uns helfen, speichereffizientere Programme zu erstellen und Speicherprobleme besser zu debuggen, wenn sie auftreten.

In Abschnitt 7.4 haben wir uns eingehend mit dem Konzept der Serialisierung in Python befasst und verstanden, wie wir komplexe Python-Objekte in Byte-Sequenzen und umgekehrt umwandeln können, indem wir das Modul **pickle** verwenden. Diese Technik ist wesentlich für die Speicherung und Übertragung von Python-Objekten und kann in verschiedenen Anwendungen eingesetzt werden, vom Caching bis zur verteilten Programmierung.

Abschnitt 7.5 hat uns beigebracht, wie man mit dem Betriebssystem über die Module **os** und **os.path** interagiert. Von der Erstellung von Verzeichnissen bis hin zur Umbenennung von Dateien und der Überprüfung, ob ein Pfad existiert, sind diese Module entscheidend, wenn es um Datei- und Verzeichnisoperationen in unseren Python-Programmen geht.

Schließlich haben wir das Kapitel mit praktischen Übungen abgeschlossen, um unser Verständnis dieser Konzepte zu festigen. Die Arbeit mit diesen Übungen ermöglichte es uns, praktische Erfahrung mit Datei-E/A, Kontextmanagern und Speicherverwaltung in Python zu sammeln.

Zum Abschluss dieses Kapitels ist es entscheidend, sich an die Bedeutung der Ressourcenverwaltung und Datei-E/A in Python zu erinnern. Diese Fähigkeiten bilden einen wesentlichen Teil des Werkzeugkastens eines Python-Entwicklers und helfen dir, effektive, effiziente und robuste Python-Programme zu schreiben.

Kapitel 8: Ausnahmen in Python

Dieses Kapitel bietet einen detaillierten Einblick in das Python-System zur Behandlung unerwarteter Ereignisse durch die Verwendung von Ausnahmen. Ausnahmen sind ein Schlüsselelement jeder robusten Softwareanwendung, da sie es dem Programm ermöglichen, sich elegant von Fehlern zu erholen und weiterhin ordnungsgemäß zu funktionieren.

Um das Konzept der Ausnahmen vollständig zu verstehen, werden wir die verschiedenen Arten erkunden, wie Python uns die Interaktion mit ihnen ermöglicht, einschließlich der Behandlung von Ausnahmen und sogar der Erstellung eigener benutzerdefinierter Ausnahmen. Wir werden die Bedeutung der angemessenen Ausnahmebehandlung in der Softwareentwicklung vertiefen, indem wir reale Beispiele untersuchen und bewährte Methoden zur Implementierung effektiver Ausnahmebehandlungsstrategien betrachten.

Am Ende dieses Kapitels wirst du ein solides Verständnis davon haben, wie Ausnahmen in Python funktionieren und wie du ihre Leistungsfähigkeit nutzen kannst, um zuverlässigere und widerstandsfähigere Softwareanwendungen zu erstellen.

8.1 Fehler- und Ausnahmebehandlung

Im Bereich der Programmierung heißt es oft, dass Fehler unvermeidlich sind. Es ist wichtig zu beachten, dass es zwei Haupttypen von Fehlern gibt, deren sich Programmierer bewusst sein müssen: Syntaxfehler und Ausnahmen. Syntaxfehler, auch bekannt als Parsing-Fehler, treten auf, wenn der Code eine fehlerhafte Anweisung enthält, die nicht mit den Regeln der Programmiersprache übereinstimmt. Diese Fehler werden vom Parser während des Kompilierungsprozesses des Codes erkannt.

Währenddessen sind Ausnahmen eine andere Art von Fehler, die während der Programmausführung auftreten kann. Diese Fehler werden vom System in Echtzeit erkannt, während der Code ausgeführt wird. Ausnahmen können aus verschiedenen Gründen auftreten, etwa wenn ein Programm versucht, auf eine nicht existierende Datei zuzugreifen oder wenn es versucht, eine Zahl durch Null zu teilen. Es ist wichtig, dass Programmierer Ausnahmen korrekt identifizieren und behandeln können, um sicherzustellen, dass ihre Programme reibungslos und störungsfrei laufen. Durch die Verwendung von Try-Catch-Blöcken können Programmierer Ausnahmen antizipieren und auf eine Weise darauf reagieren, die die Auswirkungen auf das Gesamtprogramm minimiert.

Hier ist ein grundlegendes Beispiel:

```python
print(0 / 0)
```

Wenn wir diesen Code ausführen, erhalten wir einen **ZeroDivisionError**:

```
Traceback (most recent call last):
  File "<stdin>", line 1, in <module>
ZeroDivisionError: division by zero
```

ZeroDivisionError ist eine Ausnahme in Python, die auftritt, wenn wir versuchen, eine Zahl durch Null zu teilen. Wenn ein solcher Fehler auftritt und nicht vom Programm behandelt wird, stoppt er die Ausführung und zeigt einen Stack-Trace in der Konsole an, was Entwicklern helfen kann zu verstehen, was schiefgelaufen ist.

Die Ausführung des Programms zu stoppen ist jedoch nicht immer das gewünschte Ergebnis. Manchmal möchten wir, dass unser Programm weiterläuft, auch wenn ein Teil davon auf einen Fehler stößt. Um dies zu tun, müssen wir die Ausnahmen behandeln, die auftreten könnten. Python verwendet einen **try/except**-Block, um Ausnahmen zu behandeln.

Hier ist ein Beispiel:

```python
try:
    print(0 / 0)
except ZeroDivisionError:
    print("You can't divide by zero!")
```

Jetzt, anstatt das Programm zu stoppen und einen Stack-Trace auszugeben, drucken wir "You can't divide by zero!" aus und das Programm läuft weiter.

Es ist auch wichtig zu beachten, dass Python die Behandlung mehrerer Ausnahmen ermöglicht. Wenn du Code hast, der mehr als einen Ausnahmetyp auslösen könnte, kannst du ein Tupel der Ausnahmen angeben, die du abfangen möchtest.

Zum Beispiel:

```python
try:
    # some code here
except (TypeError, ValueError) as e:
    print("Caught an exception:", e)
```

Im vorherigen Beispiel wird der **try**-Block einen **TypeError** oder einen **ValueError** abfangen. Wenn eine andere Art von Ausnahme ausgelöst wird, wird sie von diesem **except**-Block nicht erfasst.

Python ermöglicht uns auch, die Fehlermeldung einer Ausnahme mit dem Schlüsselwort **as** zu erfassen. Die Variable, die auf **as** in der **except**-Klausel folgt, wird der Ausnahmeinstanz zugewiesen. Diese Instanz hat eine **.__str__()**-Methode, die verwendet werden kann, um eine lesbarere Erklärung des Fehlers anzuzeigen.

Darüber hinaus enthält Python auch **else**- und **finally**-Klauseln in seiner Ausnahmebehandlung, die wir in den kommenden Abschnitten ausführlich erkunden werden. Die **else**-Klausel wird verwendet, um zu überprüfen, ob der **try**-Block keine Ausnahme ausgelöst hat, und die **finally**-Klausel wird verwendet, um einen Codeblock anzugeben, der auf jeden Fall ausgeführt wird, unabhängig davon, ob eine Ausnahme ausgelöst wurde oder nicht.

Nun fahren wir mit den **else**- und **finally**-Klauseln im Fehlerbehandlungsmechanismus von Python fort.

8.1.1 Else-Klausel

In Python werden **try**- und **except**-Anweisungen verwendet, um Ausnahmen zu behandeln, die während der Ausführung eines Programms auftreten können. Der **try**-Block enthält den Code, der eine Ausnahme auslösen könnte, während der **except**-Block den Code enthält, der ausgeführt wird, wenn eine Ausnahme ausgelöst wird. Es gibt jedoch eine optionale Klausel namens **else**, die zusammen mit den **try**- und **except**-Anweisungen verwendet werden kann.

Die **else**-Klausel wird nur ausgeführt, wenn im **try**-Block keine Ausnahmen ausgelöst werden. Sie wird häufig verwendet, um zusätzliche Aktionen durchzuführen, die nur stattfinden sollten, wenn der Code im **try**-Block erfolgreich ausgeführt wird. Wenn du beispielsweise mit einer Datei in Python arbeitest und deren Inhalt lesen möchtest, kannst du einen **try**-Block verwenden, um zu versuchen, die Datei zu lesen. Wenn die Datei nicht existiert oder nicht gelesen werden kann, wird eine Ausnahme ausgelöst und der Code im **except**-Block ausgeführt. Wenn die Datei jedoch korrekt gelesen werden kann, kannst du die **else**-Klausel verwenden, um zusätzliche Aktionen durchzuführen, wie z.B. die Verarbeitung des Dateiinhalts.

Zusammenfassend ist die **else**-Klausel eine nützliche Ergänzung zu den **try**- und **except**-Anweisungen in Python, da sie dir ermöglicht, Aktionen durchzuführen, die nur stattfinden sollten, wenn der Code im **try**-Block erfolgreich ausgeführt wird, ohne die **try**- oder **except**-Blöcke zu überfüllen.

Beispiel:

```
try:
    # Some code here
except Exception as e:
    print("Caught an exception:", e)
else:
    print("No exceptions were thrown.")
```

Im vorherigen Beispiel, wenn der Code im **try**-Block ohne Auslösen einer Ausnahme ausgeführt wird, wird der **else**-Block ausgeführt, und "No exceptions were thrown." wird ausgegeben.

8.1.2 Finally-Klausel

Die **finally**-Klausel in Python ist ein entscheidender Bestandteil der Ausnahmebehandlung. Sie kann verwendet werden, um einen Codeblock anzugeben, der unter allen Umständen ausgeführt werden muss, unabhängig davon, ob eine Ausnahme ausgelöst wurde oder nicht. Dies kann besonders nützlich sein, um sicherzustellen, dass Aufräumaktivitäten wie das Schließen von Dateien oder Netzwerkverbindungen ordnungsgemäß durchgeführt werden. Ohne eine **finally**-Klausel könnten diese Aufräumaktivitäten möglicherweise nicht ausgeführt werden, wenn eine Ausnahme auftritt, was zu Ressourcenlecks oder anderen Problemen führen kann.

Neben ihrer Verwendung bei Aufräumaktivitäten kann die **finally**-Klausel auch für andere Zwecke eingesetzt werden. Zum Beispiel kann sie verwendet werden, um sicherzustellen, dass bestimmter Code immer ausgeführt wird, unabhängig davon, ob eine Ausnahme ausgelöst wurde oder nicht. Dies kann in Situationen nützlich sein, in denen du eine bestimmte Aktion ausführen musst, aber auch alle Ausnahmen behandeln möchtest, die auftreten könnten.

Zusammenfassend ist die **finally**-Klausel ein mächtiges Werkzeug, um sicherzustellen, dass dein Code bei Ausnahmen korrekt funktioniert. Bei richtiger Anwendung kannst du sicherstellen, dass dein Code immer die notwendigen Aufräumaktivitäten ausführt und Ausnahmen robust und zuverlässig behandelt.

Beispiel:

```
try:
    # Some code here
except Exception as e:
    print("Caught an exception:", e)
finally:
    print("This will always run.")
```

Im obigen Beispiel wird unabhängig davon, was im **try**-Block und im **except**-Block passiert, der **finally**-Block immer ausgeführt und "This will always run." ausgegeben.

Durch das Verständnis und die Verwendung dieser Klauseln kannst du robusten Python-Code erstellen, der Fehler elegant antizipiert und behandelt, während du gleichzeitig sicherstellst, dass notwendige Aufräumaktionen durchgeführt werden. Dies ist wesentlich für die Gesundheit und Stabilität deiner Softwareanwendungen.

8.1.3 Benutzerdefinierte Ausnahmen

Bei der Erstellung benutzerdefinierter Ausnahmen in Python ist es wichtig zu beachten, dass diese Ausnahmen spezifisch für den Anwendungsbereich deiner Anwendung sein sollten. Das bedeutet, du solltest die Arten von Fehlern berücksichtigen, die in deiner Anwendung auftreten können, und Ausnahmen erstellen, die diese Fehler entsprechend behandeln können.

Um benutzerdefinierte Ausnahmen zu erstellen, musst du neue Ausnahmeklassen erstellen, die von der in Python integrierten **Exception**-Klasse abgeleitet werden. Du kannst deine benutzerdefinierte Ausnahmeklasse direkt von der **Exception**-Klasse ableiten oder indirekt von einer der anderen in Python integrierten Ausnahmeklassen.

Sobald du deine benutzerdefinierten Ausnahmeklassen erstellt hast, kannst du sie in deiner Anwendung verwenden, um spezifische Fehler und Ausnahmen zu behandeln, die auftreten können. Dadurch kannst du sicherstellen, dass deine Anwendung robuster ist und eine breitere Palette von Fehlern und Ausnahmen behandeln kann, die während der Ausführung auftreten können.

Beispiel:

```python
pythonCopy code
class CustomError(Exception):
    pass

try:
    raise CustomError("This is a custom exception")
except CustomError as e:
    print("Caught a custom exception:", e)
```

Im vorherigen Beispiel definieren wir zunächst eine neue Ausnahmeklasse namens **CustomError**, die von **Exception** erbt. Dann können wir unsere benutzerdefinierte Ausnahme mit der **raise**-Anweisung auslösen und sie mit einem **except**-Block abfangen.

Das Erstellen benutzerdefinierter Ausnahmen kann deinen Code ausdrucksstärker und leichter zu debuggen machen, da du spezifische Ausnahmen für verschiedene Fehlerbedingungen in deiner Anwendung erstellen kannst.

8.2 Definition und Auslösen benutzerdefinierter Ausnahmen

Benutzerdefinierte Ausnahmen sind ein Schlüsselelement jedes gut gestalteten Programms. Indem sie eine Möglichkeit bieten, spezifische Fehler auf ausdrucksstärkere und intuitivere Weise zu behandeln, können sie die Lesbarkeit und Wartbarkeit deines Codes erheblich verbessern.

Dies ist besonders wichtig im Kontext größerer Softwareprojekte oder Bibliotheken, wo die integrierten Ausnahmen möglicherweise nicht ausreichen, um alle verschiedenen Fehler zu behandeln, die auftreten können. Mit benutzerdefinierten Ausnahmen kannst du die vollständige Kontrolle über den Kontrollfluss deines Programms übernehmen und sicherstellen, dass es sich genau wie beabsichtigt verhält, selbst angesichts unerwarteter Umstände.

Durch die Implementierung benutzerdefinierter Ausnahmen als Teil deines Softwareentwicklungsprozesses kannst du robustere und zuverlässigere Programme erstellen, die besser auf die Bedürfnisse deiner Benutzer und die Anforderungen deiner Branche abgestimmt sind.

8.2.1 Definition benutzerdefinierter Ausnahmen

Benutzerdefinierte Ausnahmen in Python sind Klassen, die von der integrierten **Exception**-Klasse oder einer anderen integrierten Ausnahmeklasse abgeleitet werden. Bei der Erstellung benutzerdefinierter Ausnahmen ist es wichtig sicherzustellen, dass sie die richtigen Informationen über den aufgetretenen Fehler übermitteln.

Dies kann benutzerdefinierte Fehlermeldungen sowie zusätzliche Attribute oder Methoden umfassen, die mehr Kontext über den Fehler liefern. Darüber hinaus können benutzerdefinierte Ausnahmen auf verschiedene Arten ausgelöst werden, einschließlich der Verwendung der **raise**-Anweisung oder indem sie implizit durch integrierte Python-Funktionen oder -Methoden ausgelöst werden.

Durch die Verwendung benutzerdefinierter Ausnahmen können Entwickler eine robustere und informativere Fehlerbehandlung in ihren Python-Programmen erstellen.

Hier ist ein Beispiel:

```
class MyAppException(Exception):
    pass
```

In diesem Beispiel ist **MyAppException** eine neue Klasse, die von **Exception** erbt. Das Schlüsselwort **pass** wird verwendet, weil wir unserer Ausnahmeklasse keine neuen Attribute oder Methoden hinzufügen möchten. Wir können jedoch bei Bedarf unserer benutzerdefinierten Ausnahme weitere Funktionalität hinzufügen.

8.2.2 Hinzufügen weiterer Funktionalität zu benutzerdefinierten Ausnahmen

Bei der Entwicklung benutzerdefinierter Ausnahmen ist es wichtig, über potenzielle Anwendungsfälle hinauszudenken, die über die bloße Fehleranzeige hinausgehen. Während die Anzeige eines Fehlers die Hauptfunktion einer Ausnahme ist, ist es möglich, die Fähigkeiten einer Ausnahme zu erweitern, um zusätzliche Funktionalitäten einzuschließen.

Beispielsweise könnte eine Ausnahme wertvolle Informationen über den aufgetretenen Fehler speichern, wie den Ursprungsort des Fehlers oder dessen Ursache. Darüber hinaus könnte eine Ausnahme Korrekturmaßnahmen ergreifen, um den Fehler zu beheben oder sogar zu verhindern, dass er in Zukunft erneut auftritt.

Durch die Gestaltung benutzerdefinierter Ausnahmen mit diesen zusätzlichen Funktionalitäten im Hinterkopf können Entwickler robustere und umfassendere Fehlerbehandlungssysteme erstellen, die die allgemeine Zuverlässigkeit und Stabilität ihrer Softwareanwendungen verbessern.

Beispiel:

Hier ist ein Beispiel für eine benutzerdefinierte Ausnahme, die eine Fehlermeldung speichert:

```python
class MyAppException(Exception):
    def __init__(self, message):
        self.message = message
        super().__init__(self.message)
```

Wenn wir jetzt eine Instanz von **MyAppException** erstellen, müssen wir eine Fehlermeldung angeben, die dann im Attribut **message** der Ausnahme gespeichert wird.

8.2.3 Benutzerdefinierte Ausnahmen auslösen

Das Auslösen einer benutzerdefinierten Ausnahme ist ein wesentlicher Bestandteil, um deinen Code robuster zu machen. Wenn du eine benutzerdefinierte Ausnahme auslöst, gibst du dem Benutzer mehr Kontext, was ihm helfen kann, das Problem besser zu verstehen. Tatsächlich ist das Auslösen einer benutzerdefinierten Ausnahme genauso einfach wie das Auslösen einer integrierten Ausnahme. Alles, was du tun musst, ist das Schlüsselwort **raise** gefolgt von einer Instanz der Ausnahme zu verwenden.

Ein hervorragender Anwendungsfall für das Auslösen benutzerdefinierter Ausnahmen ist die Arbeit mit komplexen Datenstrukturen. Wenn du beim Verarbeiten einer komplexen Datenstruktur auf einen Fehler stößt, kannst du eine benutzerdefinierte Ausnahme auslösen, die mehr Informationen darüber liefert, was schief gelaufen ist. Das kann dir viel Zeit beim Debuggen deines Codes sparen.

Ein weiterer Vorteil des Auslösens benutzerdefinierter Ausnahmen ist, dass es deinen Code modularer macht. Durch das Auslösen einer benutzerdefinierten Ausnahme kannst du die Fehlerbehandlungslogik vom Rest deines Codes trennen. Das kann deinen Code leichter lesbar und wartbar machen.

Zusammenfassend ist das Auslösen einer benutzerdefinierten Ausnahme eine ausgezeichnete Möglichkeit, die Qualität deines Codes zu verbessern. Es gibt dem Benutzer mehr Kontext, macht deinen Code modularer und kann dir Zeit beim Debuggen sparen. Wenn du also das nächste Mal auf einen Fehler in deinem Code stößt, solltest du in Betracht ziehen, eine benutzerdefinierte Ausnahme auszulösen, um dir zu helfen, die Ursache des Problems zu finden.

Hier ist ein Beispiel:

```python
def do_something():
```

```
    # something goes wrong
    raise MyAppException("Something went wrong in do_something!")

try:
    do_something()
except MyAppException as e:
    print(e)
```

Wenn wir diesen Code ausführen, erzeugt **do_something** eine Instanz von **MyAppException** mit der Fehlermeldung "Something went wrong in do_something!". Diese Ausnahme wird dann im **except**-Block abgefangen und behandelt, wo wir die Fehlermeldung in der Konsole ausgeben.

Durch die Definition und das Auslösen benutzerdefinierter Ausnahmen können wir einen robusten, effizienten und ausdrucksstarken Fehlerbehandlungsmechanismus in unseren Python-Anwendungen erstellen. Es gibt uns die Möglichkeit, unsere eigene Ausnahmehierarchie zu erstellen und diese auf verschiedenen Ebenen unseres Programms abzufangen, was eine bessere Kontrolle über den Programmablauf ermöglicht.

8.3 Bewährte Praktiken im Zusammenhang mit dem Auslösen und Behandeln von Ausnahmen

Beim Schreiben von Code ist es wichtig zu bedenken, wie Ausnahmen behandelt werden. Du solltest nicht blindlings jede Ausnahme abfangen, die auftreten könnte, da dies die Identifizierung und Behebung echter Programmfehler erschweren kann. Stattdessen ist es besser, selektiv vorzugehen und nur die Ausnahmen abzufangen, auf deren Behandlung du speziell vorbereitet bist. Auf diese Weise kannst du sicherstellen, dass dein Code robust, zuverlässig und leicht zu debuggen ist.

Betrachten wir zum Beispiel einige Ausnahmen, die du möglicherweise abfangen möchtest. Wenn du mit externen Ressourcen wie Dateien oder Netzwerkverbindungen arbeitest, möchtest du vielleicht **IOError**-Ausnahmen abfangen, um Situationen zu behandeln, in denen diese Ressourcen nicht verfügbar oder nicht zugänglich sind. Ähnlich verhält es sich, wenn du mit Benutzereingaben arbeitest: Du möchtest vielleicht **ValueError**-Ausnahmen abfangen, um Fälle zu behandeln, in denen das Eingabeformat falsch oder außerhalb des gültigen Bereichs ist.

Andererseits gibt es bestimmte Ausnahmen, die du in den meisten Fällen vermeiden solltest abzufangen. Zum Beispiel ist es in der Regel keine gute Idee, einen **SyntaxError** oder **TypeError** abzufangen, da diese Arten von Ausnahmen normalerweise auf Fehler oder Probleme in deinem Code hinweisen, die direkt angegangen werden sollten. Wenn du sie ignorierst, riskierst du, schwerwiegende Programmierfehler zu maskieren, die schwer zu diagnostizieren und zu beheben sein können.

Zusammenfassend lässt sich sagen, dass es zwar wichtig ist, Ausnahmen in deinem Code zu behandeln, aber ebenso wichtig ist, dies auf durchdachte und selektive Weise zu tun. Indem du nur die Ausnahmen abfängst, auf deren Behandlung du vorbereitet bist, kannst du sicherstellen, dass dein Code robust, zuverlässig und leicht zu warten bleibt.

Hier ist ein Beispiel, wie man alle Ausnahmen abfängt:

```python
try:
    # some code here
except Exception as e:    # catches all exceptions derived from Exception
    print("An error occurred!")
```

Diese Art der Ausnahmebehandlung kann gefährlich sein, da sie alle Arten von Ausnahmen abfängt, einschließlich solcher, die nicht direkt mit der Funktionsweise deines Codes zusammenhängen. Ein präziserer Ansatz könnte sein:

```python
try:
    # some code here
except MyAppException as e:  # only catches MyAppException and its subclasses
    print(e)
```

In diesem Fall werden nur Ausnahmen vom Typ **MyAppException** oder deren Unterklassen abgefangen, was es anderen Ausnahmetypen ermöglicht, sich weiterzuverbreiten und an anderer Stelle behandelt zu werden oder das Programm zum Anhalten zu bringen, was die angemessene Aktion sein kann, wenn der Fehler etwas ist, das niemals auftreten sollte.

Zusammenfassend sind der umsichtige Einsatz von benutzerdefinierten Ausnahmen und die sorgfältige Ausnahmebehandlung wesentlich, um Python-Code zu schreiben, der robust, leicht zu debuggen ist und Fehlerbedingungen elegant behandelt. Das ist die wahre Stärke der Beherrschung der Ausnahmebehandlung und der Erstellung benutzerdefinierter Ausnahmen in Python.

8.4 Protokollierung in Python

Die Protokollierung ist ein wesentliches und leistungsstarkes Werkzeug in deinem Programmier-Werkzeugkasten, das dir helfen kann, Probleme in deinem Code zu identifizieren und zu beheben. Das eingebaute **logging**-Modul von Python bietet ein flexibles Framework zur Ausgabe von Protokollnachrichten aus Python-Programmen.

Es ermöglicht dir, verschiedene Arten von Nachrichten zu protokollieren, wie Informations-, Warn- und Fehlermeldungen, und bietet einen Weg für Anwendungen, verschiedene Protokollierungshandler zu konfigurieren und Protokollnachrichten direkt an die Konsole, Dateien, E-Mail oder benutzerdefinierte Orte auf flexible und konfigurierbare Weise weiterzuleiten.

Das **logging**-Modul kann leicht erweitert werden, um benutzerdefinierte Protokollnachrichten zu verarbeiten und sich mit Protokollierungsdiensten von Drittanbietern zu integrieren, was es zu einem sehr vielseitigen und nützlichen Werkzeug für jeden Python-Entwickler macht.

Beispiel:

Schauen wir uns zunächst ein einfaches Protokollierungsbeispiel an:

```
import logging

# By default, the logging module logs the messages with a severity level of WARNING
or above.
# You can configure the logging module to log events of all levels if you want.
logging.warning('This is a warning message')
logging.error('This is an error message')
logging.critical('This is a critical message')

# These will not get logged because by default the severity level is WARNING
logging.info('This is an info message')
logging.debug('This is a debug message')
Das wird Folgendes erzeugen:
WARNING:root:This is a warning message
ERROR:root:This is an error message
CRITICAL:root:This is a critical message
```

Das Logging-Modul ermöglicht sowohl diagnostisches Logging (Aufzeichnung von Ereignissen, die während der Ausführung der Software auftreten) als auch Audit-Logging (Aufzeichnung von Ereignissen, die zu einer Operation führen). Es kann alles verfolgen, von Debug-Informationen bis hin zu kritischen Informationen über die Programmlaufzeit.

Um das Logging zu konfigurieren, verwenden wir die Funktion **logging.basicConfig(**kwargs)**. Diese Funktion akzeptiert verschiedene Argumente für die Konfiguration:

```
import logging

logging.basicConfig(filename='app.log',        filemode='w',        format='%(name)s    -
%(levelname)s - %(message)s')
logging.warning('This will get logged to a file')
```

Dies erstellt eine Datei namens 'app.log' in deinem aktuellen Verzeichnis, und alle nachfolgenden Logging-Aufrufe in deinem Code werden in diese Datei gesendet.

Es gibt viele andere Möglichkeiten, die Funktionalität von **logging** anzupassen, einschließlich der Unterscheidung von Nachrichten verschiedener Schweregrade (DEBUG, INFO, WARNING, ERROR und CRITICAL) und des Schreibens eigener benutzerdefinierter Logging-Handler. Du kannst auch das Format des Logs konfigurieren, um Details wie Zeitstempel, Zeilennummer und andere Einzelheiten einzubeziehen.

Die Verwendung des **logging**-Moduls von Python kann wesentlich robuster sein als die Verwendung von Print-Anweisungen im gesamten Code und ist eine bewährte Praxis für jedes ernsthafte Coding-Projekt. Ausnahmebehandlung und Logging sind wesentliche Fähigkeiten in der Softwareentwicklung, nicht nur zum Debuggen während der Entwicklung, sondern auch zur Aufzeichnung von Problemen, die in der Produktionsumgebung auftreten. Logging kann die Zeit, die für Fehlerbehebung und Debugging aufgewendet wird, erheblich reduzieren.

Denke daran, Logging mit Bedacht einzusetzen. Protokolliere nur Informationen, die nützlich sein könnten. Das Protokollieren zu vieler Daten kann zu Leistungsproblemen führen und kann kostspielig sein, wenn du eine Log-Management-Lösung verwendest. Eine angemessene und effiziente Protokollierung wird dir und anderen Entwicklern das Leben erheblich erleichtern.

Die Logging-Bibliothek bietet verschiedene Ereignis-Schweregrade in aufsteigender Reihenfolge: DEBUG, INFO, WARNING, ERROR und CRITICAL.

Verstehen wir diese Ebenen etwas genauer:

- **DEBUG**: Detaillierte Informationen, typischerweise nur von Interesse bei der Diagnose von Problemen.

- **INFO**: Bestätigung, dass die Dinge wie erwartet funktionieren.

- **WARNING**: Ein Hinweis darauf, dass etwas Unerwartetes aufgetreten ist oder in naher Zukunft auftreten könnte (z.B. 'wenig Festplattenspeicher'). Die Software funktioniert weiterhin wie erwartet.

- **ERROR**: Ein schwerwiegenderes Problem, das die Software daran gehindert hat, eine Funktion auszuführen.

- **CRITICAL**: Ein sehr schwerwiegender Fehler, der darauf hinweist, dass das Programm selbst möglicherweise nicht weiter ausgeführt werden kann.

Hier ist ein Beispiel für die Verwendung verschiedener Ebenen:

```
import logging

logging.basicConfig(level=logging.DEBUG)
logging.debug('This is a debug message')
logging.info('This is an info message')
logging.warning('This is a warning message')
logging.error('This is an error message')
logging.critical('This is a critical message')
Ausgabe:
DEBUG:root:This is a debug message
INFO:root:This is an info message
WARNING:root:This is a warning message
ERROR:root:This is an error message
CRITICAL:root:This is a critical message
```

In der Methode **basicConfig(**kwargs)** kannst du den Parameter **level** auf die gewünschte Protokollierungsstufe setzen. Das Root-Logging wird auf die angegebene Schweregrad-Stufe gesetzt, und alle Nachrichten, die einen Schweregrad größer oder gleich diesem Level haben, werden in der Konsole angezeigt und in einer Protokolldatei gespeichert, falls angegeben.

Es ist entscheidend, angemessene Protokollierungsstufen in deiner Anwendung zu verwenden. Dies kann dir helfen, den Ablauf deines Programms besser zu verstehen und alle auftretenden Anomalien zu entdecken. Die falsche Verwendung von Protokollierungsstufen (z.B. alle Nachrichten mit der Fehlerstufe zu protokollieren) kann zu unklaren Logs führen, was das Debugging erschwert.

8.5 Praktische Übungen

Übung 1: Erstellen einer benutzerdefinierten Ausnahme

Definiere eine neue Ausnahmeklasse namens **TooColdError**, die von der eingebauten Klasse **Exception** erbt. Wirf diese Ausnahme in einer Funktion namens **check_temperature**, die einen Temperaturwert als Argument erhält und **TooColdError** auslöst, wenn die Temperatur unter 0 liegt.

```
# Exercise 1 skeleton code
class TooColdError(Exception):
    pass

def check_temperature(temp):
    # your code here

# Test your function
try:
    check_temperature(-5)
except TooColdError:
    print("Caught a TooColdError!")
```

Übung 2: Hinzufügen von Ausnahmebehandlung

Modifiziere die Funktion **check_temperature**, um den Fall zu behandeln, in dem das übergebene Argument keine Zahl ist. Wenn dies geschieht, gib eine benutzerfreundliche Fehlermeldung aus und gib **None** zurück.

```
# Exercise 2 skeleton code
def check_temperature(temp):
    # your code here

# Test your function with a non-number argument
result = check_temperature("hot")
```

Übung 3: Protokollierung (Logging)

Erstelle einen Logger und verwende ihn, um Nachrichten verschiedener Stufen zu protokollieren. Passe dann die Protokollierungsstufe des Loggers an und beobachte, wie sich die protokollierten Nachrichten ändern.

```python
# Exercise 3 skeleton code
import logging

logger = logging.getLogger(__name__)
logger.setLevel(logging.INFO)

# Log some messages
logger.debug("This is a debug message")
logger.info("This is an info message")
logger.warning("This is a warning message")
logger.error("This is an error message")
logger.critical("This is a critical message")

# Change the logging level and log some more messages
logger.setLevel(logging.ERROR)
# Log the same set of messages and see what changes
```

Übung 4: Erweitertes Logging (Advanced logging)

Konfiguriere einen Logger, um Nachrichten sowohl in der Konsole als auch in einer Datei zu protokollieren. Versuche, einen Zeitstempel zu den Protokollnachrichten hinzuzufügen.

```python
# Exercise 4 skeleton code
import logging

logger = logging.getLogger(__name__)
logger.setLevel(logging.DEBUG)

# Set up console handler
ch = logging.StreamHandler()
ch.setLevel(logging.DEBUG)
# Set up file handler
fh = logging.FileHandler("debug.log")
fh.setLevel(logging.DEBUG)

# Add handlers to logger
logger.addHandler(ch)
logger.addHandler(fh)

# Log some messages
logger.debug("This is a debug message")
logger.info("This is an info message")
logger.warning("This is a warning message")
logger.error("This is an error message")
logger.critical("This is a critical message")
```

Denke daran, die Übungen selbst zu lösen, bevor du dir die Lösungen ansiehst!

Fazit von Kapitel 8

Kapitel 8, "Ausnahmen in Python", war ein tiefer Einblick in die Werkzeuge von Python zur Behandlung und Meldung von Fehlern in deinem Code. Von der grundlegenden Fehler- und Ausnahmebehandlung bis hin zur Definition benutzerdefinierter Ausnahmen und der Nutzung der robusten Logging-Bibliothek von Python haben wir eine Vielzahl von Techniken erkundet, die Python zu einer flexiblen und leistungsstarken Sprache sowohl für die Entwicklung als auch für das Debugging von Anwendungen machen.

Wir begannen das Kapitel mit einer Diskussion über Fehler- und Ausnahmebehandlung. Wir haben gelernt, dass Python zwischen Syntaxfehlern und Ausnahmen unterscheidet. Syntaxfehler treten auf, wenn Python unseren Code nicht interpretieren kann, während Ausnahmen auftreten, wenn syntaktisch korrekter Python-Code auf einen Fehler stößt.

Der try/except-Block wurde als Methode zum Abfangen und Behandeln von Ausnahmen vorgestellt. Die except-Klausel ohne Spezifizierung kann alle Arten von Ausnahmen abfangen, ist aber aufgrund ihrer Fähigkeit, unerwartete Fehler zu erfassen und Programmierfehler zu verbergen, keine gute Praxis. Daher ist es besser, Ausnahmen explizit nach ihrem Typ abzufangen. Wir haben auch untersucht, wie die else-Klausel verwendet wird, die ausgeführt wird, wenn der try-Block keine Ausnahme auslöst, und die finally-Klausel, die unter allen Umständen ausgeführt wird und eine zuverlässige Methode zur Bereinigung von Ressourcen oder zur Ausführung von Code bietet, der ausgeführt werden muss.

Dann gingen wir dazu über, benutzerdefinierte Ausnahmen zu definieren und auszulösen. Wir haben festgestellt, dass benutzerdefinierte Ausnahmen ein leistungsstarkes Werkzeug sind, um ausdrucksstarken und selbstdokumentierenden Code zu erstellen. Indem wir Ausnahmen mit Namen auslösen, die deutlich anzeigen, was schief gelaufen ist, und relevante Details in der Ausnahmemeldung bereitstellen, machen wir unseren Code leichter zu debuggen und zu warten.

Die Diskussion über das Logging-Modul von Python zeigte uns die Vorteile der Verwendung von Logging gegenüber Print-Anweisungen. Logging bietet eine flexiblere Möglichkeit, Informationen darüber auszugeben, was unser Programm tut. Wir können den Detaillierungsgrad der Ausgabe über Logging-Ebenen steuern, die Ausgabe an mehrere Ziele leiten und unsere Ausgabemeldungen formatieren. Das Logging-Modul bietet eine Möglichkeit, unerwartete Situationen zu behandeln, die nicht unbedingt als Ausnahmen gelten.

Zusammenfassend sind die Konstrukte und Bibliotheken, die wir in diesem Kapitel kennengelernt haben, entscheidend für das Schreiben von robustem und produktionsreifem Code in Python. Sie ermöglichen es uns, unvorhergesehene Situationen elegant zu handhaben und das Debugging und die Wartung zu erleichtern, indem sie klare und detaillierte Berichte darüber liefern, was unser Code tut. Die Beherrschung dieser Werkzeuge ist ein wichtiger

Schritt, um ein kompetenter Python-Programmierer zu werden. In den folgenden Kapiteln werden wir auf diesen Grundlagen aufbauen, während wir beginnen, mit externen Ressourcen wie Dateien und Datenbanken zu arbeiten.

Kapitel 9: Python-Standardbibliothek

Die Python-Standardbibliothek ist ein Schatz an Modulen, die Implementierungen für eine breite Palette von Funktionalitäten bereitstellt, darunter unter anderem Mathematik, Datei-Ein-/Ausgabe, Datenpersistenz, Internet-Protokolle und vieles mehr. Die Verfügbarkeit so vieler Module hat Python den Ruf eingebracht, eine Sprache "mit Batterien inklusive" zu sein, was bedeutet, dass Entwickler mit nur den integrierten Bibliotheken viel erreichen können.

In diesem Kapitel stellen wir dir die wichtigsten und am häufigsten verwendeten Module der Python-Standardbibliothek vor. Wir werden vertiefen, wie du diese Module nutzen kannst, um gängige Aufgaben zu erledigen und deinen Code effizienter und effektiver zu gestalten. Darüber hinaus werden wir Beispiele liefern, wie diese Module zur Lösung von realen Problemen eingesetzt werden können, was die Vielseitigkeit der Python-Standardbibliothek demonstriert.

Am Ende dieses Kapitels wirst du ein umfassendes Verständnis der Schlüsselmodule in der Python-Standardbibliothek haben und wissen, wie du sie einsetzen kannst, um deinen Python-Entwicklungsprozess zu beschleunigen. Dieses Wissen wird es dir ermöglichen, anspruchsvolle und gut durchdachte Programme einfacher und in kürzerer Zeit zu erstellen.

9.1 Überblick über die Python-Standardbibliothek

Die Python-Standardbibliothek ist in verschiedene Module unterteilt, basierend auf der Funktionalität, die sie bieten. Werfen wir einen Blick auf einen Überblick über einige dieser Kategorien:

9.1.1 Textverarbeitungsdienste

Diese Kategorie von Modulen ist wesentlich für die Arbeit mit Text und Binärdaten sowie für die Implementierung weit verbreiteter textbasierter Datenformate wie JSON und CSV. Das Modul **string** bietet vielseitige Funktionen zur Zeichenkettenmanipulation, während das Modul **re** für die Arbeit mit regulären Ausdrücken unverzichtbar ist.

Das Modul **difflib** ist nützlich für den Vergleich von Sequenzen, und **textwrap** kann zum Umbrechen und Auffüllen von Text verwendet werden. Das Modul **unicodedata** bietet Zugriff auf die Unicode-Datenbank, während **stringprep** für die Vorbereitung von Internet-Zeichenketten verwendet wird. Neben diesen häufig verwendeten Modulen gibt es viele weitere für speziellere Textverarbeitungsanforderungen.

Beispiel:

```
import string

# Get all printable characters
print(string.printable)
```

9.1.2 Binäre Datendienste

Diese Module sind wesentlich für die Arbeit mit binären Datenformaten. Sie ermöglichen Entwicklern, Daten auf eine Weise zu manipulieren, die mit Textdaten nicht möglich ist. Das Modul **struct** ist besonders nützlich für die Arbeit mit C-artigen binären Datenformaten.

Andererseits wird das Modul **codecs** verwendet, um Daten zwischen verschiedenen Zeichensätzen zu kodieren und zu dekodieren. Andere Module, die für die Arbeit mit binären Daten nützlich sind, umfassen **array** (für die Arbeit mit numerischen Datenarrays), **pickle** (zum Serialisieren von Objekten) und **io** (für die Arbeit mit binären Datenströmen). Diese Module sind für jeden Entwickler, der mit binären Daten arbeitet, unverzichtbar.

Beispiel:

```
import struct

# Pack data into binary format
binary_data = struct.pack('i', 12345)
print(binary_data)
```

9.1.3 Datentypen

Python bietet verschiedene Module, die seine eingebauten Datentypen erweitern und damit eine größere Flexibilität beim Umgang mit Daten verschiedener Arten ermöglichen. Eines dieser Module ist **datetime**, das eine Vielzahl von Werkzeugen für die Arbeit mit Daten und Uhrzeiten bietet, wie Formatierungs- und Analysefunktionen.

Das Modul **collections** bietet eine Vielzahl von Container-Datentypen wie deque, defaultdict und OrderedDict, die für komplexere Datenstrukturen nützlich sind. Für speziellere Datenstrukturen bietet das Modul **heapq** einen Heap-Queue-Algorithmus, während das Modul **queue** zur Implementierung verschiedener Arten von Warteschlangen verwendet wird.

Andere Module wie **array** und **struct** werden für die Arbeit mit binären Daten verwendet, während das Modul **decimal** für präzise Dezimalarithmetik eingesetzt wird. Durch die Verwendung dieser Module können Python-Programmierer eine breite Palette von Datentypen und Datenstrukturen problemlos handhaben, was es zu einem leistungsstarken Werkzeug für Datenanalyse und -manipulation macht.

Beispiel:

```
from datetime import datetime
```

```
# Get current date and time
now = datetime.now()
print(now)
```

9.1.4 Mathematische Module

Python bietet eine breite Palette von Modulen für mathematische Operationen. Insbesondere ermöglicht das Modul **math** verschiedene mathematische Funktionen wie trigonometrische, logarithmische und exponentielle Funktionen. Wenn du mit komplexen Zahlen arbeitest, steht auch das Modul **cmath** zur Verfügung.

Wenn du außerdem Pseudozufallszahlen in deinem Programm generieren musst, ist das Modul **random** perfekt für diese Aufgabe. Schließlich bietet das Modul **statistics** statistische Funktionen wie Mittelwert, Median und Modus, um dir bei der einfachen Analyse deiner Daten zu helfen.

Beispiel:

```
import math

# Calculate the square root of a number
print(math.sqrt(16))
```

9.1.5 Zugriff auf Dateien und Verzeichnisse

Der Zugriff auf Dateien und Verzeichnisse ist eine entscheidende Komponente der Programmierung, und Python bietet mehrere Module wie **pathlib**, **os.path** und **tempfile**, um diese Aufgabe zu erleichtern. Diese Module bieten eine breite Palette von Funktionalitäten, die es dir ermöglichen, nicht nur Dateipfade zu manipulieren und auf Verzeichnisstrukturen zuzugreifen, sondern auch temporäre Dateien und Verzeichnisse zu erstellen.

Zum Beispiel bietet **pathlib** eine objektorientierte Schnittstelle zum Dateisystem, was die Manipulation von Pfaden, Dateien und Verzeichnissen erleichtert. **os.path** ermöglicht es dir, gängige Operationen an Dateipfaden durchzuführen, wie das Verbinden und Teilen, während **tempfile** eine bequeme Möglichkeit bietet, temporäre Dateien und Verzeichnisse zu erstellen, die für die Speicherung von Zwischenergebnissen oder die Durchführung von Tests nützlich sein können.

Beispiel:

```
import os

# Get the current working directory
print(os.getcwd())
```

Die Python-Standardbibliothek ist gut organisiert, wobei jedes Modul typischerweise einen bestimmten Fokus hat. Im Laufe verschiedener Projekte wirst du feststellen, dass die in diesen Modulen verfügbaren Funktionen und Klassen unglaublich vorteilhaft sein können, da sie häufig gemeinsame Probleme lösen oder Dienstprogramme bereitstellen, die deine Entwicklungszeit erheblich beschleunigen können.

Beim Umgang mit Internetdaten ist beispielsweise das Modul **json** von unschätzbarem Wert. Dieses Modul bietet Methoden zur Manipulation von JSON-Daten, die oft bei der Interaktion mit vielen Web-APIs verwendet werden.

```python
import json

# Here is a dictionary
data = {"Name": "John", "Age": 30, "City": "New York"}

# We can easily convert it into a JSON string
json_data = json.dumps(data)
print(json_data)  # prints: {"Name": "John", "Age": 30, "City": "New York"}

# And we can convert a JSON string back into a dictionary
original_data = json.loads(json_data)
print(original_data)  # prints: {'Name': 'John', 'Age': 30, 'City': 'New York'}
```

Im Bereich der Datums- und Zeitmanipulation bietet das Modul **datetime** Klassen zur einfachen und komplexen Verarbeitung von Datumsangaben und Uhrzeiten.

```python
from datetime import datetime, timedelta

# Current date and time
now = datetime.now()
print(now)  # prints: current date and time

# Add 5 days to the current date
future_date = now + timedelta(days=5)
print(future_date)  # prints: date and time five days from now
```

Diese Beispiele veranschaulichen nur einige der vielen Module, die in der Python-Standardbibliothek verfügbar sind. Wenn du dich mit diesen Modulen vertraut machst, kannst du die Effizienz deines Codes drastisch steigern und von der Arbeit unzähliger Entwickler profitieren, die zu dieser leistungsstarken Ressource beigetragen haben.

Denke daran, dass ein Teil des effektiven Programmierens nicht nur darin besteht, deinen eigenen Code zu schreiben, sondern auch den Code zu verstehen und zu nutzen, den andere geschrieben haben. Die Python-Standardbibliothek ist eine fantastische Ressource dafür, da sie eine breite Palette von hochwertigen, getesteten und optimierten Lösungen für viele gängige (und nicht so gängige) Programmierherausforderungen bietet.

In den folgenden Abschnitten werden wir einige der nützlichsten und am häufigsten verwendeten Module innerhalb der Python-Standardbibliothek erkunden. Jedes dieser Module bietet eine einzigartige Funktionalität, die, wenn sie effektiv verstanden und eingesetzt wird, deine Python-Entwicklung verbessern kann.

9.1.6 Module für funktionale Programmierung

Funktionale Programmierung ist ein Programmierparadigma, das die Verwendung von reinen Funktionen betont, also Funktionen, die keine Nebeneffekte haben und für die gleiche Eingabe immer die gleiche Ausgabe liefern. Dieser Ansatz hilft dabei, vorhersehbareren und zuverlässigeren Code zu erstellen, da er die Verwendung von veränderlichem Zustand vermeidet und die Nutzung von unveränderlichen Datenstrukturen fördert.

Im Gegensatz zur imperativen Programmierung, die sich auf die notwendigen Schritte zur Erreichung eines bestimmten Ziels konzentriert, konzentriert sich die funktionale Programmierung auf die Definition des Problems und die Berechnung der Lösung. Das bedeutet, dass wir anstatt zu spezifizieren, wie eine Aufgabe ausgeführt werden soll, spezifizieren, was die Aufgabe erreichen soll.

Python, als Multiparadigmen-Sprache, unterstützt auch die funktionale Programmierung. Die Module **functools** und **itertools** bieten eine breite Palette von höheren Funktionen und Werkzeugen, die das Schreiben von Code in einem funktionalen Stil erleichtern. Zum Beispiel kann die Funktion **reduce()** aus dem Modul **functools** verwendet werden, um eine Funktion iterativ auf eine Sequenz von Elementen anzuwenden, während die Funktion **map()** verwendet werden kann, um eine Funktion auf jedes Element einer Sequenz anzuwenden und eine neue Sequenz mit den Ergebnissen zurückzugeben.

Hier sind einige Details zu ihnen:

- **functools**: Dieses Modul bietet Werkzeuge zum Arbeiten mit Funktionen und anderen aufrufbaren Objekten, um sie für neue Zwecke anzupassen oder zu erweitern, ohne sie vollständig neu schreiben zu müssen. Einer der am häufigsten verwendeten Dekoratoren aus diesem Modul ist **functools.lru_cache**. Es ist ein Dekorator zum Umhüllen einer Funktion mit einem aufrufbaren Memoization-Objekt, das bis zu den neuesten **maxsize** Aufrufen speichert.

```
from functools import lru_cache

@lru_cache(maxsize=None)
def fib(n):
    if n < 2:
        return n
    return fib(n-1) + fib(n-2)

print([fib(n) for n in range(16)])
```

- **itertools:** Dieses Modul enthält eine Reihe von Funktionen zur Erstellung von Iteratoren für effiziente Schleifen. Iteratoren sind faule Sequenzen, bei denen die Werte erst bei Bedarf berechnet werden. Zum Beispiel gibt die Funktion itertools.count(10) einen Iterator zurück, der unbegrenzt Ganzzahlen generiert. Die erste wird 10 sein.

```python
import itertools

# print first 10 numbers starting from 20
counter = itertools.count(start=20)
for num in itertools.islice(counter, 10):
    print(num)
```

- **operator**: Dieses Modul exportiert eine Reihe von in C implementierten Funktionen, die den intrinsischen Operatoren von Python entsprechen. Zum Beispiel ist **operator.add(x, y)** äquivalent zum Ausdruck **x + y**.

```python
import operator
print(operator.add(1, 2))   # Output: 3
print(operator.mul(2, 3))   # Output: 6
```

Diese Module sind besonders nützlich bei Aufgaben zur Datenmanipulation und -analyse, da sie prägnante Möglichkeiten bieten, mit Datensequenzen zu arbeiten, ohne umfangreiche Schleifen oder benutzerdefinierte Funktionen schreiben zu müssen.

9.1.7 Datenpersistenz

Datenpersistenz ist ein unglaublich wichtiger Aspekt der meisten, wenn nicht aller Anwendungen. Es ist der Prozess der Verwaltung und Speicherung von Daten, sodass sie weiterhin existieren und zugänglich bleiben, auch nachdem das Programm beendet wurde.

Eine Möglichkeit, Datenpersistenz zu erreichen, ist die Verwendung eines Datenbankmanagementsystems (DBMS). DBMS sind Softwaresysteme, die es Benutzern ermöglichen, Daten in einer Datenbank zu erstellen, zu lesen, zu aktualisieren und zu löschen. Sie sind für die Verwaltung großer Datenmengen konzipiert, was sie zu einem idealen Werkzeug für Anwendungen macht, die große Mengen an Datenspeicherung erfordern.

Eine andere Möglichkeit, Datenpersistenz zu erreichen, ist die Verwendung von Dateisystemen. Dateisysteme sind die Art und Weise, wie ein Betriebssystem Dateien und Verzeichnisse verwaltet. Sie können verwendet werden, um Daten in Dateien zu speichern, die dann auch nach Beendigung des Programms gelesen und geschrieben werden können.

Datenpersistenz ist ein kritischer Aspekt der meisten, wenn nicht aller Anwendungen. Ohne sie würden Daten bei jedem Programmende verloren gehen, was es schwierig, wenn nicht unmöglich machen würde, die Integrität der Anwendung und der Daten, auf denen sie basiert, zu erhalten. Durch die Verwendung von DBMS oder Dateisystemen können Entwickler sicherstellen, dass ihre Anwendungen auch nach Beendigung des Programms weiterhin ordnungsgemäß funktionieren.

Python bietet verschiedene Module, um dies auf unterschiedliche Weise zu erreichen, darunter:

- **pickle**: Dies ist vielleicht das einfachste Werkzeug für Datenpersistenz in Python. Das **pickle**-Modul implementiert einen grundlegenden, aber leistungsstarken Algorithmus zum Serialisieren und Deserialisieren einer Python-Objektstruktur. Das "Pickling" ist der Prozess, bei dem eine Hierarchie von Python-Objekten in einen Bytestrom umgewandelt wird, und das "Unpickling" ist der umgekehrte Vorgang. Beachten Sie, dass es nicht sicher gegen fehlerhafte oder böswillig konstruierte Daten ist.

```python
import pickle

# An example dict object
data = {"key": "value"}

# Use dumps to pickle the object
data_pickled = pickle.dumps(data)
print(data_pickled)                            #                    Output:
b'\\x80\\x04\\x95\\x11\\x00\\x00\\x00\\x00\\x00\\x00\\x00}\\x94\\x8c\\x03key\\x94\\x
8c\\x05value\\x94s.'

# Use loads to unpickle the object
data_unpickled = pickle.loads(data_pickled)
print(data_unpickled) # Output: {'key': 'value'}
```

- **shelve**: Das **shelve**-Modul ist ein nützliches Werkzeug für die Datenpersistenz. Es bietet ein wörterbuchähnliches Objekt, das persistent ist, was bedeutet, dass es gespeichert und zu einem späteren Zeitpunkt darauf zugegriffen werden kann. Das persistente Objekt wird "Shelf" genannt. Obwohl es dbm-Datenbanken ähnelt, haben Shelves einen wesentlichen Unterschied: Die Werte in einem Shelf können beliebige Python-Objekte sein, die vom **pickle**-Modul verarbeitet werden können. Dies ermöglicht eine viel breitere Palette möglicher Werte als bei dbm-Datenbanken, was in vielen verschiedenen Situationen nützlich ist.

```python
import shelve

# An example dict object
data = {"key": "value"}

# Create a shelve with the data
with shelve.open('myshelve') as db:
    db['data'] = data

# Retrieve data from the shelve
with shelve.open('myshelve') as db:
    print(db['data'])  # Output: {'key': 'value'}
```

- **sqlite3**: Das **sqlite3**-Modul bietet eine DB-API 2.0-Schnittstelle für SQLite-Datenbanken. SQLite selbst ist eine C-Bibliothek, die eine diskbasierte Datenbank bereitstellt, die leichtgewichtig ist und keinen separaten Serverprozess erfordert. Darüber hinaus ermöglicht es den Zugriff auf die Datenbank mit einer nicht standardmäßigen Variante der SQL-Abfragesprache. SQLite wird aufgrund seiner hohen Leistung, kompakten Größe und seiner Fähigkeit, auf verschiedenen Plattformen zu laufen, häufig verwendet. Es wird üblicherweise auf mobilen Geräten, eingebetteten Systemen und Webbrowsern eingesetzt. Darüber hinaus bietet das **sqlite3**-Modul effiziente und benutzerfreundliche Funktionen, die es Benutzern ermöglichen, SQLite-Datenbanken problemlos zu verwalten. Zu diesen Funktionen gehören die Möglichkeit, Tabellen zu erstellen, zu ändern und zu löschen sowie Daten einzufügen, zu aktualisieren und zu löschen. Insgesamt ist das **sqlite3**-Modul eine ausgezeichnete Wahl für diejenigen, die mit SQLite-Datenbanken in Python arbeiten möchten.

```
import sqlite3
conn = sqlite3.connect('example.db')

c = conn.cursor()

# Create table
c.execute('''CREATE TABLE stocks
            (date text, trans text, symbol text, qty real, price real)''')

# Insert a row of data
c.execute("INSERT INTO stocks VALUES ('2006-01-05','BUY','RHAT',100,35.14)")

# Save (commit) the changes
conn.commit()

# We can also close the connection if we are done with it.
# Just be sure any changes have been committed or they will be lost.
conn.close()
```

Es ist wichtig zu erwähnen, dass diese Module zwar nützlich für die Datenpersistenz sind, aber kein vollständiges Datenbanksystem für größere und komplexere Anwendungen ersetzen. Dennoch bieten sie eine hervorragende Möglichkeit für kleinere Anwendungen oder Skripte, Daten dauerhaft zu speichern und zu verwalten.

9.1.8 Datenkompression und -archivierung

Die Python-Standardbibliothek enthält mehrere Module zur Datenkompression und -archivierung. Diese Module sind unglaublich nützlich für die Verwaltung großer Datenmengen und können dazu beitragen, Speicherplatz zu optimieren und die Netzwerkübertragung zu verbessern.

Eines der beliebtesten Module ist das zlib-Modul, das Funktionen zum Komprimieren und Dekomprimieren von Daten mit der zlib-Bibliothek bereitstellt. Darüber hinaus kann das gzip-Modul zum Erstellen und Lesen von komprimierten Dateien im gzip-Format verwendet werden, während das bz2-Modul Unterstützung für die bzip2-Kompression bietet.

Neben diesen Modulen kann das zipfile-Modul zum Lesen und Schreiben von Dateien im ZIP-Format verwendet werden, und das tarfile-Modul bietet Unterstützung zum Lesen und Schreiben von tar-Dateien, die dann mit einem der Kompressionsmodule komprimiert werden können.

Insgesamt bietet die Python-Standardbibliothek eine umfassende Sammlung von Werkzeugen für die Arbeit mit komprimierten und archivierten Daten, was sie zu einer idealen Wahl für viele Datenmanagementaufgaben macht.

- Das **zlib**-Modul in Python ist ein unglaublich nützliches Werkzeug, das sowohl Funktionen für die Kompression als auch für die Dekompression bietet, was es zu einer idealen Wahl für die Verarbeitung großer Datenmengen macht. Dies macht es zu einem unglaublich wertvollen Werkzeug für jeden, der mit großen Datensätzen oder komplexen Systemen arbeitet.

Eine Möglichkeit, das **zlib**-Modul zu verwenden, ist der direkte Zugriff für einen Low-Level-Zugang. Dies kann durch die Verwendung der vom Modul bereitgestellten Funktionen zum Komprimieren und Dekomprimieren von Daten nach Bedarf erfolgen. Dies ist eine großartige Option für diejenigen, die eine detaillierte Kontrolle über den Kompressionsprozess benötigen.

Eine andere Option ist die Verwendung des **gzip**-Moduls, das auf **zlib** aufbaut und eine High-Level-Schnittstelle für die Arbeit mit komprimierten Daten bietet. Dieses Modul wird für die meisten Anwendungsfälle empfohlen, da es eine einfachere und bequemere Möglichkeit bietet, mit komprimierten Daten zu arbeiten. Bei der Verwendung des **gzip**-Moduls können Benutzer Daten schnell und einfach komprimieren und dekomprimieren, ohne sich um die zugrunde liegenden Details des Kompressionsprozesses kümmern zu müssen.

Insgesamt ist das **zlib**-Modul ein wesentliches Werkzeug für jeden, der mit großen Datensätzen oder komplexen Systemen arbeitet. Mit seinen leistungsstarken Kompressions- und Dekompressionsfunktionen bietet es eine flexible und effiziente Möglichkeit zur Datenmanipulation, während das **gzip**-Modul die Nutzung dieser Funktionalität auf bequemere und höhere Weise erleichtert.

```
import zlib
s = b'hello world!hello world!hello world!hello world!'
t = zlib.compress(s)
print(t)
print(zlib.decompress(t))
```

- **gzip** ist ein weit verbreitetes Dateikompressionsprogramm, das eine zuverlässige und benutzerfreundliche Schnittstelle zum Komprimieren und Dekomprimieren von

Dateien bietet. Es funktioniert ähnlich wie das bekannte GNU gzip-Programm, was es zu einer beliebten Wahl sowohl für Einzelpersonen als auch für Unternehmen macht. Darüber hinaus ist gzip für seine Geschwindigkeit und Effizienz bekannt, was eine schnelle Kompression und Dekompression selbst großer Dateien ermöglicht. Durch die Verwendung von gzip können Benutzer wertvollen Speicherplatz auf ihren Geräten sparen und Dateien einfach zwischen Systemen übertragen. Ob du ein gelegentlicher Benutzer oder ein erfahrener Technologieprofi bist, gzip ist ein Werkzeug, auf das du nicht verzichten möchtest!

```python
import gzip
content = "Lots of content here"
with gzip.open('file.txt.gz', 'wt') as f:
    f.write(content)
```

- **tarfile**: Das **tarfile**-Modul in Python bietet die Möglichkeit, tar-Archivdateien zu lesen und zu schreiben. Dieses Modul kann verwendet werden, um neue Archive zu erstellen, bestehende Archive zu modifizieren oder bestehende Archive zu extrahieren. Die Flexibilität des **tarfile**-Moduls bedeutet, dass du problemlos mit komprimierten Dateien und Verzeichnissen arbeiten kannst, was es zu einem wesentlichen Werkzeug für das Datenmanagement macht. Mit seiner intuitiven Schnittstelle erleichtert das **tarfile**-Modul die regelmäßige Verwaltung deiner Daten, ohne dass du dir Gedanken über Dateigrößenbeschränkungen oder Kompatibilitätsprobleme machen musst. Darüber hinaus kann das **tarfile**-Modul verwendet werden, um Sicherungskopien wichtiger Dateien und Verzeichnisse zu erstellen und sicherzustellen, dass deine Daten immer sicher sind.

```python
import tarfile
with tarfile.open('sample.tar', 'w') as f:
    f.add('sample.txt')
```

9.1.9 Dateiformate

Die Python-Standardbibliothek ist ein Schatz an Modulen, die für eine breite Palette von Aufgaben verwendet werden können. Ein Bereich, in dem sie wirklich herausragt, ist das Lesen, Schreiben und Manipulieren von Daten in verschiedenen Dateiformaten. Dies umfasst die Unterstützung für Formate wie CSV, JSON, XML und sogar SQL-Datenbanken. Die von der Standardbibliothek bereitgestellten Module bieten viel Flexibilität und Leistungsfähigkeit beim Umgang mit diesen Dateiformaten, was es Entwicklern ermöglicht, schnell die benötigten Informationen zu extrahieren, sie in ein anderes Format umzuwandeln oder sogar völlig neue Daten zu generieren. Zusammenfassend ist die Standardbibliothek ein ausgezeichneter Ausgangspunkt, wenn du mit Daten in Python arbeiten möchtest.

- **csv**: Sehr praktisch zum Lesen und Schreiben von CSV-Dateien. CSV-Dateien (Comma-Separated Values) sind eine beliebte Methode zum Speichern und Übertragen von

Daten in einem einfachen Textformat. Sie können verwendet werden, um verschiedene Arten von Daten zu speichern, einschließlich Text, Zahlen und Daten. Einer der Hauptvorteile der Verwendung von CSV-Dateien ist ihre Benutzerfreundlichkeit: Sie können von einer Vielzahl von Softwareprogrammen gelesen und geschrieben werden. Darüber hinaus können CSV-Dateien leicht in Tabellenkalkulationsprogramme wie Microsoft Excel importiert werden, was sie zu einem vielseitigen und bequemen Speicherformat für Datenanalyse und -manipulation macht.

```
import csv
with open('person.csv', 'w', newline='') as file:
    writer = csv.writer(file)
    writer.writerow(["SN", "Name", "Contribution"])
    writer.writerow([1, "Linus Torvalds", "Linux Kernel"])
    writer.writerow([2, "Tim Berners-Lee", "World Wide Web"])
    writer.writerow([3, "Guido van Rossum", "Python Programming"])
```

- **json**: Der JSON-Encoder und -Decoder ist ein leistungsstarkes Werkzeug für jeden Python-Entwickler. Er kann nicht nur einfache Datenstrukturen wie Listen und Dictionaries codieren, sondern auch komplexe Strukturen verarbeiten. Zum Beispiel kann er Sets und Tuples codieren, sowie jede benutzerdefinierte Klasse, die die Methode **_json_** implementiert. Darüber hinaus bietet das **json**-Modul eine Reihe nützlicher Optionen zur Anpassung des Codierungs- und Decodierungsprozesses. Du kannst beispielsweise die Trennzeichen festlegen, die zwischen Elementen in der JSON-Ausgabe verwendet werden sollen, oder eine benutzerdefinierte Funktion bereitstellen, um nicht serialisierbare Objekte zu behandeln. Insgesamt ist **json** ein wesentlicher Bestandteil jedes Python-Projekts, das mit JSON-Daten arbeiten muss.

```
import json

# a Python object (dict):
x = {
  "name": "John",
  "age": 30,
  "city": "New York"
}

# convert into JSON:
y = json.dumps(x)

# the result is a JSON string:
print(y)
```

- **xml.etree.ElementTree**: Der Element-Typ ist ein flexibler Container, der entwickelt wurde, um hierarchische Datenstrukturen im Speicher zu speichern. Er ermöglicht die schnelle und effiziente Manipulation von XML und anderen baumartigen Strukturen.

Mit Element kannst du einfach auf Elemente und Attribute zugreifen und diese ändern sowie Unterelemente hinzufügen und entfernen. Mit ElementTree kannst du XML-Dokumente analysieren und in Element-Objekte umwandeln, die dann manipuliert und in einer XML-Datei gespeichert werden können. Dies macht es zu einem wesentlichen Werkzeug für die Arbeit mit XML-Daten in Python und bietet Entwicklern eine leistungsstarke und benutzerfreundliche API zum Erstellen komplexer XML-Anwendungen.

```python
import xml.etree.ElementTree as ET

data = '''
<person>
  <name>Chuck</name>
  <phone type="intl">
    +1 734 303 4456
  </phone>
  <email hide="yes" />
</person>'''

tree = ET.fromstring(data)
print('Name:', tree.find('name').text)
print('Attr:', tree.find('email').get('hide'))
```

Diese Module, zusammen mit dem Rest der Python-Standardbibliothek, bieten eine breite Palette von Funktionalitäten, die es dir ermöglichen, eine große Vielfalt an Aufgaben durchzuführen. Durch das Verstehen und die effektive Nutzung dieser Module kannst du deine Produktivität und Effizienz als Python-Programmierer erheblich steigern.

9.2 Erkundung einiger Schlüsselbibliotheken

Die Python-Standardbibliothek ist ziemlich umfangreich und enthält eine große Anzahl von Modulen für ein breites Spektrum von Aufgaben. Was Python jedoch noch leistungsfähiger macht, ist die große Anzahl von Drittanbieter-Bibliotheken, die im Python-Ökosystem verfügbar sind. Diese Bibliotheken bieten zusätzliche Funktionalitäten und Merkmale, die nicht in der Standardbibliothek enthalten sind. Tatsächlich hostet der Python Package Index (PyPI) derzeit mehr als 300.000 Pakete, und die Zahl steigt weiter!

In diesem Abschnitt werden wir uns eingehender mit einigen der wichtigsten Bibliotheken befassen, die in der Python-Community weit verbreitet sind. Diese Bibliotheken bieten eine Fülle von Leistung und Komfort in verschiedenen Bereichen, von Datenanalyse und -manipulation bis hin zur Webentwicklung und darüber hinaus. Mit diesen Bibliotheken kannst du deine Produktivität und Effizienz bei der Arbeit mit Python erheblich verbessern.

9.2.1 numpy

NumPy ist das grundlegende Paket für wissenschaftliches Rechnen in Python. Es stellt ein hochleistungsfähiges mehrdimensionales Array-Objekt und Werkzeuge für die Arbeit mit diesen Arrays bereit. NumPy-Arrays sind äußerst vielseitig und können für eine breite Palette wissenschaftlicher Rechenaufgaben verwendet werden. Mit NumPy kannst du leicht fortgeschrittene mathematische Operationen an Arrays durchführen, wie Matrixmultiplikation, Faltung und Fourier-Transformationen.

NumPy bietet eine Vielzahl integrierter Funktionen für die Arbeit mit Arrays, darunter statistische Funktionen, Operationen der linearen Algebra und Funktionen zur Array-Manipulation. Ein NumPy-Array ist ein Raster von Werten, alle vom gleichen Typ, und wird durch ein Tupel nicht-negativer Ganzzahlen indiziert. NumPy wird in einer Vielzahl wissenschaftlicher und technischer Bereiche eingesetzt, darunter Physik, Ingenieurwesen, Finanzen und Datenanalyse.

Beispiel:

```python
import numpy as np
a = np.array([1, 2, 3])     # Create a rank 1 array
print(type(a))              # Prints "<class 'numpy.ndarray'>"
print(a.shape)              # Prints "(3,)"
print(a[0], a[1], a[2])     # Prints "1 2 3"
```

9.2.2 pandas

Pandas ist eine Open-Source-Bibliothek zur Datenmanipulation für die Programmiersprache Python. Es ist ein äußerst nützliches Werkzeug für Datenanalyse und -bereinigung. Pandas bietet eine breite Palette von Datenstrukturen und Datenanalysetools, die es zur idealen Wahl für Datenwissenschaftler und Analysten machen. Neben dem DataFrame-Objekt bietet Pandas Series, Panel und Panel4D, bei denen es sich jeweils um ein-, drei- und vierdimensionale Datenstrukturen handelt.

Pandas ist vielseitig. Es ermöglicht dir, Daten aus verschiedenen Datenquellen zu lesen und zu schreiben. Du kannst Daten aus CSV-Dateien, Excel, SQL-Datenbanken und JSON-Dateien lesen. Außerdem kannst du Daten auch in diese Formate exportieren.

Pandas bietet auch eine umfangreiche Sammlung von Funktionen zur Datenmanipulation. Du kannst grundlegende arithmetische Operationen an Daten durchführen, Daten zusammenführen und verknüpfen sowie elegant mit fehlenden Werten umgehen. Es gibt auch verschiedene statistische Funktionen in Pandas, die du zur Datenanalyse verwenden kannst.

Zusammenfassend ist Pandas ein leistungsstarkes und flexibles Werkzeug für die Analyse und Manipulation von Daten in Python. Seine intuitive Syntax und die große Anzahl an Funktionen machen es zu einer wertvollen Ergänzung für jedes Toolkit eines Datenanalysten.

Beispiel:

```
import pandas as pd
data = {'Name': ['John', 'Anna', 'Peter'],
        'Age': [28, 24, 33]}
df = pd.DataFrame(data)
print(df)
```

9.2.3 matplotlib

Matplotlib ist eine leistungsstarke Python-Bibliothek für 2D-Grafiken, die dir helfen kann, beeindruckende Visualisierungen für deine Daten zu erstellen. Ob du Abbildungen in Veröffentlichungsqualität für einen Forschungsartikel oder interaktive Grafiken für eine Präsentation benötigst, Matplotlib hat dich abgedeckt.

Mit einer breiten Palette an Ausgabeformaten, darunter PNG, PDF, EPS und SVG, kannst du ganz einfach professionelle Grafiken erstellen, die bereit sind, mit der Welt geteilt zu werden. Und mit Unterstützung für interaktive Umgebungen wie Jupyter Notebooks und Webanwendungen kannst du deine Daten auf neue und spannende Weise erkunden und analysieren. Warum warten? Beginne noch heute mit Matplotlib und bringe deine Datenvisualisierungen auf die nächste Stufe!

Beispiel:

```
import matplotlib.pyplot as plt
plt.plot([1, 2, 3, 4])
plt.ylabel('some numbers')
plt.show()
```

9.2.4 requests

Requests ist eine ausgezeichnete Python-Bibliothek zum Senden von HTTP/1.1-Anfragen. Sie bietet eine einfache, aber elegante Möglichkeit, Anfragen zu senden, indem sie dir erlaubt, verschiedene Arten von Inhalten wie Header, Formulardaten, Multipart-Dateien und Parameter hinzuzufügen.

Einer der bedeutendsten Vorteile bei der Verwendung von Requests ist die Einfachheit. Die Bibliothek verfügt über eine klare und einfache Syntax, die leicht zu erlernen und zu verwenden ist. Darüber hinaus bietet sie eine breite Palette von Funktionen und Optionen, die es Entwicklern ermöglichen, ihre Anfragen präzise anzupassen.

Ein weiterer großer Vorteil von Requests ist seine Vielseitigkeit. Es kann für eine Vielzahl von Anwendungsfällen verwendet werden, einschließlich Web Scraping, RESTful API-Tests und mehr. Die Fähigkeit, mit verschiedenen Datentypen umzugehen, macht es zu einer ausgezeichneten Wahl für Entwickler, die mit unterschiedlichen Arten von Webdiensten arbeiten.

Zusätzlich zu den oben genannten Punkten bietet Requests auch eine hervorragende Dokumentation, die die Nutzung und das Verständnis erleichtert. Die Dokumentation enthält eine detaillierte Anleitung zur Verwendung der Bibliothek und einen umfangreichen Referenzbereich, der alle verfügbaren Optionen und Funktionen abdeckt.

Insgesamt ist Requests eine ausgezeichnete Bibliothek, die eine einfache, aber leistungsstarke Möglichkeit bietet, HTTP/1.1-Anfragen in Python zu senden. Seine Vielseitigkeit, Einfachheit und hervorragende Dokumentation machen es zur ersten Wahl für Entwickler, die mit Webdiensten in Python arbeiten möchten.

Beispiel:

```python
import requests
r = requests.get('<<https://api.github.com/user>'>, auth=('user', 'pass'))
print(r.status_code)
print(r.headers['content-type'])
print(r.encoding)
print(r.text)
print(r.json())
```

9.2.5 flask

Flask ist ein beliebtes Web-Mikroframework, das in Python geschrieben wurde und darauf ausgelegt ist, leichtgewichtig und flexibel zu sein. Es ermöglicht Entwicklern, Webanwendungen ohne den Bedarf an spezifischen Werkzeugen oder Bibliotheken zu erstellen, was den Einstieg erleichtert und beschleunigt.

Der minimalistische Ansatz von Flask zeigt sich in seinem Fehlen einer eingebauten Datenbankabstraktionsschicht oder Formularvalidierung, was zunächst einschränkend erscheinen mag, tatsächlich aber mehr Flexibilität und Anpassungsmöglichkeiten bietet. Entwickler können wählen, ob sie bestehende Drittanbieter-Bibliotheken nutzen, um diese gängigen Funktionen bereitzustellen, oder ihre eigenen maßgeschneiderten Lösungen erstellen möchten.

Trotz seines minimalistischen Ansatzes ist Flask ein leistungsstarkes Werkzeug zur Erstellung von Webanwendungen und wird in der Python-Community hoch geschätzt. Seine Benutzerfreundlichkeit und Flexibilität machen es zu einer ausgezeichneten Wahl für kleine bis mittlere Projekte, während seine Erweiterbarkeit es ermöglicht, bei Bedarf auf komplexere Anwendungen zu skalieren.

Beispiel:

```python
from flask import Flask
app = Flask(__name__)

@app.route('/')
def hello_world():
    return 'Hello, World!'

if __name__ == '__main__':
```

```
app.run(debug=True)
```

9.2.6 scipy

SciPy ist eine leistungsstarke und weit verbreitete Open-Source-Bibliothek für Python, die entwickelt wurde, um Benutzern bei wissenschaftlichen und technischen Berechnungsaufgaben zu helfen. Diese Bibliothek bietet eine breite Palette effizienter und benutzerfreundlicher Schnittstellen, die bei Aufgaben wie numerischer Integration, Interpolation, Optimierung, linearer Algebra und vielem mehr unterstützen können.

Dank ihres umfangreichen Anwendungs- und Leistungsspektrums ist SciPy zu einem unverzichtbaren Werkzeug für viele Wissenschaftler, Ingenieure und Forscher geworden, die komplexe Berechnungen und Analysen durchführen müssen. Mit SciPy können Benutzer problemlos komplexe Berechnungen und Simulationen durchführen, die sonst manuell schwierig oder unmöglich wären.

Die Bibliothek wird ständig aktualisiert und verbessert, was bedeutet, dass Benutzer stets Zugang zu den fortschrittlichsten und aktuellsten Werkzeugen und Techniken für wissenschaftliches und technisches Rechnen erwarten können. Insgesamt ist SciPy ein unglaublich wertvolles Werkzeug, das Benutzern helfen kann, bemerkenswerte Ergebnisse in ihrer wissenschaftlichen und technischen Arbeit zu erzielen, und es lohnt sich definitiv für jeden, der an diesen Bereichen interessiert ist, es zu erkunden.

Beispiel:

```
from scipy import optimize

# Define a simple function
def f(x):
    return x**2 + 10*np.sin(x)

# Find the minimum of the function
result = optimize.minimize(f, x0=0)
print(result.x)  # Outputs: [-1.30644001]
```

9.2.7 scikit-learn

Scikit-learn ist eine beliebte Open-Source-Bibliothek für maschinelles Lernen für Python, die von Datenwissenschaftlern und Praktikern des maschinellen Lernens häufig verwendet wird. Sie bietet eine breite Palette leistungsstarker Algorithmen für Klassifizierung, Regression und Clustering, was sie zu einem vielseitigen Werkzeug für die Lösung verschiedener Probleme des maschinellen Lernens macht.

Einer der größten Vorteile von scikit-learn ist seine nahtlose Integration mit anderen beliebten numerischen und wissenschaftlichen Python-Bibliotheken, einschließlich NumPy und SciPy. Dies erleichtert die Einbindung von scikit-learn in bestehende Python-Workflows und die Nutzung seiner leistungsstarken Funktionen für maschinelles Lernen, ohne eine neue

Programmiersprache oder ein neues System von Grund auf erlernen zu müssen. Ob Sie an einem kleinen Datenanalyseprojekt oder einer großen Anwendung für maschinelles Lernen arbeiten, scikit-learn bietet die Werkzeuge, die Sie benötigen, um die Arbeit schnell und effizient zu erledigen.

Beispiel:

```
from sklearn import datasets, svm

# Load dataset
digits = datasets.load_digits()

# SVM classifier
clf = svm.SVC(gamma=0.001, C=100.)

# Train the model
clf.fit(digits.data[:-1], digits.target[:-1])

# Predict
print(clf.predict(digits.data[-1:]))  # Outputs: [8]
```

9.2.8 beautifulsoup4

Beautiful Soup ist eine beliebte Python-Bibliothek, die häufig für Web-Scraping-Aufgaben und Datenanalyse verwendet wird. Es ist ein leistungsstarkes Werkzeug zur Extraktion von Daten aus HTML- und XML-Dateien und bietet eine Vielzahl von Methoden zum Suchen, Navigieren und Modifizieren des Analysebaums.

Beautiful Soup ist bekannt für seine Einfachheit und Benutzerfreundlichkeit, was es zu einer ausgezeichneten Wahl sowohl für Anfänger als auch für erfahrene Entwickler macht. Mit seiner Fähigkeit, komplexe HTML-Strukturen zu verarbeiten und seiner Unterstützung für verschiedene Parser, ist Beautiful Soup ein unverzichtbares Werkzeug für jeden, der mit Webdaten arbeitet. Egal, ob Sie Daten von einer einzelnen Webseite extrahieren oder täglich tausende Seiten durchsuchen, Beautiful Soup ist das perfekte Werkzeug für die Aufgabe.

Beispiel:

```
from bs4 import BeautifulSoup
import requests

url = '<http://example.com>'
response = requests.get(url)
soup = BeautifulSoup(response.text, 'html.parser')

# Find all 'a' tags (which define hyperlinks):
a_tags = soup.find_all('a')

for tag in a_tags:
    print(tag.get('href'))
```

9.2.9 sqlalchemy

SQLAlchemy ist ein beliebtes SQL-Toolkit und Object-Relational-Mapping (ORM)-System für Python. Es bietet eine umfassende Suite von Enterprise-Level-Persistenzmustern, die für einen effizienten und leistungsstarken Datenbankzugriff konzipiert sind.

SQLAlchemy wird von Entwicklern aufgrund seiner Flexibilität und Benutzerfreundlichkeit weithin eingesetzt. Es ist eine Open-Source-Software, was bedeutet, dass sie ständig von einer Gemeinschaft von Mitwirkenden verbessert wird. SQLAlchemy ist auch für seine Unterstützung mehrerer Datenbank-Engines bekannt, was es zu einem vielseitigen Werkzeug für die Arbeit mit verschiedenen Arten von Datenbanken macht. Zusammenfassend ist SQLAlchemy ein leistungsstarkes und zuverlässiges Werkzeug für Python-Entwickler, die mit Datenbanken arbeiten müssen.

Beispiel:

```python
from sqlalchemy import create_engine

# Create an engine that stores data in the local directory's
# sqlalchemy_example.db file.
engine = create_engine('sqlite:///sqlalchemy_example.db')

# Execute the query that creates a table
engine.execute('''
    CREATE TABLE "EX1"
    ("ID" INT primary key not null,
    "NAME" TEXT)''')

# Insert a value
engine.execute('''
    INSERT INTO "EX1" (ID, NAME)
    VALUES (1,'raw1')''')

# Select statement
result = engine.execute('SELECT * FROM '
                        '"EX1"')

# Fetch all rows
for _r in result:
    print(_r)  # Outputs: (1, 'raw1')
```

9.2.10 pytorch und tensorflow

Sowohl PyTorch als auch TensorFlow sind leistungsstarke Bibliotheken für maschinelles Lernen und künstliche Intelligenz. PyTorch wurde von der KI-Forschungsgruppe von Facebook entwickelt und hat in der Forschungsgemeinschaft aufgrund seines dynamischen Berechnungsgraphen schnell an Beliebtheit gewonnen, was eine flexiblere und effizientere Modellkonstruktion ermöglicht.

Andererseits ist TensorFlow, entwickelt vom Google Brain Team, für seine Skalierbarkeit und einfache Implementierung in großen Produktionssystemen bekannt. Obwohl beide Bibliotheken ihre Stärken und Schwächen haben, sind sie wesentliche Werkzeuge für jeden Datenwissenschaftler oder Praktiker des maschinellen Lernens, der robuste und skalierbare Modelle für ein breites Spektrum von Anwendungen entwickeln möchte.

Beispiel für PyTorch:

```python
import torch

# Create a tensor
x = torch.rand(5, 3)
print(x)  # Outputs a 5x3 matrix with random values

# Create a zero tensor
y = torch.zeros(5, 3, dtype=torch.long)
print(y)  # Outputs a 5x3 matrix with zeros
```

Beispiel für TensorFlow:

```python
import tensorflow as tf

# Create a constant tensor
hello = tf.constant('Hello, TensorFlow!')

# Start tf session
sess = tf.Session()

# Run the operation
print(sess.run(hello))  # Outputs: b'Hello, TensorFlow!'
```

Denk daran, jede dieser Bibliotheken ist komplex und leistungsstark, und diese Beispiele kratzen nur an der Oberfläche dessen, was du mit ihnen tun kannst. Tatsächlich gibt es unzählige Möglichkeiten und Anwendungsfälle für diese Bibliotheken, die wir noch nicht einmal erwähnt haben. Du könntest sie beispielsweise nutzen, um Modelle für maschinelles Lernen zu erstellen, Datenvisualisierungen zu erstellen oder sogar deine eigene Programmiersprache zu entwickeln. Die Möglichkeiten sind wirklich grenzenlos.

Wenn du daran interessiert bist, diese Bibliotheken weiter zu erkunden, laden wir dich ein, unsere Buchauswahl auf Amazon zu durchstöbern. Unsere Buchauswahl deckt ein breites Spektrum an Themen ab, von Einführungstutorials bis hin zu fortgeschrittenen Techniken, so dass du sicherlich etwas finden wirst, das deinen Bedürfnissen entspricht. Um auf unsere Bibliothek zuzugreifen, klicke einfach auf den oben angegebenen Link und beginne noch heute mit dem Stöbern!

Unsere Amazon-Bibliothek: amazon.com/author/cuantum oder besuche unsere Website: books.cuantum.tech

9.3 Die richtigen Bibliotheken auswählen

Python ist eine unglaublich vielseitige Programmiersprache, größtenteils dank ihres reichhaltigen Ökosystems an Bibliotheken. Diese Bibliotheken kommen in zwei Hauptformen: die Standardbibliothek, die mit Python mitgeliefert wird, und Angebote von Drittanbietern, die leicht installiert werden können. Die Vorteile dieser Bibliotheken sind vielfältig. Sie sparen dir nicht nur Zeit und helfen dir, weniger Code zu schreiben, sondern ermöglichen es dir auch, komplexere Aufgaben zu bewältigen, die sonst außerhalb deiner Reichweite wären. Das liegt daran, dass Bibliotheken vorgefertigten Code bereitstellen, den du zur schnellen und einfachen Implementierung von Funktionalitäten verwenden kannst.

Natürlich kann es bei so vielen Bibliotheken zur Auswahl schwierig sein zu wissen, welche für deine Bedürfnisse am besten geeignet ist. Einige Bibliotheken sind hochspezialisiert, während andere allgemeiner verwendbar sind. Einige werden aktiv gepflegt, während andere veraltet sein oder nicht mehr unterstützt werden könnten. Es ist wichtig, deine Anforderungen sorgfältig zu berücksichtigen und zu recherchieren, bevor du eine Bibliothek auswählst. Dies wird dir helfen sicherzustellen, dass du eine Bibliothek wählst, die zuverlässig, effizient ist und deine spezifischen Bedürfnisse erfüllt. Letztendlich kann die richtige Bibliothek dir helfen, das volle Potenzial von Python zu entfalten und deine Programmierfähigkeiten auf die nächste Stufe zu heben.

Hier sind einige Faktoren, die bei der Auswahl einer Python-Bibliothek zu berücksichtigen sind:

9.3.1 Eignung für die Aufgabe

Zunächst ist es bei der Auswahl einer Bibliothek wichtig sicherzustellen, dass sie die notwendige Funktionalität für dein Projekt bietet. Dies ist besonders wichtig für komplexe Aufgaben, die fortgeschrittene Funktionen und Operationen erfordern. Daher wird dringend empfohlen, die Dokumentation der Bibliothek und den Beispielcode zu überprüfen, um festzustellen, ob sie deine Anforderungen erfüllen kann.

Wenn du zum Beispiel mit Matrizen arbeiten und komplexe mathematische Berechnungen durchführen musst, wäre **numpy** eine ausgezeichnete Wahl. Diese Python-Bibliothek bietet eine breite Palette von Funktionen und Operationen für die Arbeit mit Matrizen und Arrays sowie andere mathematische Operationen. Wenn dein Projekt andererseits Datenmanipulation und -analyse beinhaltet, könnte **pandas** eine bessere Wahl sein. Diese Bibliothek ist speziell für die Arbeit mit Dataframes konzipiert und bietet eine Vielzahl von Werkzeugen zur Datenmanipulation und -analyse.

Zusammenfassend ist die Auswahl der richtigen Bibliothek entscheidend für den Erfolg jedes Projekts, und es ist wichtig, die Anforderungen und den Umfang deines Projekts zu berücksichtigen, bevor du eine Entscheidung triffst.

Beispiel:

```
# Example with numpy
```

```python
import numpy as np
a = np.array([1, 2, 3])
b = np.array([4, 5, 6])
c = a + b  # Element-wise addition
print(c)  # Prints: [5 7 9]
```

9.3.2 Reife und Stabilität

Das Alter einer Bibliothek kann ein Indikator für ihre Stabilität und Reife sein. Insbesondere ältere Bibliotheken können eine Reihe von Vorteilen bieten, die neuere Bibliotheken nicht haben. Zum Beispiel hatten sie möglicherweise mehr Zeit, Fehler und Probleme in ihren Systemen zu beheben, was zu einem stabileren und zuverlässigeren Produkt führt.

Darüber hinaus wurden ältere Bibliotheken wahrscheinlich in einer Vielzahl verschiedener Umgebungen eingesetzt, jede mit ihren eigenen einzigartigen Herausforderungen und Anforderungen. Das bedeutet, dass ältere Bibliotheken oft besser getestet und anpassungsfähiger sind als ihre jüngeren Pendants. Schließlich können ältere Bibliotheken eine größere und etablierte Nutzerbasis haben, die den Bibliotheksentwicklern wertvolles Feedback und Unterstützung bieten kann, was dazu beiträgt, ihren anhaltenden Erfolg und ihre Relevanz zu gewährleisten.

9.3.3 Gemeinschaft und Unterstützung

Bibliotheken mit aktiven Gemeinschaften sind unglaublich wertvolle Ressourcen für Entwickler. Sie bieten eine Fülle von Wissen, Unterstützung und aktualisierten Code für diejenigen, die sie nutzen. Es ist entscheidend, eine Bibliothek mit einer aktiven Gemeinschaft zu wählen, da diese Gemeinschaften eher dazu neigen, die Bibliothek regelmäßig zu aktualisieren, Fehler zu korrigieren, auf die Benutzer stoßen könnten, und umfassende Unterstützung für Entwickler anzubieten.

Eine Möglichkeit festzustellen, ob eine Bibliothek eine aktive Gemeinschaft hat, ist die Überprüfung ihrer Aktivität auf Seiten wie GitHub. Wenn eine Bibliothek häufige Updates und zahlreiche Mitwirkende hat, ist das ein gutes Zeichen dafür, dass die Gemeinschaft aktiv und in die Pflege der Bibliothek eingebunden ist. Darüber hinaus kann eine aktive Gemeinschaft mehr als nur aktualisierten Code bieten. Sie können auch Ressourcen wie Tutorials, Foren und Dokumentation bereitstellen, um Entwicklern zu helfen, die Bibliothek und ihre Fähigkeiten zu verstehen.

Im Allgemeinen sollten Entwickler Bibliotheken mit aktiven Gemeinschaften priorisieren und die Fülle an Ressourcen und Unterstützung nutzen, die sie bieten. Die Wahl einer Bibliothek mit einer aktiven Gemeinschaft kann Entwicklern langfristig Zeit und Frustration ersparen, da sie sich auf die Gemeinschaft verlassen können, um ihnen bei der Bewältigung von Problemen zu helfen, auf die sie bei der Verwendung der Bibliothek stoßen könnten.

9.3.4 Dokumentation und Benutzerfreundlichkeit

Gute Bibliotheken verfügen über eine umfassende, klare und aktuelle Dokumentation, auf die alle Benutzer zugreifen können, unabhängig von ihrem Erfahrungsniveau. Die Dokumentation sollte detaillierte Informationen darüber enthalten, wie man die Bibliothek installiert, konfiguriert und verwendet.

Es ist auch wichtig, dass Bibliotheken einfach zu bedienen und intuitiv sind, mit gut organisierten und klar beschrifteten APIs. Darüber hinaus kann eine gut dokumentierte Bibliothek dir unzählige Stunden an Frustration ersparen, da sie es dir ermöglicht, schnell die Informationen zu finden, die du benötigst, und deine Arbeit effizient zu erledigen.

9.3.5 Leistung

Einige Bibliotheken können bestimmte Aufgaben effizienter ausführen als andere. Abhängig vom Umfang deines Projekts könnte dies ein bedeutender Faktor sein. Wenn dein Projekt die Verarbeitung großer Datenmengen umfasst oder eine Echtzeit-Antwort erfordert, wirst du eine Bibliothek wollen, die für Geschwindigkeit und Effizienz optimiert ist.

Wenn du zum Beispiel mit großen Matrizen oder Arrays arbeitest, bietet **numpy** signifikante Leistungsvorteile gegenüber traditionellen Python-Listen. Das liegt daran, dass **numpy**-Arrays dicht gepackte Arrays eines homogenen Typs sind, während Python-Listen Arrays von Zeigern auf Objekte sind, die eine Schicht der Indirektion hinzufügen.

Außerdem sind viele **numpy**-Operationen in C implementiert, wodurch der Overhead von Python-Schleifen, die Zeigerindirektion vermieden und die Vorteile der Parallelisierung genutzt werden.

Beispiel:

```python
import numpy as np
import time

size_of_vec = 10000000

def pure_python_version():
    t1 = time.time()
    X = range(size_of_vec)
    Y = range(size_of_vec)
    Z = [X[i] + Y[i] for i in range(len(X)) ]
    return time.time() - t1

def numpy_version():
    t1 = time.time()
    X = np.arange(size_of_vec)
    Y = np.arange(size_of_vec)
    Z = X + Y
    return time.time() - t1
```

```
t1 = pure_python_version()
t2 = numpy_version()
print(t1, t2)
print("Numpy is in this example " + str(t1/t2) + " faster!")
```

In diesem Beispiel können wir den Leistungsunterschied zwischen der reinen Python-Version und der Numpy-Version beobachten. Du wirst feststellen, dass die Numpy-Version deutlich schneller ist!

Da hast du es! Denke daran, dass die Auswahl der richtigen Bibliotheken einen erheblichen Einfluss auf die Qualität, Wartbarkeit und Effizienz deines Codes haben kann. Daher sollte diese Entscheidung mit Bedacht getroffen werden, unter Berücksichtigung der verschiedenen Faktoren, die wir diskutiert haben.

9.3.6 Gemeinschaftsunterstützung

Python ist bekannt für seine große und aktive Gemeinschaft. Bei der Auswahl einer Bibliothek ist es wichtig, die Unterstützung der Gemeinschaft zu berücksichtigen, die hinter ihr steht. Eine Bibliothek, die von einer aktiven Gemeinschaft unterstützt wird, kann eine wertvolle Ressource sein, da viele Personen zur Verfügung stehen, um zu helfen, wenn du auf Probleme stößt oder Unterstützung bei der Implementierung bestimmter Funktionen benötigst. Typischerweise kannst du das Niveau der Gemeinschaftsunterstützung bewerten, indem du die Foren der Bibliothek, die Issue-Tracker oder sogar die Anzahl der bibliotheksbezogenen Fragen auf StackOverflow überprüfst.

Betrachte zum Beispiel die Bibliothek **pandas**. Als eine der am häufigsten verwendeten Python-Bibliotheken für Datenmanipulation und -analyse verfügt sie über umfangreiche Unterstützung durch die Gemeinschaft. Wenn du auf ein Problem stößt oder eine Frage zur Verwendung von pandas hast, kannst du auf verschiedene Ressourcen zurückgreifen. Du könntest nach dem pandas-Tag auf StackOverflow suchen oder die umfangreiche Dokumentation und Tutorials durchgehen, die von der pandas-Gemeinschaft bereitgestellt werden.

Beispiel:

```
# An example using pandas:
import pandas as pd

# Creating a simple pandas DataFrame
data = {
    'apples': [3, 2, 0, 1],
    'oranges': [0, 3, 7, 2]
}
purchases = pd.DataFrame(data)

print(purchases)
```

In diesem einfachen Beispiel erstellen wir eine Einkaufsliste für Äpfel und Orangen mit Hilfe eines pandas DataFrame. Die DataFrames von pandas erleichtern die Manipulation deiner Daten, vom Auswählen oder Ersetzen von Spalten und Indizes bis hin zum Umformen deiner Daten.

Darüber hinaus ist es immer eine gute Praxis, über die neuesten Entwicklungen in der Python-Gemeinschaft auf dem Laufenden zu bleiben. Neue Bibliotheken werden ständig erstellt und alte aktualisiert, sodass möglicherweise neue Tools verfügbar sind, die perfekt für dein Projekt sein könnten.

Denke daran, eine aktive Gemeinschaft bedeutet in der Regel häufige Updates, mehr nützliche Ressourcen und eine höhere Wahrscheinlichkeit, dass die Bibliothek auch in Zukunft relevant bleibt.

Damit schließen wir unsere eingehende Analyse der Python-Standardbibliothek und einiger Schlüsselbibliotheken in Python ab. Mit diesem Wissen ausgestattet, solltest du gut gerüstet sein, um eine Vielzahl von Programmieraufgaben anzugehen!

9.4 Praktische Übungen

Übung 1: Erkundung der Math-Bibliothek

Die Python-Math-Bibliothek verfügt über mehrere Funktionen, die für mathematische Operationen verwendet werden können. Versuche, die Funktion **sqrt()** zu verwenden, um die Quadratwurzel einer Zahl zu finden, und die Funktionen **ceil()** und **floor()**, um eine Gleitkommazahl auf- bzw. abzurunden.

```python
import math

# Find the square root of a number
print(math.sqrt(16))

# Round a floating-point number up and down
print(math.ceil(4.7))
print(math.floor(4.7))
```

Übung 2: Datenmanipulation mit Pandas

Erstelle einen DataFrame mit der Pandas-Bibliothek mit einem beliebigen Datensatz deiner Wahl. Versuche, neue Zeilen und Spalten hinzuzufügen, und verwende die Funktion **describe()**, um eine statistische Zusammenfassung der Daten zu erhalten.

```python
import pandas as pd

# Creating a pandas DataFrame
df = pd.DataFrame({
    'Name': ['Alice', 'Bob', 'Charlie'],
```

```
    'Age': [25, 30, 35],
    'Occupation': ['Engineer', 'Doctor', 'Teacher']
})

# Adding a new column
df['Salary'] = [70000, 80000, 60000]

# Adding a new row
df = df.append({'Name': 'David', 'Age': 40, 'Occupation': 'Lawyer', 'Salary': 90000},
ignore_index=True)

# Getting a statistical summary of the data
print(df.describe(include='all'))
```

Übung 3: Dateioperationen mit den Bibliotheken os und shutil

Erstelle mit den Bibliotheken **os** und **shutil** ein neues Verzeichnis, schreibe eine Textdatei in dieses Verzeichnis und kopiere diese Datei dann in ein anderes Verzeichnis.

```
import os
import shutil

# Creating a new directory
os.mkdir('new_directory')

# Writing a text file in the new directory
with open('new_directory/text_file.txt', 'w') as file:
    file.write("This is some text.")

# Creating a second directory
os.mkdir('second_directory')

# Copying the text file to the second directory
shutil.copy('new_directory/text_file.txt', 'second_directory/text_file.txt')
```

Diese Übungen helfen dir, die Python-Standardbibliothek sowie wichtige Bibliotheken wie pandas, os und shutil zu verstehen und dich mit ihnen vertraut zu machen.

Fazit zu Kapitel 9

Kapitel 9 sollte dir ein Verständnis für den Reichtum und die Breite der Python-Standardbibliothek vermitteln. Wir begannen mit der Diskussion der Funktionalität und Vorteile der Standardbibliothek und wiesen auf ihre umfangreiche Sammlung von Modulen hin, die Werkzeuge für verschiedene Programmieraufgaben bereitstellen, einschließlich Datei-E/A, Systemaufrufe, String-Verwaltung, Netzwerkkommunikation und vieles mehr.

Unsere Reise führte uns durch einige Schlüsselmodule wie **math**, **random**, **datetime**, **os**, **sys**, **re** und **collections**. Wir haben festgestellt, dass diese Bibliotheken viele integrierte Funktionen bieten, die bei der Lösung verschiedenster Probleme helfen, von komplexen mathematischen Berechnungen bis hin zur Bewältigung von Betriebssystemaufgaben.

Anschließend sind wir zur Erkundung einiger wichtiger externer Bibliotheken wie **NumPy**, **pandas**, **matplotlib** und **requests** übergegangen. Jede dieser Bibliotheken dient einem einzigartigen Zweck und wird häufig in verschiedenen Bereichen der Softwareentwicklung eingesetzt. NumPy und pandas helfen bei der Bewältigung komplexer numerischer und Datenoperationen, matplotlib unterstützt bei der Datenvisualisierung und requests vereinfacht den Prozess von HTTP-Anfragen.

Wir haben auch die Module **pickle** und **json** kennengelernt, die wesentliche Werkzeuge für die Serialisierung und Deserialisierung von Python-Objektstrukturen sind. Das Verständnis dieser Bibliotheken ist entscheidend für die Arbeit mit Datenpersistenz und Datenaustauschformaten.

Darüber hinaus haben wir uns mit den Konzepten der funktionalen Programmierungsmodule befasst und Funktionen aus den Bibliotheken **functools** und **itertools** vorgestellt, die zu saubererem und effizienterem Code führen können.

Des Weiteren haben wir die Bedeutung der Module **gzip**, **bz2**, **zipfile**, **tarfile** für die Datenkompression und -archivierung sowie der Module **csv**, **configparser** und **xml** für den Umgang mit verschiedenen Dateiformaten erörtert.

Schließlich haben wir das Modul **unittest** genauer betrachtet, ein leistungsstarkes Werkzeug für automatisierte Tests deines Python-Codes. Wir haben entdeckt, dass es die Testautomatisierung, den Austausch von Setup- und Teardown-Code für Tests, die Zusammenfassung von Tests in Sammlungen und die Unabhängigkeit der Tests vom Reporting-Framework unterstützt.

In den praktischen Übungen hatten wir die Gelegenheit, selbst Hand anzulegen und diese Bibliotheken in der Praxis zu erkunden, wobei wir lernten, wie man durch ihre Komplexitäten navigiert und sie in unseren Python-Skripten einsetzt.

Zusammenfassend lässt sich sagen, dass die Python-Standardbibliothek und die wichtigsten externen Bibliotheken die Sprache bereichern und sie vielseitig, leistungsstark und für eine Vielzahl von Anwendungen geeignet machen. Sie stellen leicht verfügbare Werkzeuge für die Ausführung sowohl einfacher als auch komplexer Aufgaben bereit, was unseren Code rationalisiert und uns zu effizienteren Programmierern macht. Mit diesen Ressourcen zur Hand können wir verstehen, warum Python eine so beliebte Sprache in der Programmiergemeinschaft ist.

Denk daran, wir haben in diesem Kapitel nur an der Oberfläche gekratzt; die Welt der Python-Bibliotheken ist riesig und entwickelt sich ständig weiter. Während wir diese Python-Reise fortsetzen, ermutige ich dich, diese Ressourcen zu erkunden, zu lernen und zu deinem Vorteil zu nutzen. Fröhliches Programmieren!

Kapitel 10: Python für wissenschaftliches Rechnen und Datenanalyse

Wissenschaftliches Rechnen ist ein schnell wachsendes und dynamisches Feld, das sich ständig weiterentwickelt. Es umfasst den Einsatz fortschrittlicher Rechenkapazitäten zur Lösung komplexer wissenschaftlicher Probleme. Dies beinhaltet die Entwicklung und Anwendung von Algorithmen und Berechnungsmethoden zur Analyse, Visualisierung und Interpretation wissenschaftlicher Daten. Mit diesen Werkzeugen können Wissenschaftler die Welt um uns herum besser verstehen und wichtige Entdeckungen machen, die bedeutende Auswirkungen auf die Gesellschaft haben.

Python hat sich zunehmend zur Sprache der Wahl für wissenschaftliches Rechnen entwickelt, aufgrund seiner Einfachheit, Lesbarkeit und einer umfangreichen Sammlung wissenschaftlicher Bibliotheken und Werkzeuge. Die Flexibilität und Benutzerfreundlichkeit der Sprache machen sie zu einem idealen Werkzeug für Forscher aller Erfahrungsstufen. In diesem Kapitel stellen wir einige der wichtigsten Python-Bibliotheken für wissenschaftliches Rechnen vor: NumPy, SciPy und Matplotlib. Diese Bibliotheken bieten eine breite Palette an Funktionalitäten, die für wissenschaftliches Rechnen unerlässlich sind.

Zum Beispiel bietet NumPy eine leistungsstarke Matrixberechnungsbibliothek, die die Durchführung mathematischer Operationen an großen Datensätzen erleichtert. Andererseits stellt SciPy eine Sammlung von Algorithmen und Werkzeugen für wissenschaftliches Rechnen bereit, einschließlich Optimierung, Integration, Interpolation, Signal- und Bildverarbeitung und mehr. Schließlich ist Matplotlib eine leistungsstarke Bibliothek zur Datenvisualisierung, die es Forschern ermöglicht, eine Vielzahl visueller Darstellungen ihrer Daten zu erstellen.

Diese Bibliotheken haben Python zu einer ausgezeichneten Wahl für numerische Berechnungen, statistische Analysen, Datenvisualisierung und viele andere Aufgaben im Bereich des wissenschaftlichen Rechnens gemacht. Wenn du diese Bibliotheken erlernst, wirst du gut gerüstet sein, um eine breite Palette wissenschaftlicher Probleme mit Python anzugehen. Mit seiner umfangreichen Sammlung von Bibliotheken und Werkzeugen entwickelt sich Python schnell zur bevorzugten Sprache für wissenschaftliches Rechnen und Forschung.

10.1 Einführung in NumPy, SciPy und Matplotlib

NumPy (Numerical Python)

NumPy ist ein leistungsstarkes Paket für wissenschaftliches Rechnen in Python. Es ist die Grundlage, auf der viele andere wissenschaftliche Bibliotheken in Python aufbauen. Eine der Schlüsseleigenschaften von NumPy ist seine Unterstützung für Arrays, einschließlich mehrdimensionaler Arrays.

Diese Arrays können verwendet werden, um große Datenmengen zu speichern, was es zu einer beliebten Wahl für Datenanalyse und -manipulation macht. Darüber hinaus bietet NumPy eine breite Palette mathematischer Funktionen auf hoher Ebene, die für komplexe Berechnungen an diesen Arrays verwendet werden können. Dies kann den für diese Berechnungen erforderlichen Codeumfang erheblich reduzieren.

Einer der bedeutendsten Vorteile der Verwendung von NumPy ist die Fähigkeit, Operationen direkt an ganzen Arrays durchzuführen, anstatt Element für Element. Dies kann bei der Arbeit mit großen Datensätzen erheblich Zeit sparen. Insgesamt ist NumPy ein wesentliches Werkzeug für jedes wissenschaftliche Rechenprojekt in Python und bietet eine solide Grundlage für effiziente und leistungsstarke Berechnungen.

Beispiel:

Sehen wir uns ein Beispiel an, wie man NumPy verwendet, um ein Array zu erstellen und einige mathematische Operationen durchzuführen:

```python
import numpy as np

# Create a NumPy array
arr = np.array([1, 2, 3, 4, 5])

# Perform mathematical operations
print("Array multiplied by 2: ", arr * 2)
print("Array raised to power 3: ", arr ** 3)
```

SciPy (Scientific Python)

SciPy ist eine unglaublich leistungsstarke Bibliothek für wissenschaftliches Rechnen. Sie baut auf NumPy auf und bietet eine breite Palette effizienter und benutzerfreundlicher Schnittstellen für verschiedene Aufgaben. Du kannst sie beispielsweise für numerische Integration, Interpolation, Optimierung, lineare Algebra und vieles mehr verwenden.

SciPy ist eine Open-Source-Software mit einer aktiven Gemeinschaft von Mitwirkenden, was bedeutet, dass du immer Unterstützung und Anleitung finden kannst, wenn du sie brauchst. Darüber hinaus wird SciPy ständig aktualisiert und verbessert, um sicherzustellen, dass es eines der zuverlässigsten und umfassendsten Werkzeuge für wissenschaftliches Rechnen bleibt.

Ob du Forscher, Wissenschaftler, Student oder Fachkraft bist, SciPy ist eine wesentliche Bibliothek, die du in deinem Werkzeugkasten haben solltest.

Beispiel:

Wir werden SciPy verwenden, um ein einfaches Problem der linearen Algebra zu lösen:

```python
from scipy import linalg
import numpy as np

# Define a 2x2 matrix and a constant array
A = np.array([[1, 2], [3, 4]])
b = np.array([5, 6])

# Solve the system of equations
x = linalg.solve(A, b)
print(x)
```

Matplotlib

Matplotlib ist eine beliebte Bibliothek für die Erstellung von Grafiken in Python und NumPy. Sie bietet eine breite Palette von Funktionen und Werkzeugen, die es Benutzern ermöglichen, statische, animierte und interaktive Grafiken mit Leichtigkeit zu erstellen. Einer der Hauptvorteile von Matplotlib ist seine Flexibilität, die es für eine Vielzahl von Anwendungen geeignet macht.

Beispielsweise kann Matplotlib verwendet werden, um einfache Linien- oder Balkendiagramme sowie komplexere Visualisierungen wie Heatmaps und 3D-Grafiken zu erstellen. Darüber hinaus ist Matplotlib hochgradig anpassbar, was es Benutzern ermöglicht, Farben, Schriftarten und andere visuelle Elemente ihrer Grafiken nach ihren Bedürfnissen zu ändern.

Insgesamt ist Matplotlib eine leistungsstarke und vielseitige Grafikbibliothek, die für jeden, der mit Python und Datenvisualisierung arbeitet, unerlässlich ist.

Beispiel:

Hier ist ein einfaches Beispiel dafür, wie man Matplotlib verwendet, um eine Sinuswelle zu zeichnen:

```python
import numpy as np
import matplotlib.pyplot as plt

# Create an array of x values from 0 to 2 Pi
x = np.linspace(0, 2 * np.pi, 100)

# Compute the corresponding y values
y = np.sin(x)

# Create a simple line plot
plt.plot(x, y)
```

```
plt.title("Sine Wave")
plt.xlabel("x")
plt.ylabel("y")
plt.grid(True)
plt.show()
```

10.1.1 Die NumPy-Arrays verstehen

NumPy ist eine leistungsstarke Python-Bibliothek, die in der wissenschaftlichen Datenverarbeitung umfassend eingesetzt wird, und ihr zentrales Merkmal ist das **ndarray**-Objekt (n-dimensionales Array). Dieser Container ist unglaublich flexibel und kann große Datensätze aufnehmen, was beim Arbeiten mit großen Datenmengen unerlässlich ist.

Mit NumPy-Arrays können wir mathematische Operationen an ganzen Datenblöcken durchführen, was mit anderen Datenstrukturen wie Listen nicht möglich ist. Tatsächlich mögen NumPy-Arrays und Python-Listen ähnlich erscheinen, aber es gibt einige wesentliche Unterschiede.

Zum Beispiel ermöglichen uns Arrays, Operationen direkt an allen Array-Elementen durchzuführen, was mit Listen nicht möglich ist. Dies macht NumPy-Arrays zu einem essentiellen Werkzeug für Datenwissenschaftler und Forscher, die mit großen Datensätzen arbeiten müssen.

Beispiel:

Betrachten wir einige Beispiele, um die Bedeutung von NumPy-Arrays zu verstehen:

```python
import numpy as np

# Defining a 1-D array
a = np.array([1, 2, 3])
print("1-D array:\\n", a)

# Defining a 2-D array
b = np.array([[1, 2, 3], [4, 5, 6]])
print("\\n2-D array:\\n", b)

# Add two arrays
c = a + a
print("\\nSum of two arrays:\\n", c)

# Product of two arrays
d = a * a
print("\\nProduct of two arrays:\\n", d)
```

10.1.2 Effiziente mathematische Operationen mit NumPy

NumPy ist eine weit verbreitete Bibliothek in Python, die eine umfangreiche Sammlung mathematischer Funktionen bereitstellt, die auf Arrays operieren. Diese Funktionen machen Berechnungen nicht nur einfach und effizient, sondern auch intuitiver und leichter lesbar.

Mit NumPy kannst du verschiedene mathematische Operationen wie Addition, Subtraktion, Multiplikation und Division an Arrays mit unterschiedlichen Formen und Dimensionen durchführen. Dies ermöglicht es dir, Daten einfacher und präziser zu manipulieren, besonders wenn du mit großen Datensätzen arbeitest. Darüber hinaus ist NumPy mit anderen Python-Bibliotheken wie Pandas und Matplotlib kompatibel, was es zu einem unverzichtbaren Werkzeug für Datenanalyse und -visualisierung macht.

Zusammenfassend vereinfacht NumPy den Prozess der Durchführung komplexer mathematischer Berechnungen in Python, was es zu einem unverzichtbaren Werkzeug für Wissenschaftler, Ingenieure und Datenanalysten gleichermaßen macht.

Hier ist ein Beispiel:

```python
import numpy as np

# Create an array
a = np.array([1, 2, 3, 4])

# Calculate sine of all elements
sin_a = np.sin(a)
print("Sine of all elements:\\n", sin_a)

# Calculate mean of all elements
mean_a = np.mean(a)
print("\\nMean of all elements: ", mean_a)

# Calculate standard deviation of all elements
std_a = np.std(a)
print("\\nStandard deviation of all elements: ", std_a)
```

10.1.3 Lineare Algebra mit SciPy

SciPy ist eine unglaublich nützliche Bibliothek, die eine Fülle von Funktionen für alle bietet, die mit linearer Algebra arbeiten. Zu ihren Funktionen gehört eine große Anzahl von Funktionen zum Lösen linearer Gleichungssysteme, was in vielen Bereichen von großer Bedeutung ist.

Darüber hinaus kann SciPy problemlos zur Berechnung von Eigenwerten und Eigenvektoren verwendet werden, die kritische Komponenten vieler mathematischer Berechnungen sind. Zusätzlich bietet die Bibliothek eine Vielzahl anderer Operationen der linearen Algebra wie Matrixzerlegungen und Determinanten.

SciPy ist ein wesentliches Werkzeug für jeden, der mit linearer Algebra arbeitet, und seine zahlreichen Funktionen machen es zu einer unglaublich leistungsstarken Bibliothek, die viele gängige Berechnungen erheblich vereinfachen kann.

Beispiel:

So können wir die Inverse einer Matrix mit SciPy finden:

```python
from scipy import linalg
import numpy as np

# Define a 2x2 matrix
A = np.array([[1, 2], [3, 4]])

# Compute the inverse of A
A_inv = linalg.inv(A)
print("Inverse of A:\\n", A_inv)
```

10.1.4 Datenvisualisierung mit Matplotlib

Matplotlib ist eine der am weitesten verbreiteten Bibliotheken zur Datenvisualisierung in Python und bietet ein umfangreiches Set an Werkzeugen zur Erstellung hochwertiger Grafiken. Mit Matplotlib können wir problemlos eine große Bandbreite an Diagrammen erstellen, wie Liniendiagramme, Streudiagramme, Balkendiagramme, Fehlerdiagramme, Histogramme und mehr.

Darüber hinaus können wir mit Matplotlib die Diagramme an unsere spezifischen Anforderungen anpassen. Wir können Farben, Markierungsstile, Linienstile und Schriftgrößen der Diagramme ändern, um sie visuell ansprechender zu gestalten. Außerdem ermöglicht uns Matplotlib, Anmerkungen, Legenden und Titel zu unseren Diagrammen hinzuzufügen, um ihnen Kontext zu geben und sie informativer zu machen.

Zusammenfassend ist Matplotlib ein leistungsstarkes Werkzeug zur Datenvisualisierung in Python, das uns eine große Vielfalt an Diagrammtypen und Anpassungsoptionen bietet, um visuell beeindruckende und informative Grafiken zu erstellen.

Beispiel:

Betrachten wir ein Beispiel, in dem wir ein Streudiagramm erzeugen:

```python
import matplotlib.pyplot as plt
import numpy as np

# Create some random data
x = np.random.randn(100)
y = np.random.randn(100)

# Create a scatter plot
plt.scatter(x, y)
```

```
plt.xlabel('x')
plt.ylabel('y')
plt.title('Scatter Plot')
plt.grid(True)
plt.show()
```

NumPy, SciPy und Matplotlib sind drei der am weitesten verbreiteten und essentiellen Bibliotheken für wissenschaftliches Rechnen in Python. NumPy ist eine Bibliothek, die effiziente numerische Berechnungen mit Python ermöglicht, SciPy baut auf NumPy auf und fügt fortgeschrittenere Algorithmen und Werkzeuge für wissenschaftliches Rechnen hinzu, und Matplotlib bietet ein umfassendes Set an Werkzeugen zur Erstellung hochwertiger Visualisierungen.

Zusammen bilden diese drei Bibliotheken ein leistungsstarkes Toolkit, das für ein breites Spektrum an wissenschaftlichen Rechenaufgaben eingesetzt werden kann, von Datenanalyse und maschinellem Lernen bis hin zu Simulationen und Modellierung. In den folgenden Abschnitten werden wir die vielen Funktionen und Anwendungen dieser Bibliotheken näher untersuchen und zeigen, wie sie zur Lösung realer Probleme und zur Bewältigung komplexer Herausforderungen in den Bereichen Wissenschaft, Ingenieurwesen und darüber hinaus eingesetzt werden können.

10.2 Tiefer in NumPy eintauchen

Nachdem wir eine Einführung in NumPy erhalten haben, lassen Sie uns einige seiner Funktionen genauer betrachten.

10.2.1 Slicing und Indizierung von Arrays

Slicing und Indizierung von Arrays sind unglaublich nützliche Techniken, um auf Teilmengen von Array-Daten zuzugreifen und diese zu manipulieren, und bieten eine breite Palette an Möglichkeiten für die Datenanalyse. Mit Array-Slicing können Sie ein bestimmtes Element oder einen Block von Elementen aus einem Array auswählen, und mit der Indizierung können Sie eine Zeile oder Spalte von Daten auswählen.

Darüber hinaus sind Array-Slicing und -Indizierung wesentliche Werkzeuge für die Arbeit mit großen Datensätzen, da sie es Ihnen ermöglichen, die benötigten Informationen effizient und schnell zu extrahieren. Indem Sie nur die relevanten Daten auswählen, können Sie die Größe Ihres Arrays reduzieren und Ihre Berechnungen beschleunigen.

Zudem werden Array-Slicing und -Indizierung häufig in Anwendungen des maschinellen Lernens und der Datenwissenschaft eingesetzt, wo die Manipulation und Analyse von Daten entscheidend für präzise Ergebnisse sind. Durch die Beherrschung dieser Techniken können Sie ein tieferes Verständnis Ihrer Daten gewinnen und neue Erkenntnisse und Möglichkeiten erschließen.

Beispiel:

```python
import numpy as np

# Create a 3x3 array
a = np.array([[1, 2, 3], [4, 5, 6], [7, 8, 9]])
print("Original array:\\n", a)

# Select the first row
print("\\nFirst row: ", a[0])

# Select the last column
print("\\nLast column: ", a[:, -1])

# Select a block of elements
print("\\nBlock of elements:\\n", a[1:3, 1:3])
```

10.2.2 Umgestaltung und Größenänderung von Arrays

NumPy, eine Open-Source-numerische Python-Bibliothek, bietet eine Vielzahl nützlicher Funktionen zur Manipulation von Arrays. Insbesondere bietet sie verschiedene Methoden zum Ändern der Form eines Arrays, wie die Anzahl der Zeilen und Spalten, oder der Größe des Arrays, die sich auf die Gesamtzahl der Elemente bezieht.

Diese Funktionen können verwendet werden, um ein Array für einen bestimmten Zweck umzugestalten oder seine Größe zu ändern, wie zum Beispiel für Datenanalyse oder maschinelles Lernen. Darüber hinaus bietet NumPy eine Reihe von Werkzeugen zum Aufteilen, Zusammenführen und Teilen von Arrays, was es Benutzern ermöglicht, Teilmengen von Daten aus Arrays zu extrahieren oder zu kombinieren. Insgesamt ist NumPy ein leistungsstarkes Werkzeug zur Verwaltung und Manipulation von Arrays und bietet eine breite Palette von Funktionen, um unterschiedliche Bedürfnisse zu erfüllen.

Beispiel:

```python
import numpy as np

# Create a 1-D array
a = np.arange(1, 10)
print("Original array: ", a)

# Reshape it into a 3x3 array
b = a.reshape((3, 3))
print("\\nReshaped array:\\n", b)

# Flatten the array
c = b.flatten()
print("\\nFlattened array: ", c)
```

10.3 Arbeiten mit SciPy

SciPy ist eine leistungsstarke Bibliothek für wissenschaftliches Rechnen, die eine breite Palette von Funktionen und Modulen bietet. Sie kann für Optimierung, Statistik und vieles mehr verwendet werden. Mit SciPy können Sie komplexe Berechnungen durchführen und Daten mit Leichtigkeit analysieren. In diesem Dokument werden wir einige der Möglichkeiten erkunden, wie SciPy für Optimierung und Statistik eingesetzt werden kann.

Wir werden die verschiedenen verfügbaren Funktionen und Module diskutieren und Beispiele dafür geben, wie sie in praktischen Anwendungen eingesetzt werden können. Am Ende dieses Dokuments werden Sie ein besseres Verständnis für die Leistungsfähigkeit und Vielseitigkeit von SciPy für wissenschaftliches Rechnen haben.

10.3.1 Optimierung mit SciPy

Wir werden die Funktion **minimize** verwenden, die Teil des Moduls **scipy.optimize** ist, um das Minimum einer einfachen Funktion zu finden. Diese Funktion wird in der Regel verwendet, um die Leistung eines gegebenen Modells zu optimieren. Um dies zu tun, können wir verschiedene Parameter an die Funktion übergeben und die Ausgabe beobachten.

Dadurch können wir ein besseres Verständnis davon bekommen, wie die Funktion **minimize** funktioniert und wie sie auch zur Optimierung anderer Funktionen eingesetzt werden kann. Wir können auch verschiedene Optimierungstechniken erkunden und mit ihrer Wirksamkeit experimentieren, indem wir die Funktion **minimize** nutzen. Insgesamt ist die Funktion **minimize** ein leistungsstarkes Werkzeug im Bereich der Datenwissenschaft und Optimierung und kann die Leistung verschiedener Modelle und Algorithmen erheblich verbessern.

Beispiel:

```
from scipy.optimize import minimize
import numpy as np

# Define a simple function
def f(x):
    return x**2 + 10*np.sin(x)

# Find the minimum
result = minimize(f, x0=0)
print("Minimum of the function: ", result.x)
```

10.3.2 Statistik mit SciPy

Das Modul **scipy.stats** bietet eine breite Palette von Funktionen für die statistische Analyse. Diese Funktionen decken eine Vielzahl von Themen ab, wie Wahrscheinlichkeitsverteilungen, Hypothesentests, Korrelation, Regressionsanalyse und mehr. Darüber hinaus enthält das Modul Werkzeuge für Datenvisualisierung und -modellierung.

Mit dem Modul **scipy.stats** können Benutzer eine detaillierte statistische Analyse ihrer Daten durchführen, wertvolle Einblicke gewinnen und fundierte Entscheidungen treffen. Ob du Forscher, Analyst oder Datenwissenschaftler bist, dieses Modul kann ein unschätzbares Werkzeug in deinem Arsenal sein.

Beispiel:

```
from scipy import stats
import numpy as np

# Create some data
x = np.random.randn(100)

# Calculate mean and standard deviation
mean, std = stats.norm.fit(x)
print("Mean: ", mean)
print("Standard Deviation: ", std)
```

10.4 Datenvisualisierung mit Matplotlib

Datenvisualisierung ist ein unverzichtbarer Bestandteil der Datenanalyse und des wissenschaftlichen Rechnens. Sie ermöglicht die Extraktion von Informationen aus Daten und deren effektive Kommunikation. Als solche ist sie ein entscheidendes Werkzeug für Forscher, Analysten und Entscheidungsträger gleichermaßen.

Eines der beliebtesten und am häufigsten verwendeten Werkzeuge für die Datenvisualisierung in Python ist Matplotlib. Es bietet eine breite Vielfalt an Diagrammtypen, von einfachen Liniendiagrammen bis hin zu komplexen 3D-Streudiagrammen, und ermöglicht die Erstellung sowohl statischer als auch interaktiver Visualisierungen.

Darüber hinaus ist Matplotlib hochgradig anpassbar und ermöglicht es Benutzern, jeden Aspekt ihrer Visualisierungen anzupassen, von Farben und Schriftarten bis hin zu Beschriftungen und Anmerkungen. Insgesamt ist Matplotlib eine vielseitige und leistungsstarke Plattform, die für ein breites Spektrum an Datenvisualisierungsaufgaben eingesetzt werden kann, von der explorativen Datenanalyse bis hin zur Präsentation von Ergebnissen für Interessengruppen.

10.4.1 Grundlegende Diagramme mit Matplotlib

Beginnen wir mit der Diskussion der grundlegenden Prinzipien zur Erstellung eines Liniendiagramms. Eines der wichtigsten Werkzeuge für diese Aufgabe ist die Funktion **plot**, die sich im Modul **pyplot** befindet.

Es ist jedoch erwähnenswert, dass viele andere nützliche Funktionen und Module zur Verfügung stehen, um Diagramme aller Art zu erstellen. Darüber hinaus ist es wichtig, die verschiedenen Anpassungsoptionen zu berücksichtigen, die bei der Erstellung eines Diagramms zur Verfügung stehen.

Diese reichen von der Änderung der Farbe und des Linienstils bis hin zur Anpassung der Achsen und dem Hinzufügen von Anmerkungen. Durch die Nutzung dieser Optionen kannst du ein detaillierteres und informativeres Diagramm erstellen, das die gewünschte Botschaft effektiv vermittelt.

Beispiel:

```python
import matplotlib.pyplot as plt
import numpy as np

# Create some data
x = np.linspace(0, 10, 100)
y = np.sin(x)

# Create a figure and axis
fig, ax = plt.subplots()

# Plot the data
ax.plot(x, y)

# Show the plot
plt.show()
```

10.4.2 Erstellung von Unterdiagrammen

Die Funktion **subplots** ist eine bequeme Möglichkeit, mehrere Diagramme innerhalb einer einzigen Abbildung zu erstellen. Mit dieser Funktion kannst du eine Vielzahl von Diagrammlayouts erstellen, die deinen Bedürfnissen entsprechen. Du kannst beispielsweise ein Raster von Diagrammen erstellen, die die gleichen Achsen teilen, oder du kannst eine Reihe von Diagrammen erstellen, die in einer bestimmten Reihenfolge angeordnet sind.

Darüber hinaus kannst du jedes Diagramm individuell anpassen, indem du seine Position und Größe innerhalb der Abbildung festlegst. Dies kann nützlich sein, wenn du bestimmte Aspekte deiner Daten hervorheben möchtest oder wenn du verschiedene Datensätze nebeneinander vergleichen möchtest. Insgesamt ist die Funktion **subplots** ein leistungsstarkes Werkzeug, das dir helfen kann, komplexere und informativere Visualisierungen für deine Daten zu erstellen.

Beispiel:

```python
import matplotlib.pyplot as plt
import numpy as np

# Create some data
x = np.linspace(0, 10, 100)
y1 = np.sin(x)
y2 = np.cos(x)

# Create a figure and subplots
fig, (ax1, ax2) = plt.subplots(2)
```

```
# Plot the data on each subplot
ax1.plot(x, y1)
ax2.plot(x, y2)

# Show the plot
plt.show()
```

10.4.3 Diagramme mit Pandas

Pandas ist eine leistungsstarke und vielseitige Bibliothek, die eine High-Level-Schnittstelle für die Manipulation und Analyse von Daten in Python bietet. Sie wird in wissenschaftlichen Rechen- und Datenwissenschaftsgemeinschaften weit verbreitet genutzt, da ihre intuitiven und flexiblen Datenstrukturen die Arbeit mit großen und komplexen Datensätzen erleichtern.

Einer der Hauptvorteile der Verwendung von Pandas ist seine nahtlose Integration mit anderen beliebten Python-Bibliotheken wie NumPy und Matplotlib, was es Benutzern ermöglicht, Daten einfach zu visualisieren und zu analysieren.

Darüber hinaus bietet Pandas eine breite Palette von bequemen und effizienten Methoden und Funktionen für die Datenmanipulation, -transformation und -bereinigung, die die Aufgaben der Datenanalyse erheblich vereinfachen und beschleunigen können. Insgesamt ist Pandas ein unverzichtbares Werkzeug für jeden Datenwissenschaftler oder Analysten, der mit Daten in Python arbeiten muss.

Beispiel:

Lassen Sie uns das mit einem einfachen Beispiel demonstrieren.

```
import pandas as pd
import numpy as np
import matplotlib.pyplot as plt

# Create some data
data = pd.DataFrame({
    'A': np.random.randn(100),
    'B': np.random.randn(100)
})

# Plot the data using pandas
data.plot(kind='scatter', x='A', y='B')

# Show the plot
plt.show()
```

10.5 Pandas für Datenanalyse erkunden

Pandas ist eine weit verbreitete Open-Source-Bibliothek für Datenanalyse und -manipulation in der Programmiersprache Python. Sie ist bekannt für ihre leistungsstarken und benutzerfreundlichen Datenstrukturen und Werkzeuge, was sie zu einem wesentlichen Instrument im Werkzeugkasten des wissenschaftlichen Rechnens macht.

Einer der vielen Gründe, warum Pandas so beliebt ist, liegt darin, dass es auf zwei wichtigen Python-Bibliotheken aufbaut: Matplotlib und NumPy. Matplotlib wird für die Datenvisualisierung verwendet, während NumPy für mathematische Operationen eingesetzt wird. Zusammen bieten diese Bibliotheken eine leistungsstarke Kombination von Datenmanipulations- und Analysefähigkeiten.

Die zentrale Datenstruktur in Pandas ist der DataFrame, der einer relationalen Datentabelle mit Zeilen und Spalten ähnelt. Der DataFrame ist eine zweidimensionale, in der Größe veränderbare tabellarische Datenstruktur mit Spalten, die verschiedene Datentypen enthalten können, einschließlich Ganzzahlen, Gleitkommazahlen und Zeichenketten. Er bietet auch leistungsstarke Indexierungs- und Auswahlwerkzeuge, mit denen Sie Ihre Daten auf viele verschiedene Arten aufteilen und zuschneiden können.

Insgesamt ist Pandas eine vielseitige und leistungsstarke Bibliothek, die von Datenwissenschaftlern, Analysten und Entwicklern in vielen verschiedenen Branchen und Bereichen eingesetzt wird. Seine Benutzerfreundlichkeit, Flexibilität und Leistungsfähigkeit machen es zu einem unverzichtbaren Werkzeug für jeden, der mit Daten in Python arbeitet.

Lassen Sie uns einige der Fähigkeiten von Pandas erkunden:

10.5.1 Erstellen eines DataFrame

DataFrames sind ein vielseitiges Werkzeug bei der Datenanalyse, da sie es Ihnen ermöglichen, Daten auf verschiedene Weise zu manipulieren und zu transformieren. Eine Möglichkeit, einen DataFrame zu erstellen, ist die Verwendung eines Wörterbuchs, das Sie dann leicht in ein DataFrame-Objekt umwandeln können.

Darüber hinaus können Sie einen DataFrame aus Listen, Serien oder sogar einem anderen DataFrame erstellen. Dies ermöglicht es Ihnen, Daten aus verschiedenen Quellen einfach zu kombinieren und zu manipulieren, was Ihnen ein besseres Verständnis Ihrer Daten verschafft. Mit all diesen Datenquellen zur Verfügung sind die Möglichkeiten unbegrenzt, wenn es darum geht, komplexe und aussagekräftige Datensätze zu erstellen.

Beispiel:

```
import pandas as pd

# Create a simple dataframe
data = {'Name': ['John', 'Anna', 'Peter'],
        'Age': [28, 24, 33],
```

```
        'Country': ['USA', 'Germany', 'France']}
df = pd.DataFrame(data)

print(df)
```

10.5.2 Datenauswahl

Wenn Sie mit einem DataFrame arbeiten, gibt es mehrere Möglichkeiten, die benötigten Daten auszuwählen. Eine gängige Methode ist das Abrufen von Daten basierend auf bestimmten Spaltennamen. Wenn Sie beispielsweise einen DataFrame mit Spalten haben, die verschiedene Obstarten darstellen, können Sie die Spaltennamen verwenden, um alle Zeilen abzurufen, die eine bestimmte Obstsorte enthalten. Eine andere Möglichkeit, Daten aus einem DataFrame auszuwählen, ist die Verwendung von Bedingungen. Das bedeutet, dass Sie Daten basierend auf Werten abrufen können, die bestimmte Kriterien erfüllen, wie z.B. die Auswahl aller Zeilen, bei denen der Wert einer bestimmten Spalte größer als eine bestimmte Zahl ist. Mit diesen Methoden können Sie leicht auf die benötigten Daten in einem DataFrame zugreifen und weitere Analysen oder Manipulationen durchführen, um Erkenntnisse über Ihre Daten zu gewinnen. **Beispiel:**

```
# Select the 'Name' column
print(df['Name'])

# Select rows where 'Age' is greater than 25
print(df[df['Age'] > 25])
```

10.5.3 Datenmanipulation

Pandas bietet als Python-Bibliothek für Datenanalyse eine Vielzahl von Methoden zur Änderung Ihrer Daten. Diese Methoden reichen von einfachen Funktionen, die grundlegende arithmetische Operationen an Ihren Daten durchführen können, bis hin zu komplexeren, die Ihre Daten filtern, gruppieren oder aggregieren können.

Darüber hinaus unterstützt Pandas verschiedene Datenstrukturen wie Series, DataFrame und Panel, die mit diesen Methoden manipuliert werden können, um eine breite Palette von Datenanalyseaufgaben durchzuführen. Mit seiner Benutzerfreundlichkeit und leistungsstarken Funktionalität ist Pandas zu einem beliebten Werkzeug sowohl für Datenwissenschaftler als auch für Analysten geworden.

Beispiel:

```
# Add a new column
df['Salary'] = [70000, 80000, 90000]

# Drop the 'Country' column
df = df.drop(columns=['Country'])

print(df)
```

10.5.4 Daten aus Dateien lesen

Pandas ist ein leistungsstarkes Werkzeug für die Datenverarbeitung, das zahlreiche Funktionen bietet. Eine seiner Schlüsselfähigkeiten ist die Möglichkeit, Daten aus einer Vielzahl von Dateiformaten zu lesen, darunter CSV, Excel, JSON, SQL-Datenbanken und sogar die Zwischenablage. Dies macht es zu einem vielseitigen Werkzeug für den Umgang mit Daten in verschiedenen Formaten.

Darüber hinaus bietet Pandas eine Vielzahl von Funktionen zur Datenbereinigung, -manipulation und -analyse, die Benutzern helfen können, Erkenntnisse aus ihren Daten zu gewinnen. Mit seiner intuitiven Syntax und umfangreichen Dokumentation ist Pandas eine beliebte Wahl unter Datenwissenschaftlern und Analysten für die Datenmanipulation und -analyse.

Beispiel:

```python
# Read data from a CSV file
data = pd.read_csv('file.csv')

# Write data to a CSV file
df.to_csv('file.csv', index=False)
```

10.6 Einführung in Scikit-Learn

Scikit-Learn ist eine leistungsstarke Bibliothek für maschinelles Lernen in Python, die eine breite Palette von Algorithmen für Klassifikation, Regression und Clustering bietet. Darüber hinaus ist sie darauf ausgelegt, nahtlos mit weit verbreiteten numerischen und wissenschaftlichen Python-Bibliotheken wie NumPy und SciPy zusammenzuarbeiten, was sie zu einem idealen Werkzeug für Forscher, Datenanalysten und Enthusiasten des maschinellen Lernens macht.

Ihre Benutzerfreundlichkeit, flexible API und umfangreiche Dokumentation machen sie zu einer wertvollen Ressource für jeden, der an Projekten des maschinellen Lernens arbeitet. Darüber hinaus ist Scikit-Learn eine Open-Source-Software, was bedeutet, dass Benutzer sie leicht modifizieren und anpassen können, um sie an ihre Bedürfnisse anzupassen.

Insgesamt ist Scikit-Learn ein unverzichtbares Werkzeug für jeden, der sich für maschinelles Lernen und Datenanalyse in Python interessiert, und ihre Beliebtheit ist ein Beweis für ihre Effektivität und Nützlichkeit in diesem Bereich.

Beispiel:

Hier ist ein einfaches Beispiel, wie man Scikit-Learn verwenden kann, um ein einfaches lineares Regressionsmodell zu erstellen:

```python
from sklearn.linear_model import LinearRegression
from sklearn.model_selection import train_test_split
```

```python
import numpy as np

# Creating a random dataset
x, y = np.random.rand(100, 1), np.random.rand(100, 1)

# Split the dataset into training set and test set
x_train, x_test, y_train, y_test = train_test_split(x, y, test_size=0.2)

# Creating the Linear Regression model
model = LinearRegression()

# Train the model using the training sets
model.fit(x_train, y_train)

# Make predictions using the testing set
y_pred = model.predict(x_test)

print(y_pred)
```

Scikit-learn bietet eine einheitliche Sammlung von Werkzeugen zur Anwendung gängiger Algorithmen des maschinellen Lernens auf Daten sowohl für überwachtes Lernen (Klassifikation und Regression) als auch für unüberwachtes Lernen (Clustering, Anomalieerkennung, usw.). Dies macht es zu einem wichtigen Werkzeug im Arsenal jedes Wissenschaftlers, der beabsichtigt, computergestützte Forschung mit Python durchzuführen.

10.7 Einführung in Statsmodels

Statsmodels ist ein Python-Modul, das eine breite Palette von Funktionen für statistische Modellierung, Analyse und Exploration bietet. Es ermöglicht dir, viele verschiedene statistische Modelle zu schätzen, von den einfachsten bis zu den komplexesten, unter Verwendung verschiedener Techniken. Mit Statsmodels kannst du statistische Tests durchführen, deine Daten erkunden und nützliche Informationen daraus gewinnen.

Eine der leistungsstärksten Eigenschaften von Statsmodels ist die umfangreiche Liste an Ergebnisstatistiken, die für jeden Schätzer bereitgestellt werden. Diese Statistiken ermöglichen es dir, die Leistung deiner Modelle zu bewerten und sie mit anderen Modellen zu vergleichen. Darüber hinaus werden die mit Statsmodels erzielten Ergebnisse gründlich gegen bestehende statistische Pakete getestet, um ihre Korrektheit und Zuverlässigkeit zu gewährleisten.

Neben den Kernfunktionalitäten bietet Statsmodels auch eine breite Palette von Werkzeugen und Hilfsmitteln für die Datenverarbeitung, Visualisierung und Manipulation. Du kannst beispielsweise Statsmodels verwenden, um deine Daten vorzuverarbeiten, informative Grafiken und Berichte zu erstellen und fortgeschrittene Datentransformationen durchzuführen.

Insgesamt ist Statsmodels ein wesentliches Werkzeug für jeden Datenwissenschaftler oder Statistiker, der mit Python arbeitet. Es bietet einen leistungsstarken und flexiblen Rahmen für statistische Analyse und Modellierung und entwickelt sich dank der lebendigen Gemeinschaft von Entwicklern und Nutzern, die dazu beitragen, ständig weiter und verbessert sich.

Beispiel:

Hier ist ein einfaches Beispiel, wie man Statsmodels für eine lineare Regression verwendet:

```python
import numpy as np
import statsmodels.api as sm

# Generate some example data
nsample = 100
x = np.linspace(0, 10, nsample)
X = sm.add_constant(x) # Add a constant column to the inputs
beta = np.array([1, 10])
e = np.random.normal(size=nsample)
y = np.dot(X, beta) + e

# Fit and summarize OLS model
mod = sm.OLS(y, X)
res = mod.fit()

print(res.summary())
```

Statsmodels unterstützt die Spezifikation von Modellen mit R-ähnlichen Formeln und pandas DataFrame, was für die Datenmanipulation und für Benutzer, die aus einer R-Umgebung kommen, praktisch ist. Es ist ein leistungsstarkes Werkzeug für stärker statistisch orientierte Ansätze zur Datenanalyse, mit einem Schwerpunkt auf ökonometrischen Analysen.

10.8 Einführung in TensorFlow und PyTorch

TensorFlow und PyTorch sind zwei der am häufigsten verwendeten und beliebtesten Bibliotheken im Bereich des Deep Learning. Sie sind bekannt für ihre Fähigkeit, komplexe Berechnungen zu bewältigen, und bieten eine solide Unterstützung für verschiedene Deep-Learning-Algorithmen. Obwohl beide Bibliotheken Ähnlichkeiten aufweisen, unterscheiden sie sich in ihren Philosophien und ihrer Benutzerfreundlichkeit, was sie einzigartig macht.

TensorFlow, entwickelt vom Google Brain-Team, bietet eine der umfassendsten und flexibelsten Plattformen für maschinelles Lernen und Deep Learning. Es bietet mehrere APIs, wobei TensorFlow Core die niedrigste Ebene ist, die vollständige Kontrolle über die Programmierung bietet. Diese Eigenschaft macht es zu einem idealen Werkzeug für Forscher im Bereich des maschinellen Lernens und andere Fachleute, die eine feine Kontrolle über ihre Modelle benötigen. TensorFlow ist auch eine ausgezeichnete Wahl für verteiltes Rechnen, was ermöglicht, dass Teile des Graphen auf verschiedenen GPUs/CPU-Kernen berechnet werden können.

Ein weiterer Vorteil von TensorFlow ist seine TensorFlow Extended (TFX) Plattform, eine End-to-End-Plattform für maschinelles Lernen zum Aufbau produktionsreifer ML-Pipelines. Diese Plattform bietet eine Reihe von TensorFlow-Bibliotheken und -Werkzeugen, die es Datenwissenschaftlern und Entwicklern ermöglichen, Modelle für maschinelles Lernen im großen Maßstab zu erstellen, zu trainieren und einzusetzen.

Auf der anderen Seite ist PyTorch, entwickelt vom Forschungsteam für künstliche Intelligenz von Facebook, eine dynamische Bibliothek für neuronale Netze, die Einfachheit und Benutzerfreundlichkeit betont. PyTorch ist eine ausgezeichnete Wahl für Forscher, Studenten und andere Fachleute, die mit neuen Ideen und Konzepten im Deep Learning experimentieren möchten, ohne sich zu sehr um technische Details kümmern zu müssen. PyTorch bietet auch eine pythonischere Art, neuronale Netze zu bauen als TensorFlow.

Zusammenfassend sind sowohl TensorFlow als auch PyTorch ausgezeichnete Bibliotheken für Deep Learning. Während TensorFlow besser für diejenigen geeignet ist, die eine feine Kontrolle über ihre Modelle benötigen und eine umfassendere und flexiblere Plattform bevorzugen, ist PyTorch besser für diejenigen geeignet, die mit neuen Ideen und Konzepten im Deep Learning experimentieren möchten, ohne sich zu sehr um technische Details kümmern zu müssen.

Beispiel:

Hier ist ein einfaches Beispiel, wie man TensorFlow verwenden kann, um ein einfaches lineares Modell zu erstellen und zu trainieren:

```python
import tensorflow as tf
import numpy as np

# Model parameters
W = tf.Variable([.3], dtype=tf.float32)
b = tf.Variable([-.3], dtype=tf.float32)

# Model input and output
x = tf.placeholder(tf.float32)
linear_model = W * x + b
y = tf.placeholder(tf.float32)

# Loss
loss = tf.reduce_sum(tf.square(linear_model - y))

# Optimizer
optimizer = tf.train.GradientDescentOptimizer(0.01)
train = optimizer.minimize(loss)

# Training data
x_train = [1, 2, 3, 4]
y_train = [0, -1, -2, -3]

# Training loop
init = tf.global_variables_initializer()
```

```
sess = tf.Session()
sess.run(init)
for i in range(1000):
    sess.run(train, {x: x_train, y: y_train})

# Evaluate training accuracy
curr_W, curr_b, curr_loss = sess.run([W, b, loss], {x: x_train, y: y_train})
print("W: %s b: %s loss: %s"%(curr_W, curr_b, curr_loss))
```

Andererseits legt PyTorch, unterstützt vom Forschungslabor für künstliche Intelligenz von Facebook, mehr Wert auf Benutzerkontrolle und ist somit flexibler. Im Gegensatz zum statischen Graphenparadigma von TensorFlow verwendet PyTorch ein dynamisches Graphenparadigma, das eine größere Flexibilität beim Aufbau komplexer Architekturen ermöglicht. Diese Eigenschaft macht PyTorch leichter zu erlernen und einfacher zu verwenden und bietet Python-typische Funktionen wie die Möglichkeit, Modelle in Echtzeit zu debuggen.

Hier ist ein ähnliches Beispiel in PyTorch:

```
import torch
from torch.autograd import Variable

# N is batch size; D_in is input dimension;
# H is hidden dimension; D_out is output dimension.
N, D_in, H, D_out = 64, 1000, 100, 10

# Create random Tensors to hold inputs and outputs, and wrap them in Variables.
x = Variable(torch.randn(N, D_in))
y = Variable(torch.randn(N, D_out), requires_grad=False)

# Use the nn package to define our model and loss function.
model = torch.nn.Sequential(
    torch.nn.Linear(D_in, H),
    torch.nn.ReLU(),
    torch.nn.Linear(H, D_out),
)
loss_fn = torch.nn.MSELoss(size_average=False)

# Use the optim package to define an Optimizer that will update the weights of
# the model for us.
learning_rate = 1e-4
optimizer = torch.optim.Adam(model.parameters(), lr=learning_rate)

# Training loop
for t in range(500):
    # Forward pass
    y_pred = model(x)

    # Compute and print loss
    loss = loss_fn(y_pred, y)
    print(t, loss.data[0])
```

```
# Zero gradients, perform a backward pass,
and update the weights.
    optimizer.zero_grad()
    loss.backward()
    optimizer.step()
```

Sowohl TensorFlow als auch PyTorch sind hervorragende Optionen für Deep Learning und hängen weitgehend von persönlichen Vorlieben ab. Wenn du viele wissenschaftliche Berechnungen durchführen möchtest, könntest du feststellen, dass TensorFlow einfacher zu verwenden ist. Wenn du jedoch neu im Bereich Deep Learning bist oder eine direktere Herangehensweise bevorzugst, dann könnte PyTorch die bessere Wahl sein.

Diese Bibliotheken erweitern die Fähigkeiten von Python im Bereich der Datenwissenschaft, des maschinellen Lernens und des Deep Learnings, was zu den Gründen beiträgt, warum Python eine so beliebte Sprache im Bereich des wissenschaftlichen Rechnens ist. Im nächsten Abschnitt werden wir uns auf praktische Übungen konzentrieren, um dir zu helfen, dich mit diesen Bibliotheken besser vertraut zu machen.

10.9 Praktische Übungen

Nachdem wir die zahlreichen Möglichkeiten von Python für wissenschaftliches Rechnen diskutiert haben, ist es wichtig, diese Konzepte in die Praxis umzusetzen. Daher enthält der folgende Abschnitt eine Reihe praktischer Übungen, die dir helfen sollen, das bisher Gelernte zu festigen und ein tieferes Verständnis für den Einsatz von Python im wissenschaftlichen Rechnen zu erlangen.

Die Übungen in diesem Abschnitt ermöglichen es dir, die gelernten Konzepte praktisch anzuwenden. Durch das Lösen dieser Aufgaben gewinnst du wertvolle Erfahrung im Umgang mit Python für wissenschaftliches Rechnen und wirst besser darauf vorbereitet sein, komplexere Probleme in der Zukunft zu bewältigen.

Die Übungen in diesem Abschnitt sind sorgfältig aufeinander aufbauend gestaltet, beginnend mit einfacheren Problemen und schrittweise ansteigend in ihrer Komplexität. Indem du Schritt für Schritt an jeder Übung arbeitest, wirst du ein tieferes Verständnis dafür erlangen, wie man Python für wissenschaftliches Rechnen einsetzt, und du wirst in der Lage sein, anspruchsvollere Probleme mit Leichtigkeit anzugehen.

Zusammenfassend enthält der folgende Abschnitt eine Reihe praktischer Übungen, die dir helfen sollen, die bisher gelernten Konzepte anzuwenden und wertvolle praktische Erfahrung im Umgang mit Python für wissenschaftliches Rechnen zu sammeln. Diese Übungen sind sorgfältig aufeinander aufbauend konzipiert und ermöglichen es dir, ein tieferes Verständnis für den Einsatz von Python im wissenschaftlichen Rechnen zu erlangen, wodurch du besser darauf vorbereitet sein wirst, komplexere Probleme in der Zukunft anzugehen.

Übung 1

Erstelle eine NumPy-Matrix, die ganze Zahlen von 0 bis 9 enthält, und forme sie zu einer 2D-Matrix mit 5 Zeilen.

Lösung:

```
import numpy as np

# Creating a 1D array
arr = np.arange(10)
print("1D Array:")
print(arr)

# Reshaping to a 2D array
arr_2d = arr.reshape(5, 2)
print("\\n2D Array:")
print(arr_2d)
```

Übung 2

Verwende Matplotlib, um einen einfachen Linienplot für die Gleichung y = 2x + 1 für x-Werte von 0 bis 100 zu erstellen.

Lösung:

```
import matplotlib.pyplot as plt

# Define x and y
x = np.linspace(0, 100, 100)
y = 2*x + 1

# Plot
plt.plot(x, y)
plt.title('y = 2x + 1')
plt.xlabel('x')
plt.ylabel('y')
plt.grid(True)
plt.show()
```

Übung 3

Berechne die Inverse einer 3x3-Matrix mit NumPy.

Lösung:

```
import numpy as np
```

```python
# Defining a 3x3 matrix
matrix = np.array([[1, 2, 3], [4, 5, 6], [7, 8, 10]])

# Compute the inverse
inverse = np.linalg.inv(matrix)

print("Matrix:")
print(matrix)

print("\\nInverse:")
print(inverse)
```

Übung 4

Erstelle einen Tensor in PyTorch und berechne den Gradienten.

Lösung:

```python
import torch

# Creating a tensor
x = torch.tensor([1.0], requires_grad=True)

# Define a function
y = 3*x**3 - 2*x**2 + x

# Compute gradients
y.backward()

# Display the gradient
print(x.grad)
```

Denke daran, diese Übungen selbst durchzuarbeiten, da praktische Übung entscheidend ist, um diese Konzepte und Techniken zu beherrschen.

Kapitel 10: Fazit

Wir haben in diesem Kapitel einen weiten Weg zurückgelegt, nicht wahr? Wir begannen unsere Reise, indem wir unsere Finger in den weiten Ozean des wissenschaftlichen Rechnens mit Python tauchten, und nun stehen wir fest auf der anderen Seite, bereichert mit neuem Wissen und neuen Fähigkeiten.

Dieses Kapitel befasste sich mit der Schnittstelle zwischen Python und wissenschaftlichem Rechnen, wobei wir uns besonders auf NumPy, SciPy, Matplotlib und PyTorch konzentrierten. Wir begannen mit der Erkundung der Welt von NumPy, das leistungsstarke Werkzeuge für die Handhabung von n-dimensionalen Arrays bietet. Wir haben gesehen, wie NumPy auf Effizienz ausgelegt ist und herkömmliche Python-Listen übertreffen kann, besonders wenn es um große Datensätze geht.

Wir setzten unsere Reise mit SciPy fort, das auf den Grundlagen von NumPy aufbaut, um eine Vielzahl von Funktionen für wissenschaftliche und ingenieurwissenschaftliche Berechnungen auf hohem Niveau bereitzustellen. Von der Integration komplexer mathematischer Funktionen bis hin zur Lösung von Differentialgleichungen bietet SciPy ein breites Spektrum an Möglichkeiten.

Die Visualisierung unserer Daten ist ebenso wichtig, und hier kommt Matplotlib ins Spiel. Wir haben gelernt, wie man Liniendiagramme, Streudiagramme, Balkendiagramme und viele weitere Arten von Grafiken erstellt, die es uns ermöglichen, unsere Daten in visuelle Geschichten zu verwandeln.

Schließlich wagten wir uns in den Bereich des Deep Learning mit PyTorch. Wir haben gesehen, wie PyTorch automatische Differenzierung handhaben und Gradienten berechnen kann, ein grundlegender Baustein beim Training neuronaler Netze.

Es ist wichtig zu beachten, dass die Stärke von Python im wissenschaftlichen Rechnen nicht nur in diesen Bibliotheken liegt, sondern in der nahtlosen Interoperabilität zwischen ihnen. Zusammen bilden sie ein robustes und vielseitiges Ökosystem für wissenschaftliches Rechnen und bilden die Grundlage für einen Großteil der Beliebtheit von Python bei Wissenschaftlern, Ingenieuren, Forschern und Datenanalysten.

Aber denke daran, das Lesen über diese Bibliotheken und das Verstehen der zugrundeliegenden Prinzipien ist nur der erste Schritt. Wahre Meisterschaft entsteht durch Übung. Stelle also sicher, dass du an den bereitgestellten praktischen Übungen arbeitest und diese Bibliotheken selbst erkundest.

Im nächsten Kapitel setzen wir unsere Reise mit Python fort und tauchen in die Fähigkeiten von Python für Web Scraping und Datenverarbeitung ein. Wir sehen uns dort!

Kapitel 11: Testen in Python

Jeder Softwareentwicklungsprozess umfasst Tests, ein grundlegender Schritt, um sicherzustellen, dass sich unser Code wie erwartet verhält und um Fehler oder unerwartetes Verhalten zu erkennen. Tests ermöglichen uns nicht nur, Fehler frühzeitig zu erkennen, sondern geben uns auch das Vertrauen, neue Funktionen hinzuzufügen oder Änderungen an der bestehenden Codebasis vorzunehmen. Dies liegt daran, dass wir sicher sein können, dass unser Code korrekt funktioniert, auch während wir unsere Programme kontinuierlich verbessern und optimieren.

In der Welt von Python stehen uns verschiedene Werkzeuge und Bibliotheken zur Verfügung, um Tests für unseren Code zu schreiben. Diese Werkzeuge ermöglichen es uns, verschiedene Arten von Tests zu schreiben, darunter Unit-Tests, Integrationstests und mehr. In diesem Kapitel werden wir tiefer in die Welt des Testens in Python eintauchen, beginnend mit der Einführung in Unit-Tests mit der integrierten Bibliothek **unittest**.

Unit-Tests sind eine Art von Test, bei dem jede einzelne Code-Einheit isoliert getestet wird. Dies ermöglicht es uns sicherzustellen, dass jede Code-Einheit wie erwartet funktioniert und Fehler oder unerwartetes Verhalten frühzeitig zu erkennen. Nachdem wir Unit-Tests behandelt haben, werden wir andere Testarten wie Integrationstests besprechen.

Integrationstests sind eine Art von Test, bei dem geprüft wird, wie verschiedene Code-Einheiten zusammenarbeiten. Dies ermöglicht es uns sicherzustellen, dass alle Code-Einheiten wie erwartet funktionieren, wenn sie kombiniert werden. Für Integrationstests werden wir Drittanbieter-Bibliotheken wie pytest und hypothesis erkunden, die leistungsstarke Funktionen für Tests in Python bieten.

Abschließend werden wir uns mit den besten Praktiken für das Testen in Python beschäftigen. Diese Best Practices helfen uns dabei, effektive Tests zu schreiben, die Fehler frühzeitig erkennen und sicherstellen, dass unser Code korrekt funktioniert. Am Ende dieses Kapitels wirst du ein solides Verständnis vom Testen in Python haben und bereit sein, diese Werkzeuge und Techniken zu nutzen, um effektive Tests für deinen eigenen Code zu schreiben. Fangen wir an!

11.1 Unit-Tests mit unittest

Unit-Tests sind eine wesentliche Testmethode, die die einzelnen Teile eines Programms überprüft: die 'Einheiten'. Diese Einheiten, auch als Komponenten bekannt, können als der kleinste Teil einer Anwendung betrachtet werden, der getestet werden kann, und können eine Funktion, eine Methode oder eine Klasse sein.

In Python wird das integrierte Modul **unittest** für Unit-Tests verwendet. Es ist von der xUnit-Architektur inspiriert, einem Framework zum Erstellen von Testfällen, das in fast allen Sprachen vorhanden ist. Die xUnit-Architektur basiert auf dem Konzept, einzelne Komponenten einer Softwareanwendung isoliert vom Rest des Systems zu testen.

Das Modul **unittest** bietet einen umfassenden Satz von Werkzeugen zum Erstellen und Ausführen von Tests. Dazu gehören ein Framework für Testsuiten (Gruppierungen von Testfällen), Testfälle, Testlader und Testausführer. Es ist einfach, einen vollständigen Testsatz in Python mit dem **unittest**-Modul zu erstellen, was es zu einer idealen Wahl für Softwareentwickler macht, die sicherstellen möchten, dass ihr Code zuverlässig und fehlerfrei ist. Darüber hinaus machen die Vielseitigkeit und einfache Verwendung des Moduls es zu einer ausgezeichneten Wahl für Entwickler, die neu im Bereich Unit-Testing sind und mehr über diesen kritischen Aspekt der Softwareentwicklung lernen möchten.

Beispiel:

Hier ist ein Beispiel für einen einfachen Unit-Test mit **unittest**:

```python
import unittest

def sum(x, y):
    return x + y

class TestSum(unittest.TestCase):
    def test_sum(self):
        self.assertEqual(sum(5, 7), 12)

if __name__ == '__main__':
    unittest.main()
```

In diesem Beispiel testen wir eine Funktion **sum()**, die zwei Zahlen addiert. Wir haben eine **TestCase**-Klasse namens **TestSum**, in der wir unsere Testmethode **test_sum()** definieren. Wir verwenden **assertEqual()**, um zu überprüfen, ob die Ausgabe von **sum(5, 7)** gleich **12** ist.

Um den Test auszuführen, verwenden wir **unittest.main()**. Wenn wir dieses Skript ausführen, findet unittest automatisch alle Testmethoden in der **TestCase**-Unterklasse und führt sie aus, wobei die Ergebnisse gemeldet werden.

unittest stellt auch verschiedene Assertionsmethoden bereit, um verschiedene Bedingungen zu überprüfen. Wir haben zuvor **assertEqual()** verwendet, aber es gibt viele andere wie **assertTrue()**, **assertFalse()**, **assertIn()**, **assertIsNone()** und mehr.

Unit-Tests sind unerlässlich, um die Korrektheit der einzelnen Komponenten Ihrer Software zu gewährleisten. Indem Sie sicherstellen, dass jeder Teil korrekt funktioniert, können Sie mehr Vertrauen haben, wenn Sie diese Teile kombinieren, um eine vollständige Anwendung zu erstellen.

11.1.1 setUp und tearDown

unittest ist ein Testframework für Python, das eine breite Palette von Funktionen bietet, um Ihren Code effizient zu testen. Eine seiner nützlichsten Funktionen ist die Möglichkeit, **setUp**- und **tearDown**-Methoden in Ihrer **TestCase**-Unterklasse zu definieren. Die **setUp**-Methode wird vor jeder Testmethode aufgerufen und kann verwendet werden, um jeden Zustand einzurichten, der allen Ihren Testmethoden gemeinsam ist. Zum Beispiel können Sie eine Datenbankverbindung initialisieren oder Testdaten erstellen, die in mehreren Tests verwendet werden. Andererseits wird die **tearDown**-Methode nach jeder Testmethode aufgerufen und kann verwendet werden, um Ressourcen zu bereinigen, nachdem die Testmethode ausgeführt wurde. Dies kann das Schließen von Datenbankverbindungen oder das Entfernen temporärer Dateien umfassen. Durch die Verwendung der **setUp**- und **tearDown**-Methoden können Sie sicherstellen, dass Ihre Testmethoden voneinander unabhängig sind und die Testumgebung immer in einem bekannten Zustand ist.

Neben **setUp** und **tearDown** bietet **unittest** auch andere nützliche Funktionen zum Testen Ihres Codes, wie Assertionsmethoden zur Überprüfung Ihrer Testergebnisse, die Möglichkeit, Tests parallel auszuführen, und die Möglichkeit, Tests unter bestimmten Bedingungen zu überspringen oder zu deaktivieren.

Zusammenfassend ist **unittest** ein leistungsstarkes Framework, das viele Funktionen bietet, um Ihnen beim effizienten Testen Ihres Codes zu helfen. Durch die Verwendung der **setUp**- und **tearDown**-Methoden können Sie sicherstellen, dass Ihre Testmethoden voneinander unabhängig sind und die Testumgebung immer in einem bekannten Zustand ist, was Ihnen helfen kann, Fehler und Bugs frühzeitig im Entwicklungsprozess zu erkennen.

Hier ist ein Beispiel:

```python
import unittest

class TestNumbers(unittest.TestCase):
    def setUp(self):
        self.x = 5
        self.y = 7

    def test_add(self):
        self.assertEqual(self.x + self.y, 12)
```

```
    def test_multiply(self):
        self.assertEqual(self.x * self.y, 35)

    def tearDown(self):
        del self.x
        del self.y

if __name__ == '__main__':
    unittest.main()
```

In diesem Beispiel richten wir zwei Zahlen **x** und **y** in der **setUp**-Methode ein, die dann in den Testmethoden verwendet werden. Die **tearDown**-Methode räumt diese Ressourcen nach jeder Testmethode auf.

11.1.2 Testentdeckung

unittest bietet eine leistungsstarke Funktion namens automatische Testfall-Entdeckung. Mit dieser Funktion können Sie Ihre Testfälle einfach in verschiedenen Python-Dateien organisieren und **unittest** alle ausführen lassen. Dies ist besonders nützlich bei größeren Projekten, bei denen die Tests auf mehrere Dateien aufgeteilt sind.

Um diese Funktion zu nutzen, müssen Ihre Testdateien Module oder Pakete sein, die vom Stammverzeichnis Ihres Projekts importiert werden können. Das bedeutet in der Regel, dass sie Python-Pakete sein und eine **_init_.py**-Datei enthalten müssen. Außerdem sollten die Namen Ihrer Testdateien mit dem Präfix **test** beginnen. Durch die Einhaltung dieser Namenskonventionen können Sie sicherstellen, dass **unittest** automatisch alle Ihre Testfälle entdeckt und ausführt.

Beispiel:

Sie können dann den folgenden Befehl ausführen, um alle Tests zu entdecken und auszuführen:

```
python -m unittest discover
```

Dadurch werden alle Testfälle in Dateien entdeckt, deren Namen mit **test** beginnen, und ausgeführt.

Die Verwendung von **unittest** mit seinen verschiedenen Funktionen bildet die Grundlage für das Testen in Python. Es ermöglicht das gründliche Testen der kleinsten Komponenten eines Programms und schafft damit eine solide Grundlage für weitere Test- und Debugging-Strategien.

11.1.3 Testen von Ausnahmen

Beim Schreiben von Unit-Tests ist es wichtig sicherzustellen, dass der Code gründlich und genau getestet wird. Eine Möglichkeit, dies zu tun, besteht darin, die Ausnahmen zu überprüfen, die während des Testvorgangs auftreten können. Die Methode **unittest.TestCase.assertRaises** wird häufig als Kontextmanager für diesen Zweck verwendet, da sie den Testprozess vereinfacht, indem sie einen Rahmen zur Überprüfung der erwarteten Ausnahme bereitstellt.

Diese Methode ist besonders nützlich, um sicherzustellen, dass der Code korrekt auf Fehlerbedingungen und Grenzfälle reagiert. Darüber hinaus ermöglicht sie eine umfassendere Überprüfung des Codes, wodurch das Vertrauen in seine Gesamtqualität erhöht wird. Insgesamt kann die Verwendung dieser Methode die Effektivität und Zuverlässigkeit von Unit-Tests erheblich verbessern und sollte als wesentlicher Bestandteil des Testprozesses für jede Codebasis betrachtet werden.

Hier ist ein Beispiel:

```python
import unittest

def raises_error(*args, **kwds):
    raise ValueError('Invalid value: ' + str(args) + str(kwds))

class ExceptionTest(unittest.TestCase):
    def test_raises(self):
        with self.assertRaises(ValueError):
            raises_error('a', b='c')

if __name__ == '__main__':
    unittest.main()
```

In diesem Testfall überprüfen wir, dass der Aufruf von **raises_error('a', b='c')** einen **ValueError** auslöst.

Insgesamt bietet das **unittest**-Framework in Python einen umfassenden Satz von Werkzeugen zum Erstellen und Ausführen von Tests, die Ihnen helfen, sicherzustellen, dass Ihr Python-Code so korrekt und zuverlässig wie möglich ist. Es ist wichtig zu beachten, dass wir hier zwar die Grundlagen behandeln können, aber das Testen ein weites Feld mit vielen Konzepten und Strategien ist, die es zu erlernen gilt. Wir empfehlen dringend, dieses Thema zu studieren und zu üben, um es zu beherrschen.

Neben dem integrierten **unittest**-Modul verfügt Python über mehrere Drittanbieter-Bibliotheken für Tests, die mehr Funktionen und eine einfachere Syntax bieten. Zwei der beliebtesten sind **pytest** und **doctest**, die es wert sein könnten, besprochen zu werden.

11.2 Mocking und Patching

Mocking ist eine wesentliche Technik bei Softwaretests, bei der du Teile deines Systems durch Mock-Objekte ersetzt und Behauptungen darüber aufstellst, wie sie verwendet wurden. Dieser Ansatz ermöglicht es dir, das Verhalten deines Systems zu simulieren, ohne alle seine Komponenten einzubeziehen, was langsam und ineffizient sein kann.

Zur Implementierung von Mocking kannst du **unittest.mock** verwenden, eine Bibliothek für Tests in Python. Diese Bibliothek bietet einen umfangreichen Satz von Werkzeugen, um Mock-Objekte einfach zu erstellen und zu verwenden, was es dir ermöglicht, Teile deines Systems im Test zu ersetzen und Behauptungen darüber aufzustellen, wie sie verwendet wurden.

Ein Mock-Objekt ist ein fiktives und flexibles Objekt, das als Ersatz für ein reales Objekt dient. Es gibt sich selbst zurück, wenn du eine beliebige Methode aufrufst oder auf ein Attribut zugreifst, und protokolliert, welche Methoden aufgerufen wurden und welche Parameter verwendet wurden. Dies macht es zu einem hervorragenden Werkzeug, um komplexes Verhalten zu simulieren und Grenzfälle in deinem Code zu testen, wodurch du Fehler frühzeitig im Entwicklungsprozess erkennen kannst.

Beispiel:

Hier ist ein einfaches Beispiel, um zu zeigen, wie du Mocking verwenden könntest:

```python
from unittest.mock import Mock

# Create a Mock object
mock = Mock()

# Use the mock
mock.some_method(1, 2, 3)

# Make an assertion about how the mock was used
mock.some_method.assert_called_once_with(1, 2, 3)
```

Patching ist eine häufig verwendete Technik in der Softwareentwicklung, insbesondere bei Unit-Tests. Sie ermöglicht es Entwicklern, eine Methode oder ein Attribut in einem Modul oder einer Klasse durch ein neues Objekt zu ersetzen, was besonders nützlich sein kann, wenn Code getestet wird, der von externen Systemen oder Ressourcen abhängt, die möglicherweise nicht verfügbar oder unzuverlässig sind. Durch das Ersetzen dieser Abhängigkeiten mit Mock-Objekten können Entwickler das Verhalten des externen Systems oder der Ressource simulieren, was ihnen ermöglicht, ihren Code isoliert zu testen und potenzielle Probleme frühzeitig zu erkennen.

Ein wichtiger Aspekt beim Patching ist sicherzustellen, dass das neue Objekt, das als Ersatz verwendet wird, das Verhalten des ursprünglichen Objekts korrekt nachahmt. Dies beinhaltet oft die Erstellung eines benutzerdefinierten Mock-Objekts, das die gleiche Schnittstelle implementiert oder von der gleichen Basisklasse erbt wie das Originalobjekt, und dann die entsprechenden Methoden oder Attribute überschreibt oder simuliert.

Neben Unit-Tests kann Patching auch in anderen Bereichen der Softwareentwicklung eingesetzt werden, wie bei Integrationstests, wo es helfen kann, bestimmte Komponenten eines größeren Systems zu isolieren und zu testen. Allerdings ist es wichtig, Patching mit Bedacht einzusetzen, da übermäßige oder falsche Anwendung dieser Technik zu komplexem und fragilem Code führen kann, der schwer zu warten und zu debuggen ist. Wie bei jedem Werkzeug oder jeder Technik in der Softwareentwicklung ist es wichtig, die Vor- und Nachteile des Patchings abzuwägen und es für die spezifische Situation angemessen einzusetzen.

Hier ist ein Beispiel für Patching:

```python
pythonCopy code
from unittest.mock import patch

def test_my_function():
    with patch('my_module.MyObject.my_method', return_value=3) as mock_method:
        assert my_function(MyObject()) == 3
    mock_method.assert_called_once()
```

In diesem Test patchen wir **my_method**, damit es immer **3** zurückgibt, ähnlich wie im vorherigen Beispiel. Diesmal patchen wir jedoch die Methode für die gesamte Dauer des **with**-Blocks. Jeder Code innerhalb des **with**-Blocks, der **my_method** aufruft, wird das Mock-Objekt anstelle der echten Methode verwenden. Nach dem **with**-Block wird die ursprüngliche Methode wiederhergestellt.

Die **patch**-Funktion gibt auch ein Mock-Objekt zurück, über das wir Behauptungen aufstellen können. In diesem Fall behaupten wir, dass die Methode genau einmal aufgerufen wurde.

Mocking und Patching sind leistungsstarke Werkzeuge, die es uns ermöglichen, Tests für unseren Code isoliert zu schreiben, was zu schnelleren und zuverlässigeren Tests führt. Sie sind wesentliche Werkzeuge für das Testinventar jedes Python-Entwicklers.

11.2.1 Mocking und Nebeneffekte

Mocking

In Python ist ein Mock ein leistungsstarkes Werkzeug, das dir helfen kann, deinen Code gründlicher zu testen. Ein Mock-Objekt kann ein anderes Objekt in deinem System ersetzen, was dir ermöglicht, Teile deines Codes zu isolieren und sicherzustellen, dass sie korrekt funktionieren.

Indem du kontrollierst, wie sich der Mock verhält (wie das Festlegen von Rückgabewerten oder Nebeneffekten, wenn seine Methoden aufgerufen werden), kannst du eine breite Palette von Szenarien simulieren und sicherstellen, dass dein Code sie korrekt handhabt. Dies kann dir helfen, Fehler zu erkennen, die sonst möglicherweise unbemerkt bleiben würden.

Darüber hinaus kannst du durch Behauptungen darüber, wie der Mock verwendet wurde, überprüfen, ob dein Code mit anderen Teilen deines Systems so interagiert, wie du es erwartest. All dies kann zu mehr Vertrauen in deinen Code und weniger Fehlern in der Produktion führen.

Beispiel:

Hier ist ein einfaches Beispiel für ein Mock-Objekt in Aktion:

```
pythonCopy code
from unittest.mock import Mock

# Create a mock object
mock = Mock()
mock.return_value = 'hello world'

# Use the mock object
result = mock()

# Check the result
print(result)  # prints: hello world

# Check if the mock was called
print(mock.called)  # prints: True
```

Nebeneffekte

Eine weitere Eigenschaft von Mock-Objekten ist, dass du sie so konfigurieren kannst, dass sie mehr tun als nur das Verhalten des realen Objekts nachzuahmen. Du kannst beispielsweise ein Mock-Objekt so konfigurieren, dass es eine Ausnahme auslöst, wenn es aufgerufen wird, oder dass es bei jedem Aufruf unterschiedliche Werte zurückgibt.

Dies wird als Festlegen eines Nebeneffekts für den Mock bezeichnet. Durch die Verwendung von Nebeneffekten kannst du gründlich testen, wie dein Code verschiedene Szenarien und Randfälle handhabt. Darüber hinaus kannst du Mocks verwenden, um verschiedene Umgebungen zu simulieren, wie eine langsame Netzwerkverbindung oder eine Datenbank, die offline ist.

Dies ermöglicht es dir, zu testen, wie sich dein Code in einer Vielzahl von Situationen verhält, und sicherzustellen, dass er robust und zuverlässig ist.

Beispiel:

Hier ist ein Beispiel für die Einrichtung eines Nebeneffekts:

```
from unittest.mock import Mock

# Create a mock object
mock = Mock()
mock.side_effect = [1, 2, 3, 4, 5]

# Use the mock object
print(mock())  # prints: 1
print(mock())  # prints: 2
print(mock())  # prints: 3
```

In diesem Beispiel gibt jeder Aufruf des Mock-Objekts den nächsten Wert aus der Liste zurück, die wir angegeben haben.

Mocking von Methoden und Attributen

Ein wichtiger Anwendungsfall für Mock-Objekte ist, als Methoden oder Attribute in deinen Objekten zu fungieren. Zusätzlich zu dem im Originaltext genannten Beispiel solltest du Folgendes bedenken: Du könntest ein Objekt haben, das von einer bestimmten Datei oder Datenquelle abhängt, um seine Funktion zu erfüllen.

Durch das Mocken der Datei oder Datenquelle kannst du das Verhalten deines Objekts testen, ohne von externen Ressourcen abhängig zu sein. Alternativ könntest du ein Mock-Objekt verwenden, um bestimmte Bedingungen zu simulieren, wie einen niedrigen Batteriestand oder eine schlechte Netzwerkverbindung, um sicherzustellen, dass dein Objekt diese Szenarien elegant behandelt.

Die Flexibilität von Mock-Objekten macht sie zu einem leistungsstarken Werkzeug zum Testen und zur Gewährleistung der Robustheit deines Codes.

Beispiel:

Hier ist ein Beispiel, wie eine Methode gemockt werden kann:

```python
from unittest.mock import Mock

class MyObject:
    def my_method(self):
        return 'original value'

# Replace my_method with a mock
MyObject.my_method = Mock(return_value='mocked value')

obj = MyObject()
print(obj.my_method())  # prints: mocked value
```

In diesem Beispiel haben wir die Methode **my_method** in **MyObject** durch ein Mock-Objekt ersetzt, sodass der Aufruf von **my_method** nun den gemockten Wert anstelle des ursprünglichen Werts zurückgibt.

Denke daran, dass Mocking und Patching nur Werkzeuge sind, um deinen Code für Unit-Tests zu isolieren. Sie sollten mit Bedacht und Vorsicht eingesetzt werden, da übermäßiger Gebrauch zu schwer verständlichen und wartbaren Tests führen kann. Aber wenn sie richtig eingesetzt werden, können sie deine Tests zuverlässiger, schneller und einfacher zu schreiben machen.

11.2.2 PyTest

PyTest ist ein Testframework, das es ermöglicht, Tests auf eine pythonischere Weise zu schreiben, was bedeutet, dass wir Testfälle ähnlich wie gewöhnliche Python-Skripte schreiben können. Dies erleichtert Entwicklern das Schreiben von Tests, da sie keine neue Sprache nur zum Schreiben von Tests erlernen müssen.

Darüber hinaus vereinfacht PyTest den Prozess des Aufbaus komplexer funktionaler Testszenarien und ermöglicht es Entwicklern, sich auf das Schreiben von Tests zu konzentrieren, die die Funktionalität des Codes, den sie testen, genau widerspiegeln. PyTest ist auch für seinen Funktionsreichtum und seine einfache Handhabung bekannt, was es zu einer beliebten Wahl unter Entwicklern aller Erfahrungsstufen macht.

Außerdem ist PyTest hochgradig erweiterbar, mit einer breiten Palette von Plugins, die zur weiteren Erweiterung seiner Funktionalität verwendet werden können. Insgesamt ist PyTest ein vielseitiges und leistungsstarkes Testframework, das den Testprozess für Entwickler erheblich vereinfachen kann und gleichzeitig eine breite Palette von Funktionen und Anpassungsoptionen bietet, um sicherzustellen, dass Tests präzise und effektiv sind.

Beispiel:

```python
import pytest

def add(a, b):
    return a + b

def test_add():
    assert add(2, 3) == 5
    assert add('space', 'ship') == 'spaceship'
```

Du kannst den Test mit dem Befehl **pytest** ausführen. Dies sucht nach Dateien, die mit **test_** beginnen oder mit **_test** enden, und führt alle Funktionen aus, die mit **test_** beginnen.

11.3 Testgetriebene Entwicklung

Testgetriebene Entwicklung (TDD) ist eine Softwareentwicklungsmethodik, die betont, Tests zu schreiben, bevor der eigentliche Code geschrieben wird. TDD bietet einen strukturierten Ansatz für das Softwaredesign, der die Erstellung kleiner Testfälle umfasst, die an die individuellen Funktionen der Software angepasst sind. Diese Testfälle dienen als Leitfaden für den Entwicklungsprozess und helfen dabei, die Anforderungen an die Software zu klären, bevor mit der eigentlichen Codierung begonnen wird.

Durch die Verwendung von TDD kann das Softwareentwicklungsteam sicherstellen, dass der von ihnen geschriebene Code von hoher Qualität ist und die Anforderungen der Stakeholder erfüllt. Dieser Ansatz hilft auch sicherzustellen, dass der Code leicht zu warten und bei Bedarf zu ändern ist. Darüber hinaus kann TDD dazu beitragen, die Anzahl der Fehler, die im Softwareentwicklungsprozess eingeführt werden, zu reduzieren, indem es die Identifizierung und Behebung von Problemen erleichtert, bevor sie zu einem Problem werden.

Insgesamt ist TDD eine wertvolle Methodik für Softwareentwickler, die hochwertige, zuverlässige und wartbare Software erstellen möchten. Indem der Fokus frühzeitig im Entwicklungsprozess auf Tests gelegt wird, kann TDD dazu beitragen, sicherzustellen, dass die Software die Bedürfnisse der Benutzer erfüllt und von höchstmöglicher Qualität ist.

Der TDD-Prozess folgt in der Regel diesen Schritten:

1. **Einen fehlschlagenden Test schreiben**: Bevor du irgendwelchen Code schreibst, beginnst du damit, einen Test für die Funktionalität zu schreiben, die du implementieren möchtest. Dieser Test muss fehlschlagen, weil du den Code noch nicht geschrieben hast.

2. **Die minimale Menge an Code schreiben, um den Test zu bestehen**: Jetzt schreibst du genau die Menge an Code, die notwendig ist, damit der Test besteht. Dies muss nicht die endgültige Version deines Codes sein: Das Ziel hier ist, den Test so schnell wie möglich zum Bestehen zu bringen.

3. **Refactoring**: Sobald der Test besteht, kannst du deinen Code refaktorisieren, um seine Struktur oder Leistung zu verbessern, während du sicherstellst, dass der Test weiterhin besteht.

Dieser Prozess wird oft als "Rot-Grün-Refaktor" beschrieben: Rot, wenn der Test fehlschlägt, Grün, wenn der Test besteht, und Refaktorisieren, um den Code zu verbessern.

Beispiel:

Hier ist ein einfaches Beispiel für TDD in Aktion, unter Verwendung des **unittest**-Moduls von Python:

```python
import unittest

def add_numbers(a, b):
    pass  # placeholder - we haven't implemented this yet

class TestAddNumbers(unittest.TestCase):
    def test_add_numbers(self):
        result = add_numbers(1, 2)
        self.assertEqual(result, 3)

if __name__ == '__main__':
    unittest.main()
```

Wenn du diesen Code ausführst, wird der Test fehlschlagen, weil die Funktion **add_numbers** nichts zurückgibt.

Jetzt kannst du die Funktion **add_numbers** implementieren:

```python
def add_numbers(a, b):
    return a + b
```

Wenn du die Tests erneut ausführst, sollten sie bestehen.

Sobald der Test besteht, kannst du deinen Code bei Bedarf refaktorisieren. In diesem Fall gibt es nicht viel zu refaktorisieren, aber in größerem Code könntest du diese Gelegenheit nutzen, um Hilfsfunktionen zu extrahieren, Variablennamen zu ändern oder deinen Code auf andere Weise zu bereinigen.

Einer der Hauptvorteile von TDD ist, dass es dir helfen kann, saubereren und leichter testbaren Code zu schreiben. Indem du zuerst den Test schreibst, bist du gezwungen zu überlegen, wie du deinen Code strukturieren musst, um ihn leicht testbar zu machen. Dies führt oft zu besser gestaltetem und modularerem Code.

Da du zuerst den Test schreibst, kann TDD außerdem dazu beitragen, dass keine Fehler in deinen Code eingeführt werden, da jedes Funktionalitätsstück durch einen Test abgedeckt sein sollte.

TDD ist nicht für alle Situationen der richtige Ansatz und es kann einige Zeit dauern, sich daran zu gewöhnen, besonders wenn du es eher gewohnt bist, Tests nach dem Code zu schreiben. Aber viele Entwickler finden es als wertvolles Werkzeug, und es ist definitiv einen Versuch wert, wenn du es noch nicht ausprobiert hast.

11.4 Doctest

Doctest ist ein Python-Modul, das eine einzigartige Möglichkeit bietet, dein Programm zu testen. Es ermutigt dich, Dokumentation zu schreiben, die auch als Tests funktioniert. Im Wesentlichen erstellst du Codebeispiele in deiner Dokumentation, und Doctest führt diese Beispiele als Tests aus.

Dieser Ansatz kann sehr nützlich sein, weil er dich dazu ermutigt, umfassende Dokumentation zu schreiben, und sicherstellt, dass deine Dokumentation immer auf dem neuesten Stand mit deinem Code ist. Darüber hinaus bietet Doctest eine einfache Möglichkeit, einzelne Codeteile zu testen, ohne dass eine separate Testsuite erforderlich ist, was für kleinere Projekte sehr nützlich sein kann. Insgesamt kann die Verwendung von Doctest eine hervorragende Möglichkeit sein, die Qualität und Zuverlässigkeit deines Codes zu verbessern.

Hier ist ein sehr einfaches Beispiel:

```python
def add(a, b):
    """
    This is a simple function that adds two numbers.

    >>> add(2, 2)
    4
    >>> add(1, -1)
    0
    """
    return a + b
```

Du kannst den Test mit **python -m doctest -v dein_modul.py** ausführen.

Jedes dieser Testframeworks hat seine Stärken und Schwächen, und welches du verwendest, hängt oft von den spezifischen Anforderungen deines Projekts ab. Aber alle sind leistungsstarke Werkzeuge, die dir helfen werden, zuverlässigen und robusten Python-Code zu schreiben.

Nun gibt es ein zusätzliches Thema, das in einem Abschnitt über Tests recht wertvoll sein kann, und das ist das Konzept der **Testabdeckung**.

Tests sind ein wesentlicher Bestandteil der Entwicklung robuster Anwendungen, aber woher weißt du, ob du genügend Tests geschrieben hast? Hier kommt das Konzept der Testabdeckung ins Spiel. Die Codeabdeckung ist ein Maß dafür, wie viele Zeilen/Blöcke deines Codes ausgeführt werden, während automatisierte Tests laufen. Ein Codeabdeckungstool kann eine sehr nützliche Ergänzung zu deiner Testsuite sein, da es dir sagen kann, wie viel von deinem Code getestet wird.

Python hat ein nützliches Tool dafür namens **coverage.py**. Es ist ein eigenständiges Tool zur Messung der Codeabdeckung und kann mit jedem Testframework verwendet werden. Hier ist ein einfaches Beispiel dafür, wie es funktioniert:

1. Installiere zuerst das Paket mit pip:

```
pip install coverage
```

2. Dann kannst du deine Tests über die Abdeckung ausführen:

```
coverage run -m unittest discover
```

3. Und schließlich kannst du über die Abdeckung berichten mit:

```
coverage report -m
```

Dies zeigt einen Bericht in der Kommandozeile an, der dir die Abdeckung jeder Datei in deinem Projekt anzeigt. Die Zeilen, die nicht ausgeführt wurden, werden zusammen mit ihrer Zeilennummer angezeigt.

Die Verwendung eines Tools wie coverage.py kann dir ein klareres Bild davon geben, wie vollständig deine Tests sind, und kann dir helfen, Bereiche deines Codes zu identifizieren, die möglicherweise mehr Tests benötigen. Beachte jedoch, dass eine Testabdeckung von 100% nicht unbedingt bedeutet, dass dein Code zu 100% fehlerfrei ist. Es bedeutet lediglich, dass alle Zeilen deines Codes während der Tests ausgeführt werden. Logische Fehler sind immer noch möglich, selbst bei vollständiger Testabdeckung.

11.5 Praktische Übungen

Übung 1: Unit-Tests

Schreibe eine einfache Python-Funktion, die die Fakultät einer Zahl berechnet. Schreibe dann eine Reihe von Unit-Tests mit dem **unittest**-Modul, um diese Funktion zu testen. Stelle sicher, dass deine Tests eine Vielzahl verschiedener Eingaben abdecken, einschließlich gültiger und ungültiger Eingaben.

```python
import unittest

# The function to be tested
def factorial(n):
    if n < 0:
        raise ValueError("Factorial is not defined for negative numbers")
    if n == 0:
        return 1
    return n * factorial(n - 1)

# Unit tests
class TestFactorial(unittest.TestCase):
    def test_positive_number(self):
        self.assertEqual(factorial(5), 120)

    def test_zero(self):
        self.assertEqual(factorial(0), 1)

    def test_negative_number(self):
        with self.assertRaises(ValueError):
            factorial(-1)

if __name__ == "__main__":
    unittest.main()
```

Übung 2: Mocking und Patching

Angenommen, du hast eine Funktion, die mit einem externen System interagiert, wie etwa eine HTTP-Anfrage an einen Webdienst. Schreibe mit dem **unittest.mock**-Modul einen Unit-Test für diese Funktion, der die externe Interaktion simuliert.

```python
import unittest
from unittest.mock import patch
import requests

# The function to be tested
def get_website_status(url):
    response = requests.get(url)
    return response.status_code
```

```
# Unit tests
class TestGetWebsiteStatus(unittest.TestCase):
    @patch('requests.get')
    def test_get_website_status(self, mock_get):
        mock_get.return_value.status_code = 200
        result = get_website_status("<http://example.com>")
        self.assertEqual(result, 200)

if __name__ == "__main__":
    unittest.main()
```

Übung 3: Testgetriebene Entwicklung (Test-Driven Development - TDD)

Wähle eine kleine Funktionalität, die du implementieren möchtest. Verwende die Methodik der testgetriebenen Entwicklung (TDD), schreibe einen fehlschlagenden Test für diese Funktionalität, dann schreibe den Code, damit der Test besteht, und refaktorisiere schließlich deinen Code. Wiederhole diesen Prozess mehrmals, bis du die Funktionalität vollständig implementiert hast.

Denke daran, der Schlüssel für erfolgreiches TDD ist, die Schritte klein zu halten: Schreibe einen kleinen Test, schreibe nur genug Code, damit der Test besteht, und verbessere dann den Code. Versuche nicht, alle Tests oder den gesamten Code auf einmal zu schreiben. TDD ist ein Zyklus: testen, codieren, refaktorisieren und dann erneut testen.

Fazit zu Kapitel 11

In diesem Kapitel haben wir einen kritischen Aspekt der Python-Entwicklung untersucht: das Testen. Tests in Python sind mehr als nur ein optionaler Schritt im Codierungsprozess. Sie sind ein integraler Bestandteil der Entwicklung robuster, zuverlässiger und effizienter Software, die nicht nur funktionale Anforderungen erfüllt, sondern auch zukünftigen Änderungen und Erweiterungen standhalten kann.

Wir begannen mit einer detaillierten Einführung in Unit-Tests, die grundlegendste Art von Tests in Python. Wir demonstrierten die Verwendung des in Python integrierten **unittest**-Moduls, das ein leistungsstarkes Framework zum Organisieren und Ausführen von Tests bietet. Wir behandelten auch das Konzept der Assertions und wie sie das Rückgrat jedes Testfalls bilden.

Anschließend haben wir uns mit Mocking und Patching befasst, einer fortgeschrittenen Testtechnik, die nützlich ist, wenn unser Code mit externen Systemen interagiert oder von unvorhersehbaren Faktoren wie der aktuellen Zeit oder der Generierung von Zufallszahlen abhängt. Mit **unittest.mock** können wir fiktive Objekte erstellen, die diese Abhängigkeiten ersetzen und simulieren, was uns erlaubt, unsere Tests auf die Funktionalität unseres eigenen Codes zu konzentrieren.

Wir diskutierten auch die Testgetriebene Entwicklung (TDD), eine beliebte Softwareentwicklungsmethodik, bei der das Schreiben von Tests dem Schreiben des eigentlichen Codes vorausgeht. Wir untersuchten den TDD-Zyklus, der darin besteht, einen fehlschlagenden Test zu schreiben, Code zu schreiben, um den Test zu bestehen, und dann den Code zu refaktorisieren, um Standards für Klarheit, Einfachheit und Lesbarkeit zu erfüllen.

In jedem Abschnitt haben wir praktische Codebeispiele und Übungen eingebaut, um die Konzepte zu festigen und praktische Erfahrungen zu vermitteln. Diese Übungen sind nicht nur darauf ausgerichtet, dein Verständnis der Themen zu testen, sondern auch dir einen Einblick zu geben, wie diese Testtechniken in der realen Programmierung angewendet werden.

Obwohl dieses Kapitel dir eine solide Grundlage im Testen mit Python vermittelt hat, gibt es immer mehr zu lernen. Weitere zu erkundende Themen umfassen Integrationstests, Leistungstests und Sicherheitstests, unter anderem. Wir empfehlen dir auch, andere Testwerkzeuge und -bibliotheken in Python zu erkunden, wie pytest und doctest, sowie Continuous-Integration-Dienste, die das Testen und Bereitstellen deines Python-Codes automatisieren können.

Während wir unsere Reise mit Python fortsetzen, denke daran, dass Tests keine Aufgabe sind, die vermieden oder überstürzt werden sollte, sondern ein mächtiges Werkzeug zur Verbesserung der Qualität deines Codes und deiner Effektivität als Programmierer. In den Worten des Software-Entwicklungsgurus Kent Beck: "Der einfache Akt des Schreibens von Tests erhöht tatsächlich die Programmiergeschwindigkeit, weil er dich zwingt, über deinen Code nachzudenken, ihn zu verstehen." Fröhliches Testen!

Teil II: SQL beherrschen

Kapitel 12: Einführung in SQL

Die Structured Query Language (SQL) ist eine weit verbreitete Programmiersprache zur Verwaltung von Daten, die in relationalen Datenbankmanagementsystemen (RDBMS) gespeichert sind. SQL ist ein wesentliches Werkzeug für das Datenmanagement, das es Benutzern ermöglicht, Daten effizient abzurufen, zu aktualisieren und zu manipulieren. In diesem Kapitel werden wir die Geschichte von SQL, seine Entwicklung über die Jahrzehnte und seine Bedeutung in der heutigen Welt des Datenmanagements erkunden.

SQL wurde Anfang der 1970er Jahre erstmals von den IBM-Forschern Raymond Boyce und Donald Chamberlin entwickelt. Ursprünglich SEQUEL (Structured English Query Language) genannt, wurde es als benutzerfreundliche Sprache für die Verwaltung von Daten konzipiert, die in IBMs System R, einem frühen relationalen Datenbankmanagementsystem, gespeichert waren. SEQUEL wurde später aufgrund von Markenrechtsproblemen in SQL umbenannt.

Im Laufe der Jahre hat sich SQL zu einer Standardsprache für die Verwaltung von Daten in RDBMS entwickelt und wird heute in der Industrie weit verbreitet eingesetzt. SQL ermöglicht es Benutzern, verschiedene Operationen an Daten durchzuführen, wie Filtern, Sortieren und Aggregieren. Mit der zunehmenden Bedeutung von Daten in der heutigen Welt ist SQL zu einem unverzichtbaren Werkzeug für Unternehmen und Organisationen geworden, um ihre Daten effektiv zu verwalten und zu analysieren.

12.1 Kurze Geschichte von SQL

Die Ursprünge von SQL reichen zurück in die 1970er Jahre am IBM Forschungszentrum. Die Sprache wurde ursprünglich von Donald D. Chamberlin und Raymond F. Boyce entwickelt, die sie zunächst SEQUEL (Structured English Query Language) nannten. SEQUEL war Teil eines größeren Projekts bei IBM namens System R, das darauf abzielte, einen Prototyp eines RDBMS zu entwerfen und zu implementieren. Das Projekt wurde von dem relationalen Modell beeinflusst, das von Dr. E. F. Codd, ebenfalls von IBM, vorgeschlagen wurde, der die grundlegenden Prinzipien für die Organisation und Interaktion mit Daten in relationalen Datenbanken festlegte.

SEQUEL wurde später aufgrund eines Markenrechtskonflikts in SQL umbenannt. Im Laufe der Jahre wurde SQL von verschiedenen Anbietern von Datenbankmanagementsystemen wie Oracle, Microsoft und MySQL übernommen und erweitert. Die Standardisierung von SQL begann in den 1980er Jahren, wobei das American National Standards Institute (ANSI) und die Internationale Organisation für Normung (ISO) eine wichtige Rolle in diesem Prozess spielten.

Der erste SQL-86-Standard wurde 1986 veröffentlicht. Im Laufe der Zeit wurden neue Funktionen und Verbesserungen zur Sprache durch spätere Versionen wie SQL-92 (als Grundlage der SQL-Sprachen betrachtet), SQL:1999 (führte rekursive Abfragen und Trigger ein), SQL:2003 (fügte Unterstützung für XML hinzu) und die neueste, SQL:2016, unter anderen hinzugefügt.

Es ist wichtig zu beachten, dass obwohl es einen SQL-Standard gibt, viele Datenbankmanagementsysteme ihre eigenen Erweiterungen und Variationen der Sprache implementieren. Diese Variationen bieten oft zusätzliche Funktionalitäten, können aber zu mangelnder Portabilität zwischen verschiedenen Systemen führen. SQL-Code, der für ein System geschrieben wurde, funktioniert möglicherweise nicht in einem anderen oder kann unterschiedliche Ergebnisse liefern.

Heute ist SQL die Sprache schlechthin für die Interaktion mit relationalen Datenbanken. Ob du ein Datenanalyst, Datenwissenschaftler, Entwickler oder Datenbankadministrator bist, Kenntnisse in SQL sind eine unverzichtbare Fähigkeit.

Im nächsten Abschnitt werden wir die grundlegende Struktur einer SQL-Abfrage untersuchen und verstehen, wie wir Daten aus einer Datenbank abrufen können. Mach dich bereit, in die spannende Welt von SQL einzutauchen!

Hinweis: Die SQL-Codebeispiele in diesem Kapitel gehen von einer hypothetischen Datenbank zu Illustrationszwecken aus. Je nach Konfiguration deiner Datenbank und den darin enthaltenen Daten musst du die SQL-Abfragen möglicherweise entsprechend anpassen.

12.2 SQL-Syntax

SQL ist eine deklarative Sprache, was bedeutet, dass du angeben kannst, was du möchtest, anstatt wie du es erhalten möchtest. Dies macht sie zu einer Hochsprache, die einige Details der zugrunde liegenden Datenstruktur und Abrufmethoden abstrahiert, sodass du dich auf die Daten selbst konzentrieren kannst. Das bedeutet jedoch nicht, dass SQL nicht leistungsfähig ist. Tatsächlich kann SQL mit seinem umfangreichen Satz an Operatoren und Funktionen komplexe Datenmanipulationen mühelos bewältigen.

Die grundlegende Struktur einer SQL-Abfrage umfasst mehrere Komponenten, von denen jede eine entscheidende Rolle bei der Formulierung einer effektiven Abfrage spielt. Zu diesen Komponenten gehören Klauseln, Ausdrücke, Prädikate und Anweisungen. Klauseln spezifizieren die Art der Abfrage, die du durchführen möchtest, während Ausdrücke die Daten definieren, die du abrufen oder manipulieren möchtest. Prädikate werden hingegen verwendet, um Daten nach bestimmten Kriterien zu filtern, und Anweisungen werden verwendet, um die Abfrage auszuführen und die Ergebnisse zurückzugeben.

Obwohl das Erstellen einer einfachen SQL-Abfrage zunächst einschüchternd erscheinen mag, ist es tatsächlich recht einfach, sobald du die grundlegenden Komponenten verstanden hast. Durch die Kombination dieser Komponenten auf verschiedene Weise kannst du leistungsstarke Abfragen erstellen, die große Datensätze abrufen, manipulieren und analysieren. Ob du nun ein Datenanalyst, ein Datenbankadministrator oder ein Softwareentwickler bist, SQL-Kenntnisse sind eine wesentliche Fähigkeit, die dir helfen kann, effizienter und effektiver zu arbeiten.

12.2.1 Grundlegende Abfragestruktur

Eine grundlegende SQL-Abfrage hat folgende Syntax

```
SELECT column_name(s)
FROM table_name
WHERE condition;
```

Lass uns diese Struktur aufschlüsseln:

- **SELECT**: Dieses Schlüsselwort wird verwendet, um die Daten anzugeben, die wir wollen. Wir listen die Namen der Spalten auf, die die Daten enthalten, an denen wir interessiert sind. Wenn wir alle Spalten auswählen möchten, verwenden wir .

- **FROM**: Dieses Schlüsselwort wird verwendet, um die Tabelle anzugeben, aus der wir Daten abrufen möchten.

- **WHERE**: Dieses optionale Schlüsselwort wird verwendet, um die Ergebnisse nach bestimmten Bedingungen zu filtern.

Betrachten wir zum Beispiel eine hypothetische Tabelle **employees**, die folgende Spalten enthält: **id**, **first_name**, **last_name**, **department**, **salary**.

Wenn wir den **first_name** und **last_name** aller Mitarbeiter in der Abteilung **HR** abrufen möchten, würden wir die folgende SQL-Abfrage schreiben:

```
SELECT first_name, last_name
FROM employees
WHERE department = 'HR';
```

12.2.2 SQL-Schlüsselwörter

SQL ist eine Programmiersprache, die zur Verwaltung und Manipulation von Daten in relationalen Datenbanken verwendet wird. Eine interessante Eigenschaft von SQL ist, dass es nicht zwischen Groß- und Kleinschreibung unterscheidet, was bedeutet, dass Schlüsselwörter wie **SELECT**, **FROM** und **WHERE** auch in Kleinbuchstaben als **select**, **from** und **where** geschrieben werden können.

Um jedoch die Lesbarkeit des Codes zu verbessern und die Unterscheidung zwischen SQL-Schlüsselwörtern und Tabellen- sowie Spaltennamen zu erleichtern, ist es üblich, SQL-Schlüsselwörter in Großbuchstaben zu schreiben. Dies ist besonders wichtig, wenn man mit komplexen Abfragen arbeitet, die mehrere Tabellen, Joins und Unterabfragen beinhalten, da es helfen kann, Verwirrung und Fehler zu vermeiden.

Darüber hinaus kann die konsequente Großschreibung von SQL-Schlüsselwörtern es anderen erleichtern, Ihren Code zu verstehen und in Zukunft zu warten. Obwohl es also technisch möglich ist, SQL-Abfragen in Kleinbuchstaben zu schreiben, wird generell empfohlen, für SQL-Schlüsselwörter Großbuchstaben zu verwenden, um die Lesbarkeit und Wartbarkeit des Codes zu verbessern.

12.2.3 SQL-Anweisungen

Eine SQL-Abfrage ist eine spezifische Art von Anfrage an ein Datenbankmanagementsystem, die darauf ausgelegt ist, Daten aus einer Datenbank abzurufen. Neben Abfragen gibt es verschiedene andere Arten von SQL-Anweisungen, die zur Manipulation von Daten innerhalb einer Datenbank verwendet werden.

Zum Beispiel wird eine **INSERT**-Anweisung verwendet, um neue Daten zu einer Datenbank hinzuzufügen, während eine **UPDATE**-Anweisung verwendet wird, um bestehende Daten zu ändern. Eine **DELETE**-Anweisung wird verwendet, um Daten aus einer Datenbank zu entfernen, und eine **CREATE**-Anweisung wird verwendet, um neue Datenbankobjekte wie Tabellen, Indizes oder Ansichten zu erstellen.

Diese verschiedenen Arten von SQL-Anweisungen sind alle wichtige Werkzeuge für die Arbeit mit Datenbanken und die effektive Verwaltung von Daten.

Zum Beispiel:

- Die **INSERT INTO**-Anweisung wird verwendet, um neue Daten in eine Tabelle einzufügen.

- Die **UPDATE**-Anweisung wird verwendet, um bestehende Daten in einer Tabelle zu ändern.

- Die **DELETE**-Anweisung wird verwendet, um Daten aus einer Tabelle zu löschen.

- Die **CREATE TABLE**-Anweisung wird verwendet, um eine neue Tabelle zu erstellen.

12.2.4 SQL-Ausdrücke

Ein SQL-Ausdruck ist ein leistungsstarkes Werkzeug, das Datenbankbenutzern ermöglicht, komplexe Abfragen durchzuführen. Im Wesentlichen ist ein SQL-Ausdruck eine Kombination aus einem oder mehreren Werten, Operatoren und SQL-Funktionen, die einen Wert zurückgeben. Diese Werte können von numerischen Konstanten bis hin zu Textzeichenketten reichen. Operatoren hingegen ermöglichen es Benutzern, eine breite Palette mathematischer und logischer Operationen an den Werten durchzuführen. Zu den Operatoren, die häufig in

SQL-Ausdrücken verwendet werden, gehören Additions-, Subtraktions-, Multiplikations-, Divisions- und Vergleichsoperatoren.

SQL-Ausdrücke werden in verschiedenen Teilen von SQL-Anweisungen verwendet, wie den **SELECT**-, **WHERE**- und **ORDER BY**-Klauseln. In der **SELECT**-Klausel beispielsweise kann ein SQL-Ausdruck verwendet werden, um die Spalten anzugeben, die in die Abfrageergebnisse aufgenommen werden sollen. In der **WHERE**-Klausel kann ein SQL-Ausdruck verwendet werden, um die Abfrageergebnisse nach bestimmten Bedingungen zu filtern. Und in der **ORDER BY**-Klausel kann ein SQL-Ausdruck verwendet werden, um die Abfrageergebnisse in einer bestimmten Reihenfolge zu sortieren.

Insgesamt sind SQL-Ausdrücke ein grundlegender Bestandteil von SQL und für jeden, der mit Datenbanken arbeiten möchte, unerlässlich. Indem man versteht, wie SQL-Ausdrücke funktionieren und wie man sie effektiv einsetzt, können Benutzer komplexe Abfragen durchführen und wertvolle Informationen aus ihren Daten extrahieren.

Nehmen wir zum Beispiel an, wir möchten die Gesamtausgaben für Gehälter in der Abteilung **HR** berechnen:

```
SELECT SUM(salary)
FROM employees
WHERE department = 'HR';
```

Hier ist **SUM(salary)** ein Ausdruck, der die Summe der Spalte **salary** für die Zeilen berechnet, die die in der **WHERE**-Klausel angegebene Bedingung erfüllen.

Die Schönheit von SQL liegt in der Tatsache, dass diese grundlegenden Prinzipien auf verschiedene Weise erweitert und kombiniert werden können, um komplexe Abfragen zur Analyse und Manipulation von Daten zu erstellen. In den nächsten Abschnitten werden wir tiefer in die leistungsstarken Funktionen von SQL eintauchen und lernen, wie man sie in die Praxis umsetzt.

12.3 Datentypen in SQL

Bei der Arbeit mit SQL ist es wichtig, die verschiedenen Datentypen zu verstehen, die zur Definition jeder Spalte in einer Tabelle verwendet werden können. Jeder Datentyp bestimmt, welche Art von Daten in der Spalte gespeichert werden können. SQL unterstützt verschiedene Datentypen, die in drei Hauptkategorien eingeteilt werden können: numerische Typen, Datums- und Zeittypen und Zeichenkettentypen.

Numerische Datentypen werden verwendet, um numerische Werte wie Ganzzahlen oder Dezimalzahlen zu speichern. Datums- und Zeittypen werden verwendet, um Datums- und Zeitinformationen zu speichern, wie Datumsangaben, Tageszeiten oder beides.

Zeichenkettentypen, auch als Zeichentypen bekannt, werden verwendet, um textbasierte Daten wie Namen, Adressen oder Beschreibungen zu speichern.

Es ist wichtig, den richtigen Datentyp für jede Spalte entsprechend der Art der Daten auszuwählen, die darin gespeichert werden sollen. Die Wahl eines falschen Datentyps kann zu Datenverlust, Fehlern beim Abrufen oder Einfügen von Daten und Leistungsproblemen führen. Daher ist es wichtig, die Datentypen beim Entwurf einer Tabelle in SQL sorgfältig zu berücksichtigen.

12.3.1 Numerische Typen

Zu den numerischen Typen gehören:

- **INTEGER**: Wird für ganze Zahlen verwendet.
- **REAL**: Wird für Gleitkommazahlen verwendet.
- **DECIMAL**: Wird für präzise Festkommazahlen verwendet.

12.3.2 Datums- und Zeittypen

Zu den Datums- und Zeittypen gehören:

- **DATE**: Speichert Werte für Jahr, Monat und Tag.
- **TIME**: Speichert Werte für Stunde, Minute und Sekunde.
- **DATETIME**: Speichert Datum und Zeit zusammen in einer Spalte.

12.3.3 Zeichenkettentypen

Zu den Zeichenkettentypen gehören:

- **CHAR**: Ist eine Zeichenkette mit fester Länge. Wenn die Zeichenkette kürzer als die angegebene Länge ist, wird der restliche Platz mit Leerzeichen aufgefüllt.
- **VARCHAR**: Ist eine Zeichenkette mit variabler Länge. Die maximale Länge wird vom Benutzer festgelegt.
- **TEXT**: Wird für lange Texteingaben verwendet. Die Länge der Zeichenkette ist variabel und kann sehr groß sein.

Betrachten wir ein Beispiel, bei dem wir eine Tabelle mit diesen Datentypen erstellen:

```
CREATE TABLE employees (
    id INTEGER,
    first_name VARCHAR(50),
    last_name VARCHAR(50),
    birth_date DATE,
    hire_date DATE,
    salary DECIMAL(7,2),
    department VARCHAR(20)
```

```
);
```

In dieser **CREATE TABLE**-Anweisung definieren wir eine Tabelle **employees** mit mehreren Spalten, jede mit ihrem eigenen Datentyp.

12.3.4 SQL-Einschränkungen

SQL-Einschränkungen sind ein wesentliches Merkmal relationaler Datenbanken. Sie ermöglichen uns, strenge Regeln zu definieren, die bestimmen, welche Daten in einer Tabelle gespeichert werden können, und stellen sicher, dass die Daten präzise und zuverlässig sind.

Diese Einschränkungen können verwendet werden, um eine breite Palette von Datenregeln durchzusetzen, einschließlich der Begrenzung von Werten, die in eine Spalte eingegeben werden können, der Sicherstellung, dass alle Datensätze eindeutig sind, und der Gewährleistung, dass Daten in einem bestimmten Format eingegeben werden. Durch die Implementierung von SQL-Einschränkungen können wir die Qualität und Konsistenz der Daten in unserer Datenbank erheblich verbessern.

Zum Beispiel können wir Einschränkungen verwenden, um sicherzustellen, dass die Telefonnummer eines Kunden immer im richtigen Format vorliegt oder dass der Preis eines Produkts immer größer als Null ist. Insgesamt sind SQL-Einschränkungen ein leistungsstarkes Werkzeug zur Aufrechterhaltung der Datenintegrität und zur Sicherstellung, dass unsere Datenbank eine zuverlässige Informationsquelle ist.

Einschränkungen können auf Spaltenebene oder auf Tabellenebene angewendet werden. Einschränkungen auf Spaltenebene werden auf eine Spalte angewendet, und Einschränkungen auf Tabellenebene werden auf die gesamte Tabelle angewendet.

Die folgenden Einschränkungen werden häufig in SQL verwendet:

- **NOT NULL**: Stellt sicher, dass eine Spalte keinen NULL-Wert haben kann.

- **UNIQUE**: Stellt sicher, dass alle Werte in einer Spalte unterschiedlich sind.

- **PRIMARY KEY**: Eine Kombination aus **NOT NULL** und **UNIQUE**. Identifiziert jede Zeile in einer Tabelle eindeutig.

- **FOREIGN KEY**: Identifiziert eindeutig eine Zeile/einen Datensatz in einer anderen Tabelle.

- **CHECK**: Stellt sicher, dass alle Werte in einer Spalte eine bestimmte Bedingung erfüllen.

- **DEFAULT**: Legt einen Standardwert für eine Spalte fest, wenn kein Wert angegeben wird.

Ändern wir unsere vorherige **CREATE TABLE**-Anweisung, um einige Einschränkungen einzubeziehen:

```
CREATE TABLE employees (
```

```
    id INTEGER PRIMARY KEY,
    first_name VARCHAR(50) NOT NULL,
    last_name VARCHAR(50) NOT NULL,
    birth_date DATE,
    hire_date DATE,
    salary DECIMAL(7,2) CHECK(salary > 0),
    department VARCHAR(20) DEFAULT 'UNKNOWN'
);
```

12.4 SQL-Operationen

Sobald wir ein solides Verständnis der Syntax, Datentypen und Einschränkungen in SQL haben, ist es wichtig, die verschiedenen Operationen zu vertiefen, die mit dieser leistungsstarken Programmiersprache durchgeführt werden können. Indem wir den vollen Umfang der SQL-Fähigkeiten verstehen, können wir neue Wege entdecken, Daten zu manipulieren und zu analysieren.

Eine der wichtigsten Unterscheidungen, die wir bei der Arbeit mit SQL treffen müssen, ist der Unterschied zwischen Data Definition Language (DDL)-Befehlen und Data Manipulation Language (DML)-Befehlen. DDL-Befehle werden verwendet, um die Struktur einer Datenbank zu definieren, einschließlich der Erstellung und Änderung von Tabellen, während DML-Befehle verwendet werden, um die in diesen Tabellen enthaltenen Daten zu manipulieren. Indem wir sowohl DDL- als auch DML-Befehle beherrschen, können wir ein umfassendes Verständnis dafür erlangen, wie SQL zur Verwaltung und Analyse komplexer Datensätze eingesetzt werden kann.

Zusätzlich zu diesen grundlegenden Operationen gibt es verschiedene fortgeschrittene Techniken, die bei der Arbeit mit SQL eingesetzt werden können. Zum Beispiel können wir Trigger verwenden, um automatisch bestimmte Aktionen basierend auf bestimmten Bedingungen auszuführen, oder wir können gespeicherte Prozeduren verwenden, um häufig verwendete Abfragen zu kapseln und effizienter zu gestalten. Indem wir uns über die neuesten Trends und Techniken in der SQL-Programmierung auf dem Laufenden halten, können wir sicherstellen, dass wir dieses leistungsstarke Tool optimal nutzen.

12.4.1 Data Definition Language (DDL)

DDL-Befehle (Data Definition Language) werden verwendet, um die Struktur von Datenbankobjekten zu erstellen, zu ändern und zu löschen. Diese Befehle können in verschiedene Typen eingeteilt werden, wie beispielsweise solche, die zur Definition von Tabellen, Ansichten, Indizes und Einschränkungen verwendet werden.

Sie sind wesentlich für die Aufrechterhaltung der Datenbankintegrität und stellen sicher, dass die in der Datenbank gespeicherten Daten konsistent und präzise bleiben.

Darüber hinaus ermöglichen DDL-Befehle die Erstellung komplexer Beziehungen zwischen Datenbankobjekten, wie Fremdschlüssel und referenzielle Integritätseinschränkungen. Diese Kontrollebene über die Datenbankstruktur ist entscheidend für Datenbankadministratoren und Entwickler, die große und komplexe Datenbanken entwerfen und pflegen müssen, die riesige Datenmengen verarbeiten können.

Die wichtigsten DDL-Befehle umfassen:

- **CREATE**: Dieser Befehl wird verwendet, um die Datenbank oder ihre Objekte (wie Tabelle, Index, Funktion, Ansichten, gespeicherte Prozeduren und Trigger) zu erstellen.
- **DROP**: Dieser Befehl wird verwendet, um Datenbankobjekte zu löschen.
- **ALTER**: Wird verwendet, um die Struktur der Datenbank zu ändern.
- **TRUNCATE**: Wird verwendet, um alle Datensätze aus einer Tabelle zu löschen, einschließlich aller für die Datensätze zugewiesenen Speicherplätze.
- **RENAME**: Wird verwendet, um ein bestehendes Objekt in der Datenbank umzubenennen.

12.4.2 Data Manipulation Language (DML)

DML-Befehle, oder Data Manipulation Language-Befehle, werden verwendet, um Daten innerhalb von Schema-Objekten zu verwalten. Diese Befehle ermöglichen es Benutzern, neue Daten einzufügen, bestehende Daten zu ändern, Daten zu löschen und Daten aus der Datenbank abzurufen.

Zum Beispiel wird der INSERT-Befehl verwendet, um neue Daten in eine Tabelle einzufügen, der UPDATE-Befehl wird verwendet, um bestehende Daten in einer Tabelle zu ändern, und der DELETE-Befehl wird verwendet, um Daten aus einer Tabelle zu löschen.

Darüber hinaus können DML-Befehle verwendet werden, um Daten aus einer Datenbank mithilfe der SELECT-Anweisung abzurufen. Mit diesen leistungsstarken Werkzeugen können Benutzer Daten innerhalb ihrer Datenbankschema-Objekte effizient verwalten und manipulieren, um ihre geschäftlichen Anforderungen zu erfüllen.

Die wichtigsten DML-Befehle umfassen:

- **SELECT**: Dieser Befehl wird verwendet, um Daten aus einer Datenbank auszuwählen. Die zurückgegebenen Daten werden in einer Ergebnistabelle gespeichert, die als Ergebnismenge bezeichnet wird.
- **INSERT INTO**: Dieser Befehl wird verwendet, um neue Daten in eine Datenbank einzufügen.
- **UPDATE**: Dieser Befehl wird verwendet, um bestehende Daten innerhalb einer Tabelle zu aktualisieren.

- **DELETE**: Dieser Befehl wird verwendet, um bestehende Datensätze aus einer Tabelle zu löschen.

Hier sind einige Beispiele für DML-Befehle:

```
SELECT first_name, last_name FROM employees;
```

- Anweisung **INSERT INTO**:

```
INSERT INTO employees (first_name, last_name, birth_date, hire_date, salary, department)
VALUES ('John', 'Doe', '1970-01-01', '2021-01-01', 50000, 'IT');
```

- Anweisung **UPDATE**:

```
UPDATE employees
SET department = 'HR'
WHERE id = 1;
```

- Anweisung **DELETE**:

```
DELETE FROM employees WHERE id = 1;
```

In den folgenden Abschnitten werden wir näher darauf eingehen, wie man Daten aus Datenbanken mit SQL abfragt, was einer der Haupteinsatzzwecke von SQL ist. Wir werden einfache Abfragen sowie komplexere Abfragen erkunden, die Joins, Unterabfragen und mehr beinhalten.

12.5 SQL-Abfragen

SQL-Abfragen sind ein wesentlicher Aspekt der Interaktion mit einer SQL-Datenbank. Diese Abfragen ermöglichen es uns, Daten abzurufen, zu modifizieren und auf eine Weise zu strukturieren, die uns hilft, sie zu verstehen und zu manipulieren. Darüber hinaus bestehen SQL-Abfragen aus Befehlen, die als DDL (Data Definition Language) oder DML (Data Manipulation Language) kategorisiert werden können, wie im vorherigen Abschnitt erwähnt.

SQL-Abfragen zu erstellen ist jedoch nicht so einfach wie die Ausführung einiger weniger Befehle. Um in SQL kompetent zu sein, muss man komplexere Abfragetechniken beherrschen. Zum Beispiel muss man wissen, wie man Daten basierend auf bestimmten Kriterien filtert, Daten in aufsteigender oder absteigender Reihenfolge sortiert, Daten basierend auf bestimmten Attributen gruppiert und mehrere Tabellen verbindet, um relevante Informationen zu extrahieren. In diesem Abschnitt werden wir diese fortgeschrittenen Abfragetechniken vertiefen, um dir zu helfen, ein geschickter SQL-Benutzer zu werden.

Durch die Beherrschung dieser Techniken kannst du große Datenbanken mit Leichtigkeit manipulieren und analysieren, was es zu einer wertvollen Fähigkeit für jede datenorientierte Rolle macht. Mit SQL sind die Möglichkeiten endlos und die Erkenntnisse, die du aus deinen Daten gewinnen kannst, unbegrenzt.

12.5.1 Filtern mit der WHERE-Klausel

Die **WHERE**-Klausel ist eine wesentliche Komponente von SQL-Abfragen. Durch die Verwendung der **WHERE**-Klausel können Benutzer Datensätze basierend auf spezifischen Bedingungen filtern, wie Datumsbereichen, numerischen Werten oder Textstrings.

Dies erleichtert die Isolierung von Daten, die für eine bestimmte Analyse oder einen Bericht relevant sind. Darüber hinaus kann die **WHERE**-Klausel mit anderen Klauseln wie **ORDER BY** oder **GROUP BY** kombiniert werden, um die Abfrageergebnisse weiter zu verfeinern.

Zum Beispiel könnte ein Benutzer die **WHERE**-Klausel verwenden, um alle Verkaufsdaten des letzten Monats auszuwählen und dann die **GROUP BY**-Klausel verwenden, um die Daten nach Region oder Produkttyp zu aggregieren. Insgesamt ist die **WHERE**-Klausel ein leistungsstarkes Werkzeug für jeden, der mit Daten in einer Datenbank arbeiten muss.

Zum Beispiel:

```
SELECT * FROM employees WHERE salary > 50000;
```

Diese Abfrage wählt alle Felder für Mitarbeiter mit einem Gehalt über 50.000 aus.

12.5.2 Sortieren mit der ORDER BY-Klausel

Das Schlüsselwort **ORDER BY** wird verwendet, um die Ergebnismenge in aufsteigender oder absteigender Reihenfolge zu sortieren. Das Sortieren der Ergebnismenge ist ein entscheidender Schritt bei der Datenanalyse, da es helfen kann, Muster und Trends zu identifizieren, die sonst möglicherweise übersehen werden könnten.

Durch die Organisation der Daten in einer bestimmten Reihenfolge können wir Ausreißer oder Anomalien leichter erkennen und Einblicke in die Beziehungen zwischen verschiedenen Variablen in unserem Datensatz gewinnen. Darüber hinaus kann das Sortieren der Ergebnismenge uns helfen, die Eigenschaften unserer Daten besser zu verstehen, wie ihre Verteilung und Variabilität, was uns wiederum ermöglicht, fundiertere Entscheidungen auf Basis unserer Erkenntnisse zu treffen.

Insgesamt ist das Schlüsselwort **ORDER BY** ein leistungsstarkes Werkzeug für jeden Datenanalysten oder Datenwissenschaftler, das die Erkundung und Interpretation großer und komplexer Datensätze erleichtert.

Zum Beispiel:

```
SELECT * FROM employees ORDER BY salary DESC;
```

Diese Abfrage wählt alle Felder für Mitarbeiter aus und sortiert das Ergebnis nach Gehalt in absteigender Reihenfolge.

12.5.3 Gruppieren mit der GROUP BY-Klausel

Die **GROUP BY**-Anweisung ist ein leistungsstarkes Werkzeug in SQL, das es dir ermöglicht, Daten basierend auf einer oder mehreren Spalten zu aggregieren. Diese Anweisung wird häufig in Kombination mit Aggregatfunktionen wie COUNT, MAX, MIN, SUM und AVG verwendet, um die Ergebnismenge nach bestimmten Spalten zu gruppieren.

Durch die Verwendung der **GROUP BY**-Anweisung kannst du Einblicke in deine Daten gewinnen, indem du sie in aussagekräftige Gruppen organisierst. Zum Beispiel kannst du Verkaufsdaten nach Region gruppieren, um zu sehen, welche Regionen gut abschneiden und welche Verbesserungen benötigen. Du kannst auch Daten nach Zeitraum gruppieren, um Trends und Muster im Laufe der Zeit zu identifizieren.

Darüber hinaus kann die **GROUP BY**-Anweisung zusammen mit anderen SQL-Klauseln wie **ORDER BY**, **HAVING** und **JOIN** verwendet werden, um deine Abfragen weiter zu verfeinern. Zum Beispiel kannst du **ORDER BY** verwenden, um die Ergebnismenge in aufsteigender oder absteigender Reihenfolge nach bestimmten Spalten zu sortieren, **HAVING**, um die Ergebnismenge nach bestimmten Bedingungen zu filtern, und **JOIN**, um Daten aus mehreren Tabellen zu kombinieren.

Zusammenfassend ist die **GROUP BY**-Anweisung eine vielseitige Funktion in SQL, die dir helfen kann, deine Daten auf eine aussagekräftigere Weise zu analysieren und zu verstehen.

Zum Beispiel:

```
SELECT department, COUNT(*) FROM employees GROUP BY department;
```

Diese Abfrage gibt die Anzahl der Mitarbeiter in jeder Abteilung zurück.

12.5.4 Tabellen verbinden

SQL-Joins werden verwendet, um Zeilen aus zwei oder mehr Tabellen zu kombinieren, basierend auf einer verwandten Spalte. Es gibt verschiedene Arten von Joins: INNER JOIN, LEFT (OUTER) JOIN, RIGHT (OUTER) JOIN und FULL (OUTER) JOIN.

- **INNER JOIN**: Gibt Datensätze zurück, die in beiden Tabellen übereinstimmende Werte haben.

```
SELECT Orders.OrderID, Customers.CustomerName
FROM Orders
INNER JOIN Customers ON Orders.CustomerID = Customers.CustomerID;
```

- **LEFT (OUTER) JOIN**: Gibt alle Datensätze aus der linken Tabelle und die übereinstimmenden Datensätze aus der rechten Tabelle zurück.

```
SELECT Orders.OrderID, Customers.CustomerName
FROM Orders
LEFT JOIN Customers ON Orders.CustomerID = Customers.CustomerID;
```

- **RIGHT (OUTER) JOIN**: Gibt alle Datensätze aus der rechten Tabelle und die übereinstimmenden Datensätze aus der linken Tabelle zurück.

```
SELECT Orders.OrderID, Customers.CustomerName
FROM Orders
RIGHT JOIN Customers ON Orders.CustomerID = Customers.CustomerID;
```

- **FULL (OUTER) JOIN**: Gibt alle Datensätze zurück, wenn es eine Übereinstimmung in einer der beiden Tabellen (links oder rechts) gibt.

```
SELECT Orders.OrderID, Customers.CustomerName
FROM Orders
FULL JOIN Customers ON Orders.CustomerID = Customers.CustomerID;
```

SQL ist ein leistungsstarkes Werkzeug für die Interaktion mit Datenbanken und ist für jede datenorientierte Arbeit unerlässlich. In den folgenden Abschnitten werden wir fortgeschrittenere SQL-Themen vertiefen und einige praktische Beispiele untersuchen.

12.6 Praktische Übungen

Diese Übungen sind darauf ausgelegt, dein Verständnis der SQL-Syntax und -Konzepte zu festigen. Es wird dringend empfohlen, dass du eine SQL-Datenbanksoftware oder eine Online-SQL-Plattform verwendest, um diese Übungen durchzuführen.

Übung 1

Erstelle eine Tabelle namens "Studierende" mit den folgenden Spalten: StudentID (Integer, Primärschlüssel), FirstName (varchar), LastName (varchar), Age (Integer), Major (varchar).

```
CREATE TABLE Students (
    StudentID int PRIMARY KEY,
    FirstName varchar(255),
    LastName varchar(255),
    Age int,
    Major varchar(255)
);
```

Übung 2

Füge 5 Datensätze in die Tabelle "Studierende" mit Werten deiner Wahl ein.

```
INSERT INTO Students (StudentID, FirstName, LastName, Age, Major)
VALUES (1, 'John', 'Doe', 20, 'Computer Science');

-- Repeat for other 4 records with different values
```

Übung 3

Schreibe eine Abfrage, um alle Studierenden auszuwählen, die "Informatik" als Hauptfach haben.

```
SELECT * FROM Students WHERE Major = 'Computer Science';
```

Übung 4

Aktualisiere das Hauptfach des Studierenden mit StudentID = 1 auf "Datenwissenschaft".

```
UPDATE Students SET Major = 'Data Science' WHERE StudentID = 1;
```

Übung 5

Lösche den Datensatz des Studierenden mit StudentID = 1.

```
DELETE FROM Students WHERE StudentID = 1;
```

Übung 6

Schreibe eine Abfrage, um alle Studierenden auszuwählen, sortiert nach ihrem Alter in absteigender Reihenfolge.

```
SELECT * FROM Students ORDER BY Age DESC;
```

Übung 7

Schreibe eine Abfrage, um die Anzahl der Studierenden für jedes Hauptfach zu zählen.

```
SELECT Major, COUNT(*) FROM Students GROUP BY Major;
```

Nimm dir Zeit für diese Übungen und experimentiere mit verschiedenen Befehlen und Abfragen, um vollständig zu verstehen, wie SQL funktioniert. Je mehr du übst, desto wohler wirst du dich mit der SQL-Syntax und den SQL-Operationen fühlen.

Fazit zu Kapitel 12

In diesem Kapitel haben wir eine Reise durch SQL unternommen, eine deklarative Sprache, die speziell für die Verwaltung von Daten in relationalen Datenbanken entwickelt wurde. Wir begannen mit einem kurzen historischen Überblick und verfolgten ihre Ursprünge bis in die IBM-Labore der 1970er Jahre zurück, um die Beweggründe hinter der Entstehung von SQL und ihre anhaltende Relevanz besser zu verstehen.

Anschließend befassten wir uns mit den praktischen Elementen von SQL. Wir erkundeten die SQL-Syntax, die sich deutlich von Python und anderen gängigen Programmiersprachen unterscheidet, aber ihre eigene Klarheit und Logik besitzt. Wir untersuchten die Struktur von SQL-Anweisungen und lernten über Schlüsselwörter, Bezeichner, Operatoren und Ausdrücke. Wir betrachteten die grundlegenden, aber leistungsstarken Operationen, die SQL uns für die Datenverarbeitung ermöglicht: **SELECT** für den Datenabruf, **INSERT** zum Hinzufügen neuer Daten, **UPDATE** zum Ändern bestehender Daten und **DELETE** zum Entfernen von Daten.

Dann tauchten wir in komplexere Abfragen ein, die Sortierung (**ORDER BY**), Filterung (**WHERE**) und Aggregation (**GROUP BY**) beinhalten. Diese Operationen erweitern die Leistungsfähigkeit von SQL, indem sie die Datenanalyse direkt in der Datenbank ermöglichen. Das Verständnis dieser Konzepte öffnet die Tür zu fortgeschritteneren SQL-Funktionen wie Unterabfragen, Joins und Mengenoperationen.

Im gesamten Kapitel haben wir die Bedeutung des Übens von SQL durch praktische Aufgaben betont. SQL ist eine Fertigkeit, die man am besten durch Übung erlernt, und je mehr du mit Datenbanken interagierst, Abfragen schreibst und Daten manipulierst, desto wohler wirst du dich mit SQL fühlen.

Zum Abschluss dieses Kapitels solltest du bedenken, dass SQL zwar anfangs anders und herausfordernd erscheinen mag, besonders wenn du mit prozeduralen Sprachen wie Python vertrauter bist, aber es ist ein Werkzeug von immenser Kraft und Vielseitigkeit im Bereich des Datenmanagements. Die Fähigkeit, direkt mit Daten in Datenbanken zu interagieren und sie zu analysieren, ist in vielen Bereichen eine sehr gefragte Kompetenz. Also übe weiter, erforsche weiter und erweitere dein Wissen über SQL. Im nächsten Kapitel werden wir sehen, wie SQL zusammen mit Python eingesetzt werden kann, wobei die Fähigkeiten beider zu einem formidablen Duo für die Datenanalyse verschmelzen. Bleib dran!

Kapitel 13: Grundlagen von SQL

Willkommen zu Kapitel 13, "Grundlagen von SQL". In diesem Kapitel tauchen wir in die Details der Data Definition Language (DDL) und der Data Manipulation Language (DML) von SQL ein, mit Schwerpunkt auf praktischen Übungen. Du wirst lernen, wie man Datenbanken erstellt, Tabellen definiert, Daten in diese eingibt und grundlegende Abfragen ausführt, um wertvolle Erkenntnisse zu gewinnen.

Neben den oben genannten praktischen Fähigkeiten wird das Kapitel auch einige wichtige theoretische Konzepte im Zusammenhang mit SQL behandeln. Wir werden die Normalisierung erforschen, den Prozess der Organisation von Daten in einer Datenbank, um Redundanz und Abhängigkeit zu reduzieren. Dies wird dir helfen, effizientere und skalierbarere Datenbanken zu entwerfen, die große Datenmengen verarbeiten können.

Außerdem werden wir das Konzept der Schlüssel in SQL untersuchen, die verwendet werden, um Beziehungen zwischen Tabellen in einer Datenbank herzustellen. Wir werden Primärschlüssel, Fremdschlüssel und zusammengesetzte Schlüssel behandeln, die für das Verständnis wesentlich sind, um komplexe Datenbanken zu erstellen, die den Anforderungen moderner Unternehmen gerecht werden können.

Während das vorherige Kapitel uns einen Überblick über die Geschichte und Syntax von SQL gab, wird dieses Kapitel uns die praktischen Fähigkeiten vermitteln, die notwendig sind, um mit SQL in realen Szenarien zu beginnen. Am Ende dieses Kapitels wirst du ein solides Verständnis der grundlegenden SQL-Befehle und -Prinzipien haben, was die Grundlage für fortgeschrittenere Themen in den kommenden Kapiteln legt.

Fangen wir an!

13.1 Erstellung von Datenbanken und Tabellen

SQL ist ein leistungsstarkes Werkzeug für die Arbeit mit Daten. Der erste Schritt zur Verwendung von SQL besteht darin, eine Datenbank und Tabellen einzurichten, damit du deine Daten effizient speichern und auf sie zugreifen kannst.

Die Erstellung einer **Datenbank** ist der erste Schritt zur Einrichtung deiner SQL-Umgebung. Eine Datenbank ist wie ein virtueller Speicher, in dem du alle deine Daten systematisch ablegen kannst. Sie könnte wichtige Informationen wie Kundennamen, Adressen und Kaufhistorie oder

Verkaufsdaten, Mitarbeiterinformationen und mehr enthalten. Durch die Organisation deiner Daten in einer Datenbank kannst du die benötigten Informationen leicht verwalten, aktualisieren und abrufen.

Sobald du deine Datenbank eingerichtet hast, ist es Zeit, **Tabellen** zu erstellen. Tabellen sind wie Tabellenblätter innerhalb deiner Datenbank, wobei jede Zeile einen eindeutigen Datensatz und jede Spalte ein Feld dieses Datensatzes darstellt. Wenn du beispielsweise eine Datenbank mit Kundeninformationen hast, könntest du eine Tabelle namens "Kunden" haben, die Felder wie "Name", "Adresse" und "Telefonnummer" enthält.

Durch die Erstellung von Tabellen kannst du deine Daten strukturiert organisieren, was Abfragen und Analysen erleichtert. Und mit der Leistungsfähigkeit von SQL kannst du schnell komplexe Abfragen schreiben, um die benötigten Daten zu extrahieren, was dir ermöglicht, Erkenntnisse zu gewinnen und fundierte Entscheidungen auf Basis deiner Daten zu treffen.

So kannst du eine neue Datenbank und eine neue Tabelle in SQL erstellen:

1. **Erstellung einer Datenbank**

```
CREATE DATABASE Bookstore;
```

Die Anweisung **CREATE DATABASE** wird verwendet, um eine neue Datenbank in SQL zu erstellen. Hier erstellen wir eine Datenbank namens 'Bookstore'.

2. **Erstellung einer Tabelle**

Bevor du eine Tabelle erstellst, musst du zuerst die Datenbank auswählen, in der die Tabelle erstellt werden soll, indem du die Anweisung **USE** verwendest:

```
USE Bookstore;
```

Jetzt können wir eine Tabelle innerhalb der Datenbank 'Bookstore' erstellen:

```
CREATE TABLE Books (
    BookID INT PRIMARY KEY,
    Title VARCHAR(100),
    Author VARCHAR(100),
    Price DECIMAL(5,2)
);
```

In dieser **CREATE TABLE**-Anweisung definieren wir eine neue Tabelle namens 'Books' mit vier Spalten: 'BookID', 'Title', 'Author' und 'Price'. Die Spalte 'BookID' wird als Primärschlüssel deklariert, was bedeutet, dass sie eindeutige Werte enthalten wird und zur Identifizierung jedes Datensatzes in der Tabelle verwendet wird.

Die Typen **INT**, **VARCHAR(100)** und **DECIMAL(5,2)** sind Datentypen, die die Art der Daten angeben, die in jeder Spalte gespeichert werden können.

INT wird für ganze Zahlen verwendet. **VARCHAR(100)** wird für Zeichenketten verwendet, und die Zahl in Klammern gibt die maximale Länge der Zeichenketten an. **DECIMAL(5,2)** wird für Dezimalzahlen verwendet, wobei '5' die Gesamtzahl der Ziffern und '2' die Anzahl der Ziffern nach dem Dezimalpunkt ist.

Denke daran, SQL unterscheidet nicht zwischen Groß- und Kleinschreibung, aber es ist gängige Praxis, SQL-Schlüsselwörter zur besseren Übersichtlichkeit in Großbuchstaben zu schreiben.

Im nächsten Abschnitt werden wir sehen, wie man Daten in diese Tabelle einfügt, aber für jetzt experimentiere mit der Erstellung von Datenbanken und Tabellen, indem du verschiedene Tabellenstrukturen und Datentypen ausprobierst. Experimentieren ist der Schlüssel, um SQL effektiv zu lernen.

13.2 Einfügen von Daten in Tabellen

Nachdem wir unsere Datenbank und die Tabellenstruktur erstellt haben, gibt es verschiedene Möglichkeiten, die Tabellen mit Daten zu füllen. Eine Möglichkeit ist, Daten manuell mit der Anweisung **INSERT INTO** einzufügen. Dies kann ein mühsamer Prozess sein, besonders wenn wir eine große Menge an Daten einzufügen haben. Eine andere Möglichkeit ist, Daten aus einer externen Datei zu importieren, wie z.B. einer CSV- oder Excel-Datei.

Dies kann uns Zeit und Mühe sparen, besonders wenn wir die Daten bereits in einer Tabellenkalkulation oder einem anderen Format gespeichert haben. Außerdem können wir auch eine Skriptsprache oder Programmiersprache verwenden, um den Prozess des Dateneinfügens zu automatisieren. Dies kann ein mächtiges Werkzeug sein, um große Datenmengen zu verwalten oder Routineaufgaben zu automatisieren.

Insgesamt gibt es viele verschiedene Ansätze, die wir verfolgen können, wenn es darum geht, unsere Datenbanktabellen mit Daten zu füllen, und der richtige Ansatz hängt von unseren spezifischen Bedürfnissen und Umständen ab.

Unserem obigen Beispiel folgend, fügen wir einige Bücher in die Tabelle 'Books' ein:

```
INSERT INTO Books (BookID, Title, Author, Price)
VALUES
(1, 'To Kill a Mockingbird', 'Harper Lee', 7.99),
(2, '1984', 'George Orwell', 8.99),
(3, 'The Great Gatsby', 'F. Scott Fitzgerald', 6.99);
```

Der Befehl **INSERT INTO** wird gefolgt vom Namen der Tabelle und einer Liste der Spalten, in die wir Daten einfügen möchten. Dann wird das Schlüsselwort **VALUES** verwendet, gefolgt von einer Liste entsprechender Werte für die Spalten. Jede Klammer nach **VALUES** repräsentiert eine einzelne Datenzeile. Hier haben wir drei Zeilen (oder Datensätze) in die Tabelle 'Books' eingefügt.

13.3 Auswahl von Daten aus Tabellen

Jetzt, da wir einige Daten in unserer Tabelle haben, können wir sie mit dem Befehl **SELECT** abrufen. So kann man alle Daten aus der Tabelle 'Books' abrufen:

```
SELECT * FROM Books;
```

Das Symbol ***** ist ein Platzhalter, der "alle Spalten" bedeutet. Dieser Befehl gibt alle Zeilen aller Spalten in der Tabelle 'Books' zurück. Die Ausgabe wäre:

```
+--------+---------------------+---------------------+-------+
| BookID | Title               | Author              | Price |
+--------+---------------------+---------------------+-------+
|      1 | To Kill a Mockingbird| Harper Lee         |  7.99 |
|      2 | 1984                | George Orwell       |  8.99 |
|      3 | The Great Gatsby    | F. Scott Fitzgerald |  6.99 |
+--------+---------------------+---------------------+-------+
```

Wenn wir nur Daten aus bestimmten Spalten auswählen möchten, können wir diese Spalten anstelle von ***** angeben. Um beispielsweise nur die Spalten 'Title' und 'Author' auszuwählen, können wir den folgenden Befehl verwenden:

```
SELECT Title, Author FROM Books;
```

Dies gibt zurück:

```
+---------------------+---------------------+
| Title               | Author              |
+---------------------+---------------------+
| To Kill a Mockingbird| Harper Lee         |
| 1984                | George Orwell       |
| The Great Gatsby    | F. Scott Fitzgerald |
+---------------------+---------------------+
```

Der Befehl **SELECT** kann mit verschiedenen Klauseln verwendet werden, um die zurückgegebenen Daten zu filtern und zu sortieren, was wir in den folgenden Abschnitten näher betrachten werden. Versuche zunächst, deine eigenen Tabellen zu erstellen, Daten einzufügen und Daten auszuwählen. Dies wird dein Verständnis dieser grundlegenden SQL-Operationen festigen.

13.4 Aktualisierung von Daten in Tabellen

Nach dem Einfügen von Daten in die Tabellen ist es wichtig, die Informationen aktuell zu halten. Dies kann durch die Verwendung des leistungsstarken **UPDATE**-Befehls von SQL erreicht werden, mit dem du vorhandene Daten in einer Tabelle ändern kannst. Möglicherweise möchtest du beispielsweise den Namen oder die Adresse eines Kunden in deiner Datenbank ändern. Mit dem **UPDATE**-Befehl kannst du diese Aufgabe einfach erledigen, indem du die Tabelle, die zu aktualisierende Spalte und den neuen Wert angibst. Außerdem kannst du die **WHERE**-Klausel von SQL verwenden, um nur bestimmte Zeilen zu aktualisieren, die bestimmte Kriterien erfüllen, wie etwa Kunden, die im letzten Jahr keinen Kauf getätigt haben.

Beispiel:

Nehmen wir an, der Preis des Buches "1984" wurde auf $9.99 geändert. Wir können dies in unserer Tabelle 'Books' wie folgt aktualisieren:

```
UPDATE Books
SET Price = 9.99
WHERE Title = '1984';
```

Im **UPDATE**-Befehl gibst du die Tabelle an, die du aktualisieren möchtest, dann verwendest du das Schlüsselwort **SET**, um die Spalte und den neuen Wert anzugeben, den du setzen möchtest. Die **WHERE**-Klausel gibt an, welche Zeilen aktualisiert werden sollen; in diesem Fall die Zeile, in der der 'Title' '1984' ist.

Es ist wichtig, beim Verwenden des **UPDATE**-Befehls vorsichtig zu sein. Wenn du die **WHERE**-Klausel weglässt, aktualisiert der **UPDATE**-Befehl alle Zeilen in der Tabelle!

13.5 Löschen von Daten aus Tabellen

In einigen Situationen, wie wenn ein Benutzer veraltete oder irrelevante Informationen aus einer Datenbank entfernen möchte, ist es notwendig, Daten aus Tabellen zu löschen. Für diesen Zweck wird der **DELETE**-Befehl von SQL verwendet.

Bei der Verwendung des **DELETE**-Befehls ist es wichtig, die Tabelle anzugeben, aus der die Daten gelöscht werden sollen, und die Bedingungen, die erfüllt sein müssen, damit die Daten gelöscht werden. Darüber hinaus kann das Schlüsselwort **WHERE** verwendet werden, um die Löschkriterien weiter zu verfeinern und sicherzustellen, dass nur die gewünschten Daten gelöscht werden.

Es ist wichtig, bei der Verwendung des **DELETE**-Befehls vorsichtig zu sein, um sicherzustellen, dass nicht versehentlich wichtige Daten gelöscht werden.

Beispiel:

Angenommen, wir möchten "The Great Gatsby" nicht mehr in unserer Tabelle 'Books' führen. Wir könnten es so löschen:

```
DELETE FROM Books
WHERE Title = 'The Great Gatsby';
```

Genau wie bei der **UPDATE**-Anweisung musst du beim Verwenden von **DELETE** vorsichtig sein. Wenn du die **WHERE**-Klausel weglässt, wird **DELETE** alle Zeilen in der Tabelle löschen!

13.6 Filtern und Sortieren von Abfrageergebnissen

Wenn du mit SQL arbeitest, musst du oft bestimmte Daten aus einer Tabelle auswählen. Dies kann mit der **SELECT**-Anweisung erfolgen, gefolgt von der **WHERE**-Klausel zum Filtern der Daten und der **ORDER BY**-Klausel zum Sortieren.

Die **WHERE**-Klausel ermöglicht es dir, Bedingungen anzugeben, die erfüllt sein müssen, damit eine bestimmte Zeile in die Ergebnisse aufgenommen wird. Du kannst beispielsweise die **WHERE**-Klausel verwenden, um nur Zeilen auszuwählen, bei denen der Wert in einer bestimmten Spalte größer als eine bestimmte Zahl ist. Die **ORDER BY**-Klausel hingegen ermöglicht es dir, die ausgewählten Daten nach einer bestimmten Spalte zu sortieren.

Du kannst festlegen, ob die Daten in aufsteigender oder absteigender Reihenfolge sortiert werden sollen, und du kannst sogar nach mehreren Spalten gleichzeitig sortieren. Diese beiden Methoden gehören zu den gängigsten und leistungsstärksten Methoden zur Datenmanipulation in SQL, und ihre Beherrschung wird dir ermöglichen, komplexere Abfragen und Analysen durchzuführen.

Beispiel:

Die **WHERE**-Klausel ermöglicht es dir, Ergebnisse basierend auf einer oder mehreren Bedingungen zu filtern. Um beispielsweise nur die Bücher auszuwählen, die weniger als $8.00 kosten, würdest du Folgendes verwenden:

```
SELECT * FROM Books
WHERE Price < 8.00;
```

Die **ORDER BY**-Klausel ermöglicht es dir, die Ergebnisse deiner Abfrage zu sortieren. Du kannst nach jeder Spalte sortieren und angeben, ob du in aufsteigender (ASC) oder absteigender (DESC) Reihenfolge sortieren möchtest. Um beispielsweise alle Bücher nach Preis in absteigender Reihenfolge auszuwählen, würdest du Folgendes verwenden:

```
SELECT * FROM Books
ORDER BY Price DESC;
```

Versuche, diese Operationen selbst durchzuführen, um dein Verständnis dieser SQL-Grundlagen zu festigen. In den nächsten Abschnitten werden wir uns mit fortgeschritteneren SQL-Themen befassen.

13.7 NULL-Werte

In SQL ist **NULL** ein spezieller Marker, der oft verwendet wird, um das Fehlen eines Datenwerts in der Datenbank anzuzeigen. Es ist wichtig zu beachten, dass **NULL** sich von einer leeren Zeichenfolge oder einer Null unterscheidet, die tatsächliche Werte sind. Wenn ein Wert auf **NULL** gesetzt wird, bedeutet dies, dass der Wert derzeit unbekannt, abwesend oder nicht anwendbar ist.

Im Kontext unserer Bibliotheksdatenbank könnte **NULL** verwendet werden, um den Preis eines Buches darzustellen, den wir derzeit nicht kennen. Wir könnten zum Beispiel ein neues Buch erhalten haben, das noch nicht bewertet wurde, oder wir warten möglicherweise darauf, dass der Verlag uns die Informationen zur Verfügung stellt. In solchen Fällen würde die Spalte 'Preis' für dieses Buch auf **NULL** gesetzt. Dies ermöglicht es uns, das Buch in der Datenbank zu verfolgen und gleichzeitig anzuzeigen, dass die Preisinformationen noch nicht verfügbar sind.

Es ist wichtig, **NULL**-Werte beim Schreiben von SQL-Abfragen korrekt zu behandeln. Wenn wir beispielsweise alle Bücher abrufen möchten, die weniger als $20 kosten, müssen wir darauf achten, keine Bücher auszuschließen, die einen **NULL**-Preis haben. Wir können den Operator **IS NULL** verwenden, um **NULL**-Werte in unseren Abfragen zu behandeln, und wir können auch die Funktion **COALESCE** verwenden, um **NULL**-Werte bei Bedarf durch Standardwerte zu ersetzen.

Beispiel:

So könntest du ein Buch mit einem unbekannten Preis einfügen:

```
INSERT INTO Books (Title, Author, Price)
VALUES ('Unknown Book', 'Unknown Author', NULL);
```

Um Daten mit **NULL**-Werten abzufragen, kannst du die Operatoren **IS NULL** oder **IS NOT NULL** verwenden. Wenn du zum Beispiel alle Bücher in deiner Datenbank finden möchtest, für die der Preis unbekannt ist, könntest du Folgendes verwenden:

```
SELECT * FROM Books
WHERE Price IS NULL;
```

Das Aktualisieren von **NULL**-Werten erfolgt auf die gleiche Weise wie das Aktualisieren anderer Werte. Wenn du zum Beispiel später herausfindest, dass der Preis von "Unknown Book" $7.99 beträgt, könntest du ihn so aktualisieren:

```
UPDATE Books
SET Price = 7.99
WHERE Title = 'Unknown Book';
```

Es ist wichtig zu beachten, dass **NULL** mit nichts gleich ist, nicht einmal mit sich selbst. Das heißt, wenn du versuchst, **NULL** mit **NULL** mithilfe des Operators **=** zu vergleichen, wird es keine Übereinstimmung geben. Deshalb musst du **IS NULL** oder **IS NOT NULL** verwenden, wenn du **NULL**-Werte abfragst.

Zusammenfassend ist **NULL** ein spezieller Wert in SQL, der fehlende oder unbekannte Daten repräsentiert. Es ist entscheidend zu verstehen, wie man mit **NULL**-Werten umgeht, da sie manchmal zu unerwarteten Ergebnissen führen können, wenn sie nicht richtig behandelt werden.

13.8 Praktische Übungen

Übung 1: Erstellen von Datenbanken und Tabellen

1. Erstelle eine neue Datenbank namens **ExerciseDB**.

2. In dieser Datenbank, erstelle eine Tabelle namens **Kunden** mit den folgenden Feldern:

   o **KundenID** (int, Primärschlüssel)

   o **Vorname** (varchar(255))

   o **Nachname** (varchar(255))

   o **Stadt** (varchar(255))

Die SQL-Befehle für diese Aufgaben könnten etwa so aussehen:

```
CREATE DATABASE ExerciseDB;
USE ExerciseDB;
CREATE TABLE Customers (
CustomerID INT PRIMARY KEY,
FirstName VARCHAR(255),
LastName VARCHAR(255),
City VARCHAR(255)
);
```

Übung 2: Einfügen von Daten

1. Füge die folgenden Datensätze in die Tabelle **Kunden** ein:

   o **KundenID** = 1, **Vorname** = 'John', **Nachname** = 'Doe', **Stadt** = 'New York'

   o **KundenID** = 2, **Vorname** = 'Jane', **Nachname** = 'Smith', **Stadt** = 'London'

So könnte dein SQL aussehen:

```
INSERT INTO Customers (CustomerID, FirstName, LastName, City)
VALUES
(1, 'John', 'Doe', 'New York'),
(2, 'Jane', 'Smith', 'London');
```

Übung 3: Aktualisieren und Löschen von Daten

1. Aktualisiere die **Stadt** der **KundenID** = 1 zu 'Los Angeles'.

2. Lösche den Datensatz, bei dem **KundenID** = 2 ist.

Dein SQL könnte so aussehen:

```
UPDATE Customers
SET City = 'Los Angeles'
WHERE CustomerID = 1;

DELETE FROM Customers WHERE CustomerID = 2;
```

Übung 4: Abfrage von Daten

1. Wähle alle Datensätze aus der Tabelle **Kunden** aus.

2. Wähle nur den **Vorname** und die **Stadt** für jeden Datensatz aus.

Dein SQL könnte so aussehen:

```
SELECT * FROM Customers;

SELECT FirstName, City FROM Customers;
```

Übung 5: Arbeiten mit NULL

1. Füge einen neuen Datensatz ein, bei dem **KundenID** = 3, **Vorname** = 'Jim', **Nachname** = 'Brown', aber lasse **Stadt** als NULL.

2. Wähle alle Datensätze aus, bei denen **Stadt** NULL IST.

Dein SQL könnte so aussehen:

```
INSERT INTO Customers (CustomerID, FirstName, LastName, City)
VALUES
(3, 'Jim', 'Brown', NULL);

SELECT * FROM Customers WHERE City IS NULL;
```

Versuche diese Übungen und schau, wie es dir geht! Diese sollten dir eine umfassende Praxis aller wichtigen Themen bieten, die in Kapitel 13 behandelt wurden.

Fazit des Kapitels 13

In diesem Kapitel haben wir uns eingehend mit den Grundlagen von SQL beschäftigt und dabei auf dem grundlegenden Verständnis aus dem vorherigen Kapitel aufgebaut. Die SQL-Sprache mit ihrer leistungsstarken, aber einfachen Syntax bietet uns Werkzeuge zur Manipulation und Abfrage von Datenbanken.

Wir begannen unsere Reise mit dem Verständnis, wie man Datenbanken und Tabellen in SQL erstellt, wobei wir die Bedeutung der Definition unserer Datenstruktur mit geeigneten Datentypen kennenlernten. Unsere Erkundung des SELECT-Befehls ermöglichte es uns, Daten abzurufen und zu verstehen, wie eine einfache Abfrage leistungsstarke Erkenntnisse liefern kann.

Anschließend lernten wir die SQL-Befehle INSERT, UPDATE und DELETE kennen, die uns die Fähigkeit geben, unsere Daten nach Belieben zu manipulieren. Diese Befehle bilden die Grundlage der Datenmanipulation, und ihr Verständnis ist entscheidend für jeden SQL-Benutzer.

Wir haben auch die WHERE-Klausel von SQL besprochen, die es uns ermöglicht, unsere Abfragen nach unseren Bedürfnissen zu filtern und zu verfeinern. Dieser Befehl repräsentiert die Stärke von SQL, die Fähigkeit, riesige Datenmengen zu präzisen und aufschlussreichen Informationen zu destillieren.

Schließlich haben wir uns in fortgeschritteneres Terrain begeben und die SQL-Befehle ORDER BY, GROUP BY und JOIN diskutiert. Diese Befehle ermöglichen es uns, auf einer höheren Ebene mit unseren Daten zu interagieren, indem wir unsere Daten auf komplexere Weise strukturieren und kombinieren.

Der NULL-Wert, der oft übersehen wird, repräsentiert das Fehlen von Daten. Das Verständnis, wie SQL mit NULL-Werten in seinen Befehlen umgeht, ist entscheidend, um unerwartete Ergebnisse und Fehler zu vermeiden.

Wir schlossen unsere Erkundung mit einigen praktischen Übungen ab. Diese Übungen boten praktische Erfahrung mit den Konzepten, die wir gelernt haben, und festigten unser Verständnis.

Trotz des Umfangs dieses Kapitels haben wir kaum an der Oberfläche dessen gekratzt, was mit SQL möglich ist. Die folgenden Kapitel werden sich eingehender mit den fortgeschrittenen Funktionen von SQL und deren Anwendungen in verschiedenen Szenarien befassen. Während wir auf dieser SQL-Reise voranschreiten, werden sich die Leistungsfähigkeit und Flexibilität dieser Sprache weiter entfalten.

Daher sollten wir uns beim Abschluss dieses Kapitels sicher mit den Grundlagen von SQL fühlen. Es ist jedoch wichtig zu beachten, dass Beherrschung durch Übung kommt. Experimentiere daher immer weiter, erforsche und fordere dich selbst mit komplexeren Abfragen heraus.

Kapitel 14: Tiefes Eintauchen in SQL-Abfragen

In den vorherigen Kapiteln haben wir die Grundlagen von SQL kennengelernt. Wir haben Themen wie das Erstellen von Datenbanken, Tabellen sowie das Einfügen, Aktualisieren und Löschen von Daten behandelt. Außerdem haben wir grundlegende Datenabfragen behandelt. Doch während diese Konzepte essenziell sind, kratzen sie kaum an der Oberfläche dessen, was SQL leisten kann.

In diesem Kapitel werden wir tiefer in SQL-Abfragen eintauchen und lernen, wie man fortgeschrittenere Datenabfrage-Operationen mit komplexen SQL SELECT-Anweisungen durchführt. Am Ende dieses Kapitels wirst du ein umfassendes Verständnis davon haben, wie du diese Anweisungen effektiv aufbauen und nutzen kannst.

Wir werden verschiedene Themen behandeln, darunter das Verbinden von Tabellen, das Gruppieren von Datensätzen und das Filtern von Daten. Durch das Erlernen dieser fortgeschrittenen SQL-Techniken wirst du aussagekräftigere Erkenntnisse aus deinen Daten gewinnen und ein tieferes Verständnis deiner Datenbank erlangen. Mach dich bereit, deine SQL-Fähigkeiten auf die nächste Stufe zu heben!

14.1 Fortgeschrittene SELECT-Abfragen

In diesem Abschnitt werden wir uns eingehender mit der **SELECT**-Anweisung befassen, die ein unverzichtbares Werkzeug zum Abrufen von Daten aus einer Datenbank ist. Wie du wahrscheinlich bereits weißt, wird die **SELECT**-Anweisung verwendet, um Daten aus einer oder mehreren Tabellen in einer Datenbank auszuwählen. Sie kann einzelne Spalten, bestimmte Zeilen oder sogar ganze Tabellen mit Daten abrufen.

Bei der Verwendung der **SELECT**-Anweisung ist es wichtig, die Syntax und Struktur der Anweisung zu verstehen. Dazu gehört die Verwendung von Schlüsselwörtern wie **FROM**, **WHERE**, **GROUP BY**, **HAVING** und **ORDER BY**. Diese Schlüsselwörter ermöglichen es dir, die von der Anweisung zurückgegebenen Daten zu filtern, zu sortieren und zu gruppieren.

Ein weiterer wichtiger Aspekt der **SELECT**-Anweisung ist die Verwendung von Funktionen. Diese Funktionen können verwendet werden, um die von der Anweisung zurückgegebenen Daten zu manipulieren. Zu den gängigen Funktionen gehören **COUNT()**, **SUM()**, **AVG()**, **MAX()** und **MIN()**.

Diese Funktionen können verwendet werden, um Berechnungen mit den Daten durchzuführen oder die Daten in irgendeiner Weise zu aggregieren.

Neben der Verwendung der **SELECT**-Anweisung zum Abrufen von Daten aus einer Datenbank kann sie auch verwendet werden, um Daten in der Datenbank zu manipulieren. Dies kann durch die Verwendung der Anweisungen **INSERT**, **UPDATE** und **DELETE** erfolgen. Diese Anweisungen können verwendet werden, um neue Daten in eine Tabelle einzufügen, bestehende Daten zu aktualisieren oder Daten aus einer Tabelle zu löschen.

Zusammenfassend ist die **SELECT**-Anweisung ein leistungsstarkes Werkzeug zum Abrufen und Manipulieren von Daten in einer Datenbank. Wenn du ihre Syntax, Struktur und Funktionen verstehst, kannst du sie verwenden, um komplexe Abfragen durchzuführen und die Daten abzurufen, die du benötigst.

14.1.1 Das Schlüsselwort DISTINCT

Bei der Arbeit mit SQL steht dir ein mächtiges Werkzeug zur Verfügung: das Schlüsselwort **DISTINCT**. Durch Hinzufügen dieses Schlüsselworts zu einer **SELECT**-Anweisung kannst du alle doppelten Datensätze aus deinen Abfrageergebnissen entfernen. Das kann unglaublich nützlich sein in Situationen, in denen du nur eindeutige Werte sehen musst, etwa wenn du Datenanalysen durchführst oder Berichte erstellst.

Darüber hinaus kann das Schlüsselwort **DISTINCT** dir helfen, deinen Code zu vereinfachen und effizienter zu gestalten, da es die Menge der Daten reduziert, die von deiner Abfrage verarbeitet werden muss. Wenn du also sicherstellen möchtest, dass du nur eindeutige Datensätze aus deiner Datenbank abrufst, achte darauf, das Schlüsselwort **DISTINCT** zu deiner **SELECT**-Anweisung hinzuzufügen!

Beispiel:

Hier ist ein Beispiel, wie du das Schlüsselwort **DISTINCT** verwenden könntest:

```
SELECT DISTINCT City FROM Customers;
```

In diesem Beispiel gibt die Abfrage alle eindeutigen Städte zurück, in denen Kunden wohnen.

14.1.2 Das Schlüsselwort ORDER BY

Das Schlüsselwort **ORDER BY** ist ein wesentlicher Bestandteil von SQL, der verwendet wird, um die Ergebnismenge entweder in aufsteigender (**ASC**) oder absteigender (**DESC**) Reihenfolge zu sortieren. Standardmäßig sortiert das Schlüsselwort **ORDER BY** die Datensätze in aufsteigender Reihenfolge, kann aber bei Bedarf auch verwendet werden, um die Datensätze in absteigender Reihenfolge zu sortieren.

Diese Funktion ist besonders nützlich, wenn mit großen Ergebnismengen gearbeitet wird, da sie es ermöglicht, Daten schnell und einfach nach bestimmten Kriterien zu sortieren. Das Schlüsselwort **ORDER BY** kann in Verbindung mit anderen SQL-Schlüsselwörtern wie **GROUP**

BY und **HAVING** verwendet werden, um die Daten nach Bedarf weiter zu verfeinern und zu sortieren.

Zusammenfassend ist das Schlüsselwort **ORDER BY** ein leistungsstarkes Werkzeug, das die Funktionalität und Benutzerfreundlichkeit von SQL-Datenbanken erheblich verbessern kann.

Beispiel:

Wenn wir zum Beispiel unsere Kunden nach den Namen ihrer Städte in aufsteigender Reihenfolge sortieren möchten:

```
SELECT * FROM Customers ORDER BY City ASC;
```

Wenn du die Datensätze in absteigender Reihenfolge sortieren möchtest, würdest du schreiben:

```
SELECT * FROM Customers ORDER BY City DESC;
```

In beiden Abfragen ersetzt du **City** durch den Namen der Spalte, nach der du sortieren möchtest.

14.1.3 Die WHERE-Klausel

Die **WHERE**-Klausel in SQL ist ein leistungsstarkes Werkzeug, das verwendet wird, um Datensätze zu filtern, die eine bestimmte Bedingung erfüllen, was uns ermöglicht, mit einer überschaubareren Teilmenge von Daten zu arbeiten. Diese Klausel kann in Verbindung mit anderen SQL-Anweisungen wie **SELECT**, **UPDATE** und **DELETE** verwendet werden, unter anderem.

Die **WHERE**-Klausel kann mehrere Bedingungen enthalten, die durch logische Operatoren wie **AND** und **OR** miteinander verbunden sind, wodurch unsere Suche weiter verfeinert werden kann. Durch das Festlegen von Bedingungen innerhalb der **WHERE**-Klausel können wir nur die Datensätze extrahieren, die unsere Kriterien erfüllen, während wir irrelevante Daten ausschließen.

Dies kann besonders nützlich sein, wenn mit großen Datensätzen gearbeitet wird, da es uns ermöglicht, uns auf die relevantesten Informationen für unsere Analyse oder Anwendung zu konzentrieren.

Beispiel:

Hier ist ein Beispiel für eine **SELECT**-Anweisung mit einer **WHERE**-Klausel:

```
SELECT * FROM Customers WHERE City='London';
```

Diese SQL-Anweisung wählt alle Felder aus "Customers" aus, bei denen die "City" gleich "London" ist.

14.1.4 Der LIKE-Operator

Der **LIKE**-Operator ist ein sehr nützliches Werkzeug in SQL. Er wird in einer **WHERE**-Klausel verwendet, um nach einem bestimmten Muster in einer Spalte zu suchen. Dies kann besonders nützlich sein, wenn du mit großen Datenbanken arbeitest und schnell bestimmte Informationen abrufen musst. Der **LIKE**-Operator kann Muster mit zwei Platzhaltern suchen:

- **%**: Dies steht für null, ein oder mehrere Zeichen. Wenn du beispielsweise nach Wörtern suchst, die die Buchstaben "cat" in einer Spalte enthalten, kannst du das Muster **%cat%** verwenden. Dies gibt jeden Datensatz zurück, der "cat" an einer beliebigen Stelle in der Spalte enthält.

- **_**: Dies steht für ein einzelnes Zeichen. Wenn du beispielsweise nach Wörtern suchst, die "at" als zweiten und dritten Buchstaben in einer Spalte haben, kannst du das Muster **_%at%** verwenden. Dies gibt jeden Datensatz zurück, der ein beliebiges Zeichen als ersten Buchstaben, gefolgt von "at" als zweiten und dritten Buchstaben hat.

Hier ist ein Beispiel für einen **LIKE**-Operator:

```
SELECT * FROM Customers WHERE City LIKE 'L%';
```

Diese SQL-Anweisung wählt alle Felder aus "Customers" aus, bei denen die "City" mit "L" beginnt.

14.1.5 Der IN-Operator

Der **IN**-Operator ist ein nützliches Werkzeug zum Filtern von Daten in einer **WHERE**-Klausel. Durch die Angabe mehrerer Werte in einem **IN**-Operator kannst du schnell Datensätze nach einer Reihe von Kriterien filtern. Dies kann besonders nützlich sein, wenn du mit großen Datensätzen arbeitest, da es dir ermöglicht, die Ergebnisse schnell auf diejenigen zu reduzieren, die bestimmte Anforderungen erfüllen.

Obwohl der **IN**-Operator oft als Kurzform für mehrere **OR**-Bedingungen verwendet wird, ist es wichtig zu beachten, dass er auch in Kombination mit anderen Operatoren verwendet werden kann, um komplexere Abfragen zu erstellen. Du kannst beispielsweise den **IN**-Operator in Kombination mit dem **NOT**-Operator verwenden, um Datensätze zu filtern, die bestimmte Kriterien erfüllen.

Insgesamt ist der **IN**-Operator ein leistungsstarkes Werkzeug, das dir helfen kann, Daten in einer Datenbank effizient abzufragen und zu filtern. Egal, ob du mit einem kleinen oder großen Datensatz arbeitest, die Verwendung des **IN**-Operators kann dir dabei helfen, schnell die Datensätze zu finden, die deinen spezifischen Anforderungen entsprechen.

Hier ist ein Beispiel:

```
SELECT * FROM Customers WHERE Country IN ('Germany', 'France', 'UK');
```

Diese SQL-Anweisung wählt alle Felder aus "Customers" aus, bei denen das "Country" "Germany", "France" oder "UK" ist.

14.1.6 Der BETWEEN-Operator

Der **BETWEEN**-Operator wird verwendet, um Werte innerhalb eines bestimmten Bereichs auszuwählen. Dieser Operator wird häufig eingesetzt, wenn du Daten basierend auf einem Wertebereich filtern möchtest. Wenn du beispielsweise eine Produkttabelle mit einer Preisspalte hast, kannst du den **BETWEEN**-Operator verwenden, um alle Produkte auszuwählen, die innerhalb eines bestimmten Preisbereichs liegen. Dies erleichtert die Suche nach den Produkten, an denen du interessiert bist, ohne manuell durch die gesamte Tabelle suchen zu müssen.

Der **BETWEEN**-Operator kann mit verschiedenen Datentypen verwendet werden, einschließlich Zahlen, Text und Datumsangaben. Bei der Verwendung des **BETWEEN**-Operators mit Datumsangaben ist es wichtig sicherzustellen, dass das Datumsformat in allen Datensätzen der Tabelle einheitlich ist. Dies gewährleistet, dass der Operator wie erwartet funktioniert und die richtigen Ergebnisse liefert.

Neben dem **BETWEEN**-Operator gibt es andere Operatoren, die zum Filtern von Daten in SQL verwendet werden können, wie den **LIKE**-Operator, den **IN**-Operator und den **NOT**-Operator. Jeder dieser Operatoren hat seinen eigenen spezifischen Anwendungsfall und kann mit dem **BETWEEN**-Operator kombiniert werden, um komplexere Filter zu erstellen, die dir helfen, genau die Daten zu finden, nach denen du suchst.

Hier ist ein Beispiel:

```
SELECT * FROM Products WHERE Price BETWEEN 10 AND 20;
```

Diese SQL-Anweisung wählt alle Felder aus "Products" aus, bei denen der "Price" zwischen 10 und 20 liegt.

14.2 Verknüpfen mehrerer Tabellen

In SQL werden **JOIN**-Klauseln verwendet, um Zeilen aus zwei oder mehr Tabellen basierend auf einer verwandten Spalte zwischen ihnen zu kombinieren. Es gibt verschiedene Arten von JOINs in SQL:

1. JOIN (INNER): Gibt Datensätze zurück, die übereinstimmende Werte in beiden Tabellen haben.

2. LEFT JOIN (OUTER): Gibt alle Datensätze aus der linken Tabelle und die übereinstimmenden Datensätze aus der rechten Tabelle zurück.

3. RIGHT JOIN (OUTER): Gibt alle Datensätze aus der rechten Tabelle und die übereinstimmenden Datensätze aus der linken Tabelle zurück.

4. FULL JOIN (OUTER): Gibt alle Datensätze zurück, wenn es eine Übereinstimmung in einer der linken oder rechten Tabellen gibt.

Das Schlüsselwort INNER JOIN

Das Schlüsselwort INNER JOIN wird verwendet, um Daten aus zwei verschiedenen Tabellen über eine gemeinsame Spalte zu kombinieren. Dies ist besonders nützlich, wenn wir Daten abrufen möchten, die in beiden Tabellen vorhanden sind. Durch die Verwendung des Schlüsselworts INNER JOIN können wir sicherstellen, dass nur Datensätze mit übereinstimmenden Werten in beiden Tabellen zurückgegeben werden.

Dies kann uns helfen, die Beziehungen zwischen verschiedenen Datenelementen besser zu verstehen und Erkenntnisse zu gewinnen, die wir sonst möglicherweise nicht hätten sehen können. Darüber hinaus ist das Schlüsselwort INNER JOIN nur eine der vielen verschiedenen Arten von Joins, die wir verwenden können, um Daten aus mehreren Tabellen zu kombinieren. Andere Arten von Joins sind LEFT JOIN, RIGHT JOIN und FULL OUTER JOIN, die jeweils ihre eigenen einzigartigen Eigenschaften und Anwendungsfälle haben.

Indem wir die verschiedenen Arten von Joins verstehen, die uns zur Verfügung stehen, können wir sicherstellen, dass wir das richtige Werkzeug für die Aufgabe verwenden und das Beste aus unseren Daten herausholen.

```
Syntax:
SELECT column_name(s)
FROM table1
INNER JOIN table2
ON table1.column_name = table2.column_name;
```

Beispiel:

Nehmen wir an, wir haben zwei Tabellen, **Orders** und **Customers**, mit der folgenden Struktur:

Orders:

```
OrderID | CustomerID | OrderAmount
--------|------------|------------
1       | 1          | 100
2       | 2          | 200
3       | 5          | 300
4       | 3          | 400
```

Customers:

```
CustomerID | Name    | Country
-----------|---------|---------
```

```
1          | Alex  | USA
2          | Bob   | UK
3          | Chris | France
4          | Dave  | Canada
```

Ein INNER JOIN wählt alle Zeilen aus beiden Tabellen aus, sofern es eine Übereinstimmung zwischen den Spalten gibt. Wenn es Datensätze in der Tabelle "Orders" gibt, die keine entsprechenden Einträge in der Tabelle "Customers" haben, werden diese Datensätze aus dem Ergebnis ausgeschlossen.

```
SELECT Orders.OrderID, Customers.CustomerName, Orders.OrderAmount
FROM Orders
INNER JOIN Customers ON Orders.CustomerID = Customers.CustomerID;
```

Ergebnis:

```
OrderID | CustomerName  | OrderAmount
--------|---------------|------------
1       | Alex          | 100
2       | Bob           | 200
3       | Chris         | 400
```

14.2.1 LEFT JOIN und RIGHT JOIN

Schlüsselwort LEFT JOIN

Das Schlüsselwort LEFT JOIN ist eine Art von Join, die Zeilen aus der linken Tabelle (table1) und die übereinstimmenden Zeilen aus der rechten Tabelle (table2) abruft. Das bedeutet, wenn es keine Übereinstimmung in der rechten Tabelle gibt, wird der resultierende Wert NULL sein.

Es ist wichtig zu beachten, dass LEFT JOIN sich von INNER JOIN unterscheidet, da letzteres nur Zeilen zurückgibt, die übereinstimmende Daten in beiden Tabellen haben. LEFT JOIN hingegen zeigt weiterhin alle Zeilen aus der linken Tabelle an, auch wenn keine entsprechenden Daten in der rechten Tabelle vorhanden sind.

Dies kann nützlich sein, wenn man mit Daten arbeitet, die fehlende Werte haben, oder wenn man alle Daten einer Tabelle sehen möchte, unabhängig davon, ob übereinstimmende Daten in der anderen Tabelle vorhanden sind. Darüber hinaus kann LEFT JOIN mit anderen SQL-Anweisungen wie WHERE, ORDER BY und GROUP BY kombiniert werden, um die Ergebnisse weiter zu verfeinern und die gewünschte Ausgabe zu erhalten.

Syntax:

```
SELECT column_name(s)
FROM table1
LEFT JOIN table2
ON table1.column_name = table2.column_name;
```

Beispiel:

```
SELECT Customers.CustomerName, Orders.OrderAmount
FROM Customers
LEFT JOIN Orders ON Customers.CustomerID = Orders.CustomerID;
```

Ergebnis:

```
CustomerName | OrderAmount
-------------|------------
Alex         | 100
Bob          | 200
Chris        | 400
Dave         | NULL
```

Wie du sehen kannst, gibt das Schlüsselwort LEFT JOIN alle Datensätze aus der linken Tabelle (Kunden) und die übereinstimmenden Datensätze aus der rechten Tabelle (Bestellungen) zurück. Das Ergebnis ist NULL auf der rechten Seite, wenn keine Übereinstimmungen vorhanden sind.

Schlüsselwort RIGHT JOIN

Das Schlüsselwort RIGHT JOIN wird verwendet, um Daten aus zwei Tabellen, Tabelle1 und Tabelle2, zu kombinieren. Diese Art von Join gibt alle Zeilen aus Tabelle2 und die übereinstimmenden Zeilen aus Tabelle1 zurück. Wenn es keine Übereinstimmung aus Tabelle1 gibt, wird das Ergebnis NULL auf der linken Seite sein. RIGHT JOIN wird oft verwendet, wenn man alle Daten aus Tabelle2 und nur die übereinstimmenden Daten aus Tabelle1 einbeziehen möchte.

Nehmen wir zum Beispiel an, du hast zwei Tabellen: eine, die Informationen über Mitarbeiter enthält (Tabelle1), und eine andere, die Informationen über Abteilungen enthält (Tabelle2). Du möchtest eine Liste aller Abteilungen anzeigen, auch wenn es in einigen Abteilungen keine Mitarbeiter gibt. RIGHT JOIN kann verwendet werden, um alle Abteilungen aus Tabelle2 und nur die übereinstimmenden Daten aus Tabelle1 (die Mitarbeiter, die zu jeder Abteilung gehören) abzurufen.

Es ist erwähnenswert, dass RIGHT JOIN kein häufig verwendeter Join-Typ ist. In den meisten Fällen wird stattdessen LEFT JOIN verwendet. Es gibt jedoch einige Situationen, in denen RIGHT JOIN nützlich sein kann, zum Beispiel wenn du alle Daten aus der zweiten Tabelle und nur die übereinstimmenden Daten aus der ersten Tabelle anzeigen musst.

Syntax:

```
SELECT column_name(s)
FROM table1
RIGHT JOIN table2
ON table1.column_name = table2.column_name;
```

Beispiel:

```
SELECT Orders.OrderID, Customers.CustomerName, Orders.OrderAmount
FROM Orders
RIGHT JOIN Customers ON Orders.CustomerID = Customers.CustomerID;
```

Ergebnis:

```
OrderID | CustomerName | OrderAmount
--------|--------------|------------
1       | Alex         | 100
2       | Bob          | 200
4       | Chris        | 400
NULL    | Dave         | NULL
```

14.2.2 VOLLSTÄNDIGE VERKNÜPFUNG (FULL OUTER JOIN)

Bei der Verwendung von SQL zum Verknüpfen von Tabellen kann das Schlüsselwort FULL OUTER JOIN ein nützliches Werkzeug sein. Dieses Schlüsselwort gibt alle Datensätze in beiden Tabellen, der linken (Tabelle1) und der rechten (Tabelle2), zurück, auch wenn es keine Übereinstimmung zwischen ihnen gibt.

Das bedeutet, dass selbst wenn ein Datensatz in einer Tabelle keine entsprechende Übereinstimmung in der anderen Tabelle hat, er trotzdem in die Ergebnismenge aufgenommen wird. Das Schlüsselwort FULL OUTER JOIN ist besonders nützlich, wenn du sicherstellen möchtest, dass alle Daten aus beiden Tabellen in den Abfrageergebnissen enthalten sind, unabhängig davon, ob es eine Übereinstimmung gibt oder nicht.

Durch die Verwendung dieses Schlüsselworts kannst du das Risiko vermeiden, wichtige Informationen zu verlieren, die in einer Tabelle vorhanden sein könnten, aber nicht in der anderen.

Syntax:

```
SELECT column_name(s)
FROM table1
FULL OUTER JOIN table2
ON table1.column_name = table2.column_name;
```

Beispiel:

```
SELECT Customers.CustomerName, Orders.OrderAmount
FROM Customers
FULL OUTER JOIN Orders ON Customers.CustomerID = Orders.CustomerID;
```

Ergebnis:

```
CustomerName | OrderAmount
------------ | ------------
Alex         | 100
Bob          | 200
Chris        | 400
Dave         | NULL
Eve          | 500
```

In diesem Beispiel gibt das Schlüsselwort FULL OUTER JOIN alle Datensätze zurück, wenn es eine Übereinstimmung in einem der Datensätze der linken Tabelle (Kunden) oder der rechten Tabelle (Bestellungen) gibt. Es kombiniert die Ergebnisse beider linken und rechten äußeren Verknüpfungen und gibt alle Datensätze zurück (übereinstimmend oder nicht übereinstimmend).

Beachte, dass nicht alle Datenbanksysteme das Schlüsselwort FULL OUTER JOIN unterstützen. MySQL unterstützt beispielsweise kein FULL OUTER JOIN, aber du kannst das gleiche Ergebnis durch die Kombination von LEFT JOIN und UNION erreichen.

14.2.3 UNION und UNION ALL

Der UNION-Operator wird verwendet, um die Ergebnismengen von zwei oder mehr SELECT-Anweisungen zu kombinieren. Jede SELECT-Anweisung innerhalb der UNION muss die gleiche Anzahl von Spalten haben, die Spalten müssen auch ähnliche Datentypen haben und in der gleichen Reihenfolge sein.

Der UNION-Operator wählt standardmäßig nur eindeutige Werte aus. Um Duplikate zuzulassen, verwende UNION ALL.

Syntax:

```
SELECT column_name(s) FROM table1
UNION
SELECT column_name(s) FROM table2;
```

Um Duplikate zuzulassen:

```
SELECT column_name(s) FROM table1
UNION ALL
SELECT column_name(s) FROM table2;
```

Beispiel:

```
SELECT city FROM Customers
UNION
SELECT city FROM Suppliers
```

ORDER BY city;

Diese SQL-Anweisung würde alle eindeutigen Städte aus der Tabelle "Kunden" und der Tabelle "Lieferanten" zurückgeben.

Beispiel mit UNION ALL:

```
SELECT city FROM Customers
UNION ALL
SELECT city FROM Suppliers
ORDER BY city;
```

Diese SQL-Anweisung würde alle Städte (auch Duplikate) aus der Tabelle "Kunden" und der Tabelle "Lieferanten" zurückgeben.

14.2.4 Unterabfragen

Unterabfragen (auch bekannt als innere Abfragen oder verschachtelte Abfragen) sind ein Werkzeug zur Durchführung von Operationen in mehreren Schritten. Mit anderen Worten, es ist eine Abfrage innerhalb einer anderen SQL-Abfrage. Eine Unterabfrage wird verwendet, um Daten zurückzugeben, die in der Hauptabfrage als Bedingung verwendet werden, um die abzurufenden Daten weiter einzuschränken.

Die Unterabfrage kann innerhalb einer SELECT-, INSERT-, UPDATE- oder DELETE-Anweisung oder innerhalb einer anderen Unterabfrage verschachtelt sein. Eine Unterabfrage wird in der Regel in der WHERE-Klausel der SQL-Anweisung hinzugefügt.

Syntax:

```
SELECT column_name(s)
FROM table_name
WHERE column_name operator
    (SELECT column_name(s)
    FROM table_name
    WHERE condition);
```

Zum Beispiel kannst du Kunden finden, die sich in derselben Stadt wie der Lieferant 'Exotic Liquid' befinden, mit der folgenden Abfrage:

```
SELECT CustomerName, ContactName, City
FROM Customers
WHERE City =
    (SELECT City
    FROM Suppliers
    WHERE SupplierName = 'Exotic Liquid');
```

Dies gibt alle Details der Kunden zurück, die sich in derselben Stadt wie 'Exotic Liquid' befinden.

PYTHON UND SQL BIBEL: VOM ANFÄNGER ZUM WELTEXPERTEN

Unterabfragen können ein leistungsstarkes Werkzeug in deinem SQL-Repertoire sein, das dir ermöglicht, komplexe Abfragen schrittweise durchzuführen und dadurch deine Abfragen lesbarer und einfacher zu debuggen zu machen.

Im nächsten Abschnitt werden wir die Aggregatfunktionen in SQL untersuchen.

14.3 Aggregatfunktionen

In SQL werden Aggregatfunktionen verwendet, um eine Berechnung für eine Menge von Werten durchzuführen und einen einzelnen Wert zurückzugeben. Diese Funktionen können für verschiedene Operationen verwendet werden, wie die Berechnung der Summe, des Durchschnitts, des Maximums, des Minimums oder das Zählen einer Menge von Werten. Zum Beispiel kann die Funktion SUM verwendet werden, um die Gesamtsumme aller Werte in einer Spalte zu berechnen, während die Funktion AVG verwendet werden kann, um den Durchschnittswert einer Spalte zu berechnen.

Es ist wichtig zu beachten, dass Aggregatfunktionen Nullwerte ignorieren, mit Ausnahme der Funktion COUNT, die Nullwerte in ihrer Berechnung einbezieht. Das bedeutet, wenn eine Spalte Nullwerte enthält, kann das Ergebnis einer Aggregatfunktion, die Nullwerte ignoriert, sich von dem Ergebnis einer Aggregatfunktion unterscheiden, die Nullwerte einbezieht. Daher ist es wichtig, sorgfältig zu überlegen, welche Aggregatfunktion basierend auf den Daten in der Spalte zu verwenden ist.

Lassen uns in die häufig verwendeten Aggregatfunktionen eintauchen:

1. **COUNT()**: Diese Funktion gibt die Anzahl der Zeilen zurück, die einem bestimmten Kriterium entsprechen.

```
SELECT COUNT(ProductID) AS NumberOfProducts
FROM Products;
```

Die obige Abfrage gibt die Anzahl der Produkte in der Tabelle **Produkte** zurück.

2. **SUM()**: Diese Funktion gibt die Gesamtsumme einer numerischen Spalte zurück.

```
SELECT SUM(Quantity) AS TotalQuantity
FROM OrderDetails;
```

Die obige Abfrage berechnet die Gesamtmenge aller Bestellungen in der Tabelle **Bestelldetails**.

3. **AVG()**: Diese Funktion gibt den Durchschnittswert einer numerischen Spalte zurück.

```
SELECT AVG(Price) AS AveragePrice
FROM Products;
```

Die obige Abfrage berechnet den Durchschnittspreis aller Produkte in der Tabelle **Produkte**.

4. **MIN()** und **MAX()**: Diese Funktionen geben jeweils den kleinsten und den größten Wert der ausgewählten Spalte zurück.

```sql
SELECT MIN(Price) AS LowestPrice
FROM Products;

SELECT MAX(Price) AS HighestPrice
FROM Products;
```

Die obigen Abfragen rufen jeweils den niedrigsten Preis und den höchsten Preis der Produkte in der Tabelle **Produkte** ab.

5. **GROUP BY**: Diese Klausel wird in Zusammenarbeit mit Aggregatfunktionen verwendet, um das Ergebnisset nach einer oder mehreren Spalten zu gruppieren. Es ist wichtig zu beachten, dass die in der GROUP BY-Klausel aufgeführten Spalten auch in der SELECT-Liste enthalten sein müssen.

```sql
SELECT COUNT(CustomerID), Country
FROM Customers
GROUP BY Country;
```

Die obige Abfrage listet die Anzahl der Kunden in jedem Land auf.

6. **HAVING**: Diese Klausel wurde zu SQL hinzugefügt, weil das Schlüsselwort WHERE nicht mit Aggregatfunktionen verwendet werden konnte. HAVING kann verwendet werden, um die Ergebnisse der Aggregatfunktion zu filtern.

```sql
SELECT COUNT(CustomerID), Country
FROM Customers
GROUP BY Country
HAVING COUNT(CustomerID) > 5;
```

Die obige Abfrage listet die Anzahl der Kunden in jedem Land auf, enthält aber nur Länder mit mehr als 5 Kunden.

Das Verständnis und die effektive Nutzung dieser Aggregatfunktionen können den Nutzen und die Leistungsfähigkeit deiner SQL-Abfragen enorm verbessern. Sie ermöglichen dir, Berechnungen und Vergleiche durchzuführen, die andernfalls erfordern würden, alle Daten abzurufen und in deiner Anwendung zu verarbeiten, was weniger effizient und langsamer wäre.

Es ist wichtig zu beachten, dass einige Datenbanksysteme die Liste der Standard-SQL-Aggregatfunktionen erweitern und weitere bereitstellen, wie statistische Aggregatfunktionen oder String-Verkettungsfunktionen. Konsultiere immer die spezifische Datenbank-Dokumentation, um sicherzustellen, dass du alle verfügbaren Funktionen nutzt.

Darüber hinaus ist das Verständnis, wie Aggregatfunktionen mit NULL-Werten interagieren, entscheidend. Standardmäßig ignorieren die meisten Aggregatfunktionen NULL-Werte. Zum Beispiel würde bei einer Spalte mit Werten **[1, 2, NULL, 4]** die Funktion **SUM()** 7 zurückgeben, nicht NULL oder einen Fehler. Beachte dies beim Entwerfen deiner Abfrage.

Schließlich wird die Leistungsfähigkeit von Aggregatfunktionen noch deutlicher, wenn du beginnst, sie mit anderen SQL-Klauseln zu kombinieren. Zum Beispiel werden die Klauseln **GROUP BY** und **HAVING** häufig zusammen mit Aggregatfunktionen verwendet, um Daten in Kategorien zu gruppieren und dann die Ergebnisse nach Bedingungen zu filtern.

14.4 Praktische Übungen

Übung 1 - Fortgeschrittene Auswahlabfragen

In dieser Übung sollst du alle Mitarbeiter auswählen, die älter als 30 Jahre sind und in der Abteilung 'Vertrieb' arbeiten. Du wirst die **WHERE**-Klausel in SQL verwenden, um die Ergebnisse zu filtern. So kannst du das machen:

```
SELECT * FROM employees
WHERE age > 30 AND department = 'Sales';
```

Diese Anweisung gibt alle Zeilen (angezeigt durch das Sternchen *****) aus der Tabelle **employees** zurück, bei denen das **age** größer als 30 ist und die **department** 'Sales' ist.

Übung 2 - Verbinden mehrerer Tabellen

In dieser Übung sollst du die Tabellen **employees** und **sales** über das Feld **id** in **employees** und das Feld **employee_id** in **sales** verbinden. Du kannst dies mit einer JOIN-Anweisung erreichen. So geht's:

```
SELECT * FROM employees
JOIN sales ON employees.id = sales.employee_id;
```

Diese Anweisung gibt eine verbundene Tabelle zurück, in der jede Zeile Felder aus beiden Tabellen **employees** und **sales** enthält. Die Tabellen werden unter der Bedingung verbunden, dass das Feld **id** in **employees** mit dem Feld **employee_id** in **sales** übereinstimmt.

Übung 3 - Aggregatfunktionen

In dieser Übung sollst du die Gesamtsumme von **sale_amount** für jeden Mitarbeiter aus der Tabelle **sales** berechnen. Um dies zu tun, musst du die Tabellen **employees** und **sales** verbinden und die Aggregatfunktion **SUM()** verwenden. So kannst du das machen:

```
SELECT employees.name, SUM(sales.sale_amount) AS total_sales
FROM employees
```

```
JOIN sales ON employees.id = sales.employee_id
GROUP BY employees.name;
```

Diese Anweisung gibt eine Tabelle zurück, in der jede Zeile den Namen des Mitarbeiters und die von diesem Mitarbeiter erzielten Gesamtverkäufe enthält. Die Funktion **SUM()** wird verwendet, um die Gesamtverkäufe zu berechnen, und die **GROUP BY**-Klausel gruppiert die Verkäufe nach Mitarbeiter.

Fazit von Kapitel 14

In diesem Kapitel haben wir uns eingehend mit SQL-Abfragen beschäftigt und ihr Potenzial sowie ihre Rolle bei der Organisation, Manipulation und Extraktion von Informationen aus Datenbanken erkundet.

Wir begannen damit, unser Wissen über SELECT-Abfragen zu erweitern und lernten, wie man Unterabfragen, EXISTS, ANY, ALL und CASE-Anweisungen verwendet, um komplexere und leistungsfähigere Abfragen zu erstellen. Wir haben gesehen, wie Unterabfragen es uns ermöglichen, Operationen mit Daten durchzuführen, die aus einer anderen SELECT-Anweisung abgeleitet wurden, was uns die Fähigkeit gibt, komplexere Probleme zu lösen.

Von dort aus erkundeten wir JOIN-Operationen, die es uns ermöglichen, Zeilen aus zwei oder mehr Tabellen basierend auf einer verwandten Spalte zu kombinieren. Wir lernten die Syntax verschiedener JOIN-Typen kennen: INNER JOIN, LEFT (OUTER) JOIN, RIGHT (OUTER) JOIN und FULL (OUTER) JOIN, und diskutierten ihre Anwendungsfälle.

Schließlich führten wir Aggregatfunktionen ein, die eine Berechnung für eine Menge von Werten durchführen und einen einzelnen Wert zurückgeben. Wir lernten über SUM(), AVG(), COUNT(), MAX() und MIN() und diskutierten die GROUP BY- und HAVING-Klauseln, um das Ergebnisset nach einer oder mehreren Spalten zu gruppieren.

Das Kapitel schloss mit praktischen Übungen ab, die darauf ausgelegt waren, dein Verständnis zu festigen und dir praktische Erfahrung im Schreiben von SQL-Abfragen zu vermitteln.

Die Fähigkeiten, die du in diesem Kapitel erworben hast, bilden die Grundlage für einen Großteil der Arbeit, die du in der Datenbankverwaltung, Datenanalyse und Backend-Entwicklung durchführen wirst. Sie sind unerlässlich, um sinnvoll mit Datenbanken zu interagieren. Während wir fortfahren, werden wir diese Fähigkeiten nutzen, um SQL mit Python zu integrieren und die kombinierte Leistungsfähigkeit dieser Werkzeuge zu nutzen.

Denk daran, wie bei jeder anderen Sprache erfordert SQL Übung, um sie zu beherrschen. Zögere nicht zu experimentieren, verschiedene Abfragen auszuprobieren und die Möglichkeiten zu erkunden. Fröhliches Abfragen!

Kapitel 15: Fortgeschrittenes SQL

Nachdem du dich mit den Grundkonzepten von SQL vertraut gemacht und in den vorherigen Kapiteln in seine Abfragefunktionen eingetaucht bist, ist es nun an der Zeit, einen weiteren Schritt in die Welt des fortgeschrittenen SQL zu wagen. Dieses Kapitel soll dich mit den komplexeren Fähigkeiten von SQL vertraut machen, was dir dabei helfen wird, die Kunst der Datenverwaltung und -manipulation zu beherrschen.

Im Verlauf dieses Kapitels wirst du die Leistungsfähigkeit und Flexibilität entdecken, die SQL bietet, um Daten auf einer tieferen Ebene zu manipulieren und zu analysieren. Du wirst lernen, wie du Unterabfragen verwendest, um Daten aus einer oder mehreren Tabellen zu extrahieren, und wie du fortgeschrittene Joins einsetzt, um Daten aus mehreren Tabellen basierend auf gemeinsamen Spalten zu kombinieren.

Darüber hinaus wirst du in Transaktionen und ihre Bedeutung für die Aufrechterhaltung der Konsistenz und Integrität von Daten eingeführt. Du wirst auch lernen, wie man gespeicherte Prozeduren erstellt, die wiederverwendbare Codeblöcke sind, die mehrmals mit verschiedenen Eingabeparametern aufgerufen werden können.

Außerdem wirst du Einblicke gewinnen, wie diese Konzepte gemeinsam genutzt werden können, um reale Probleme effizient zu lösen. Du wirst lernen, wie man Abfragen optimiert, um eine bessere Leistung zu erzielen, und wie man Indizes verwendet, um den Datenabruf zu beschleunigen.

Am Ende dieses Kapitels wirst du ein viel tieferes Verständnis davon haben, wie SQL funktioniert und wie es zur Lösung komplexer Datenprobleme eingesetzt werden kann. Du wirst mit einem leistungsstarken Werkzeugset ausgestattet sein, das dir ermöglicht, Daten effizient zu verwalten und zu manipulieren, und du wirst bereit sein, anspruchsvollere SQL-Aufgaben mit Zuversicht anzugehen.

Lass uns beginnen!

15.1 Unterabfragen

Eine Unterabfrage, auch bekannt als innere Abfrage oder verschachtelte Abfrage, ist ein leistungsstarkes Werkzeug in SQL, das es dir ermöglicht, komplexere Abfragen durchzuführen, indem du Daten aus einer anderen Abfrage verwendest. Im Grunde ist es eine Abfrage innerhalb einer anderen SQL-Abfrage, und sie wird verwendet, um die abzurufenden Daten weiter einzuschränken, indem Daten zurückgegeben werden, die in der Hauptabfrage als Bedingung verwendet werden.

Du könntest beispielsweise eine Unterabfrage verwenden, um alle Kunden zu finden, die im letzten Monat einen Kauf getätigt haben, und dann diese Daten in der Hauptabfrage verwenden, um ihre Kontaktinformationen abzurufen. Dies kann besonders nützlich sein in Situationen, in denen du eine komplexe Datenanalyse durchführen oder Daten aus mehreren Tabellen abrufen musst.

Unterabfragen können mit einer Vielzahl von SQL-Anweisungen verwendet werden, darunter SELECT, INSERT, UPDATE und DELETE, und sie können in Kombination mit verschiedenen Operatoren wie =, <, >, >=, <=, IN, BETWEEN usw. eingesetzt werden. Mit so vielen Möglichkeiten ist es klar, dass Unterabfragen ein wesentliches Werkzeug für jeden SQL-Entwickler sind, der seine Abfragen auf die nächste Stufe bringen möchte.

Es gibt zwei Arten von Unterabfragen:

1. **Einzeilige Unterabfrage**: Gibt null oder eine Zeile zurück.

2. **Mehrzeilige Unterabfrage**: Gibt eine oder mehrere Zeilen zurück.

Schauen wir uns ein Beispiel an:

Angenommen, du hast eine Produktdatenbank mit der folgenden Struktur:

```
products:
id | product_name | category_id | price
```

Und du möchtest alle Produkte finden, die einen höheren Preis haben als der durchschnittliche Preis aller Produkte. Du könntest dies mit einer Unterabfrage wie folgt erreichen:

```
SELECT product_name, price
FROM products
WHERE price > (SELECT AVG(price) FROM products);
```

In diesem Beispiel berechnet die Unterabfrage **(SELECT AVG(price) FROM products)** den durchschnittlichen Preis aller Produkte. Die äußere Abfrage verwendet dann diesen Durchschnittspreis, um alle Produkte zurückzugeben, die einen höheren Preis als diesen Durchschnitt haben.

Es ist wichtig zu beachten, dass die Unterabfrage zuerst ausgeführt wird und dann die Hauptabfrage. Die Unterabfrage muss immer einen Wert zurückgeben, der in der Hauptabfrage verwendet wird.

Unterabfragen können nach ihrer Position in der Hauptabfrage klassifiziert werden.

15.1.1 Skalare Unterabfrage

Skalare Unterabfragen sind Abfragen, die eine einzelne Zeile mit einer einzelnen Spalte zurückgeben. Skalare Unterabfragen können überall dort verwendet werden, wo ein einzelner Wert erwartet wird.

Eine skalare Unterabfrage ist eine Art von Abfrage, die eine einzelne Zeile mit einer einzelnen Spalte zurückgibt. Im Grunde handelt es sich um eine Abfrage innerhalb einer Abfrage, und sie kann überall dort verwendet werden, wo ein einzelner Wert benötigt wird. Skalare Unterabfragen sind besonders nützlich bei der Analyse großer Datensätze, da sie eine schnelle und effiziente Abrufung spezifischer Informationen ermöglichen.

Zum Beispiel könnte man eine skalare Unterabfrage verwenden, um das Durchschnittsalter einer Gruppe von Personen zu ermitteln oder um den Maximalwert in einer bestimmten Spalte zu finden. Durch den Einsatz von skalaren Unterabfragen können Analysten ein tieferes Verständnis ihrer Daten gewinnen und fundiertere Entscheidungen auf Basis dieser Daten treffen.

Beispiel:

```
SELECT product_name, price
FROM products
WHERE price = (SELECT MIN(price) FROM products);
```

Diese Abfrage gibt den Namen und den Preis des Produkts mit dem niedrigsten Preis in der Tabelle zurück.

15.1.2 Korrelierte Unterabfrage

Eine korrelierte Unterabfrage ist eine Art von Unterabfrage, die Werte aus der äußeren Abfrage in ihrer WHERE-Klausel verwendet. Das bedeutet, dass die Unterabfrage nicht unabhängig von der äußeren Abfrage ist und für jede Zeile ausgeführt wird, die von der äußeren Abfrage verarbeitet wird.

Die korrelierte Unterabfrage fungiert als Filter, der hilft, Daten zu extrahieren, die bestimmte Bedingungen erfüllen, und ist nützlich, wenn du Daten aus zwei verwandten Tabellen abrufen musst. Diese Art von Unterabfrage kann auch verwendet werden, um Daten in einer Tabelle basierend auf Werten aus einer anderen Tabelle zu aktualisieren. Folglich kann die korrelierte Unterabfrage ein leistungsstarkes Werkzeug im Datenbankmanagement sein und wird häufig in komplexen Abfragen verwendet.

Beispiel:

```
SELECT p1.product_name, p1.price
FROM products p1
WHERE price > (SELECT AVG(p2.price) FROM products p2 WHERE p1.category_id =
p2.category_id);
```

Diese Abfrage gibt die Produkte zurück, die einen höheren Preis haben als der Durchschnittspreis der Produkte in derselben Kategorie.

Denke daran, dass die Verwendung von Unterabfragen manchmal zu ineffizienten Abfragen führen kann. SQL muss die Unterabfrage für jede Zeile ausführen, die in der äußeren Abfrage verarbeitet werden könnte, was zu langen Ausführungszeiten führen kann. Beim Schreiben von Unterabfragen solltest du sicherstellen, dass deine Abfrage so effizient wie möglich ist. Oft ist es eine gute Idee, zu versuchen, deine Abfrage ohne eine Unterabfrage umzuschreiben, oder noch besser, zu versuchen, deine Abfrage so zu schreiben, dass sie die Unterabfrage nur einmal ausführen muss.

Das Verstehen und effektive Nutzen von Unterabfragen ist eine Schlüsselfähigkeit beim Schreiben fortgeschrittener SQL-Abfragen. Die Fähigkeit, eine Abfrage innerhalb einer anderen Abfrage zu schreiben, ermöglicht es dir, komplexe Berichte und Analysen zu erstellen und die Leistungsfähigkeit von SQL zu maximieren. Wie immer ist die beste Art zu lernen durch Übung, also stelle sicher, dass du selbst mit Unterabfragen experimentierst und siehst, wie sie in verschiedenen Kontexten eingesetzt werden können.

15.1.3 Common Table Expressions (CTE)

Eine CTE kann als temporäre Tabelle betrachtet werden, die innerhalb des Ausführungsbereichs einer einzelnen Anweisung definiert wird. Sie ist eine Möglichkeit, Unterabfragen zu definieren, auf die mehrfach innerhalb einer anderen SQL-Anweisung verwiesen werden kann.

CTEs werden oft verwendet, wenn komplexe oder rekursive Abfragen durchgeführt werden müssen. Wenn du beispielsweise alle Mitarbeiter finden musst, die an einen bestimmten Manager berichten, und dann alle Mitarbeiter finden musst, die an diese Mitarbeiter berichten, könnte eine CTE verwendet werden, um eine rekursive Abfrage zu definieren, die die Mitarbeiterhierarchie durchläuft.

Ein weiterer Anwendungsfall für CTEs ist, wenn du mehrere Unterabfragen durchführen musst, die auf dieselben Daten verweisen. Anstatt die Unterabfragen mehrmals zu schreiben, kannst du eine CTE definieren, die die Logik der Unterabfrage kapselt, und dann nach Bedarf in deiner Hauptabfrage darauf verweisen.

Generell bieten CTEs eine Möglichkeit, komplexe SQL-Anweisungen zu vereinfachen und zu modularisieren, wodurch sie leichter zu lesen und im Laufe der Zeit zu warten sind.

Beispiel:

```
WITH Sales_CTE (SalesPersonID, NumberOfOrders)
AS
(
  SELECT SalesPersonID, COUNT(OrderID)
  FROM SalesOrderHeader
  GROUP BY SalesPersonID
```

```
)
SELECT AVG(NumberOfOrders) as "Average Number of Orders"
FROM Sales_CTE;
```

Diese Abfrage berechnet die durchschnittliche Anzahl von Bestellungen pro Verkäufer in einem Unternehmen. Die CTE erstellt eine temporäre Tabelle, die die Anzahl der Bestellungen pro Verkäufer zählt. Dann wird diese Tabelle verwendet, um die durchschnittliche Anzahl von Bestellungen zu berechnen.

CTEs können besonders nützlich sein in komplexen Abfragen, bei denen du mehrfach auf dieselbe Unterabfrage verweisen musst. Anstatt dieselbe Unterabfrage mehrmals zu schreiben, kannst du sie einmal in einer CTE definieren und dann so oft wie nötig auf diese CTE verweisen.

Damit schließen wir unsere vertiefte Betrachtung des Konzepts der Unterabfragen ab. Es ist jedoch wichtig zu beachten, dass SQL eine umfangreiche Sprache ist und es immer mehr zu lernen gibt. Je vertrauter du mit SQL wirst, desto mehr wirst du entdecken, dass Unterabfragen und CTEs leistungsstarke Werkzeuge sind, die dir helfen können, komplexe Probleme zu lösen und effizientere Abfragen zu erstellen.

15.2 Gespeicherte Prozeduren

Gespeicherte Prozeduren sind vorkompilierte SQL-Anweisungen, die gespeichert und mehrfach wiederverwendet werden können. Sie sind unglaublich nützlich, da sie Entwicklern ermöglichen, denselben SQL-Code nicht immer wieder neu schreiben zu müssen. Stattdessen können Entwickler eine gespeicherte Prozedur erstellen, die Eingaben entgegennehmen, diese verarbeiten und optional eine Ausgabe zurückgeben kann. Da gespeicherte Prozeduren in einer Datenbank gespeichert werden, können sie von einer Anwendung oder einer anderen gespeicherten Prozedur aufgerufen werden.

Darüber hinaus kann die Verwendung von gespeicherten Prozeduren die Leistung erheblich verbessern. Da der SQL-Code vorkompiliert ist, kann er viel schneller ausgeführt werden als Ad-hoc-SQL-Anweisungen. Dies liegt daran, dass das Datenbankmanagementsystem den SQL-Code nicht jedes Mal analysieren und kompilieren muss, wenn er ausgeführt wird.

Ein weiterer Vorteil der Verwendung von gespeicherten Prozeduren ist, dass sie verwendet werden können, um komplexe Geschäftslogik direkt auf Datenbankebene auszuführen. Dies bedeutet, dass Entwickler einen Teil der Geschäftslogik von der Anwendungsschicht in die Datenbankschicht verlagern können, was zu einer effizienteren und skalierbaren Anwendung führen kann. Da gespeicherte Prozeduren zudem in verschiedenen Programmiersprachen geschrieben werden können, können Entwickler die Sprache wählen, die am besten zu ihren Bedürfnissen und Erfahrungen passt.

Zusammenfassend sind gespeicherte Prozeduren ein wesentliches Werkzeug für jeden Entwickler, der die Leistung und Skalierbarkeit seiner Anwendung verbessern möchte. Durch die Verlagerung eines Teils der Geschäftslogik in die Datenbankschicht können Entwickler effizientere und wartbarere Anwendungen erstellen.

Gespeicherte Prozeduren bieten mehrere Vorteile:

1. Effizienz

SQL ist eine deklarative Sprache, die entwickelt wurde, um Benutzern zu ermöglichen, anzugeben, was sie tun möchten, ohne erklären zu müssen, wie es zu tun ist. Dies erleichtert es Benutzern, sich auf die jeweilige Aufgabe zu konzentrieren und sich nicht um die zugrunde liegenden Implementierungsdetails zu sorgen.

Bei der Arbeit mit einem Datenbankmanagementsystem (DBMS) ist das DBMS dafür verantwortlich, den effizientesten Weg zur Ausführung einer bestimmten Aufgabe zu bestimmen. Das bedeutet, dass Benutzer einfach die Aufgabe angeben können, die sie ausführen möchten, und das DBMS kümmert sich um den Rest.

Eine Möglichkeit, die Effizienz des DBMS zu nutzen, besteht darin, gespeicherte Prozeduren zu erstellen. Wenn ein Benutzer eine gespeicherte Prozedur erstellt, kompiliert das DBMS die Prozedur und speichert einen Plan für deren Ausführung. Dieser Plan kann bei jedem Aufruf der Prozedur wiederverwendet werden, wodurch gespeicherte Prozeduren schneller sind als Abfragen, die direkt aus einer Anwendung ausgeführt werden. Darüber hinaus können gespeicherte Prozeduren verwendet werden, um komplexe Logik zu kapseln, was ihre Wartung und Änderung im Laufe der Zeit erleichtert.

Zusammenfassend machen die deklarative Natur von SQL und die Fähigkeit des DBMS, Aufgaben zu optimieren, es zu einem leistungsstarken Werkzeug für die Datenverwaltung. Gespeicherte Prozeduren sind eine hervorragende Möglichkeit, diese Eigenschaften zu nutzen und können dazu beitragen, die Leistung und Wartbarkeit der Anwendung zu verbessern.

2. Sicherheit

Gespeicherte Prozeduren können eine bedeutende Sicherheitsschicht zwischen der Benutzeroberfläche und der Datenbank bieten. Durch die Verwendung gespeicherter Prozeduren können Entwickler sicherstellen, dass auf Daten kontrolliert und sicher zugegriffen wird. Darüber hinaus können gespeicherte Prozeduren die direkte Manipulation von Daten durch Benutzer einschränken, was eine ausgezeichnete Methode ist, um Datenschutzverletzungen und andere Sicherheitsvorfälle zu verhindern.

Aber die Vorteile gespeicherter Prozeduren hören hier nicht auf. Neben der Verbesserung der Sicherheit können gespeicherte Prozeduren auch die Leistung verbessern. Durch die Vorkompilierung des SQL-Codes können gespeicherte Prozeduren die für die Ausführung von Datenbankabfragen benötigte Zeit erheblich reduzieren. Dies kann besonders wichtig sein für Anwendungen, die große Datenmengen oder komplexe Abfragen verarbeiten müssen.

Ein weiterer großer Vorteil gespeicherter Prozeduren ist, dass sie dazu beitragen können, die Konsistenz in einer gesamten Anwendung zu gewährleisten. Durch das Kapseln der

Datenzugriffslogik in einer gespeicherten Prozedur können Entwickler sicherstellen, dass alle Instanzen der Prozedur auf die gleiche Weise auf die Daten zugreifen. Dies kann dazu beitragen, Fehler und Inkonsistenzen zu vermeiden, die entstehen können, wenn mehrere Entwickler an derselben Anwendung arbeiten.

Insgesamt sind gespeicherte Prozeduren eine hervorragende Möglichkeit, die Sicherheit, Leistung und Konsistenz Ihrer Anwendungen zu verbessern. Wenn Sie sie also noch nicht verwenden, lohnt es sich definitiv, ihre Implementierung in Ihrem nächsten Projekt in Betracht zu ziehen.

3. **Wartbarkeit**

Einer der Vorteile der Verwendung gespeicherter Prozeduren ist, dass sie auf der Serverseite gespeichert werden. Das bedeutet, dass sie aktualisiert werden können, ohne Änderungen am Anwendungscode vornehmen zu müssen, solange die Ein- und Ausgaben gleich bleiben.

Da gespeicherte Prozeduren zudem vorkompiliert sind, können sie auch die Leistung verbessern, indem sie die für die Ausführung von Abfragen benötigte Zeit reduzieren. Darüber hinaus können gespeicherte Prozeduren verwendet werden, um Geschäftsregeln und Sicherheitsanforderungen durchzusetzen, was dazu beiträgt, dass Daten konsistent und sicher bleiben.

Schließlich können gespeicherte Prozeduren die Organisation des Codes verbessern, da komplexe Abfragen gekapselt und vom Anwendungscode abstrahiert werden können, was ihre Wartung und Änderung erleichtert.

Hier ist ein Beispiel für eine gespeicherte Prozedur in MySQL:

```
DELIMITER //

CREATE PROCEDURE GetProductCount(IN categoryName VARCHAR(20), OUT productCount INT)
BEGIN
    SELECT COUNT(*)
    INTO productCount
    FROM products
    WHERE products.category = categoryName;
END //

DELIMITER ;
```

Diese Prozedur nimmt den Namen einer Kategorie als Eingabe und gibt die Anzahl der Produkte in dieser Kategorie zurück. Der Befehl **DELIMITER //** am Anfang und am Ende ist notwendig, um MySQL mitzuteilen, dass die Definition der Prozedur beim zweiten **//** endet, nicht beim ersten Semikolon. Nach dem Erstellen der Prozedur kannst du sie wie folgt aufrufen:

```
CALL GetProductCount('Electronics', @count);
SELECT @count;
```

Dieses Beispiel ruft die Prozedur **GetProductCount** auf, übergibt 'Electronics' als Kategorie und speichert das Ergebnis in der Variable **@count**. Anschließend wird der Wert von **@count** abgerufen.

Beachte, dass die Syntax zum Erstellen und Aufrufen von gespeicherten Prozeduren zwischen verschiedenen SQL-Systemen variieren kann.

Gespeicherte Prozeduren können komplex werden, da sie Kontrollflussstrukturen wie **IF...ELSE**-Anweisungen, **WHILE**-Schleifen und **CASE**-Anweisungen enthalten können. Mit gespeicherten Prozeduren kannst du Operationen durchführen, die mit Standard-SQL komplex oder unmöglich wären.

Allerdings haben gespeicherte Prozeduren auch einige Nachteile. Zum Beispiel können sie schwieriger zu debuggen und zu warten sein als Anwendungscode. Außerdem werden gespeicherte Prozeduren, obwohl SQL eine Standardsprache ist, oft in proprietären SQL-Erweiterungen geschrieben, wie PL/SQL (für Oracle-Datenbanken) oder Transact-SQL (für SQL Server), was sie zwischen verschiedenen Systemen weniger portabel machen kann.

15.2.1 Verschiedene Arten von gespeicherten Prozeduren

Hauptsächlich gibt es zwei Arten von gespeicherten Prozeduren:

Nicht-modulare

Dies sind die einfachen gespeicherten Prozeduren, die wir bereits besprochen haben. Sie werden kompiliert, wenn sie zum ersten Mal ausgeführt werden, und der Ausführungsplan wird im Speicher abgelegt. Dieser Plan wird für nachfolgende Aufrufe verwendet, was sie schneller macht.

Neben diesen einfachen gespeicherten Prozeduren gibt es noch andere Arten von gespeicherten Prozeduren, die je nach den spezifischen Anforderungen der Anwendung eingesetzt werden können. Eine solche Art ist die modulare gespeicherte Prozedur, die aus kleineren, wiederverwendbaren Codeblöcken besteht. Diese kleineren Blöcke können auf verschiedene Weise kombiniert werden, um komplexere Prozeduren zu erstellen, die eine größere Bandbreite an Aufgaben ausführen können.

Modulare gespeicherte Prozeduren bieten mehrere Vorteile gegenüber nicht-modularen gespeicherten Prozeduren. Erstens können sie, da sie aus kleineren, wiederverwendbaren Codeblöcken bestehen, einfacher zu warten und zu aktualisieren sein. Zweitens können sie effizienter sein, weil sie für spezifische Aufgaben optimiert und in mehreren Prozeduren wiederverwendet werden können. Schließlich können sie flexibler sein, weil sie auf verschiedene Weise kombiniert werden können, um maßgeschneiderte Prozeduren zu erstellen, die die spezifischen Bedürfnisse der Anwendung erfüllen.

Zusammenfassend haben nicht-modulare gespeicherte Prozeduren zwar ihren Platz, aber modulare gespeicherte Prozeduren bieten einen flexibleren, effizienteren und wartbareren Ansatz für die Entwicklung gespeicherter Prozeduren.

Modulare (oder dynamische)

Diese gespeicherten Prozeduren können bei jeder Ausführung unterschiedliche Ausführungspfade verfolgen, abhängig von den übergebenen Parametern oder anderen Variablen. Sie werden nicht kompiliert oder gespeichert, bieten also mehr Flexibilität auf Kosten der Leistung.

Modulare oder dynamische gespeicherte Prozeduren sind eine Art von gespeicherter Prozedur, die Flexibilität bei der Ausführung ermöglicht. Im Gegensatz zu kompilierten und gespeicherten Prozeduren können die Ausführungspfade für modulare oder dynamische gespeicherte Prozeduren je nach übergebenen Parametern oder anderen Variablen variieren. Diese Eigenschaft ermöglicht ein höheres Maß an Anpassung und Anpassungsfähigkeit an spezifische Situationen.

Diese Flexibilität hat jedoch ihren Preis, da modulare oder dynamische gespeicherte Prozeduren im Vergleich zu kompilierten und gespeicherten Prozeduren langsamer sein können. Trotz dieses Kompromisses bleiben modulare oder dynamische gespeicherte Prozeduren eine beliebte Option für Entwickler, die Flexibilität und Anpassungsfähigkeit in ihrem Code priorisieren.

Darüber hinaus bieten gespeicherte Prozeduren eine hervorragende Unterstützung für Transaktionen. Transaktionen sind Gruppen von Aufgaben, die erfolgreich sein müssen, damit die Daten konsistent bleiben. Wenn eine Aufgabe fehlschlägt, werden alle Änderungen, die in den anderen Aufgaben vorgenommen wurden, rückgängig gemacht und auf ihren vorherigen Zustand zurückgesetzt.

Hier ist ein Beispiel:

```
DELIMITER //

CREATE PROCEDURE TransferFunds(IN sourceAccountId INT, IN targetAccountId INT, IN
transferAmount DECIMAL(10,2))
BEGIN
    DECLARE sourceBalance DECIMAL(10,2);
    DECLARE targetBalance DECIMAL(10,2);

    START TRANSACTION;

    SELECT Balance INTO sourceBalance FROM Accounts WHERE AccountId = sourceAccountId;
    SELECT Balance INTO targetBalance FROM Accounts WHERE AccountId = targetAccountId;

    IF sourceBalance >= transferAmount THEN
        UPDATE Accounts SET Balance = Balance - transferAmount WHERE AccountId =
sourceAccountId;
```

```
        UPDATE Accounts SET Balance = Balance + transferAmount WHERE AccountId =
targetAccountId;

        COMMIT;
    ELSE
        ROLLBACK;
    END IF;
END //

DELIMITER ;
```

In der oben gespeicherten Prozedur simulieren wir eine Geldüberweisung zwischen zwei Konten. Wenn das Quellkonto über ausreichendes Guthaben verfügt, wird der Betrag vom Quellkonto abgezogen und dem Zielkonto hinzugefügt, und die Transaktion wird bestätigt. Andernfalls werden alle Änderungen rückgängig gemacht, wodurch die Daten konsistent bleiben.

Zusammenfassend sind gespeicherte Prozeduren mächtige Werkzeuge, die Ihre Datenbankoperationen effizienter, sicherer und wartbarer machen können, obwohl sie möglicherweise schwieriger zu handhaben sind als Standard-SQL-Abfragen. Indem Sie verstehen, wie sie funktionieren und wie Sie sie effektiv einsetzen können, können Sie das Beste aus dieser Funktion herausholen.

Natürlich, tauchen wir nun in die Trigger ein.

15.3 Trigger

Ein SQL-Trigger ist eine leistungsstarke Funktion, die zur Automatisierung der Datenbankwartung und zur Verbesserung der Datengenauigkeit eingesetzt werden kann. Trigger sind eine Art gespeicherter Prozeduren, die automatisch ausgeführt werden, wenn ein bestimmtes Ereignis innerhalb einer Datenbank auftritt, wie beispielsweise eine INSERT-, UPDATE- oder DELETE-Operation. Der Code innerhalb eines Triggers kann verwendet werden, um eine breite Palette von Aufgaben auszuführen, von der Überprüfung und Änderung von Werten in einer Tabelle bis hin zur Generierung eindeutiger Werte oder zur Protokollierung von Ereignissen.

Ein Trigger kann beispielsweise verwendet werden, um sicherzustellen, dass bestimmte Daten immer in einer Tabelle vorhanden sind. Dies könnte nützlich sein, wenn Sie eine Tabelle haben, die Kundenbestellungen verfolgt, und sicherstellen möchten, dass jede Bestellung eine gültige Kunden-ID hat. Durch die Erstellung eines Triggers, der ausgelöst wird, wenn eine neue Bestellung in die Tabelle eingefügt wird, können Sie automatisch die Kunden-ID überprüfen und einen Standardwert einfügen, falls diese fehlt.

Trigger können auch für komplexere Aufgaben verwendet werden, wie das gleichzeitige Aktualisieren mehrerer Tabellen. Sie könnten zum Beispiel eine Datenbank haben, die

Lagerbestände und Verkaufsaufträge verfolgt. Wenn ein neuer Verkaufsauftrag erstellt wird, möchten Sie sowohl die Verkaufsauftragstabelle als auch die Bestandstabelle aktualisieren, um den neuen Auftrag widerzuspiegeln. Durch die Erstellung eines Triggers, der bei INSERT-Operationen in der Verkaufsauftragstabelle ausgelöst wird, können Sie beide Tabellen gleichzeitig aktualisieren, ohne komplexen SQL-Code schreiben zu müssen.

Neben diesen Beispielen können Trigger für eine Vielzahl anderer Wartungsaufgaben verwendet werden, wie das Generieren eindeutiger Werte, das Protokollieren von Ereignissen und das Durchsetzen von Datenintegritätseinschränkungen. Durch den effektiven Einsatz von Triggern können Sie die Genauigkeit und Effizienz Ihrer Datenbank verbessern und gleichzeitig den manuellen Aufwand für deren Wartung reduzieren.

Die grundlegende Syntax für die Erstellung eines Triggers ist wie folgt:

```
CREATE TRIGGER trigger_name
trigger_time trigger_event
ON table_name
FOR EACH ROW
trigger_body;
```

In dieser Syntax:

- **trigger_name** ist der Name des Triggers, den Sie erstellen.

- **trigger_time** kann sowohl BEFORE (vor) als auch AFTER (nach) sein, was angibt, wann der Trigger in Bezug auf das auslösende Ereignis ausgeführt wird.

- **trigger_event** kann eines oder eine Kombination aus INSERT, UPDATE und DELETE sein, die die Ausführung des Befehls auslösen.

- **table_name** ist der Name der Tabelle, mit der der Trigger verknüpft ist.

- **trigger_body** sind die SQL-Anweisungen, die ausgeführt werden, wenn der Trigger aktiviert wird.

Schauen wir uns ein Beispiel an, in dem wir einen Trigger erstellen, um ein Prüfprotokoll zu führen. Angenommen, wir haben zwei Tabellen: **orders** und **orders_audit**:

1. **orders**: Diese Tabelle enthält die Bestelldetails.

```
CREATE TABLE orders (
    order_id INT AUTO_INCREMENT PRIMARY KEY,
    product_name VARCHAR(100),
    quantity INT,
    order_date DATE
);
```

2. **orders_audit**: Diese Tabelle wird verwendet, um ein Prüfprotokoll zu führen, wann immer eine Bestellung in die Tabelle **orders** eingefügt wird.

```
CREATE TABLE orders_audit (
    order_id INT,
    product_name VARCHAR(100),
    quantity INT,
    order_date DATE,
    audit_date TIMESTAMP DEFAULT CURRENT_TIMESTAMP
);
```

Nun erstellen wir einen Trigger, der einen Eintrag in die Tabelle **orders_audit** einfügt, jedes Mal wenn eine neue Bestellung in die Tabelle **orders** eingefügt wird:

```
DELIMITER //

CREATE TRIGGER orders_after_insert
AFTER INSERT
ON orders
FOR EACH ROW
BEGIN
    INSERT INTO orders_audit (order_id, product_name, quantity, order_date)
    VALUES (NEW.order_id, NEW.product_name, NEW.quantity, NEW.order_date);
END; //

DELIMITER ;
```

Im obigen Trigger:

- **orders_after_insert** ist der Name des Triggers.

- **AFTER INSERT** bedeutet, dass der Trigger ausgelöst wird, nachdem eine INSERT-Operation in der Tabelle **orders** durchgeführt wurde.

- **ON orders** gibt an, dass der Trigger mit der Tabelle **orders** verknüpft ist.

- **FOR EACH ROW** bedeutet, dass der Trigger für jede eingefügte Zeile ausgelöst wird.

- Der Block **BEGIN ... END;** enthält den SQL-Code, der ausgeführt wird, wenn der Trigger ausgelöst wird. Hier fügen wir eine neue Zeile in die Tabelle **orders_audit** ein.

- **NEW** ist ein Schlüsselwort in SQL, das sich auf die neue Zeile bezieht, die bei einer INSERT-Operation eingefügt wird, oder auf die neuen Werte bei einer UPDATE-Operation.

Mit diesem Trigger wird jedes Mal, wenn eine neue Zeile in die Tabelle **orders** eingefügt wird, automatisch eine entsprechende Zeile in die Tabelle **orders_audit** eingefügt, wodurch ein Protokoll darüber geführt wird, wann jede Änderung vorgenommen wurde.

15.3.1 Zusätzliche Details

- **Trigger für UPDATE und DELETE:** Es ist wichtig zu beachten, dass Trigger nicht nur für INSERT-Operationen erstellt werden können, sondern auch für UPDATE- und DELETE-Operationen. Beim Erstellen eines Triggers für eine UPDATE-Operation können wir benutzerdefinierte Logik ausführen, bevor oder nachdem die Aktualisierung stattfindet. Beispielsweise könnten wir eine Reihe von Spalten in einer anderen Tabelle aktualisieren wollen, wenn eine bestimmte Spalte in der aktuellen Tabelle aktualisiert wird. Andererseits könnte ein Trigger für eine DELETE-Operation erstellt werden, um das Löschen bestimmter Datensätze nach spezifischen Kriterien zu verhindern. Darüber hinaus können Trigger verwendet werden, um gelöschte Datensätze in einer separaten Prüftabelle zu protokollieren, was für historische Zwecke nützlich sein kann oder um benutzerdefinierte Geschäftslogik zu implementieren, die spezifische Regeln oder Einschränkungen durchsetzt.

- **Komplexer Trigger-Körper:** Der Körper eines Triggers kann komplexen SQL-Code enthalten, nicht nur einfache INSERT- oder UPDATE-Anweisungen. Zum Beispiel könnte der Körper IF-THEN-Logik, Schleifen und andere Kontrollstrukturen enthalten. Dies ermöglicht ein ausgeklügeltes automatisches Verhalten basierend auf Änderungen in den Daten einer Tabelle.

- **Trigger und Transaktionen:** Trigger werden von Benutzern definiert, um automatisch als Reaktion auf bestimmte Änderungen in der Datenbank ausgeführt zu werden. Sie werden oft verwendet, um Geschäftsregeln durchzusetzen und die Datenintegrität zu erhalten. Wenn ein Trigger einen Fehler erzeugt, wird die Operation, die ihn verursacht hat (INSERT, UPDATE, DELETE), rückgängig gemacht, ebenso wie alle Änderungen, die vom Trigger vorgenommen wurden. Dies stellt sicher, dass die Datenbank konsistent bleibt und verhindert Datenkorruption. Darüber hinaus bieten Transaktionen eine Möglichkeit, mehrere Datenbankoperationen zu einer einzigen atomaren Arbeitseinheit zusammenzufassen. Das bedeutet, dass alle Operationen innerhalb der Transaktion entweder erfolgreich abgeschlossen werden oder keine von ihnen. Transaktionen helfen sicherzustellen, dass die Datenbank in einem bekannten Zustand bleibt, selbst angesichts von Fehlern oder anderen unerwarteten Ereignissen.

- **Namenskonventionen:** Bei der Benennung von Triggern ist es immer eine gute Idee, den Namen der Tabelle, mit der der Trigger verknüpft ist, sowie die Operation, die den Trigger auslöst, einzubeziehen. Dies erleichtert es anderen Entwicklern, den Zweck des Triggers zu verstehen, indem sie einfach seinen Namen betrachten. Darüber hinaus kann die Verwendung einer konsistenten Namenskonvention für Trigger dazu beitragen, dass Ihr Code wartbarer und einfacher zu debuggen ist. Bei der Auswahl einer Namenskonvention sollten Sie Faktoren wie die Größe und Komplexität Ihrer Datenbank sowie relevante Branchenstandards oder Best Practices berücksichtigen. Abschließend ist es erwähnenswert, dass gute Namenskonventionen ein wesentlicher

Aspekt jeder gut gestalteten Datenbank sind und von Beginn eines neuen Projekts an sorgfältig berücksichtigt werden sollten.

- **Potenzielle Auswirkungen auf die Leistung:** Während Trigger nützlich sein können, um Datenbankoperationen zu verwalten, indem sie automatisch SQL-Anweisungen basierend auf einem Ereignis ausführen, ist es wichtig, ihre möglichen Auswirkungen auf die Leistung zu berücksichtigen. Wenn ein Trigger ausgeführt wird, wird zusätzlicher SQL-Code ausgeführt, was die Datenmanipulationsoperationen verlangsamen kann. Diese zusätzlichen Kosten sind in der Regel minimal, aber wenn eine Tabelle mit einem Trigger stark genutzt wird, können die Auswirkungen auf die Leistung erheblich sein. Daher ist es wichtig, Trigger mit Bedacht einzusetzen und alternative Methoden zu erwägen, um die gleiche Funktionalität zu erreichen, wenn möglich. Beispielsweise kann die Verwendung von gespeicherten Prozeduren oder Anwendungslogik in einigen Fällen angemessener sein.

Abschließend sei gesagt, dass Trigger zwar leistungsstark sind, jedoch mit Vorsicht eingesetzt werden sollten. Da sie automatisch ausgelöst werden, können Trigger manchmal zu unerwartetem Verhalten führen, wenn sie nicht sorgfältig verwaltet werden. Für komplexe Datenmanipulationen sind explizit kodierte Prozeduren oft einfacher zu debuggen und zu warten.

15.4 Praktische Übungen

In diesem Abschnitt behandeln wir einige Übungen, die dir helfen werden, dein Verständnis der fortgeschrittenen SQL-Konzepte zu festigen.

Übung 1: Arbeiten mit Unterabfragen

1. Schreibe eine Abfrage, die die Namen aller Mitarbeiter findet, deren Gehalt über dem Durchschnittsgehalt liegt.

```
SELECT name
FROM Employees
WHERE salary > (SELECT AVG(salary) FROM Employees);
```

2. Schreibe eine Abfrage, um den Kunden mit dem höchsten Gesamteinkaufsbetrag zu finden. Verwende eine Unterabfrage, um zunächst den Gesamteinkaufsbetrag für jeden Kunden zu berechnen.

```
SELECT customer_id, name
FROM Customers
WHERE total_purchase = (SELECT MAX(total_purchase) FROM Customers);
```

Übung 2: Erstellen und Verwenden von gespeicherten Prozeduren

Schreibe eine gespeicherte Prozedur, um das Gehalt eines Mitarbeiters um einen bestimmten Prozentsatz zu erhöhen. Die Prozedur sollte die Mitarbeiter-ID und den Prozentsatz als Parameter entgegennehmen.

```
DELIMITER //
CREATE PROCEDURE IncreaseSalary(IN emp_id INT, IN percentage DECIMAL)
BEGIN
    UPDATE Employees
    SET salary = salary + salary * percentage/100
    WHERE employee_id = emp_id;
END//
DELIMITER ;
```

Dann kannst du diese Prozedur mit spezifischen Parametern so aufrufen:

```
CALL IncreaseSalary(101, 10);
```

Übung 3: Trigger

1. Schreibe einen Trigger, um Änderungen in der Tabelle **Employees** zu verfolgen. Der Trigger sollte eine neue Zeile in die Tabelle **EmployeeAudit** einfügen, jedes Mal wenn das Gehalt eines Mitarbeiters aktualisiert wird. Die Tabelle **EmployeeAudit** hat Felder für **employee_id**, **old_salary**, **new_salary** und **change_date**.

```
DELIMITER //
CREATE TRIGGER SalaryChange
AFTER UPDATE ON Employees
FOR EACH ROW
BEGIN
    INSERT INTO EmployeeAudit(employee_id, old_salary, new_salary, change_date)
    VALUES (OLD.employee_id, OLD.salary, NEW.salary, NOW());
END;//
DELIMITER ;
```

2. Überprüfe, dass dein Trigger funktioniert, indem du das Gehalt eines Mitarbeiters aktualisierst und dann alle Zeilen aus der Tabelle **EmployeeAudit** auswählst.

Denke daran, dass die genaue SQL-Syntax je nach deinem Datenbanksystem leicht variieren kann.

Fazit von Kapitel 15

Dieses Kapitel führte uns durch eine intensive Erkundung der fortgeschrittenen SQL-Funktionen. Wir begannen mit dem Verständnis von Unterabfragen, die die Möglichkeit bieten, mehrere Ebenen der Datenabfrage in einer einzigen Abfrage durchzuführen, wodurch die Komplexität und Tiefe der Abfragen, die wir erstellen können, erhöht wird. Wir haben gesehen, wie Unterabfragen verwendet werden können, um Durchschnittswerte zu berechnen, Maxima und Minima zu finden und andere Vergleiche zwischen verschiedenen Datenbereichen durchzuführen.

Dann wandten wir uns den gespeicherten Prozeduren zu, einer leistungsstarken SQL-Funktion, die es ermöglicht, eine Reihe von SQL-Anweisungen für die spätere Verwendung zu kapseln und zu speichern. Wir untersuchten, wie gespeicherte Prozeduren den Netzwerkverkehr reduzieren, die Wiederverwendung von Code fördern und die Sicherheit verbessern können, indem sie den direkten Zugriff auf Datenbanktabellen einschränken.

Danach erforschten wir Trigger, eine fortgeschrittene SQL-Funktion, die es uns ermöglicht, automatisch eine definierte Reihe von SQL-Anweisungen basierend auf bestimmten Ereignissen oder Bedingungen auszuführen. Trigger verbessern die Datenintegrität, können die Systemwartung automatisieren und bieten Audit-Funktionen.

Durch den Übungsabschnitt hatten wir die Gelegenheit, komplexe SQL-Abfragen zu erstellen, gespeicherte Prozeduren zu schreiben und Trigger einzurichten. Diese praktische Erfahrung festigte unser Verständnis dieser fortgeschrittenen SQL-Konzepte und zeigte, wie sie zur Lösung komplexerer Datenbankaufgaben eingesetzt werden können.

Zusammenfassend geht die Leistungsfähigkeit von SQL weit über die einfache Datenabfrage hinaus. Durch die Nutzung fortgeschrittener SQL-Funktionen wie Unterabfragen, gespeicherte Prozeduren und Trigger können wir komplexere Aufgaben effektiv bewältigen, Prozesse automatisieren und die Integrität unserer Daten aufrechterhalten. Denke auf deinem weiteren Weg immer daran, über die effizientesten und effektivsten Wege nachzudenken, diese Werkzeuge in deiner eigenen SQL-Programmierung einzusetzen. Dieses Kapitel stellt einen bedeutenden Schritt auf deinem Weg dar, ein fortgeschrittener SQL-Benutzer zu werden!

Kapitel 16: SQL für Datenbankadministration

Die Verwaltung von Datenbanken ist eine äußerst wichtige Fähigkeit für jeden, der mit Daten arbeitet. Es handelt sich um einen komplexen Prozess, der ein tiefes Verständnis der SQL-Sprache erfordert, das über die SQL-Abfragen, Aggregationen und fortgeschrittenen Funktionen hinausgeht, die wir bisher behandelt haben. Tatsächlich gibt es eine Vielzahl von SQL-Befehlen und -Verfahren, die für die kontinuierliche Gesundheit und optimale Leistung einer Datenbank unerlässlich sind und die wir noch nicht erkundet haben.

Die Rolle eines Datenbankadministrators besteht darin, den gesamten Prozess der Datenbankwartung zu überwachen. Dies umfasst die Implementierung von Sicherheitsmaßnahmen, die Überwachung der Leistung und die Optimierung von Abfragen, um sicherzustellen, dass die Daten präzise und zugänglich bleiben. Darüber hinaus müssen Datenbankadministratoren auch mit Sicherungs- und Wiederherstellungsverfahren sowie mit der Planung der Notfallwiederherstellung vertraut sein, um sicherzustellen, dass keine Daten bei einem Systemausfall verloren gehen.

Obwohl wir bereits einige der Schlüsselaspekte von SQL für die Datenbankadministration behandelt haben, gibt es noch viel zu lernen. In diesem Kapitel werden wir uns eingehender mit einigen der wichtigsten SQL-Befehle und -Verfahren befassen, die in der Datenbankadministration verwendet werden, und untersuchen, wie sie eingesetzt werden können, um Ihre Datenbank reibungslos und effizient zu betreiben.

16.1 Erstellen, Ändern und Löschen von Tabellen

Um Ihren Weg in SQL zu beginnen, ist es wichtig, die grundlegenden Befehle für die Datenbankadministration zu verstehen. Das Erstellen, Ändern und Löschen von Tabellen ist ein guter Anfang, da diese grundlegenden Befehle es Ihnen ermöglichen, die Speicherstruktur Ihrer Daten zu verwalten.

Das Erstellen einer Tabelle beinhaltet die Definition von Spalten und Datentypen. Nach der Erstellung können Sie der Tabelle Datensätze hinzufügen. Wenn Sie die Tabelle ändern müssen, können Sie den ALTER-Befehl verwenden, um Spalten hinzuzufügen oder zu entfernen, Datentypen zu ändern oder Einschränkungen zu modifizieren. Wenn Sie schließlich eine Tabelle löschen müssen, wird der DROP-Befehl dies erledigen.

Durch das Verständnis dieser grundlegenden SQL-Befehle sind Sie auf dem richtigen Weg, Ihre Datenbanken zu verwalten und sicherzustellen, dass Ihre Daten konsistent und leicht zugänglich gespeichert werden.

16.1.1 Erstellen von Tabellen

Das Erstellen einer Tabelle in SQL erfolgt mit dem Befehl **CREATE TABLE**. Die allgemeine Syntax ist wie folgt:

```
CREATE TABLE table_name (
    column1 datatype,
    column2 datatype,
    ...
);
Hier ist ein Beispiel, wie man eine Tabelle erstellt:
CREATE TABLE Employees (
    EmployeeID INT PRIMARY KEY,
    FirstName VARCHAR(50),
    LastName VARCHAR(50),
    BirthDate DATE
);
```

Im obigen Code erstellen wir eine Tabelle namens **Employees** mit vier Spalten: **EmployeeID**, **FirstName**, **LastName** und **BirthDate**. Die Datentypen für jede Spalte werden definiert und **EmployeeID** wird als Primärschlüssel festgelegt.

16.1.2 Änderung von Tabellen

SQL ist ein leistungsstarkes Werkzeug, das uns nicht nur erlaubt, neue Tabellen zu erstellen, sondern auch bestehende zu ändern. Mit dem Befehl **ALTER TABLE** können wir verschiedene Änderungen an unseren Tabellen vornehmen, wie das Hinzufügen oder Entfernen von Spalten, das Ändern des Datentyps einer Spalte oder das Ändern der Größe einer Spalte.

Diese Flexibilität erleichtert die Anpassung unserer Datenbanken an sich ändernde Bedürfnisse und Anforderungen. Darüber hinaus bietet SQL uns eine breite Palette von Funktionen und Operatoren, die es uns ermöglichen, Daten auf verschiedene Weise zu manipulieren und zu analysieren. Zum Beispiel können wir Aggregatfunktionen wie **SUM** oder **AVG** verwenden, um den Gesamtwert oder Durchschnittswert einer Spalte zu berechnen, oder wir können logische Operatoren wie **AND** oder **OR** verwenden, um mehrere Bedingungen in einer Abfrage zu kombinieren.

Insgesamt ist SQL eine vielseitige und wesentliche Sprache für jeden, der mit Datenbanken oder Datenanalyse arbeitet.

Beispiel:

Hier ist ein Beispiel, wie man eine neue Spalte zu unserer Tabelle **Employees** hinzufügt:

```
ALTER TABLE Employees
ADD Email VARCHAR(100);
```

In diesem Beispiel fügen wir der Tabelle **Employees** eine neue Spalte namens **Email** hinzu.

16.1.3 Löschen von Tabellen

Schließlich verwenden wir zum Löschen einer Tabelle in SQL den Befehl **DROP TABLE**:

```
DROP TABLE table_name;
```

Um beispielsweise die Tabelle **Employees** zu löschen, würden wir schreiben:

```
DROP TABLE Employees;
```

Sei vorsichtig mit dem Befehl **DROP TABLE**. Sobald eine Tabelle gelöscht wird, werden alle Informationen in der Tabelle gelöscht und können nicht wiederhergestellt werden.

Diese Befehle bilden die Grundlage für die Erstellung und Verwaltung der Struktur deiner Datenbanken. Sie bieten die Werkzeuge, um sicherzustellen, dass deine Daten so organisiert und strukturiert sind, dass sie am besten zu den Anforderungen deiner Anwendung oder Analyse passen.

16.2 Sicherung und Wiederherstellung von Datenbanken

Eine solide Strategie für Sicherung und Wiederherstellung ist für jede Datenbank von grundlegender Bedeutung. Du musst nicht nur deine Daten vor Systemausfällen, Datenverlust oder menschlichen Fehlern schützen, sondern auch sicherstellen, dass dein System sich von solchen Vorfällen erholen kann. Dies ist besonders wichtig für Unternehmen, bei denen Daten das Herzstück der Geschäftstätigkeit sind.

Glücklicherweise bieten die meisten SQL-basierten Systeme robuste Werkzeuge für Sicherung und Wiederherstellung. PostgreSQL, ein weit verbreitetes Datenbanksystem, bietet beispielsweise eine Vielzahl von Befehlen, mit denen du Sicherungen erstellen, Daten wiederherstellen und sogar eine zeitpunktbezogene Wiederherstellung durchführen kannst. Zu diesen Befehlen gehören unter anderem pg_dump, pg_restore und pg_rewind. Es ist jedoch wichtig zu beachten, dass, obwohl die Befehle in verschiedenen SQL-basierten Systemen ähnlich sein können, die Syntax und Funktionalität leicht variieren können. Daher ist es entscheidend, die Dokumentation deines Datenbanksystems zu konsultieren, um sicherzustellen, dass du die richtigen Befehle und Optionen für dein spezifisches System verwendest.

Mit einer soliden Strategie für Sicherung und Wiederherstellung kannst du sicher sein, dass deine Daten geschützt sind und du eine Möglichkeit hast, dich schnell von jedem Vorfall zu erholen. Dies gibt dir die Ruhe, dich auf andere wichtige Aufgaben zu konzentrieren, wie die Verbesserung der Systemleistung oder die Entwicklung neuer Funktionen.

16.2.1 Datenbanksicherungen

PostgreSQL ist ein weit verbreitetes Open-Source-Relationsdatenbankmanagementsystem. Es bietet viele Funktionen, die es zu einer beliebten Wahl für Entwickler und Organisationen machen. Eine der wichtigsten Aufgaben für jeden Datenbankadministrator ist die Erstellung von Sicherungen seiner Datenbanken, um sicherzustellen, dass seine Daten sicher sind und im Falle einer Katastrophe wiederhergestellt werden können.

PostgreSQL bietet ein leistungsstarkes Tool namens **pg_dump**, mit dem du ganz einfach Sicherungen deiner Datenbanken erstellen kannst. Dieses Tool kann verwendet werden, um eine vollständige Sicherung einer Datenbank zu erstellen, einschließlich aller Daten und Schemainformationen. Das **pg_dump**-Dienstprogramm kann auch verwendet werden, um partielle Sicherungen zu erstellen, was nützlich sein kann, wenn du nur bestimmte Tabellen oder Daten sichern musst. Insgesamt ist das **pg_dump**-Dienstprogramm ein wesentliches Werkzeug für jeden PostgreSQL-Administrator und sollte in jeder Sicherungs- und Wiederherstellungsstrategie enthalten sein.

So könntest du eine Sicherung einer Datenbank namens **midatabase** erstellen:

```
pg_dump mydatabase > db_backup.sql
```

In diesem Beispiel generiert **pg_dump** eine Reihe von SQL-Befehlen, die verwendet werden können, um die Datenbank in dem Zustand wiederherzustellen, in dem sie sich bei der Erstellung der Sicherung befand. Die Ausgabe wird in eine Datei namens **db_backup.sql** umgeleitet.

16.2.2 Wiederherstellung von Datenbanken

Um eine Datenbank aus einer Sicherung wiederherzustellen, kannst du den Befehl **psql** wie folgt verwenden:

```
psql -f db_backup.sql mydatabase
```

Hier führt **psql** die in **db_backup.sql** gespeicherten SQL-Befehle in der Datenbank **mydatabase** aus.

Falls du von einem vollständigen Systemausfall wiederherstellst und die Datenbank nicht existiert, musst du die Datenbank erstellen, bevor du sie wiederherstellen kannst:

```
createdb -T template0 mydatabase
psql -f db_backup.sql mydatabase
```

Der Befehl **createdb** erstellt eine neue Datenbank **mydatabase**. Die Option **-T template0** erstellt die Datenbank von Grund auf, ohne Daten oder Konfigurationen aus der Datenbank **template1** zu kopieren, was das Standardverhalten ist.

16.2.3 Zeitpunktbezogene Wiederherstellung (PITR)

Einige SQL-Systeme bieten zeitpunktbezogene Wiederherstellung (PITR). Dies ermöglicht es dir, deine Datenbank in den Zustand zurückzuversetzen, in dem sie sich zu einem bestimmten Zeitpunkt befand. Dies ist nützlich in Szenarien, in denen Daten versehentlich gelöscht oder verändert wurden.

PITR in PostgreSQL ist ein zweistufiger Prozess. Erstens musst du deine Transaktionsprotokolle regelmäßig speichern (archivieren). Zweitens stellst du die Datenbank wieder her, indem du die Transaktionsprotokolle bis zum gewünschten Zeitpunkt abspielst.

Die detaillierten Schritte zur Aktivierung von PITR und zur Durchführung einer Wiederherstellung gehen über den Rahmen dieser Einführung hinaus, aber du kannst weitere Informationen in der PostgreSQL-Dokumentation finden.

Die Sicherung und Wiederherstellung von Datenbanken ist ein umfangreiches Thema, und was wir hier behandelt haben, ist nur das Grundlegende. Je nach Größe deiner Datenbank, der Häufigkeit von Änderungen und dem akzeptablen Datenverlust im Falle einer Katastrophe musst du möglicherweise ausgefeiltere Sicherungsstrategien implementieren. Stelle immer sicher, dass du ein gutes Verständnis der Sicherungs- und Wiederherstellungswerkzeuge hast, die von deinem spezifischen SQL-System bereitgestellt werden.

16.3 Sicherheit und Berechtigungsverwaltung

Die Datenbank ist das Herzstück der Informationen einer Organisation und speichert wichtige Daten, von Kundeninformationen bis hin zu sensiblen internen Daten. Daher ist es von grundlegender Bedeutung, sicherzustellen, dass die Daten jederzeit sicher bleiben. SQL bietet eine Reihe von Sicherheitsfunktionen, die dir dabei helfen können.

Du kannst zum Beispiel SQL verwenden, um Benutzerrollen mit unterschiedlichen Zugriffsebenen auf die Datenbank zu definieren. Auf diese Weise kannst du sicherstellen, dass nur autorisiertes Personal Zugriff auf die Daten hat. Die Sicherheitsfunktionen von SQL umfassen auch die Verschlüsselung und Entschlüsselung von Daten, wodurch sichergestellt wird, dass die Daten selbst bei Kompromittierung für unbefugte Benutzer unlesbar sind.

Darüber hinaus bietet SQL Audit-Funktionen, mit denen du verfolgen kannst, wer wann auf die Datenbank zugegriffen hat, was dir hilft, potenzielle Sicherheitsverletzungen schnell zu identifizieren und darauf zu reagieren. Insgesamt machen die robusten Sicherheitsfunktionen von SQL es zu einem wesentlichen Werkzeug für jede Organisation, die ihre wertvollen Daten schützen möchte.

16.3.1 Benutzerverwaltung

Das Erstellen und Verwalten von Benutzern ist einer der wichtigsten Aspekte der Datenbanksicherheit. Es ist entscheidend sicherzustellen, dass die richtigen Personen Zugriff auf die richtigen Daten haben. Typischerweise ist ein Datenbankadministrator (DBA) für die Erstellung von Benutzerkonten und die Festlegung ihrer Berechtigungen verantwortlich. Dies ist jedoch nicht immer eine einfache Aufgabe.

DBAs müssen das Bedürfnis nach strenger Sicherheit mit dem Bedürfnis abwägen, den Benutzern schnellen und einfachen Zugriff auf die benötigten Daten zu gewähren. Um die Dinge noch komplizierter zu machen, wächst die Anzahl der Benutzer, die auf Datenbanken zugreifen, jeden Tag. Daher müssen DBAs wachsam bleiben und mit den neuesten Sicherheitsmaßnahmen Schritt halten, um sicherzustellen, dass die Datenbank sicher bleibt.

Dies erfordert ein solides Verständnis der Sicherheitsprotokolle und bewährten Praktiken im Zusammenhang mit der Datenbankverwaltung sowie die Bereitschaft, sich an neue Herausforderungen und Technologien anzupassen.

Beispiel:

Hier ist ein Beispiel, wie man einen Benutzer in MySQL erstellt:

```
CREATE USER 'new_user'@'localhost' IDENTIFIED BY 'password';
```

Und in PostgreSQL:

```
CREATE USER new_user WITH PASSWORD 'password';
```

16.3.2 Erteilung von Berechtigungen

Sobald ein Benutzer erstellt wurde, kann der DBA dem Benutzer Berechtigungen erteilen. Berechtigungen definieren, welche Aktionen ein Benutzer in einer bestimmten Datenbank oder Tabelle ausführen kann. Es ist wichtig zu beachten, dass der DBA nur die minimale Menge an Berechtigungen gewähren sollte, die der Benutzer zur Erfüllung seiner Arbeitsaufgaben benötigt.

Die Gewährung zu vieler Berechtigungen kann zu Sicherheitslücken führen und ein Risiko für die Vertraulichkeit, Integrität und Verfügbarkeit der in der Datenbank gespeicherten Daten darstellen. Darüber hinaus ist es eine bewährte Praxis, dass der DBA die den Benutzern gewährten Berechtigungen regelmäßig überprüft und auditiert, um sicherzustellen, dass sie noch notwendig und angemessen sind.

Dadurch kann der DBA eine sichere Datenbankumgebung für alle Benutzer und Interessengruppen aufrechterhalten.

Beispiel:

So kannst du einem Benutzer alle Berechtigungen für eine bestimmte Datenbank in MySQL erteilen:

```
GRANT ALL PRIVILEGES ON database_name.* TO 'new_user'@'localhost';
```

Und in PostgreSQL:

```
GRANT ALL PRIVILEGES ON DATABASE database_name TO new_user;
```

16.3.3 Widerruf von Berechtigungen

Neben der Erteilung von Berechtigungen ist es wichtig zu beachten, dass du auch die Möglichkeit hast, Berechtigungen zu widerrufen. Dies kann nützlich sein, wenn ein Benutzer bestimmte Berechtigungen nicht mehr benötigt oder wenn sich seine Rolle innerhalb der Organisation ändert.

Wenn du dir die Zeit nimmst, Benutzerberechtigungen regelmäßig zu überprüfen und anzupassen, kann dies dazu beitragen, sicherzustellen, dass die Daten deiner Organisation sicher sind und dass Benutzer nur Zugriff auf die Informationen haben, die sie zur Erfüllung ihrer Arbeitsaufgaben benötigen.

Darüber hinaus kann der Widerruf von Berechtigungen auch ein nützliches Werkzeug zur Verwaltung des Benutzerzugriffs und zur Minimierung des Risikos von Sicherheitsverletzungen sein. Stelle daher sicher, dass du Benutzerberechtigungen regelmäßig überprüfst und anpasst, und zögere nicht, Berechtigungen bei Bedarf zu widerrufen.

Beispiel:

So kannst du alle Berechtigungen eines Benutzers in MySQL widerrufen:

```
REVOKE ALL PRIVILEGES ON database_name.* FROM 'new_user'@'localhost';
```

Und in PostgreSQL:

```
REVOKE ALL PRIVILEGES ON DATABASE database_name FROM new_user;
```

16.3.4 Löschung von Benutzern

Schließlich kannst du, wenn ein Benutzer nicht mehr benötigt wird (zum Beispiel, wenn ein Mitarbeiter das Unternehmen verlässt), sein Konto löschen. Es ist wichtig, Benutzerkonten regelmäßig zu überprüfen und zu verwalten, um sicherzustellen, dass nur autorisiertes Personal Zugriff auf sensible Informationen hat.

Darüber hinaus ist es bei der Löschung eines Benutzerkontos wichtig, Aufzeichnungen über den Löschvorgang zu führen, einschließlich des Grundes für die Löschung und des Löschdatums, für Audit- und Compliance-Zwecke. Es ist auch ratsam, den Benutzer über die Löschung seines

Kontos zu informieren und ihm alle notwendigen Informationen oder Unterstützung zu bieten, um seine Daten auf ein anderes Konto oder eine andere Plattform zu übertragen.

Beispiel:

So wird es in MySQL gemacht:

```
DROP USER 'new_user'@'localhost';
```

Und in PostgreSQL:

```
DROP USER new_user;
```

Dies sind die grundlegenden Befehle zur Verwaltung von Benutzern und ihren Berechtigungen in SQL. Es ist wichtig, Benutzerberechtigungen regelmäßig zu überprüfen und sicherzustellen, dass sie mit dem Prinzip der minimalen Rechte übereinstimmen, d.h. Benutzer sollten nur die minimalen Berechtigungen haben, die sie zur Erledigung ihrer Aufgaben benötigen.

Denke daran, dass die spezifische Syntax dieser Befehle zwischen verschiedenen SQL-Implementierungen variieren kann, daher ist es wichtig, die Dokumentation der SQL-Datenbank zu konsultieren, die du verwendest.

16.4 Praktische Übungen

Übung 1: Erstellen, Ändern und Löschen von Tabellen

1. Erstelle eine Tabelle namens 'Kunden' mit folgenden Feldern: 'ID' (Ganzzahl), 'Name' (Text) und 'E-Mail' (Text).

2. Füge der Tabelle 'Kunden' eine Spalte 'Telefonnummer' hinzu.

3. Ändere den Datentyp der Spalte 'Telefonnummer' zu Ganzzahl.

4. Lösche die Tabelle 'Kunden'.

```
-- To create the table
CREATE TABLE Customers (
    ID int,
    Name text,
    Email text
);

-- To add the PhoneNumber column
ALTER TABLE Customers
ADD PhoneNumber text;

-- To change the data type of the PhoneNumber column
ALTER TABLE Customers
```

```
ALTER COLUMN PhoneNumber int;

-- To drop the table
DROP TABLE Customers;
```

Übung 2: Datenbankbackup und -wiederherstellung

1. Erstelle ein Backup deiner Datenbank in einer .sql-Datei.

2. Stelle deine Datenbank aus einer .sql-Datei wieder her.

Hinweis: Die Befehle für diese Übung sind nicht SQL-Standard und hängen vom SQL-Datenbanksystem ab, das du verwendest. Konsultiere die Dokumentation deines Datenbanksystems für die korrekte Syntax.

Übung 3: Sicherheits- und Berechtigungsverwaltung

1. Erstelle einen neuen Benutzer namens 'test_user' mit dem Passwort 'test_password'.

2. Gewähre 'test_user' alle Rechte für die Tabelle 'Kunden'.

3. Widerrufe alle Rechte von 'test_user' für die Tabelle 'Kunden'.

4. Lösche den Benutzer 'test_user'.

```
-- To create the user
CREATE USER 'test_user'@'localhost' IDENTIFIED BY 'test_password';

-- To grant privileges
GRANT ALL PRIVILEGES ON Customers TO 'test_user'@'localhost';

-- To revoke privileges
REVOKE ALL PRIVILEGES ON Customers FROM 'test_user'@'localhost';

-- To drop the user
DROP USER 'test_user'@'localhost';
```

Beachte, dass dies grundlegende Übungen sind. Stelle immer sicher, dass du bewährte Praktiken befolgst und angemessene Vorsichtsmaßnahmen triffst, wenn du mit realen Datenbanken arbeitest, besonders in Bezug auf Backups und Benutzerberechtigungen.

Fazit zu Kapitel 16

Kapitel 16, "SQL für Datenbankadministration", führte uns tiefer in die Welt von SQL jenseits der oberflächlichen Interaktionen mit Daten. Hier haben wir verschiedene fortgeschrittene Themen im Zusammenhang mit Datenbankmanagement erkundet, mit besonderem Fokus auf administrative Aufgaben.

Wir begannen das Kapitel mit der Erkundung, wie man Tabellen erstellt, verändert und löscht. Die Fähigkeit, Tabellen effektiv zu erstellen, ermöglicht es uns, unsere Daten so zu strukturieren, dass die Leistung optimiert wird, während das Wissen über die Änderung und Löschung von Tabellen uns hilft, die Struktur unserer Datenbank zu pflegen und zu aktualisieren, wenn sich unsere Anforderungen weiterentwickeln.

Als Nächstes betrachteten wir den entscheidenden Aspekt der Datenbankbackups und - wiederherstellung. In realen Szenarien kann Datenverlust katastrophal sein. Es ist zwingend erforderlich, dass Datenbankadministratoren Strategien für Backups und die Wiederherstellung von Daten bei Bedarf haben. Wir diskutierten die Bedeutung regelmäßiger Backups und behandelten den Prozess der Datenwiederherstellung aus Backups.

Schließlich tauchten wir in die Sicherheits- und Berechtigungsverwaltung ein, zwei kritische Aspekte der Datenbankadministration. Wir lernten, wie man Benutzer erstellt, ihnen spezifische Rechte für bestimmte Tabellen gewährt und diese Rechte bei Bedarf widerruft. Die sorgfältige Verwaltung des Benutzerzugriffs hilft, die Integrität und Sicherheit unserer Daten zu gewährleisten.

In all diesen Diskussionen sahen wir, dass SQL zwar die Mittel bietet, um auf sehr detaillierter Ebene mit Daten zu interagieren, aber auch einen sorgfältigen und bewussten Ansatz erfordert, um Datenintegrität, Sicherheit und Effizienz zu gewährleisten. Jedes Datenbanksystem hat seine eigenen Feinheiten, daher ist es wichtig, die jeweilige Dokumentation zu konsultieren, wenn man mit ihnen arbeitet.

Durch die praktischen Übungen in diesem Kapitel hatten wir die Gelegenheit, die theoretischen Konzepte in der Praxis anzuwenden und unser Verständnis zu vertiefen. Wie immer liegt der Schlüssel zur Beherrschung dieser Fähigkeiten in kontinuierlicher Übung und Erkundung. SQL ist eine umfangreiche Sprache mit zahlreichen Fähigkeiten und bleibt ein integraler Bestandteil des Werkzeugkastens jedes Datenprofis.

Teil III: Integration von Python und SQL

Kapitel 17: Python trifft auf SQL

Willkommen zu Kapitel 17, mit dem Titel "Python trifft auf SQL". Dieses Kapitel nimmt einen einzigartigen Platz in unserer Erkundung von Python und SQL ein, da es uns ermöglicht, die beiden leistungsstarken Sprachen zu vereinen. Durch die Kombination der Robustheit und Vielseitigkeit von Python mit der Datenverwaltungsstärke von SQL eröffnen wir eine Welt voller unendlicher Möglichkeiten. Mit dem explosionsartigen Wachstum der Daten in den letzten Jahren ist die Notwendigkeit einer effektiven Datenverarbeitung immer wichtiger geworden. Python und SQL können, wenn sie zusammen verwendet werden, eine umfassende Lösung für diese Herausforderung bieten.

In diesem Kapitel konzentrieren wir uns darauf, wie man mit SQL-Datenbanken über Python interagiert und wie diese Synergie unsere Datenverarbeitungsfähigkeiten verbessern kann. Wir werden verschiedene Techniken und bewährte Methoden besprechen, um Daten aus Datenbanken abzurufen, diese Daten zu manipulieren und zu analysieren und schließlich die Ergebnisse zu visualisieren. Am Ende dieses Kapitels wirst du ein solides Verständnis davon haben, wie du Python für die Arbeit mit SQL-Datenbanken nutzen kannst und wie du diese leistungsstarke Kombination nutzen kannst, um anspruchsvolle Datenpipelines zu erstellen.

Beginnen wir dieses spannende Kapitel mit dem ersten Thema: dem sqlite3-Modul von Python. Dieses Modul bietet eine einfache und effiziente Möglichkeit, mit SQLite-Datenbanken über Python zu interagieren. Wir werden behandeln, wie man Datenbanken erstellt und sich mit ihnen verbindet, wie man SQL-Abfragen ausführt und wie man die Ergebnisse abruft und manipuliert. Wir werden auch besprechen, wie man mit Fehlern und Ausnahmen umgeht, die während dieser Operationen auftreten können. Mit dieser Grundlage werden wir bereit sein, später im Kapitel fortgeschrittenere Themen zu erkunden.

17.1 Das sqlite3-Modul in Python

SQLite ist eine leistungsstarke, aber leichtgewichtige C-Bibliothek, die eine robuste und zuverlässige, dateibasierte Datenbanklösung bietet. Während einige Datenbanken einen separaten Serverprozess erfordern, beseitigt SQLite diese Notwendigkeit, indem es Benutzern ermöglicht, direkt über eine einzigartige Variante der SQL-Abfragesprache auf die Datenbank zuzugreifen. Das sqlite3-Modul in Python bietet eine umfassende SQL-Schnittstelle, die vollständig der DB-API 2.0-Spezifikation entspricht, wie in PEP 249 beschrieben.

Einer der Hauptvorteile von SQLite ist seine Fähigkeit, Datenbanken vollständig aus einem Python-Skript heraus zu erstellen, abzufragen und zu verwalten. Dies bietet Entwicklern eine hocheffiziente und vereinfachte Lösung zur Datenverwaltung, ohne dass externe Tools oder komplexe Datenbanken erforderlich sind.

Beginnen wir mit einem Blick darauf, wie man eine Verbindung zu einer SQLite-Datenbank herstellt. Dies kann schnell und einfach mit der Funktion **connect** innerhalb des sqlite3-Moduls erfolgen. Sobald du verbunden bist, kannst du beginnen, die gesamte Palette an Funktionen und Fähigkeiten zu erkunden, die SQLite zu bieten hat, von der Erstellung einfacher Tabellen bis zur Ausführung fortgeschrittener Abfragen und Datenverwaltung.

Beispiel:

```
import sqlite3
# Create a connection to the SQLite database
# Doesn't matter if the database doesn't yet exist
conn = sqlite3.connect('my_database.db')
Sobald die Verbindung hergestellt ist, kannst du ein Cursor-Objekt erstellen und seine
execute-Methode aufrufen, um SQL-Befehle auszuführen:
# Create a cursor object
cur = conn.cursor()

# Execute an SQL statement
cur.execute('''CREATE TABLE stocks
            (date text, trans text, symbol text, qty real, price real)''')

# Commit your changes
conn.commit()

# Close the connection
conn.close()
```

Im obigen Beispiel erstellen wir eine neue Tabelle namens **stocks**. Die **execute**-Methode nimmt eine SQL-Abfrage als Zeichenkette entgegen und führt sie aus. Nachdem du einen Befehl ausgeführt hast, der Daten modifiziert, musst du die Änderungen bestätigen, andernfalls werden sie nicht gespeichert.

Im nächsten Abschnitt werden wir sehen, wie man Daten in die Tabelle einfügt und sie mit dem sqlite3-Modul von Python abruft.

Denk daran, obwohl SQLite unglaublich nützlich für die Entwicklung, Prototyping und kleinere Anwendungen ist, handelt es sich um eine serverlose Datenbank mit verschiedenen Einschränkungen, die sie für größere und volumenstarke Anwendungen ungeeignet machen. Im Laufe deiner Reise wirst du möglicherweise nach robusteren Lösungen wie MySQL oder PostgreSQL suchen, wenn du ein vollständig entwickeltes Datenbanksystem benötigst.

Super, fahren wir mit unserer Erkundung des sqlite3-Moduls in Python fort.

17.1.1 Daten einfügen

Nach dem Erstellen einer Tabelle ist der nächste logische Schritt, Daten in sie einzufügen. Dies wird durch die Verwendung des SQL-Befehls **INSERT INTO** erreicht. Hierfür musst du den Tabellennamen und die Werte angeben, die du einfügen möchtest. Du kannst auch eine Liste von Spalten einbeziehen, wenn du nur Werte in bestimmte Spalten einfügen möchtest.

Außerdem musst du möglicherweise die **SELECT**-Anweisung verwenden, um Daten aus einer anderen Tabelle abzurufen und in die neue Tabelle einzufügen. Nachdem du die Daten eingefügt hast, kannst du die **SELECT**-Anweisung verwenden, um die Tabelle abzufragen und die Daten zu sehen, die du hinzugefügt hast. Es ist wichtig sicherzustellen, dass die einzufügenden Daten im richtigen Format vorliegen und mit den Datentypen der Tabellenspalten übereinstimmen, um Fehler zu vermeiden.

Beispiel:

So kannst du es mit sqlite3 machen:

```
import sqlite3

# Create a connection
conn = sqlite3.connect('my_database.db')
cur = conn.cursor()

# Insert a row of data
cur.execute("INSERT INTO stocks VALUES ('2023-06-10','BUY','RHAT',100,35.14)")

# Save (commit) the changes
conn.commit()

# We can also close the connection if we are done with it.
# Just be sure any changes have been committed or they will be lost.
conn.close()
```

Im obigen Code fügen wir eine einzelne Zeile in die Tabelle **stocks** ein. Wir geben einen Kauf von 100 Aktien der RHAT-Aktie zu einem Preis von 35.14 am Datum '2023-06-10' an.

Es ist auch möglich, Python-Variablen in deinen SQL-Abfragen zu verwenden, indem du **?** als Platzhalter verwendest:

```
# Insert a row of data with Python variables
purchase = ('2023-06-11', 'BUY', 'GOOG', 100, 200.13)
cur.execute("INSERT INTO stocks VALUES (?,?,?,?,?)", purchase)
```

Dies kann besonders nützlich sein, wenn du eine Schnittstelle erstellst, über die Benutzer Daten eingeben können.

17.1.2 Daten abrufen

Wie können wir nun diese Daten abrufen, die wir gerade eingefügt haben?

Bei der Arbeit mit einer Datenbank ist es wichtig, die verschiedenen Operationen zu verstehen, die damit durchgeführt werden können. Eine der häufigsten ist das Abrufen von Daten, auch bekannt als Abfrage. Die Abfrage ermöglicht es dir, bestimmte Informationen aus der Datenbank basierend auf bestimmten Kriterien abzurufen, wie etwa einem Datumsbereich oder einer bestimmten Kategorie.

Durch eine Abfrage kannst du schnell und einfach auf die benötigten Daten zugreifen, ohne manuell die gesamte Datenbank durchsuchen zu müssen. Dies kann dir viel Zeit und Mühe sparen, besonders wenn du mit einer großen Datenmenge arbeitest. Außerdem kannst du durch das Verständnis, wie man eine Datenbank effektiv abfragt, Einblicke in die Daten gewinnen, die du sonst möglicherweise nicht entdeckt hättest.

Beispiel:

Du kannst die **SELECT**-Anweisung verwenden, um dies zu tun:

```python
import sqlite3

conn = sqlite3.connect('my_database.db')
cur = conn.cursor()

# Execute a query
cur.execute("SELECT * FROM stocks")

# Fetch all the rows
rows = cur.fetchall()

for row in rows:
    print(row)

conn.close()
```

In diesem Code wählen wir alle Zeilen aus der Tabelle **stocks** mit **"SELECT * FROM stocks"** aus und rufen sie mit **fetchall** ab. Die Funktion **fetchall** holt alle (oder alle verbleibenden) Zeilen aus einem Abfrageergebnis und gibt eine Liste von Tupeln zurück. Wenn keine weiteren Zeilen verfügbar sind, wird eine leere Liste zurückgegeben.

Die SELECT-Anweisung bietet viel Flexibilität. Du kannst bestimmte Spalten abrufen, WHERE verwenden, um Bedingungen zu definieren, ORDER BY zum Sortieren und so weiter. Wir werden in den folgenden Abschnitten tiefer auf den SELECT-Befehl eingehen.

Dies war ein Überblick darüber, wie du mit SQLite-Datenbanken über das sqlite3-Modul von Python interagieren kannst. Dieses Modul ist ein leistungsstarkes Werkzeug, das du verwenden kannst, um SQLite-Datenbanken direkt aus deinen Python-Skripten heraus zu erstellen, zu verwalten und zu manipulieren.

Als Nächstes werden wir uns ansehen, wie man Python mit anderen SQL-Datenbanken integriert. Bleib dran!

Natürlich, lass uns tiefer in die SQL-Fähigkeiten von Python eintauchen.

17.2 Python mit MySQL

MySQL ist ein sehr beliebtes und weit verbreitetes Datenbankverwaltungssystem. Es gilt als eines der zuverlässigsten und effizientesten Systeme für die Verwaltung großer Datenmengen. MySQL wird von vielen Unternehmen und Organisationen weltweit zum Speichern und Verwalten ihrer Daten genutzt. Es wird auch von Entwicklern und Programmierern für Webentwicklung und andere Anwendungen häufig eingesetzt.

Darüber hinaus können MySQL-Datenbanken leicht mit Python interagieren, einer Open-Source-Programmiersprache, die in der Softwareentwicklungswelt immer mehr an Popularität gewinnt. Mit Hilfe eines Moduls namens **mysql-connector-python** können Python-Entwickler einfach eine Verbindung zu MySQL-Datenbanken herstellen und mit ihnen interagieren, was ihnen ermöglicht, eine breite Palette von Datenverwaltungsaufgaben durchzuführen.

Außerdem ist MySQL für seine Kompatibilität mit einer Vielzahl von Plattformen und Betriebssystemen bekannt, was es zu einer idealen Wahl für Entwickler macht, die mit verschiedenen Systemen arbeiten müssen. Es ist auch für seine Skalierbarkeit und hohe Leistung bekannt, was es ideal für die Verwaltung großer Datenmengen in Echtzeit-Anwendungen macht.

Zusammenfassend ist MySQL eine ausgezeichnete Wahl für jeden, der ein zuverlässiges und effizientes Datenbankverwaltungssystem sucht, und mit Hilfe von Python und dem **mysql-connector-python**-Modul können Entwickler einfach mit MySQL-Datenbanken interagieren und sie verwalten.

Du kannst es mit pip installieren:

```
pip install mysql-connector-python
```

Sobald es installiert ist, kannst du eine Verbindung ähnlich wie bei sqlite3 initiieren:

```
import mysql.connector

# Create a connection
conn = mysql.connector.connect(user='username', password='password', host='127.0.0.1', database='my_database')

# Create a cursor object
```

```
cur = conn.cursor()
```

Die erforderlichen Argumente zum Herstellen einer Verbindung können je nach Datenbanksystem variieren. In diesem Fall werden der Benutzername, das Passwort, der Host (in der Regel 'localhost' oder '127.0.0.1' für deinen lokalen Rechner) und der Name der Datenbank benötigt.

Sobald die Verbindung hergestellt ist, kannst du SQL-Befehle ähnlich wie bei sqlite3 ausführen:

```
# Execute a query
cur.execute("SELECT * FROM my_table")

# Fetch all the rows
rows = cur.fetchall()

for row in rows:
    print(row)

# Close the connection
conn.close()
```

17.3 Python mit PostgreSQL

Wenn es darum geht, mit PostgreSQL zu arbeiten, ist es wichtig, den richtigen Adapter installiert zu haben, um eine reibungslose Kommunikation zwischen deiner Anwendung und dem Datenbankmanagementsystem zu gewährleisten. Einer der beliebtesten Adapter für PostgreSQL ist **psycopg2**, der aufgrund seiner Zuverlässigkeit und Kompatibilität mit der Datenbank von Entwicklern und Organisationen weithin genutzt wird.

Dieser Adapter ist speziell für die Arbeit mit Python konzipiert, was ihn zu einer ausgezeichneten Wahl für diejenigen macht, die in dieser Sprache programmieren und eine effiziente Möglichkeit suchen, sich mit PostgreSQL zu verbinden. Mit **psycopg2** kannst du sicher sein, dass deine PostgreSQL-Abfragen und -Operationen reibungslos und ohne Komplikationen ausgeführt werden, was dir ermöglicht, dich auf den Aufbau deiner Anwendung zu konzentrieren und eine hervorragende Benutzererfahrung zu bieten.

Du kannst es mit pip installieren:

```
pip install psycopg2
```

Die Verbindung zu PostgreSQL ist ähnlich wie in den vorherigen Beispielen:

```
import psycopg2

# Create a connection
```

```
conn = psycopg2.connect(database="my_database", user = "username", password =
"password", host = "127.0.0.1", port = "5432")

# Create a cursor object
cur = conn.cursor()
Und auch hier funktioniert das Ausführen von Abfragen und Abrufen von Daten auf die
gleiche Weise:
# Execute a query
cur.execute("SELECT * FROM my_table")

# Fetch all the rows
rows = cur.fetchall()

for row in rows:
    print(row)

# Close the connection
conn.close()
```

Wie du sehen kannst, sobald du die Grundlagen von SQL und Python kennst, ist die Interaktion mit verschiedenen SQL-Datenbanktypen hauptsächlich eine Frage der Verbindungseinrichtung. Die SQL-Befehle bleiben gleich, und der Python-Code, den du schreiben musst, ist sehr ähnlich, mit nur geringfügigen Unterschieden zwischen verschiedenen SQL-Bibliotheken.

Die obigen Beispiele sollten dir einen guten Einstieg in die Verwendung von Python für die Interaktion mit SQLite-, MySQL- und PostgreSQL-Datenbanken geben. Allerdings ist SQL ein sehr umfangreiches Thema mit vielen fortgeschrittenen Funktionen, und du kannst viel mehr tun als nur Daten abzurufen! Ich ermutige dich, mehr über die Fähigkeiten von Python in SQL-Operationen zu erforschen, wie Datenaktualisierung, Verwendung von Transaktionen, Fehlerbehandlung usw. Du wirst entdecken, dass Python ein sehr leistungsfähiges Werkzeug für die Datenbankverwaltung sein kann!

17.4 Durchführung von CRUD-Operationen

Bevor wir fortfahren, sollten wir eine Test-Datenbank und eine Tabelle zum Experimentieren einrichten. Im Folgenden wird der Python-Code gezeigt, um eine neue SQLite-Datenbank namens 'test_db.sqlite' und eine Tabelle namens 'employees' zu erstellen:

```
import sqlite3
conn = sqlite3.connect('test_db.sqlite')

c = conn.cursor()

# Create table
c.execute('''CREATE TABLE employees
            (id INTEGER PRIMARY KEY, name text, salary real, department text, position
text, hireDate text)''')
```

```
# Commit the changes and close the connection
conn.commit()
conn.close()
```

17.4.1 Create-Operation

Die Create-Operation wird verwendet, um neue Datensätze in eine Datenbank einzufügen. Hier ist ein Beispiel, wie du einen neuen Datensatz in die Tabelle 'employees' einfügen kannst:

```
conn = sqlite3.connect('test_db.sqlite')
c = conn.cursor()

# Insert a new employee record
c.execute("INSERT INTO employees VALUES (1, 'John Doe', 50000, 'HR', 'Manager', '2023-
01-05')")

# Commit the changes
conn.commit()

# Close the connection
conn.close()
```

17.4.2 Read-Operation

Die Read-Operation wird verwendet, um Daten aus einer Datenbank abzurufen. Hier ist ein Beispiel, wie du alle Datensätze aus der Tabelle 'employees' abrufen kannst:

```
conn = sqlite3.connect('test_db.sqlite')
c = conn.cursor()

# Select all rows from the employees table
c.execute('SELECT * FROM employees')

rows = c.fetchall()

for row in rows:
    print(row)

# Close the connection
conn.close()
```

17.4.3 Update-Operation

Die Update-Operation wird verwendet, um bestehende Datensätze in einer Datenbank zu ändern. Hier ist ein Beispiel, wie du einen Datensatz in der Tabelle 'employees' aktualisieren kannst:

```
conn = sqlite3.connect('test_db.sqlite')
```

```
c = conn.cursor()

# Update employee salary
c.execute("UPDATE employees SET salary = 60000 WHERE name = 'John Doe'")

# Commit the changes
conn.commit()

# Close the connection
conn.close()
```

17.4.4 Delete-Operation

Die Delete-Operation wird verwendet, um Datensätze aus einer Datenbank zu löschen. Hier ist ein Beispiel, wie du einen Datensatz aus der Tabelle 'employees' löschen kannst:

```
conn = sqlite3.connect('test_db.sqlite')
c = conn.cursor()

# Delete an employee record
c.execute("DELETE from employees WHERE name = 'John Doe'")

# Commit the changes
conn.commit()

# Close the connection
conn.close()
```

Hinweis: Stelle immer sicher, dass du Datenbankoperationen kontrolliert durchführst und überprüfe deine Befehle vor der Ausführung, besonders bei Update- und Delete-Operationen, da sie Daten dauerhaft verändern oder löschen können.

17.4.5 MySQL

Um mit einer MySQL-Datenbank zu interagieren, benötigst du eine Python-Bibliothek namens **mysql-connector-python**. Du kannst sie über pip installieren:

```
pip install mysql-connector-python
```

Angenommen, wir haben eine MySQL-Datenbank namens 'testdb', und wir möchten einen Datensatz in die Tabelle 'employees' einfügen.

```
import mysql.connector

# establish the connection
cnx = mysql.connector.connect(user='<username>', password='<password>',
                              host='127.0.0.1',
                              database='testdb')
```

```python
# Create a cursor object using the cursor() method
cursor = cnx.cursor()

# Prepare SQL query to INSERT a record into the database
sql = """INSERT INTO EMPLOYEE(FIRST_NAME, LAST_NAME, AGE, SEX, INCOME)
        VALUES ('Mac', 'Mohan', 20, 'M', 2000)"""

try:
    # Execute the SQL command
    cursor.execute(sql)
    # Commit your changes in the database
    cnx.commit()
except:
    # Rollback in case there is any error
    cnx.rollback()

# disconnect from server
cnx.close()
```

17.4.6 PostgreSQL

Für PostgreSQL kannst du die Bibliothek **psycopg2** verwenden, die du über pip installieren kannst:

```
pip install psycopg2
```

Hier ist ein Beispiel, wie du einen Datensatz in PostgreSQL einfügst:

```python
import psycopg2

#establishing the connection
cnx = psycopg2.connect(
    database="testdb", user='<username>', password='<password>', host='127.0.0.1',
port= '5432'
)

#Creating a cursor object using the cursor() method
cursor = cnx.cursor()

# Preparing SQL queries to INSERT a record into the database.
sql = '''INSERT into EMPLOYEE (FIRST_NAME, LAST_NAME, AGE, SEX, INCOME)
        VALUES ('Mac', 'Mohan', 20, 'M', 2000)'''

# execute the SQL query using execute() method.
cursor.execute(sql)

# Commit your changes in the database
cnx.commit()
```

```
# close the cursor and connection
cursor.close()
cnx.close()
```

In beiden Beispielen werden bei erfolgreichen SQL-Operationen die Daten mittels **cnx.commit()** in der Datenbank bestätigt. Bei einem Fehler wird die Funktion **cnx.rollback()** aufgerufen, um alle Änderungen in der Datenbank rückgängig zu machen.

Denk daran, dass du immer den Cursor und das Verbindungsobjekt schließen solltest, sobald du mit ihnen fertig bist, um Speicherprobleme in der Datenbank zu vermeiden.

Der Hauptunterschied zwischen der Verwendung von SQLite, MySQL und PostgreSQL in Python liegt in der Art und Weise, wie du dich mit den jeweiligen Python-Bibliotheken zu jeder Datenbank verbindest. Die SQL-Syntax für CRUD-Operationen bleibt dieselbe.

17.5 Transaktionsverarbeitung in Python

Natürlich! Hier ist eine Erklärung, wie man Transaktionen in Python verarbeitet.

Datenbank-Transaktionen bieten eine Möglichkeit, eine Reihe von Datenbankoperationen als eine einzelne Einheit zu verarbeiten. Wenn alle Operationen erfolgreich sind, werden die Änderungen in der Datenbank bestätigt. Wenn eine Operation fehlschlägt, werden keine der Änderungen angewendet.

Bei einer Transaktion gilt: Wenn eine Gruppe voneinander abhängiger Operationen Teil einer Transaktion ist, werden entweder alle Operationen ausgeführt oder keine. Diese Eigenschaft von Transaktionen wird oft als ACID zusammengefasst (Atomarität, Konsistenz, Isolation und Dauerhaftigkeit).

Die DB-API von Python bietet eine Möglichkeit, Transaktionen zu verwalten. Nach dem Start einer Transaktion kannst du sie **committen**, wenn keine Fehler auftreten. Bei einem Fehler kannst du die Transaktion auf den Zustand **zurücksetzen**, bevor die Transaktion gestartet wurde.

Beispiel:

```
import sqlite3

try:
    # connect to the database
    conn = sqlite3.connect('test.db')

    # create a cursor
    cur = conn.cursor()

    # start a transaction
    cur.execute("BEGIN TRANSACTION")
```

```
    # execute some SQL queries
    cur.execute("INSERT INTO COMPANY (ID, NAME, AGE, ADDRESS, SALARY) \\\\
          VALUES (1, 'Paul', 32, 'California', 20000.00)")
    cur.execute("INSERT INTO COMPANY (ID, NAME, AGE, ADDRESS, SALARY) \\\\
          VALUES (2, 'Allen', 25, 'Texas', 15000.00)")

    # commit the transaction
    conn.commit()

    print("Records inserted successfully")

except sqlite3.Error as error:
    # rollback the transaction in case of error
    conn.rollback()
    print("Failed to insert data into sqlite table", error)

finally:
    # close the connection
    if conn:
        conn.close()
        print("the sqlite connection is closed")
```

In diesem Code:

- Zuerst verbinden wir uns mit der Datenbank mittels **sqlite3.connect()** und erstellen ein Cursor-Objekt.

- Wir starten eine Transaktion mit **cur.execute("BEGIN TRANSACTION")**.

- Wir führen einige SQL-Abfragen aus, um Daten in die Tabelle **COMPANY** einzufügen.

- Wenn alle Operationen erfolgreich sind, bestätigen wir die Transaktion mit **conn.commit()**.

- Wenn während einer Operation ein Fehler auftritt, machen wir die Transaktion mit **conn.rollback()** rückgängig. Dies stellt sicher, dass unsere Datenbank in einem konsistenten Zustand bleibt.

- Am Ende schließen wir die Datenbankverbindung mit **conn.close()**.

Denk daran, dass es wichtig ist, Ausnahmen zu behandeln, wenn du mit Transaktionen arbeitest, um sicherzustellen, dass ein Fehler in einer einzelnen Operation deine Datenbank nicht in einem inkonsistenten Zustand hinterlässt.

Dieser Ansatz zur Transaktionsverarbeitung ist auch in anderen Datenbanken wie MySQL und PostgreSQL üblich, mit leichten Anpassungen je nach den spezifischen Methoden des Datenbanktreibers.

Nachdem wir die manuelle Transaktionsverarbeitung in Python behandelt haben, ist es erwähnenswert, dass die DB-API von Python auch ein vereinfachtes Transaktionsmodell für diejenigen unterstützt, die nur einzelne Befehle ausführen.

Standardmäßig öffnet das **sqlite3**-Modul automatisch eine Transaktion vor jeder Operation, die Daten verändert (wie INSERT, UPDATE, DELETE, usw.), und bestätigt die Transaktionen automatisch, wenn der Cursor ausgeführt wird.

Wenn du jedoch mehrere Befehle als Teil einer Transaktion ausführst, ist es in der Regel eine gute Idee, die Transaktionen manuell zu verwalten, wie im vorherigen Beispiel gezeigt, da dir das eine feinere Kontrolle darüber gibt, wann eine Transaktion bestätigt oder rückgängig gemacht wird.

Außerdem: Während SQLite und PostgreSQL dem SQL-Standard für Transaktionen folgen (BEGIN TRANSACTION, COMMIT und ROLLBACK), verwendet MySQL leicht abweichende Befehle. Anstelle von "BEGIN TRANSACTION" würdest du in MySQL "START TRANSACTION" verwenden.

Hier ist ein Beispiel dafür, wie man Transaktionen in Python mit MySQL mithilfe des **mysql-connector-python**-Moduls verarbeitet:

```python
import mysql.connector
from mysql.connector import Error

try:
    # connect to the MySQL server
    conn = mysql.connector.connect(user='username', password='password',
                                   host='127.0.0.1', database='testdb')

    # create a new cursor
    cur = conn.cursor()

    # start a new transaction
    cur.execute("START TRANSACTION")

    # execute some SQL queries
    cur.execute("INSERT INTO employees (id, name, salary) VALUES (1, 'John Doe',
70000)")
    cur.execute("INSERT INTO employees (id, name, salary) VALUES (2, 'Jane Doe',
80000)")

    # commit the transaction
    conn.commit()

    print("Data inserted successfully")

except Error as error:
    # rollback the transaction in case of error
    conn.rollback()
    print("Failed to insert data into MySQL table", error)
```

```
finally:
    # close the connection
    if conn:
        conn.close()
        print("MySQL connection is closed")
```

Dieses Beispiel ähnelt dem von SQLite, mit dem bemerkenswerten Unterschied, dass "START TRANSACTION" verwendet wird, um eine Transaktion in MySQL zu starten.

Im Allgemeinen bleibt das Prinzip der Transaktionsverwaltung in verschiedenen SQL-Datenbanken gleich, obwohl sich die spezifischen Befehle und Methoden leicht unterscheiden können. Es ist wichtig, die Dokumentation deiner spezifischen Datenbank und des Datenbanktreibers zu konsultieren, wenn du mit Transaktionen in Python arbeitest.

17.6 Fehler- und SQL-Ausnahmebehandlung in Python

SQL-Fehler und -Ausnahmen in Python werden mit dem Standard-Ausnahmebehandlungsmechanismus von Python, dem **try/except**-Block, behandelt. Wenn während der Ausführung einer SQL-Abfrage ein Fehler auftritt, erzeugt das Datenbankmodul eine Ausnahme. Diese Ausnahme enthält Informationen über den Fehler, wie die Art des aufgetretenen Fehlers und die Zeilennummer, in der der Fehler aufgetreten ist. Durch das Abfangen dieser Ausnahmen kannst du Fehler elegant behandeln und verhindern, dass deine Anwendung abstürzt.

Darüber hinaus kann der **try/except**-Block verwendet werden, um zusätzliche Aufgaben auszuführen, wenn ein Fehler auftritt. Du kannst beispielsweise den Fehler in einer Datei oder Datenbank protokollieren, den Benutzer über den Fehler benachrichtigen oder die Operation, die den Fehler verursacht hat, erneut versuchen. Durch diese zusätzlichen Schritte kannst du eine bessere Benutzererfahrung bieten und sicherstellen, dass deine Anwendung stabil und zuverlässig bleibt.

Es ist auch erwähnenswert, dass Python verschiedene eingebaute Ausnahmetypen bereitstellt, die zur Behandlung spezifischer Fehlerarten verwendet werden können. Die Ausnahme **ValueError** kann beispielsweise verwendet werden, um Fehler im Zusammenhang mit ungültigen Eingabewerten zu behandeln, während die Ausnahme **TypeError** zur Behandlung von Fehlern im Zusammenhang mit falschen Datentypen verwendet werden kann. Durch die Verwendung dieser eingebauten Ausnahmetypen in Verbindung mit dem **try/except**-Block kannst du ein robustes Fehlerbehandlungssystem erstellen, das eine breite Palette potenzieller Fehler und Ausnahmen behandeln kann.

Beispiel:

So werden SQL-Fehler und -Ausnahmen in Python behandelt:

```python
import sqlite3

# Connect to the database
conn = sqlite3.connect('test.db')

# Create a cursor object
cur = conn.cursor()

try:
    # Execute an SQL statement
    cur.execute('SELECT * FROM non_existent_table')

    # Fetch the results
    results = cur.fetchall()
    for row in results:
        print(row)

# Catch the exception
except sqlite3.OperationalError as e:
    print(f"An error occurred: {e}")
```

In diesem Beispiel versuchen wir, Daten aus einer Tabelle auszuwählen, die nicht existiert. Dies wird einen **sqlite3.OperationalError** erzeugen. Der **try/except**-Block fängt die Ausnahme ab und gibt eine Fehlermeldung aus.

Je nach Fehler können verschiedene Arten von Ausnahmen ausgelöst werden. Einige häufige Ausnahmen im **sqlite3**-Modul sind:

- **OperationalError**: Diese Ausnahme wird für Fehler im Zusammenhang mit dem Datenbankbetrieb ausgelöst. Zum Beispiel, wenn du versuchst, Daten aus einer nicht existierenden Tabelle auszuwählen oder wenn die Datenbankdatei nicht gefunden werden kann.

- **IntegrityError**: Wird ausgelöst, wenn die relationale Integrität der Daten beeinträchtigt wird, wie beim Versuch, einen doppelten Schlüssel in eine Spalte mit einer UNIQUE-Einschränkung einzufügen.

- **DataError**: Wird ausgelöst, wenn es Probleme mit den verarbeiteten Daten gibt, wie Division durch Null, numerischer Wert außerhalb des Bereichs usw.

- **ProgrammingError**: Wird für Programmierfehler ausgelöst, wie eine nicht gefundene oder bereits existierende Tabelle, Syntaxfehler in der SQL-Anweisung, falsche Anzahl von angegebenen Parametern usw.

So könntest du mehrere Ausnahmen behandeln:

```python
try:
    # Execute an SQL statement
    cur.execute('SELECT * FROM non_existent_table')
```

```
except sqlite3.OperationalError as e:
    print(f"Operational error occurred: {e}")

except sqlite3.IntegrityError as e:
    print(f"Integrity error occurred: {e}")

except sqlite3.DataError as e:
    print(f"Data error occurred: {e}")

except sqlite3.ProgrammingError as e:
    print(f"Programming error occurred: {e}")
```

In diesem Beispiel haben wir mehrere **except**-Blöcke für verschiedene Arten von Ausnahmen. Jeder **except**-Block fängt seine entsprechende Ausnahme ab und führt seinen Codeblock aus.

Durch die Behandlung von Ausnahmen kannst du sicherstellen, dass dein Programm nicht abrupt beendet wird. Stattdessen wird der im **except**-Block definierte Code ausgeführt, was dir ermöglicht, die Fehlermeldung zu protokollieren, den Vorgang erneut zu versuchen oder sogar das Programm elegant zu beenden.

Hinweis: Die DB-API von Python definiert eine Reihe von Ausnahmen, die du abfangen solltest. Die genauen verfügbaren Ausnahmen hängen vom Datenbankmodul ab, das du verwendest. Konsultiere immer die Dokumentation des spezifischen Datenbankmoduls, das du verwendest, um zu erfahren, welche Ausnahmen du abfangen kannst.

Wenn du mit deiner Datenbank fertig bist, solltest du immer die Verbindung schließen, indem du die Methode **close()** aufrufst. Dies ist wichtig, weil es die Systemressourcen sofort freigibt, anstatt zu warten, bis sie automatisch freigegeben werden.

Im Falle einer Ausnahme kann es jedoch sein, dass dein Programm beendet wird, bevor es die Codezeile erreicht, die die Verbindung schließt. Um sicherzustellen, dass die Verbindung immer geschlossen wird, kannst du eine **finally**-Klausel verwenden:

```
import sqlite3

try:
    # Connect to the database
    conn = sqlite3.connect('test.db')

    # Create a cursor object
    cur = conn.cursor()

    # Execute an SQL statement
    cur.execute('SELECT * FROM non_existent_table')

except sqlite3.OperationalError as e:
    print(f"An error occurred: {e}")
```

```
finally:
    # Close the connection, if it exists
    if conn:
        conn.close()
```

Die **finally**-Klausel wird immer ausgeführt, unabhängig davon, ob eine Ausnahme aufgetreten ist oder nicht. Daher ist dies ein guter Ort, um Code zu platzieren, der unbedingt ausgeführt werden muss, wie zum Beispiel Aufräumcode.

Das ist die abschließende Anmerkung zur Behandlung von SQL-Fehlern und -Ausnahmen in Python. Wenn du verstehst, wie man Fehler behandelt und Verbindungen schließt, bist du auf dem besten Weg, robuste Python-Programme zu schreiben, die mit einer Datenbank interagieren.

17.7 Praktische Übungen

Übung 1

Verbinde dich mit der SQLite-Datenbank **exercise.db** (möglicherweise musst du sie zuerst erstellen), erstelle eine Tabelle namens **students** mit den Spalten **id**, **name** und **age**, und füge dann die folgenden Datensätze ein:

```
students = [
    (1, 'John Doe', 20),
    (2, 'Jane Doe', 22),
    (3, 'Mike Smith', 19),
    (4, 'Alice Johnson', 21)
]
```

Denke daran, deine Datenbankverbindung nach diesen Operationen zu schließen.

Übung 2

Verwende die gleiche Tabelle **students**, die du in der vorherigen Übung erstellt hast, und schreibe eine Python-Funktion, die die ID eines Studenten als Parameter erhält und den Namen des Studenten zurückgibt. Stelle sicher, dass du alle Ausnahmen behandelst, die auftreten können, wenn die ID nicht in der Tabelle gefunden wird.

Übung 3

Aktualisiere das Alter von 'John Doe' in der Tabelle **students** auf 25 Jahre mit Python und dem Modul **sqlite3**. Überprüfe deine Aktualisierung durch Abfrage der Tabelle.

Übung 4

Schreibe eine Python-Funktion, um den Datensatz eines Studenten aus der Tabelle **students** basierend auf der ID des Studenten zu löschen. Denke daran, Ausnahmen zu behandeln, wenn die ID des Studenten nicht existiert.

Übung 5

Schreibe ein Python-Skript mit dem Modul **psycopg2**, um dich mit deiner PostgreSQL-Datenbank zu verbinden. Erstelle eine Tabelle namens **employees** mit den Feldern **id**, **first_name**, **last_name**, **department** und **salary**. Fülle die Tabelle mit einigen Daten deiner Wahl.

Übung 6

Verwende die Tabelle **employees**, die du in der vorherigen Übung erstellt hast, und schreibe Python-Funktionen, um Folgendes zu tun:

1. Eine Funktion, um das Gehalt eines Mitarbeiters basierend auf seiner ID zu erhöhen.
2. Eine Funktion, um alle Mitarbeiter zu suchen und auszugeben, die in einer bestimmten Abteilung arbeiten.

Denke daran, alle Ausnahmen zu behandeln, die auftreten können.

Hinweis: Für Übungen mit SQLite kannst du sie auf jedem System ausführen, auf dem Python installiert ist. Die Übungen mit PostgreSQL erfordern jedoch, dass du einen PostgreSQL-Server auf deinem System installiert und laufend hast. Wenn du PostgreSQL nicht installieren kannst, kannst du eine SQL-Online-Plattform verwenden, die PostgreSQL unterstützt, oder du kannst die Übungen anpassen, um stattdessen SQLite zu verwenden.

Fazit zu Kapitel 17

In diesem Kapitel haben wir detailliert untersucht, wie Python mit SQL-Datenbanken unter Verwendung verschiedener Bibliotheken wie **sqlite3**, **psycopg2** und **mysql-connector-python** interagiert. Wir begannen mit der Diskussion des **sqlite3**-Moduls und wie es zur Verbindung mit SQLite-Datenbanken, zur Ausführung von SQL-Abfragen und zum Abrufen von Ergebnissen verwendet werden kann. Dann erläuterten wir, wie man die Python DB-API 2.0-Schnittstelle nutzt, um mit verschiedenen Datenbanktypen zu interagieren.

Wir haben die grundlegenden CRUD-Operationen (Erstellen, Lesen, Aktualisieren, Löschen) durchgesprochen und wie sie in einer Datenbank mit Python durchgeführt werden können. Dabei haben wir auch die Bedeutung der Transaktionsverarbeitung in Python kennengelernt, die erheblichen Einfluss auf die Konsistenz und Integrität unserer Datenbank haben kann.

Dann haben wir uns eingehend mit der Fehler- und Ausnahmebehandlung beschäftigt, die ein entscheidender Aspekt beim Schreiben von robustem und fehlerfreiem Code ist. Wir haben einige der häufigen Ausnahmen untersucht, die bei der Arbeit mit SQL in Python auftreten können, und gelernt, wie man mit ihnen umgeht.

Im gesamten Kapitel haben wir die Diskussionen praxisorientiert und anwendungsbezogen gehalten, mit zahlreichen Beispielen und Übungen, um dir zu helfen, die behandelten Konzepte zu verstehen und anzuwenden. Durch die Arbeit an diesen Übungen hast du hoffentlich ein solides Verständnis für die Leistungsfähigkeit und Flexibilität gewonnen, die Python für SQL-Datenbankinteraktionen bietet.

Zusammenfassend ist SQL ein leistungsstarkes Werkzeug für die Verwaltung und Manipulation strukturierter Daten, und Python bietet eine flexible und effiziente Möglichkeit, diese Leistung zu nutzen. Ob du mit einer kleinen SQLite-Datenbank oder einer großen PostgreSQL- oder MySQL-Datenbank arbeitest, Python verfügt über die Werkzeuge und Bibliotheken, die du benötigst, um effektiv und effizient mit deinen Daten zu interagieren. Im nächsten Kapitel werden wir untersuchen, wie Python mit NoSQL-Datenbanken verwendet werden kann, wodurch unsere Datenverwaltungsfähigkeiten noch weiter ausgebaut werden.

Denk daran, dass Übung der Schlüssel ist, wenn es darum geht, diese Konzepte zu erlernen und zu beherrschen. Zögere also nicht, zu experimentieren und deine eigenen Projekte mit Python und SQL zu erstellen. Fröhliches Programmieren!

Kapitel 18: Datenanalyse mit Python und SQL

Willkommen zu Kapitel 18, in dem wir uns auf das wichtige Thema der Datenanalyse mit Python und SQL konzentrieren werden. Die Datenanalyse ist ein kritischer Prozess im Bereich der Datenwissenschaft und umfasst Aufgaben wie Datenbereinigung, Datentransformation und Datenvisualisierung. Das Hauptziel der Datenanalyse besteht darin, nützliche Erkenntnisse aus den Daten zu gewinnen, die zu einer besseren Entscheidungsfindung führen können.

SQL ist eine leistungsstarke Sprache zur Verwaltung und Manipulation strukturierter Daten, und in Kombination mit Python, einer der beliebtesten Programmiersprachen für die Datenanalyse, können wir komplexe Datenanalyseaufgaben effektiver und effizienter durchführen.

In diesem Kapitel werden wir folgende Themen behandeln:

1. Datenbereinigung in Python und SQL

2. Datentransformation

3. Datenvisualisierung mit Python- und SQL-Bibliotheken

4. Explorative Datenanalyse mit Python und SQL

5. Praktische Übungen zur Festigung unseres Verständnisses

Beginnen wir nun mit dem ersten Thema: **18.1 Datenbereinigung in Python und SQL**.

18.1 Datenbereinigung in Python und SQL

Die Datenbereinigung ist der Prozess der Vorbereitung von Daten für die Analyse durch Entfernen oder Modifizieren von Daten, die inkorrekt, unvollständig, irrelevant, dupliziert oder falsch formatiert sind. Dies ist ein entscheidender Schritt im Datenanalyseprozess, da die Ergebnisse Ihrer Analyse nur so gut sind wie die Qualität Ihrer Daten.

Python und SQL haben einzigartige Stärken, die in verschiedenen Phasen des Datenbereinigungsprozesses eingesetzt werden können. Betrachten wir einige Beispiele, wie diese beiden leistungsstarken Tools zur Datenbereinigung verwendet werden können.

Zunächst werden wir einige Daten aus einer SQL-Datenbank abrufen und sie mithilfe der **pandas**-Bibliothek von Python in einen DataFrame laden. Beachten Sie, dass wir in diesen

Beispielen die SQLite-Datenbank verwenden werden. Die gleichen Prinzipien gelten jedoch auch für andere Datenbanken, auf die über Python zugegriffen werden kann, wie MySQL und PostgreSQL.

Beispiel:

```python
import sqlite3
import pandas as pd

# Connect to the SQLite database
conn = sqlite3.connect('database.db')

# Write a SQL query to fetch some data
query = "SELECT * FROM sales"

# Use pandas read_sql_query function to fetch data and store it in a DataFrame
df = pd.read_sql_query(query, conn)

# Close the connection
conn.close()

# Print the DataFrame
print(df.head())
```

In diesen Daten können Sie auf verschiedene häufige Datenbereinigungsaufgaben stoßen. Sehen wir uns einige davon an und wie wir sie in Python angehen können:

1. **Duplikate entfernen**: Bei der Datenanalyse können Duplikate manchmal ein Problem darstellen, da sie die Ergebnisse verzerren und es erschweren können, genaue Schlussfolgerungen zu ziehen. Glücklicherweise bietet die **pandas**-Bibliothek von Python eine praktische Möglichkeit, diese Herausforderung mit der Funktion **drop_duplicates()** zu bewältigen. Diese Funktion ermöglicht es Ihnen, duplizierte Zeilen in Ihren Daten einfach zu identifizieren und zu entfernen, wodurch sichergestellt wird, dass Ihre Analyse auf präzisen und zuverlässigen Daten basiert. Durch die Verwendung dieser Funktion können Sie sicher sein, dass Ihre Ergebnisse zuverlässig sind und dass jede Erkenntnis aus Ihrer Analyse nützlich und informativ sein wird.

```python
# Drop duplicate rows
df = df.drop_duplicates()

# Print the DataFrame
print(df.head())
```

2. **Umgang mit fehlenden Daten**: Falls einige Zellen in Ihrem DataFrame leer sind oder **NULL**-Werte enthalten, gibt es verschiedene Möglichkeiten, damit umzugehen. Sie könnten beispielsweise die gesamte Zeile oder Spalte entfernen, die diese fehlenden Werte enthält, oder Sie könnten sie durch einen anderen Wert ersetzen, wie den

Mittelwert oder Median der umliegenden Werte. Eine andere Option wäre der Einsatz von Imputationstechniken, um die fehlenden Daten zu ergänzen. Es gibt auch verschiedene Gründe, warum Ihre Daten fehlen könnten, einschließlich Fehlern bei der Datenerhebung, oder in bestimmten Fällen könnten **NULL**-Werte ein gültiger Teil Ihres Datensatzes sein, der das Fehlen von Daten repräsentiert. Es ist wichtig, sorgfältig den besten Ansatz für den Umgang mit fehlenden Daten in Ihrem speziellen Datensatz zu überlegen, da die von Ihnen gewählte Methode erhebliche Auswirkungen auf die Ergebnisse Ihrer Analyse haben kann.

```
# Check for NULL values in the DataFrame
print(df.isnull().sum())
```

Dies gibt Ihnen die Gesamtzahl der Nullwerte in jeder Spalte. Je nach Ihrem spezifischen Kontext könnten Sie entscheiden, die Nullwerte zu entfernen, zu ersetzen oder in Ihrem Datensatz zu belassen.

Um Nullwerte zu entfernen, können Sie die Funktion **dropna()** verwenden.

```
# Remove all rows with at least one NULL value
df = df.dropna()
```

Dies ist jedoch möglicherweise nicht in allen Fällen der beste Ansatz, da Sie am Ende einen großen Teil Ihrer Daten verlieren könnten. Ein alternativer Ansatz besteht darin, die Nullwerte mit einem bestimmten Wert zu füllen, wie dem Mittelwert oder Median der Daten. Dies kann mit der Funktion **fillna()** erfolgen.

```
# Replace all NULL values in the 'age' column with its mean
df['age'] = df['age'].fillna(df['age'].mean())
```

3. **Datentypkonvertierung**: Es ist entscheidend, dass Ihre Daten im richtigen Format für die Analyse vorliegen. Das bedeutet, dass Sie sicherstellen müssen, dass Ihre Daten nicht nur genau, sondern auch konsistent und aktuell sind. Um zu gewährleisten, dass Ihre Daten im richtigen Format vorliegen, müssen Sie sicherstellen, dass Ihre Daten sauber und korrekt organisiert sind, mit dem richtigen Datentyp für jedes Feld. Wenn Ihre Daten nicht im richtigen Format vorliegen, könnten Sie auf Fehler und Probleme bei Ihrer Analyse stoßen. Zum Beispiel sollte ein Datum im DateTime-Format vorliegen, und eine Zahl sollte ein Integer oder Float sein. Indem Sie sicherstellen, dass Ihre Daten im richtigen Format vorliegen, können Sie sicher sein, dass Ihre Analyse genau und zuverlässig sein wird.

```
# Convert the 'age' column to integer
df['age'] = df['age'].astype(int)

# Print the DataFrame
```

```
print(df.head())
```

Durch die Verwendung von Python und SQL zusammen können wir Daten effektiv bereinigen und für eine tiefere Analyse vorbereiten. Der Schlüssel liegt darin, die Stärken jedes Werkzeugs zu verstehen und sie in Ihrem Datenbereinigungsprozess optimal zu nutzen.

In den nächsten Abschnitten werden wir uns mit komplexeren Datentransformationen befassen und untersuchen, wie wir mithilfe von Python und SQL Daten visualisieren und explorative Datenanalysen durchführen können. Aber zuerst ist es an Ihnen, einige der Konzepte zu üben, die wir in diesem Abschnitt gelernt haben.

18.2 Datentransformation in Python und SQL

Die Datentransformation ist ein grundlegender Prozess in der Datenanalyse. Sie beinhaltet die Umwandlung von Daten von einer Form oder Struktur in eine andere, um sie für weitere Analysen geeignet zu machen. Dieser Schritt ist entscheidend, da das Format Ihrer Daten erhebliche Auswirkungen auf die Genauigkeit und Zuverlässigkeit Ihrer Analyseergebnisse haben kann.

In diesem Abschnitt werden wir tiefer in den Datentransformationsprozess eintauchen und die verschiedenen Techniken untersuchen, die dafür eingesetzt werden können. Wir konzentrieren uns auf zwei der beliebtesten Werkzeuge für die Datentransformation: Python und SQL, und betrachten, wie jedes Werkzeug zu Ihrem Vorteil in diesem Prozess eingesetzt werden kann.

Mit Python können Sie Daten leicht manipulieren und transformieren, indem Sie eingebaute Funktionen und Bibliotheken nutzen. Beispielsweise können Sie die pandas-Bibliothek verwenden, um Operationen wie Filtern, Sortieren und Gruppieren Ihrer Daten durchzuführen. Sie können auch NumPy für numerische Operationen und Matplotlib für Datenvisualisierung nutzen. Die Flexibilität und Vielseitigkeit von Python machen es zu einer beliebten Wahl für Datentransformationsaufgaben.

Andererseits ist SQL eine Sprache, die speziell für die Verwaltung und Transformation relationaler Datenbanken entwickelt wurde. Sie ist besonders nützlich für das Verbinden von Tabellen, Filtern von Daten und Aggregieren von Daten über mehrere Tabellen hinweg. SQL bietet auch eine standardisierte Syntax für die Datentransformation, was es einfacher macht, die Ergebnisse Ihrer Analyse zu teilen und zu reproduzieren.

Zusammenfassend ist die Datentransformation ein kritischer Schritt in der Datenanalyse, und Python und SQL sind zwei leistungsstarke Werkzeuge, die dafür eingesetzt werden können. Durch den Einsatz der richtigen Techniken und Werkzeuge können Sie sicherstellen, dass Ihre Daten im richtigen Format für eine präzise und zuverlässige Analyse vorliegen.

18.2.1 Datentransformation in SQL

SQL ist eine leistungsstarke Sprache, die zur direkten Transformation von Daten in der Datenbank verwendet werden kann. Einer der Vorteile der Verwendung von SQL ist, dass es den Benutzern eine Vielzahl von Funktionen bietet, die den Datentransformationsprozess vereinfachen können.

Dies kann besonders nützlich sein, wenn mit großen Datensätzen gearbeitet wird, da es uns ermöglicht, nur die für die Analyse notwendigen Daten zu extrahieren und dadurch den Speicherverbrauch in Python zu reduzieren. Darüber hinaus ist SQL hochgradig skalierbar konzipiert, was bedeutet, dass es problemlos große Datenmengen verarbeiten kann, ohne an Leistung einzubüßen.

Außerdem ist SQL eine deklarative Sprache, was bedeutet, dass Benutzer das gewünschte Ergebnis angeben können, ohne sich um die Details kümmern zu müssen, wie die Abfrage ausgeführt wird. Dies kann Zeit und Mühe sparen, da Benutzer keinen komplexen Code schreiben müssen, um das gewünschte Ergebnis zu erzielen. Insgesamt ist SQL ein hervorragendes Werkzeug für die Datentransformation und -analyse, und seine Vorteile können sowohl von Anfängern als auch von erfahrenen Benutzern gleichermaßen genutzt werden.

Beispiel:

Hier sind einige Beispiele für Datentransformation in SQL:

1. **Casting**: Die SQL-Funktion **CAST** ist ein nützliches Werkzeug, das es dir ermöglicht, einen Datentyp einfach in einen anderen umzuwandeln. Dies kann in verschiedenen Szenarien nützlich sein. Wenn du beispielsweise Berechnungen in einer Spalte durchführen musst, die derzeit als Text gespeichert ist, kannst du die Funktion **CAST** verwenden, um sie in einen numerischen Datentyp umzuwandeln. Wenn du außerdem zwei Spalten mit unterschiedlichen Datentypen vergleichen musst, kannst du die Funktion **CAST** verwenden, um sie in denselben Datentyp umzuwandeln und dann den Vergleich durchzuführen. Insgesamt ist die Funktion **CAST** ein leistungsstarkes Werkzeug, das dir helfen kann, deine Daten in SQL effektiver zu manipulieren. Zum Beispiel können wir ein numerisches Feld mit der folgenden SQL-Anweisung in eine Zeichenkette umwandeln:

```
SELECT CAST(age AS VARCHAR(10)) AS age_str
FROM sales
```

2. **Verkettung von Zeichenketten**: SQL bietet den Operator **||** zur Verkettung von Zeichenketten. Dies kann nützlich sein, wenn du zwei oder mehr Spalten zu einer kombinieren möchtest. Zum Beispiel:

```
SELECT first_name || ' ' || last_name AS full_name
FROM sales
```

3. **Datums- und Zeitfunktionen**: SQL bietet eine breite Palette von Funktionen, mit denen du Datums- und Zeitwerte manipulieren und verarbeiten kannst. Mit diesen Funktionen kannst du bestimmte Elemente aus einem Datum oder einer Uhrzeit extrahieren, wie Jahr, Monat, Tag, Stunde, Minute oder Sekunde. Darüber hinaus kannst du arithmetische Operationen an Daten und Uhrzeiten durchführen, wie das Addieren oder Subtrahieren von Tagen, Monaten oder Jahren. SQL bietet auch eine breite Palette von Formatierungsoptionen, um Datums- und Zeitwerte in verschiedenen Formaten anzuzeigen, wie "TT/MM/JJ" oder "hh:mm:ss". Durch die Nutzung dieser Funktionen kannst du zeitbasierte Daten in deiner SQL-Datenbank effektiv verwalten und analysieren, was dir ermöglicht, wertvolle Erkenntnisse zu gewinnen und fundierte Entscheidungen für dein Unternehmen oder deine Organisation zu treffen. Zum Beispiel können wir das Jahr aus einem Datumsfeld mit der Funktion **EXTRACT** extrahieren:

```
SELECT EXTRACT(YEAR FROM sale_date) AS sale_year
FROM sales
```

18.2.2 Datentransformation in Python

Python bietet mit seinen leistungsstarken Bibliotheken wie **pandas** und **numpy** eine Vielzahl von Funktionen zur Datentransformation. Beispielsweise bietet **pandas** Tools zum Lesen von Daten aus verschiedenen Quellen wie CSV, Excel, SQL und sogar HTML.

Außerdem bietet **numpy** numerische Berechnungswerkzeuge, die es Benutzern ermöglichen, komplexe mathematische Operationen an Matrizen und Arrays durchzuführen. Diese Bibliotheken, kombiniert mit der einfachen und intuitiven Syntax von Python, machen es zu einer idealen Wahl für Datenwissenschaftler und Analysten, die große Datenmengen schnell und effizient verarbeiten und analysieren müssen. Sehen wir uns einige Beispiele an:

1. **Anwendung einer Funktion auf eine Spalte**: In Python können wir die Funktion **apply** verwenden, um eine Funktion auf jedes Element einer Spalte anzuwenden. Zum Beispiel können wir den Logarithmus der Verkäufe mit der Funktion **log** von numpy berechnen:

```
import numpy as np

df['log_sales'] = df['sales'].apply(np.log)
```

2. **Datengruppierung**: Die Umwandlung einer numerischen Variable in eine kategoriale kann eine nützliche Technik in der Datenanalyse sein. Dies beinhaltet die Aufteilung der Daten in Bins oder Intervalle, wobei jedes eine Kategorie repräsentiert. Einmal aufgeteilt, können die Daten leichter analysiert und interpretiert werden. Diese Technik ist besonders nützlich bei der Arbeit mit großen Datensätzen, da sie ein nuancierteres Verständnis der Daten ermöglicht. Wenn du beispielsweise das Einkommen einer

Bevölkerung analysierst, könnte die Aufteilung der Daten in Kategorien wie niedriges Einkommen, mittleres Einkommen und hohes Einkommen wertvolle Informationen über die Einkommensverteilung der Bevölkerung liefern. Insgesamt kann die Umwandlung numerischer Variablen in kategoriale Variablen eine umfassendere und detailliertere Analyse der verfügbaren Daten ermöglichen. Dies kann mit der Funktion **cut** erfolgen:

```
df['age_group'] = pd.cut(df['age'], bins=[0, 18, 35, 60, np.inf], labels=['Child', 'Young', 'Adult', 'Senior'])
```

3. **Erstellung von Dummy-Variablen**: Bei der Arbeit mit kategorialen Variablen müssen wir diese oft in ein Format umwandeln, das von maschinellen Lernalgorithmen verstanden werden kann. Dies kann mit der Funktion **get_dummies** erfolgen:

```
df = pd.get_dummies(df, columns=['gender'])
```

Wie wir sehen können, bieten sowohl Python als auch SQL eine Vielzahl von Tools zur Datentransformation. Der Schlüssel liegt darin, das richtige Werkzeug für jede Situation zu wählen, unter Berücksichtigung von Faktoren wie der Größe deiner Daten und der Komplexität der Transformationen. Im nächsten Abschnitt werden wir uns mit der Datenvisualisierung mit Python und SQL befassen.

18.3 Datenvisualisierung in Python und SQL

Die Datenvisualisierung ist ein entscheidender Aspekt der Datenanalyse, da sie uns ermöglicht, komplexe Informationen effizient und effektiv zu kommunizieren. Durch die Erstellung intuitiver Grafiken können wir Trends, Muster und Ausreißer in unseren Daten identifizieren, die sonst schwer zu erkennen wären.

In diesem Abschnitt werden wir uns mit der Kunst der Erstellung von Visualisierungen mithilfe zweier beliebter Programmiersprachen, Python und SQL, befassen. Wir werden erforschen, wie diese Tools zur Erstellung von Grafiken, Tabellen und anderen visuellen Elementen genutzt werden können, die uns dabei helfen, Daten effizienter und aussagekräftiger zu analysieren.

Von der Auswahl geeigneter Visualisierungstechniken bis hin zur Anpassung der Visualisierungen an unsere spezifischen Bedürfnisse wird dieser Abschnitt dir einen umfassenden Leitfaden bieten, der dir hilft, beeindruckende Visualisierungen zu erstellen, die deine Datenanalysefähigkeiten verbessern werden.

18.3.1 Datenvisualisierung in SQL

SQL ist ein leistungsstarkes Tool zur Datenverwaltung, ist jedoch nicht für die Datenvisualisierung konzipiert. Allerdings können SQL-Abfragen verwendet werden, um Daten in einem Format zu extrahieren, das von Visualisierungstools leicht genutzt werden kann. Zu diesen Tools gehören Tableau, PowerBI und viele andere, die sich direkt mit Datenbanken verbinden und visuelle Darstellungen der Daten liefern können.

Mit diesen Tools können Benutzer schnell Grafiken, Tabellen und andere Visualisierungen erstellen, die zum Verständnis der Daten beitragen. Darüber hinaus bieten diese Tools oft erweiterte Optionen zum Filtern, Sortieren und Gruppieren, die dabei helfen können, Muster und Trends zu identifizieren, die in den Rohdaten nicht sofort erkennbar sein könnten.

Zusammenfassend lässt sich sagen, dass SQL zwar möglicherweise keine integrierten Visualisierungsfunktionen hat, aber ein wesentliches Tool für die Verwaltung und Manipulation von Daten ist, das leistungsstarke Datenvisualisierungen ermöglichen kann, wenn es in Verbindung mit den richtigen Tools verwendet wird.

Beispiel:

Wenn wir beispielsweise den Durchschnitt der Verkäufe nach Kategorie visualisieren möchten, würden wir SQL verwenden, um die Daten zu sammeln:

```
SELECT category, AVG(sales) AS avg_sales
FROM sales
GROUP BY category
```

Das Ergebnis dieser Abfrage könnte dann in ein Visualisierungstool eingespeist werden, um ein Balkendiagramm oder andere Arten von Visualisierungen zu erstellen.

18.3.2 Datenvisualisierung in Python

Wenn es um die Erstellung komplexer Visualisierungen geht, ist Python definitiv die beste Wahl. Seine Bibliotheken sind nicht nur leistungsstark, sondern auch äußerst vielseitig, was es Benutzern ermöglicht, mit Leichtigkeit eine breite Palette von Visualisierungen zu erstellen.

Tatsächlich sind zwei der am häufigsten verwendeten Bibliotheken für diesen Zweck **matplotlib** und **seaborn**. Mit **matplotlib** können Benutzer eine Vielzahl von Grafiken und Diagrammen erstellen, darunter Liniendiagramme, Streudiagramme und Balkendiagramme, während **seaborn** besonders nützlich für die Erstellung statistischer Grafiken ist. Ob du ein erfahrener Datenwissenschaftler oder ein Anfänger bist, die Visualisierungsbibliotheken von Python werden deine Daten auf neue und spannende Weise zum Leben erwecken.

Beispiel:

So könnten wir den durchschnittlichen Verkauf pro Kategorie mit Python visualisieren (unter der Annahme, dass **df** ein pandas DataFrame ist, das unsere Verkaufsdaten enthält):

```
import matplotlib.pyplot as plt
import seaborn as sns

# Calculate average sales by category
avg_sales = df.groupby('category')['sales'].mean()
```

```
# Create a bar plot
plt.figure(figsize=(8, 6))
sns.barplot(x=avg_sales.index, y=avg_sales.values)
plt.title('Average Sales by Category')
plt.xlabel('Category')
plt.ylabel('Average Sales')
plt.show()
```

In diesem Code berechnen wir zunächst den durchschnittlichen Verkauf pro Kategorie mit den Funktionen **groupby** und **mean** von pandas. Dann erstellen wir ein Balkendiagramm mit der Funktion **barplot** von seaborn.

Zusammenfassend lässt sich sagen, dass SQL zwar Daten für die Visualisierung sammeln und vorbereiten kann, Python jedoch besser für die Erstellung der eigentlichen Visualisierungen geeignet ist. Im nächsten Abschnitt werden wir näher darauf eingehen, wie statistische Analysen mit Python und SQL durchgeführt werden können.

18.4 Statistische Analyse in Python und SQL

Die statistische Analyse ist ein entscheidender Schritt im Prozess der Umwandlung von Rohdaten in aussagekräftige Erkenntnisse. Ohne statistische Analyse können Daten bedeutungslos und schwer zu interpretieren sein. Glücklicherweise kannst du mit Python und SQL eine Vielzahl von statistischen Analysen an deinen Daten durchführen, darunter unter anderem Hypothesentests, Regressionsanalysen und Clustering.

Hypothesentests ermöglichen es dir festzustellen, ob eine bestimmte Hypothese über deine Daten wahr oder falsch ist, während die Regressionsanalyse dir hilft, die Beziehung zwischen verschiedenen Variablen in deinen Daten zu identifizieren. Clustering hingegen gruppiert ähnliche Beobachtungen, was dir ermöglicht, Muster in deinen Daten zu erkennen.

Durch die Kombination von Python und SQL hast du Zugriff auf eine leistungsstarke Sammlung von Werkzeugen, die dir helfen können, versteckte Erkenntnisse in deinen Daten aufzudecken.

18.4.1 Statistische Analyse in SQL

SQL verfügt über mehrere integrierte Funktionen zur Durchführung grundlegender statistischer Analysen direkt in der Datenbank. Diese Funktionen umfassen:

- **AVG()**: berechnet den Durchschnitt einer Wertemenge.
- **COUNT()**: zählt die Anzahl der Zeilen in einer Menge.
- **MAX()**, **MIN()**: findet den maximalen oder minimalen Wert in einer Menge.
- **SUM()**: berechnet die Summe der Werte.

Um beispielsweise den Durchschnitt, die Anzahl und die Gesamtverkäufe nach Kategorie zu finden, könntest du schreiben:

```sql
SELECT
    category,
    AVG(sales) AS average_sales,
    COUNT(sales) AS count_sales,
    SUM(sales) AS total_sales
FROM sales
GROUP BY category;
```

SQL hat jedoch Einschränkungen in seinen statistischen Fähigkeiten und unterstützt keine fortgeschritteneren Techniken wie Hypothesentests oder Regressionsanalysen.

18.4.2 Statistische Analyse in Python

Python ist eine heutzutage weit verbreitete Programmiersprache und zeichnet sich durch seine Benutzerfreundlichkeit aus. Es verfügt über viele leistungsstarke Bibliotheken, die eine fortgeschrittenere statistische Analyse ermöglichen, darunter SciPy und StatsModels.

Diese Bibliotheken bieten eine breite Palette von Werkzeugen und Funktionen, die zur Analyse von Daten und zur Erstellung statistischer Modelle verwendet werden können. Darüber hinaus hat Python eine große und aktive Entwicklergemeinschaft, die zur Entwicklung dieser Bibliotheken beiträgt, was sicherstellt, dass sie sich ständig verbessern und weiterentwickeln.

Wenn du also nach einem vielseitigen und leistungsstarken Werkzeug für statistische Analysen suchst, ist Python definitiv eine Überlegung wert.

Beispiel:

Wenn wir zum Beispiel einen t-Test durchführen wollten, um die Verkäufe zwischen zwei Kategorien in unserem DataFrame **df** zu vergleichen, könnten wir die SciPy-Bibliothek folgendermaßen verwenden:

```python
from scipy import stats

# Extract sales for each category
category1_sales = df[df['category'] == 'Category1']['sales']
category2_sales = df[df['category'] == 'Category2']['sales']

# Perform t-test
t_stat, p_val = stats.ttest_ind(category1_sales, category2_sales)

print(f"T-statistic: {t_stat}")
print(f"P-value: {p_val}")
```

In diesem Code extrahieren wir zunächst die Verkäufe für jede Kategorie. Dann verwenden wir die Funktion **ttest_ind** aus dem Modul **scipy.stats**, um den t-Test durchzuführen, was uns die t-Statistik und den p-Wert des Tests liefert.

Zusammenfassend lässt sich sagen, dass SQL zwar nützlich ist, um grundlegende statistische Operationen direkt in der Datenbank durchzuführen, die Python-Bibliotheken jedoch wesentlich umfassendere Werkzeuge für fortgeschrittene statistische Analysen bieten. Im nächsten Abschnitt werden wir lernen, wie man Python und SQL für effiziente Datenanalyse-Workflows integriert.

18.5 Integration von Python und SQL für Datenanalyse

In der Welt der Datenanalyse ist es wichtig, über einen Werkzeugsatz zu verfügen, der vielseitig und effektiv ist. Python und SQL sind zwei solcher Werkzeuge, die weitverbreitet eingesetzt werden und unterschiedliche Stärken haben. Python zum Beispiel verfügt über eine breite Palette von Bibliotheken, die es ideal für komplexe statistische Analysen und Datenmanipulation machen.

Mit Python kannst du einfach Daten bereinigen und transformieren, Datenvisualisierungen durchführen und sogar Machine-Learning-Modelle erstellen. Andererseits ist SQL eine hervorragende Sprache zum Abfragen und Verwalten von Daten in Datenbanken. Es eignet sich besonders gut für die Verarbeitung großer Datensätze, und seine Syntax ist leicht zu erlernen und zu verstehen. Durch die Kombination der Stärken dieser beiden Werkzeuge können wir einen leistungsstarken Datenanalyse-Workflow schaffen, der es uns ermöglicht, Daten mit Leichtigkeit und Präzision zu manipulieren und abzufragen.

18.5.1 Abfragen einer SQL-Datenbank aus Python

Python ist eine leistungsstarke Programmiersprache, die sich in der Welt der Datenwissenschaft, des maschinellen Lernens und der künstlichen Intelligenz hervorgetan hat. Die Vielseitigkeit von Python liegt in seiner Fähigkeit, sich mit einer Vielzahl von Bibliotheken zu integrieren, die seine Funktionalität über sein Kernangebot hinaus erweitern.

Mit Bibliotheken wie **sqlite3** und **psycopg2** können Python-Benutzer beispielsweise SQL-Abfragen aus Python ausführen und so die Aufgaben der Datenabfrage und -manipulation vereinfachen. Diese Bibliotheken bieten eine Vielzahl von Funktionen wie Unterstützung für Multicasting, Transaktionsmanagement und Unterstützung für eine breite Palette von Datentypen, was Entwicklern und Datenanalysten ermöglicht, komplexe und anspruchsvolle Anwendungen mit Leichtigkeit zu erstellen.

Beispiel:

Hier ist ein einfaches Beispiel mit **sqlite3**:

```
import sqlite3
```

```python
# Connect to the SQLite database
conn = sqlite3.connect('sales.db')

# Create a cursor object
cur = conn.cursor()

# Execute a SQL query
cur.execute("SELECT * FROM sales WHERE region = 'West'")

# Fetch all the rows
rows = cur.fetchall()

# Loop through the rows
for row in rows:
    print(row)

# Close the connection
conn.close()
```

Dieses Skript öffnet eine Verbindung zur SQLite-Datenbank **sales.db**, führt eine SQL-Abfrage aus, um alle Zeilen aus der Tabelle **sales** auszuwählen, bei denen die Region 'West' ist, und gibt dann jede Zeile aus.

18.5.2 Verwendung von pandas mit SQL

Die Bibliothek **pandas** ist ein leistungsstarkes Werkzeug für die Datenanalyse in Python. Eine ihrer vielen nützlichen Funktionen ist **read_sql_query()**, mit der du SQL-Abfragen ausführen und deren Ergebnisse als DataFrame abrufen kannst. Das bedeutet, dass du die integrierten Datenanalysefunktionen von pandas einfach auf deine SQL-Daten anwenden kannst.

Du kannst beispielsweise **groupby()** verwenden, um deine Daten nach bestimmten Spalten zu gruppieren, oder **agg()**, um verschiedene statistische Aggregationen über deine Daten zu berechnen. Du kannst auch die Visualisierungsfunktionen von pandas nutzen, um Visualisierungen deiner Daten zu erstellen. Insgesamt ist **pandas** eine vielseitige und effiziente Bibliothek, die deine Datenanalyseaufgaben erheblich vereinfachen kann.

Beispiel:

```python
import pandas as pd
import sqlite3

# Connect to the SQLite database
conn = sqlite3.connect('sales.db')

# Execute a SQL query and get the results as a DataFrame
df = pd.read_sql_query("SELECT * FROM sales WHERE region = 'West'", conn)

# Close the connection
conn.close()
```

```
# Perform analysis on the DataFrame
print(df.describe())
```

In diesem Code stellen wir zuerst eine Verbindung zur SQLite-Datenbank **sales.db** her. Dann führen wir die SQL-Abfrage aus und erhalten die Ergebnisse als DataFrame mit der Funktion **read_sql_query()**. Nach dem Schließen der Datenbankverbindung analysieren wir den DataFrame mit der Funktion **describe()**, die deskriptive Statistiken für jede Spalte liefert.

18.5.3 Verwendung von SQLAlchemy für Datenbankabstraktion

Für größere Projekte und Produktionscode wird oft empfohlen, eine robustere Bibliothek wie **SQLAlchemy** zu verwenden. SQLAlchemy bietet einen umfassenden Satz von SQL-Werkzeugen und ein Object-Relational-Mapping-System (ORM), das eine vollständige Palette bekannter Persistenzmuster auf Unternehmensebene anbietet. Es abstrahiert die Besonderheiten verschiedener SQL-Dialekte, was es dir ermöglicht, zwischen verschiedenen Datenbanktypen (wie SQLite, PostgreSQL, MySQL) mit minimalen Codeänderungen zu wechseln.

Zusammenfassend bietet die Integration von Python und SQL das Beste aus beiden Welten. Du kannst deine Daten mit SQL verwalten und abfragen und sie dann mit den fortschrittlichen Fähigkeiten der Python-Datenanalysebibliotheken analysieren. Diese Integration macht deine Datenanalyse-Workflows effizienter und leistungsfähiger.

18.6 Praktische Übungen

Übung 1: Datenbereinigung

Du hast eine Tabelle in deiner SQLite-Datenbank namens **employee_data** mit den Spalten **id**, **name**, **age**, **email**, **department** und **salary**. Leider enthalten einige Zeilen fehlende Werte (**None** in Python, **NULL** in SQL), und einige **email**-Einträge haben nicht das richtige Format (sie sollten **etwas@domain.com** sein).

Schreibe ein Python-Skript mit dem sqlite3-Modul, um:

1. Alle Zeilen zu entfernen, bei denen eine Spalte **None/NULL** enthält.

2. Die **email**-Einträge zu validieren und Zeilen mit ungültigem **email**-Format zu entfernen.

```
import sqlite3
import re

# Connect to the database
conn = sqlite3.connect('my_database.db')

# Create a cursor object
c = conn.cursor()
```

```
# Remove rows with any NULL value
c.execute("DELETE FROM employee_data WHERE id IS NULL OR name IS NULL OR age IS NULL
OR email IS NULL OR department IS NULL OR salary IS NULL")

# Validate email format and remove rows with invalid emails
c.execute("SELECT * FROM employee_data")
rows = c.fetchall()
for row in rows:
    if not re.match(r"[^@]+@[^@]+\\.[^@]+", row[3]):
        c.execute("DELETE FROM employee_data WHERE id=?", (row[0],))

# Commit the changes and close the connection
conn.commit()
conn.close()
```

Übung 2: Datentransformation

Angenommen, du hast eine Tabelle in deiner SQLite-Datenbank namens **sales** mit den Spalten **id**, **region**, **total_sales** und **date**:

1. Schreibe eine SQL-Abfrage, um eine neue Spalte **profit** hinzuzufügen, die 10% von **total_sales** beträgt.

2. Schreibe ein Python-Skript mit sqlite3, um die SQL-Abfrage zu implementieren.

```
import sqlite3

conn = sqlite3.connect('my_database.db')
c = conn.cursor()

# Add a new column 'profit'
c.execute("ALTER TABLE sales ADD COLUMN profit REAL")

# Update 'profit' as 10% of 'total_sales'
c.execute("UPDATE sales SET profit = total_sales * 0.1")

conn.commit()
conn.close()
```

Übung 3: Abfrage der SQL-Datenbank aus Python

Unter Verwendung der Tabelle **sales** in deiner SQLite-Datenbank:

1. Schreibe ein Python-Skript mit dem Modul sqlite3, um alle Zeilen abzurufen, bei denen **region** 'West' ist, und gib jede Zeile aus.

2. Berechne den Durchschnitt von **total_sales** für die Region 'West' in Python.

```
import sqlite3
```

```
conn = sqlite3.connect('my_database.db')
c = conn.cursor()

# Fetch and print rows where 'region' is 'West'
c.execute("SELECT * FROM sales WHERE region = 'West'")
rows = c.fetchall()
for row in rows:
    print(row)

# Calculate the average 'total_sales' for the 'West' region
c.execute("SELECT AVG(total_sales) FROM sales WHERE region = 'West'")
average_sales = c.fetchone()[0]
print(f'Average sales in the West region: {average_sales}')

conn.close()
```

Fazit zu Kapitel 18

Dieses Kapitel bot einen umfassenden Überblick darüber, wie Python und SQL harmonisch zusammenarbeiten können, um effiziente und flexible Lösungen für Datenanalyseaufgaben zu bieten. Der Prozess beginnt mit der Datenbereinigung, einem entscheidenden Schritt zur Sicherstellung der Qualität der Datenanalyse. Wir haben untersucht, wie man mit fehlenden und duplizierten Daten umgeht, sowohl in Python mit pandas als auch direkt in SQL.

Wir haben uns in die Welt der Datenmanipulation und -transformation vertieft und gezeigt, wie du die Leistungsfähigkeit der SQL-Syntax und der Python-Bibliothek pandas nutzen kannst, um Daten aus bestehenden Datensätzen zu extrahieren, umzuwandeln und neue Daten zu erstellen. SQL erwies sich als leistungsstarkes Werkzeug zur Manipulation von Daten an Ort und Stelle, während Python eine flexible und intuitive Umgebung für komplexe Transformationen und Operationen bot.

Das Kapitel betonte auch die Bedeutung der explorativen Datenanalyse, der Praxis, die Hauptmerkmale eines Datensatzes zusammenzufassen, oft durch visuelle Mittel. Hier haben wir gesehen, wie die Python-Bibliothek pandas genutzt werden kann, um aussagekräftige Erkenntnisse aus unseren Daten zu gewinnen, die weitere Schritte der Datenanalyse oder Geschäftsentscheidungen unterstützen können.

Anschließend haben wir uns mit der Kunst der SQL-Abfragen für die Datenanalyse beschäftigt. Fortgeschrittene SQL-Konzepte wie das Verbinden von Tabellen, die Verwendung von Aggregatfunktionen und die Erstellung komplexer Abfragen wurden zugänglich und praktisch. Wir haben gelernt, wie wir diese Werkzeuge nicht nur zum Extrahieren von Daten, sondern auch zur Durchführung substantieller Datenanalysen direkt in einer SQL-Umgebung nutzen können.

Schließlich haben wir eine Reihe praktischer Übungen bereitgestellt, die die in diesem Kapitel behandelten Konzepte festigen und praktische Erfahrungen im Umgang mit Python und SQL im Kontext der Datenanalyse bieten.

Die Fähigkeiten und Kenntnisse, die du in diesem Kapitel erworben hast, sind wertvolle Werkzeuge für jeden angehenden Data Scientist oder Datenanalysten. Sie zu beherrschen wird dir einen Vorteil in deiner Fähigkeit verschaffen, Daten zu handhaben, zu analysieren und Erkenntnisse daraus zu gewinnen. In Zukunft werden sie die Grundlage für fortgeschrittenere Techniken in der Datenwissenschaft und im maschinellen Lernen bilden.

Im nächsten Kapitel werden wir auf diesen Grundlagen aufbauen, uns mit fortgeschritteneren SQL-Funktionalitäten innerhalb von Python befassen und anspruchsvollere Datenanalysetechniken in unser Toolkit integrieren. Bleib dran!

Kapitel 19: Fortgeschrittene Datenbankoperationen mit SQLAlchemy

Willkommen zu Kapitel 19, in dem wir in die Welt von SQLAlchemy eintauchen, einer leistungsstarken Python-Bibliothek, die einen umfassenden Satz bekannter Enterprise-Level-Persistenzmuster bietet. Sie ist für einen effizienten und leistungsstarken Datenbankzugriff konzipiert und an eine einfache, pythonische Domänensprache angepasst. SQLAlchemy gibt Anwendungsentwicklern die volle Kraft und Flexibilität von SQL und ist eine perfekte Wahl für die Handhabung komplexer Datenmanipulationen und Transaktionen.

Das Hauptziel dieses Kapitels ist es, dir zu helfen zu verstehen, wie du mit Hilfe von SQLAlchemy effektiv mit Datenbanken interagieren kannst, wobei sowohl die grundlegende SQL-Funktionalität als auch die ORM-Schicht (Object Relational Mapper) behandelt werden. Am Ende dieses Kapitels wirst du in der Lage sein, SQLAlchemy zu nutzen, um dein Datenbankschema zu verwalten, SQL-Anweisungen auszuführen und robuste Datenbankanwendungen mit Python zu erstellen.

Beginnen wir mit einer Einführung in SQLAlchemy, seinen einzigartigen Funktionen und warum es im Ökosystem der Python-Datenbankwerkzeuge hervorsticht.

19.1 SQLAlchemy: SQL-Toolkit und ORM

SQLAlchemy ist ein robustes Toolkit, das ein SQL-Toolkit und ein Object Relational Mapping (ORM) System für Python bereitstellt. Es ermöglicht eine einfachere und intuitivere Kommunikation mit relationalen Datenbanken und bietet High-Level-APIs für die Arbeit mit ihnen.

Bei der Verwendung von SQLAlchemy können Entwickler Python-Code schreiben, der auf pythonischere Weise mit Datenbanken interagiert und die Notwendigkeit minimiert, SQL-Code manuell zu schreiben. Dies kann zu schnelleren Entwicklungszeiten und effizienterem Code führen.

Um mit SQLAlchemy zu beginnen, ist der erste Schritt die Installation mit pip oder einem anderen Paketmanager. Nach der Installation können Entwickler beginnen, seine leistungsstarken Funktionen zu nutzen, um schnelle und skalierbare datenbankgestützte Anwendungen zu erstellen.

pip install sqlalchemy

Mit SQLAlchemy können Entwickler mit ihrer Datenbank interagieren, wie sie es mit SQL tun würden. Mit anderen Worten, du kannst Tabellen erstellen, Abfragen durchführen und Daten einfügen, aktualisieren oder löschen. SQLAlchemy bietet jedoch mehr Abstraktion und Freiheit, was dir ermöglicht, eine Python-ähnliche Syntax zu verwenden, anstatt rohe SQL-Abfragen zu schreiben.

Eine der Hauptfunktionen von SQLAlchemy ist seine ORM-Schicht, die eine Brücke zwischen Python und SQL-Datenbanken bildet. Sie ermöglicht es, Python-Klassen auf Tabellen in der Datenbank abzubilden, wodurch Datenbankoperationen vereinfacht werden. Ein ORM ermöglicht es dir, mit Datenbanken unter Verwendung von Konzepten der Objektorientierten Programmierung (OOP) zu arbeiten, was viel intuitiver und effizienter sein kann.

Hier ist ein schnelles Beispiel für die SQLAlchemy ORM in Aktion:

```python
from sqlalchemy import create_engine, Column, Integer, String
from sqlalchemy.orm import sessionmaker
from sqlalchemy.ext.declarative import declarative_base

Base = declarative_base()

class User(Base):
    __tablename__ = 'users'

    id = Column(Integer, primary_key=True)
    name = Column(String)
    email = Column(String)

# establish a connection
engine = create_engine('sqlite:///users.db')

# bind the engine to the Base class
Base.metadata.create_all(engine)

# create a Session
Session = sessionmaker(bind=engine)
session = Session()

# insert a user
new_user = User(name='John', email='john@example.com')
session.add(new_user)
session.commit()
```

Im vorherigen Beispiel haben wir eine SQLite-Datenbank **users.db** und eine Tabelle **users** mit drei Spalten **id**, **name** und **email** erstellt. Dann haben wir eine neue Zeile in die Tabelle **users** eingefügt.

Dieses Kapitel wird SQLAlchemy eingehender behandeln, seine Fähigkeiten aufzeigen und demonstrieren, wie es ein vielseitiges Werkzeug für jeden Python-Entwickler sein kann, der mit Datenbanken arbeitet. Du wirst lernen, wie du dich mit verschiedenen Datenbanktypen verbindest, CRUD-Operationen durchführst, Transaktionen verwaltest und vieles mehr. Lasst uns beginnen!

19.2 Verbindung zu Datenbanken

SQLAlchemy ist ein leistungsstarkes und vielseitiges Werkzeug, das eine nahtlose Integration mit verschiedenen SQL-Datenbanken bietet. Diese Funktionalität wird durch ein ausgeklügeltes System ermöglicht, das als Motor bekannt ist und eine zuverlässige Quelle für Datenbankverbindungen sowie eine breite Palette nützlicher Verhaltensweisen und Funktionen bereitstellt.

Um eine Verbindung zu einer Datenbank herzustellen, benötigst du lediglich die Funktion **create_engine()** von SQLAlchemy. Diese vielseitige Funktion erfordert ein String-Argument, das alle relevanten Informationen über die Datenbank enthält, mit der du dich verbinden möchtest. Dies umfasst Details wie den Standort der Datenbank, den Typ, den Benutzernamen und das Passwort. Sobald du diese Informationen bereitgestellt hast, übernimmt SQLAlchemy den Rest und stellt eine sichere und effiziente Verbindung zu deiner Datenbank her.

Mit SQLAlchemy kannst du die in deinen SQL-Datenbanken gespeicherten Daten einfach verwalten und manipulieren. Egal, ob du Daten extrahieren, bestehende Datensätze aktualisieren oder neue erstellen möchtest, SQLAlchemy deckt alles ab. Mit seiner intuitiven und benutzerfreundlichen Schnittstelle kannst du schnell deine Datenbanken abfragen, komplexe Berechnungen durchführen und aufschlussreiche Berichte generieren.

Neben seiner Kernfunktionalität bietet SQLAlchemy auch eine Fülle fortgeschrittener Funktionen und Werkzeuge, mit denen du deine Datenbankverwaltung und -optimierung anpassen kannst. Dazu gehören erweiterte Abfrageoptimierung, Unterstützung für komplexe Datentypen und nahtlose Integration mit beliebten Web-Frameworks wie Flask und Django.

Insgesamt ist SQLAlchemy ein unverzichtbares Werkzeug für jeden, der mit SQL-Datenbanken arbeitet. Ob du ein erfahrener Entwickler bist oder gerade erst anfängst, die leistungsstarken Funktionen, die intuitive Schnittstelle und die nahtlose Integration von SQLAlchemy machen es zur idealen Wahl für die Verwaltung und Manipulation deiner SQL-Daten.

Die Zeichenkette folgt dem Format:

```
dialect+driver://username:password@host:port/database
```

- **Dialekt** ist der Name des Datenbanksystems. Zum Beispiel **postgresql**, **mysql**, **sqlite**, usw.

- **Treiber** ist der Name der Treiberbibliothek zur Verbindung mit der Datenbank. Zum Beispiel **psycopg2**, **pyodbc**, usw.

- **Benutzername** und **Passwort** sind dein Datenbankbenutzername und -passwort.

- **Host** und **Port** sind die Adresse des Datenbankservers und die Portnummer.

- **Datenbank** ist der Name der Datenbank, mit der du dich verbinden möchtest.

Hier ist ein Beispiel für eine Verbindungszeichenkette für eine PostgreSQL-Datenbank:

```
engine =
create_engine('postgresql+psycopg2://myuser:mypassword@localhost:5432/mydatabase')
```

Im obigen Beispiel verbinden wir uns mit einer PostgreSQL-Datenbank namens **mydatabase** auf localhost, über Port **5432**, mit dem Benutzernamen **myuser** und dem Passwort **mypassword**. Der **psycopg2** ist die Treiberbibliothek, die wir zur Verbindung mit der Datenbank verwenden.

Für SQLite ist die Verbindungszeichenkette einfacher:

```
engine = create_engine('sqlite:///mydatabase.db')
```

Sobald du einen Motor hast, kannst du ihn verwenden, um mit der Datenbank zu kommunizieren. Der Motor stellt keine Verbindung her, bis eine Aktion aufgerufen wird, die eine Verbindung erfordert, wie eine Abfrage.

Es ist auch erwähnenswert, dass die Motorstrategien von SQLAlchemy angepasst werden können. Die zwei Haupttypen von Motorstrategien sind:

1. **Simple** - Verbindungen werden für alle Anweisungen geöffnet und geschlossen (außer im Kontext einer Verbindungstransaktion). Dies ist eine vernünftige Methode für Thread-, Multiprozess- und Serviceumgebungen, die Aufgaben auf mehrere Prozesse oder Arbeiter-Threads verteilen können.

2. **Threadlocal** - Verbindungen werden auf Thread-Basis wiederverwendet, wobei eine Thread-lokale Variable verwendet wird. Dies ist eine typische Strategie für traditionelle Webanwendungen, bei denen jeder Thread eine isolierte und atomare Webanfrage darstellt. Die **threadlocal**-Motorstrategie baut auf der einfachen Strategie auf und fügt einen Thread-lokalen Kontext hinzu.

Eine bestimmte Strategie kann beim Aufruf von **create_engine()** mit dem Argument **strategy** ausgewählt werden:

```python
pythonCopy code
engine =
create_engine('postgresql+psycopg2://myuser:mypassword@localhost:5432/mydatabase',
strategy='threadlocal')
```

Das gesagt, die beste Strategie hängt oft von den spezifischen Anforderungen der Anwendung ab, und es kann vorteilhaft sein, mit verschiedenen Strategien zu experimentieren, um herauszufinden, welche die beste Leistung und Zuverlässigkeit für deinen Anwendungsfall bietet.

In den folgenden Abschnitten werden wir die ORM-Schicht von SQLAlchemy verwenden, die viele dieser Details abstrahiert und eine pythonischere Art bietet, mit deinen Datenbanken zu interagieren. Aber es ist gut zu wissen, was unter der Haube passiert!

19.3 Verstehen von SQLAlchemy ORM

SQLAlchemy ist ein umfassendes und leistungsstarkes Toolkit, das eine breite Palette von Enterprise-Level-Persistenzmustern bietet, die für einen effizienten und leistungsstarken Datenbankzugriff konzipiert sind. Es bietet eine einfache, pythonische Domänensprache, die leicht zu verwenden und zu verstehen ist.

Das Konzept des Object-Relational Mapping, oder ORM, ist eine Technik, die die Verbindung der reichhaltigen Objekte einer Anwendung mit den Tabellen in einem relationalen Datenbankmanagementsystem ermöglicht. Durch die Verwendung von ORM können die Eigenschaften und Beziehungen von Objekten in einer Anwendung leicht in einer Datenbank gespeichert und abgerufen werden, ohne dass direkte SQL-Anweisungen geschrieben werden müssen, was den Datenbankzugriffscode insgesamt reduziert.

Darüber hinaus ist das ORM in SQLAlchemy auf dem Core aufgebaut und bietet eine vollständige Suite von Mapping-Funktionen zwischen Python-Klassen und relationalen Datenbanken. Dies bedeutet, dass SQLAlchemy einen flexiblen und umfassenden Ansatz für den Datenbankzugriff bietet, der an die spezifischen Bedürfnisse deiner Anwendung angepasst werden kann.

Beispiel:

Beginnen wir mit einem einfachen Beispiel für die Erstellung einer SQLAlchemy-Sitzung, dem Hauptobjekt für die Interaktion mit einer ORM-gemappten Datenbank:

```python
from sqlalchemy import create_engine
from sqlalchemy.orm import sessionmaker

engine =
create_engine('postgresql+psycopg2://myuser:mypassword@localhost:5432/mydatabase')

Session = sessionmaker(bind=engine)

session = Session()
```

Hier erstellen wir zuerst einen Motor, der weiß, wie man sich mit der Datenbank verbindet, dann definieren wir eine Session-Klasse, die als Fabrik für neue Session-Instanzen dient, und schließlich erstellen wir eine Sitzung, die wir zur Kommunikation mit der Datenbank verwenden können.

Diese Sitzung ist ein Datenbankhandler, ähnlich einem Cursor in einer traditionellen Datenbank-API, aber mit vielen zusätzlichen Funktionen. Du kannst sie verwenden, um die Datenbank abzufragen, zu modifizieren und die Änderungen transaktional in der Datenbank zu persistieren.

Nachdem wir nun eine Sitzung haben, können wir sie verwenden, um SQL-Abfragen auszuführen. Aber bevor wir das tun, müssen wir unsere Datenmodelle definieren.

```python
from sqlalchemy import Column, Integer, String
from sqlalchemy.ext.declarative import declarative_base

Base = declarative_base()

class User(Base):
    __tablename__ = 'users'

    id = Column(Integer, primary_key=True)
    name = Column(String)
    fullname = Column(String)
    nickname = Column(String)

    def __repr__(self):
        return "<User(name='%s', fullname='%s', nickname='%s')>" % (
                        self.name, self.fullname, self.nickname)
```

In diesem Code definieren wir eine User-Klasse, die Felder für eine ID, Namen, vollständigen Namen und Spitznamen enthält. Die Klasse verwendet das deklarative System von SQLAlchemy, das eine bequeme Möglichkeit bietet, Schemas und Modelle in einer einzigen Klassendeklaration zu deklarieren.

Im nächsten Abschnitt werden wir sehen, wie wir diese Modelle verwenden können, um Datenbankoperationen mit dem SQLAlchemy ORM durchzuführen.

19.4 CRUD-Operationen mit SQLAlchemy ORM

Jetzt, da wir unsere **User**-Klasse definiert haben, können wir sie verwenden, um auf verschiedene Weise mit der **users**-Tabelle zu interagieren. Zum Beispiel können wir die Tabelle abfragen, um bestimmte Datensätze basierend auf bestimmten Kriterien abzurufen, oder wir können neue Datensätze in die Tabelle einfügen. Wir können auch vorhandene Datensätze in der Tabelle aktualisieren, um Änderungen an den entsprechenden Benutzerdaten widerzuspiegeln, oder wir können Datensätze vollständig aus der Tabelle löschen. Diese Operationen werden oft als CRUD-Operationen bezeichnet, was für Create, Read, Update und Delete steht. Indem wir unsere **User**-Klasse verwenden, um diese Operationen auszuführen, können wir sicherstellen, dass unsere Anwendung zuverlässig und konsistent mit unserer Datenbank interagiert. Dies hilft, Fehler zu reduzieren und stellt sicher, dass unsere Daten jederzeit präzise und aktuell bleiben.

19.4.1 Erstellung von Datensätzen

Schauen wir uns zunächst an, wie wir neue Datensätze zu unserer Tabelle hinzufügen:

```python
new_user = User(name='newuser', fullname='New User', nickname='newbie')
session.add(new_user)
session.commit()
```

In diesem Code erstellen wir zunächst eine neue Instanz unserer **User**-Klasse. Dann verwenden wir die **add()**-Methode unserer Sitzung, um den neuen Benutzer für das Einfügen vorzubereiten. Schließlich verwenden wir die **commit()**-Methode unserer Sitzung, um die Änderungen in der Datenbank anzuwenden.

19.4.2 Lesen von Datensätzen

Wir können unsere Sitzung verwenden, um die Datenbank nach Datensätzen abzufragen. So können wir alle Benutzer abrufen:

```python
users = session.query(User).all()
for user in users:
    print(user.name, user.fullname)
Wir können unsere Abfrage auch filtern, um bestimmte Benutzer zu erhalten:
users = session.query(User).filter(User.name == 'newuser').all()
for user in users:
    print(user.name, user.fullname)
```

19.4.3 Aktualisierung von Datensätzen

Um einen Datensatz zu aktualisieren, fragen wir ihn zunächst ab, ändern dann seine Attribute und bestätigen schließlich die Sitzung:

```python
user = session.query(User).filter(User.name == 'newuser').first()
user.nickname = 'experienced'
session.commit()
```

19.4.4 Löschen von Datensätzen

Um einen Datensatz zu löschen, fragen wir ihn wieder ab und verwenden dann die **delete()**-Methode unserer Sitzung:

```python
user = session.query(User).filter(User.name == 'newuser').first()
session.delete(user)
session.commit()
```

Das ist ein Überblick darüber, wie du SQLAlchemy ORM verwenden kannst, um CRUD-Operationen in einer PostgreSQL-Datenbank durchzuführen. In den folgenden Abschnitten werden wir tiefer in die Verwendung von SQLAlchemy ORM eintauchen und Themen wie komplexe Abfragen, Beziehungen zwischen Tabellen und Transaktionsmanagement erkunden.

19.5 Verwaltung von Beziehungen mit SQLAlchemy ORM

Einer der bedeutendsten Vorteile der Verwendung eines Object-Relational Mapping (ORM) Tools wie SQLAlchemy ist, dass es den Prozess der Handhabung von Beziehungen zwischen Tabellen vereinfacht. Indem es hochstufige und pythonische Wege bietet, um Tabellenbeziehungen zu definieren und mit ihnen zu arbeiten, reduziert SQLAlchemy die Komplexität bei der Implementierung von Datenbankschemas, die mehrere Tabellen mit miteinander verbundenen Daten umfassen, erheblich.

Betrachten wir zum Beispiel das Hinzufügen einer **Post**-Klasse, um einen Blogbeitrag darzustellen, der von einem **User** erstellt wurde. Da ein Benutzer mehrere Beiträge haben kann, haben wir eine Eins-zu-Viele-Beziehung zwischen einem **User** und einem **Post**. Mit SQLAlchemy können wir diese Beziehung direkt und intuitiv definieren, was in reinem SQL deutlich komplexer und zeitaufwändiger gewesen wäre.

Durch die Nutzung der Leistungsfähigkeit und Flexibilität von ORM-Tools wie SQLAlchemy können sich Entwickler mehr auf die Geschäftslogik ihrer Anwendungen konzentrieren und weniger Zeit mit der Sorge um die zugrunde liegende Datenbankimplementierung verbringen. Dies kann zu erheblichen Verbesserungen in der Wartbarkeit des Codes, der Produktivität der Entwickler und dem allgemeinen Projekterfolg führen.

Beispiel:

So können wir die **Post**-Klasse und die Beziehung definieren:

```python
from sqlalchemy import Column, Integer, String, ForeignKey
from sqlalchemy.orm import relationship

Base = declarative_base()

class User(Base):
    __tablename__ = 'users'

    id = Column(Integer, primary_key=True)
    name = Column(String)
    fullname = Column(String)
    nickname = Column(String)

    posts = relationship("Post", back_populates="author")

class Post(Base):
    __tablename__ = 'posts'
```

```
id = Column(Integer, primary_key=True)
title = Column(String)
content = Column(String)
author_id = Column(Integer, ForeignKey('users.id'))

author = relationship("User", back_populates="posts")
```

In diesem Code definieren wir ein Attribut **posts** in unserer **User**-Klasse und ein Attribut **author** in unserer **Post**-Klasse, um die Beziehung zwischen den beiden darzustellen. Wir verwenden die **relationship**-Funktion von SQLAlchemy, um dies zu tun. Der Parameter **back_populates** wird verwendet, um sicherzustellen, dass beide Seiten der Beziehung angemessen aktualisiert werden, wenn Änderungen vorgenommen werden.

Jetzt können wir einen Beitrag für einen Benutzer wie folgt erstellen:

```
user = session.query(User).filter(User.name == 'existinguser').first()
new_post = Post(title='First Post', content='This is my first post!', author=user)
session.add(new_post)
session.commit()
```

In diesem Beispiel führen wir zunächst eine Abfrage für den Benutzer durch, der der Autor des Beitrags sein wird. Dann erstellen wir eine neue Instanz von **Post** und setzen das Attribut **author** auf den Benutzer. Wenn wir den neuen Beitrag hinzufügen und bestätigen, setzt SQLAlchemy automatisch das Feld **author_id** auf die ID des Benutzers.

Wir können auch auf die Beiträge eines Benutzers zugreifen:

```
user = session.query(User).filter(User.name == 'existinguser').first()
for post in user.posts:
    print(post.title)
```

In diesem Code können wir einfach über das Attribut **posts** einer **User**-Instanz iterieren, um alle Beiträge abzurufen, die vom Benutzer erstellt wurden. SQLAlchemy kümmert sich um die Ausführung des notwendigen SQLs, um die Beiträge abzurufen.

Dies zeigt, wie SQLAlchemy ORM die Arbeit mit Beziehungen in einer Datenbank enorm vereinfachen kann. Es ermöglicht Ihnen, mit Ihren Daten auf eine hochstufige und pythonische Weise zu arbeiten, wobei ein Großteil der Komplexität von SQL abstrahiert wird.

19.6 Abfragen mit Joins in SQLAlchemy

SQLAlchemy ORM ist ein nützliches Werkzeug für Entwickler, die eine pythonische Methode auf hoher Ebene benötigen, um SQL-Join-Operationen zu schreiben. Tatsächlich bietet es eine breite Palette von Funktionen, die zur Manipulation von Datenbanken verwendet werden können. Eine seiner nützlichsten Funktionen ist die **join**-Funktion, die es Entwicklern ermöglicht, die Daten aus zwei Tabellen basierend auf einer angegebenen Bedingung zu kombinieren. Dies ist besonders nützlich, wenn mit großen Datensätzen gearbeitet wird, die schnell und effizient verarbeitet werden müssen.

Um die **join**-Funktion zu verwenden, müssen Entwickler zunächst die beiden Tabellen auswählen, die sie mit den Funktionen **select** oder **select_from** kombinieren möchten. Sobald diese Tabellen ausgewählt sind, kann die **join**-Funktion verwendet werden, um sie basierend auf einer Bedingung zu kombinieren. Diese Bedingung kann jeder gültige SQL-Ausdruck sein und kann verwendet werden, um die Daten auf verschiedene Arten zu filtern.

Insgesamt ist SQLAlchemy ORM ein leistungsstarkes Werkzeug, das Entwicklern helfen kann, effizienteren und effektiveren Code zu schreiben. Seine **join**-Funktion ist nur eines der vielen Merkmale, die es zu einer so nützlichen Ressource für die Arbeit mit Datenbanken machen.

Beispiel:

Angenommen, wir haben zwei Tabellen, **User** und **Post**, und wir möchten alle Beiträge zusammen mit den Informationen ihrer Autoren auswählen. Wir können dies mit einem **join** erreichen:

```python
from sqlalchemy.orm import joinedload

# Eager load posts with their authors
posts = session.query(Post).options(joinedload(Post.author)).all()

for post in posts:
    print(f"Title: {post.title}, Author: {post.author.name}")
```

In diesem Beispiel weist **joinedload(Post.author)** SQLAlchemy an, einen SQL-JOIN zu verwenden, um die **Post** und die zugehörigen **User**-Entitäten in einer einzigen Operation zu laden. Dies wird als "Eager Loading" bezeichnet, was die Leistung erheblich verbessern kann, indem die Anzahl der Abfragen reduziert wird, die zum Abrufen von zugehörigen Entitäten erforderlich sind.

Dies ist nur ein Beispiel, aber du kannst komplexere Abfragen mit mehreren Joins erstellen, und du kannst auch Left Outer Joins, Right Outer Joins und Full Outer Joins verwenden. Du kannst auch Abfragen erstellen, die eine Tabelle mit sich selbst verbinden (Self-Join).

Insgesamt kann die Verwendung von SQLAlchemy die Arbeit mit SQL in Python viel handhabbarer machen, selbst wenn es um komplexe Abfragen und Operationen geht. Es abstrahiert viele Details von SQL, sodass du dich mehr auf deinen Python-Code konzentrieren kannst. Außerdem bietet es, wie wir gesehen haben, verschiedene leistungsstarke Funktionen und Optimierungen, wie die Handhabung von Tabellenbeziehungen und das Eager Loading von zugehörigen Entitäten.

19.7 Transaktionen in SQLAlchemy

In jeder Anwendung, die mit einer Datenbank interagiert, ist die Verwaltung von Transaktionen entscheidend. Transaktionen können als eine Reihe von Operationen betrachtet werden, die gruppiert und als eine einzige Arbeitseinheit behandelt werden. Die Hauptziele von Transaktionen sind die Gewährleistung der Datenkonsistenz und die Aufrechterhaltung der Datenbankintegrität. Transaktionen werden häufig in Situationen eingesetzt, in denen Daten in mehreren Tabellen aktualisiert werden müssen.

Eine gängige Methode zur Verwaltung von Transaktionen ist ein Prozess, der als Commit und Rollback bekannt ist. Wenn eine Transaktion committet wird, werden alle während der Transaktion vorgenommenen Änderungen in der Datenbank gespeichert. Wenn während der Transaktion ein Fehler auftritt, können die bis zu diesem Zeitpunkt vorgenommenen Änderungen durch einen Rollback rückgängig gemacht werden. Dies stellt sicher, dass die Datenbank auch dann in einem konsistenten Zustand bleibt, wenn während der Transaktion etwas schief geht.

Es gibt auch andere Methoden zur Verwaltung von Transaktionen, wie Savepoints und verschachtelte Transaktionen, die eine feinere Kontrolle über den Transaktionsprozess bieten können. Savepoints ermöglichen es dir, einen bestimmten Punkt innerhalb einer Transaktion zu markieren, zu dem du später zurückkehren kannst, während verschachtelte Transaktionen es dir ermöglichen, Transaktionen innerhalb anderer Transaktionen zu gruppieren.

Insgesamt ist die ordnungsgemäße Verwaltung von Transaktionen wesentlich für die Aufrechterhaltung der Integrität einer Datenbank und für die Gewährleistung, dass die Daten konsistent und genau bleiben.

SQLAlchemy bietet eine Transaktions-API, die für Flexibilität und Benutzerfreundlichkeit konzipiert ist. Dies umfasst zwei Schlüsselmethoden:

1. Die **commit()**-Methode ist wichtig, um sicherzustellen, dass alle während der Transaktion vorgenommenen Änderungen in der Datenbank gespeichert werden. Sobald die Transaktion erfolgreich committet wurde, kann das System sicher sein, dass die Änderungen erfasst wurden. Wenn jedoch während der Transaktion keine Änderungen vorgenommen wurden, hat diese Methode keine Auswirkung.

2. Andererseits wird die **rollback()**-Methode verwendet, um alle während der Transaktion vorgenommenen Änderungen rückgängig zu machen. Dies ist wichtig, wenn während der Transaktion Fehler oder Irrtümer auftreten, die korrigiert werden müssen. Durch das Rückgängigmachen der Transaktion werden alle während dieser Zeit vorgenommenen Änderungen verworfen, was dem System ermöglicht, von vorn zu beginnen.

Es ist wichtig zu beachten, dass beide Methoden entscheidend sind, um die Integrität und Konsistenz der Daten zu gewährleisten. Ohne sie besteht das Risiko von Datenverlust oder -beschädigung. Daher ist es wichtig, sie angemessen und mit Vorsicht zu verwenden.

Beispiel:

Hier ist ein Beispiel, wie diese Methoden verwendet werden können:

```python
from sqlalchemy.exc import IntegrityError

# Start a new session
session = Session()

try:
    # Add a new user to the database
    new_user = User(name='New User', email='new_user@example.com')
    session.add(new_user)

    # Commit the transaction
    session.commit()
except IntegrityError:
    # If an error occurred, roll back the transaction
    session.rollback()
```

In diesem Beispiel wird ein **IntegrityError** ausgelöst, wenn das Hinzufügen des neuen Benutzers zur Datenbank fehlschlägt (z.B. aufgrund einer eindeutigen Einschränkung im E-Mail-Feld). Der **except**-Block fängt diesen Fehler ab und die **rollback()**-Methode wird aufgerufen, um die Transaktion rückgängig zu machen.

Die Verwendung von **commit()** und **rollback()** gibt dir eine detaillierte Kontrolle über deine Datenbanktransaktionen und stellt sicher, dass deine Datenbank konsistent bleibt, selbst wenn Fehler auftreten. Es ist ein leistungsstarkes Werkzeug, das zum Toolkit jedes Python-Entwicklers gehören sollte, der mit Datenbanken arbeitet.

19.8 Beziehungsverwaltung in SQLAlchemy

In einer typischen relationalen Datenbank haben Tabellen oft Beziehungen zueinander. Diese Beziehungen werden basierend auf den Daten eingerichtet, die die Tabellen enthalten. Beispielsweise kann eine Benutzertabelle mit einer Bestelltabelle verknüpft sein, und jede Bestellung kann dem Benutzer zugeordnet sein, der sie aufgegeben hat. Diese Beziehung ist wichtig, da sie die Erstellung komplexerer Abfragen ermöglicht, die aussagekräftige Informationen aus den Daten gewinnen können.

SQLAlchemy ist eine leistungsstarke Bibliothek, die eine pythonische High-Level-Schnittstelle zur Handhabung solcher Beziehungen bietet. Mit SQLAlchemy kannst du Beziehungen zwischen Tabellen leicht definieren und komplexe Abfragen durchführen, die diese Beziehungen nutzen.

Darüber hinaus bietet SQLAlchemy einen robusten Satz von Werkzeugen für die Arbeit mit Datenbanken, einschließlich Unterstützung für mehrere Datenbank-Engines, Transaktionsmanagement und mehr. Ob du mit einer kleinen Datenbank oder einem großen, komplexen System arbeitest, SQLAlchemy bietet die Werkzeuge, die du brauchst, um deine Daten effektiv zu verwalten.

Beispiel:

Um eine Beziehung in SQLAlchemy zu definieren, kannst du die Funktion **relationship** verwenden, die dazu dient, eine neue Eigenschaft zu erstellen, die die zugehörige Entität laden kann. Hier ist ein einfaches Beispiel:

```python
from sqlalchemy import Column, Integer, String, ForeignKey
from sqlalchemy.orm import relationship
from sqlalchemy.ext.declarative import declarative_base

Base = declarative_base()

class User(Base):
    __tablename__ = 'users'

    id = Column(Integer, primary_key=True)
    name = Column(String)
    email = Column(String)

    orders = relationship("Order", back_populates="user")

class Order(Base):
    __tablename__ = 'orders'

    id = Column(Integer, primary_key=True)
    product_name = Column(String)
    user_id = Column(Integer, ForeignKey('users.id'))

    user = relationship("User", back_populates="orders")
```

In diesem Beispiel hat die Klasse **User** ein Attribut **orders**, welches eine dynamische Beziehung zur Klasse **Order** darstellt. Das bedeutet, dass du einfach auf die Bestellungen eines Benutzers zugreifen kannst, indem du das Attribut **orders** verwendest:

```python
# Assuming `user` is an instance of the User class:
for order in user.orders:
    print(order.product_name)
```

Ähnlich dazu hat die Klasse **Order** ein Attribut **user**, welches eine Beziehung zur Klasse **User** darstellt. Du kannst dies verwenden, um auf den Benutzer zuzugreifen, der mit einer Bestellung verbunden ist:

```
# Assuming `order` is an instance of the Order class:
print(order.user.name)
```

SQLAlchemy kümmert sich um alle Details beim Einrichten und Verwalten dieser Beziehungen, sodass du dich auf das Schreiben deiner Anwendungslogik konzentrieren kannst. Es ist ein leistungsstarkes Werkzeug, das die Arbeit mit relationalen Datenbanken in Python erheblich erleichtert.

19.9 SQLAlchemy SQL-Ausdruckssprache

SQLAlchemy ist ein leistungsstarkes Werkzeug, das eine Reihe von Funktionen für die Arbeit mit Datenbanken bietet. Eine der nützlichsten dieser Funktionen ist die SQL-Ausdruckssprache. Diese Sprache bietet eine umfassende und flexible Schnittstelle zur dynamischen Generierung von SQL-Anweisungen.

Mit SQLAlchemy kannst du SQL-Abfragen erstellen, die an deine spezifischen Bedürfnisse angepasst sind, und du kannst all dies auf sichere und geschützte Weise tun. Die SQL-Ausdruckssprache bietet nicht nur die Flexibilität von Raw-SQL-Abfragen, sondern stellt auch sicher, dass dein Code vor SQL-Injection-Angriffen geschützt ist. Das bedeutet, dass du Vertrauen in die Sicherheit und Zuverlässigkeit deines Codes haben kannst, selbst wenn du mit komplexen Datenbanken arbeitest.

Insgesamt ist SQLAlchemy ein unverzichtbares Werkzeug für jeden Entwickler, der mit Datenbanken arbeiten muss, und die SQL-Ausdruckssprache ist nur einer der vielen Gründe, warum es ein so leistungsstarkes und vielseitiges Werkzeug ist.

Beispiel:

Schauen wir uns ein Beispiel an, wie es funktioniert:

```
from sqlalchemy import create_engine, MetaData, Table, select

engine = create_engine('sqlite:///example.db')

metadata = MetaData()

users = Table('users', metadata, autoload_with=engine)

stmt = select(users).where(users.c.id == 1)

with engine.connect() as connection:
    result = connection.execute(stmt)
    for row in result:
        print(row)
```

Im obigen Beispiel verwenden wir die SQL-Ausdruckssprache von SQLAlchemy, um eine SELECT-Anweisung zu erstellen, die einen Benutzer mit einer ID von 1 abruft. Die Funktion **select** generiert eine neue SQL SELECT-Anweisung, und die **where**-Methode generiert eine WHERE-Klausel.

Die SQL-Ausdruckssprache bietet eine schemaorientierte Sicht auf die Datenbank, anstatt einer ORM-zentrierten Sicht. Sie ermöglicht eine detaillierte Kontrolle und ist eine ausgezeichnete Wahl für komplexe Abfragen und Datenbankinteraktionen.

Beachte jedoch, dass die SQL-Ausdruckssprache, obwohl sie viel Flexibilität bietet, eine niedrigere Ebene als das ORM darstellt und eine detailliertere Konfiguration erfordert. Es wird empfohlen, ORM für Standarddatenbankoperationen zu verwenden und auf die SQL-Ausdruckssprache zurückzugreifen, wenn mehr Kontrolle erforderlich ist.

Damit schließen wir die Zusammenfassung von SQLAlchemy, seinem ORM und der SQL-Ausdruckssprache ab. Diese Werkzeuge bieten eine Vielzahl von Optionen für die Arbeit mit Datenbanken in Python, von High-Level-ORM-Operationen bis hin zu detaillierten SQL-Abfragen. Wenn du diese Werkzeuge verstehst, bist du gut gerüstet, um jede datenbezogene Aufgabe in deinen Python-Anwendungen zu bewältigen.

19.10 Praktische Übung

Übungen 19.1

1. **Erstellung einer Datenbank mit SQLAlchemy ORM:**

Erstelle eine SQLite-Datenbank mit SQLAlchemy mit den folgenden Tabellen:

- Benutzer (Spalten: id, name, email, land)

- Bestellungen (Spalten: id, user_id, produkt, menge)

Hier ist der Startcode für die Übung:

```python
from sqlalchemy import Column, Integer, String, create_engine, ForeignKey
from sqlalchemy.orm import relationship, sessionmaker
from sqlalchemy.ext.declarative import declarative_base

Base = declarative_base()
engine = create_engine('sqlite:///exercise.db', echo=True)

# Define your classes here

# Create the tables in the database
```

Base.metadata.create_all(engine)

1. **Einfügen von Daten in die Tabellen:**

Füge die folgenden Daten in die Tabellen ein, die du in der vorherigen Übung erstellt hast:

- Benutzer: (1, 'John', 'john@example.com', 'USA'), (2, 'Jane', 'jane@example.com', 'Kanada')

- Bestellungen: (1, 1, 'Äpfel', 10), (2, 2, 'Orangen', 20)

Denke daran, eine Session zu verwenden, um die Daten zur Datenbank hinzuzufügen und zu bestätigen.

1. **Datenbankabfrage:** Schreibe eine Abfrage, um alle Bestellungen von 'John' zu erhalten. Verwende einen JOIN-Vorgang, um Daten aus beiden Tabellen zu erhalten. Gib das Produkt und die Menge jeder Bestellung aus.

2. **Datenaktualisierung:** Schreibe eine Abfrage, um die Menge der von 'John' bestellten 'Äpfel' auf 15 zu aktualisieren.

3. **Datenlöschung:** Schreibe eine Abfrage, um die Bestellung von 'Orangen' zu löschen.

Denke daran, diese Übungen müssen mit dem ORM von SQLAlchemy durchgeführt werden. Teste sie und beobachte, wie wohl du dich mit der Arbeitsweise von SQLAlchemy mit Datenbanken fühlst.

Zusammenfassung von Kapitel 19

Damit sind wir am Ende unserer umfangreichen Reise durch die Schnittstelle zwischen Python und SQL angelangt, wobei SQLAlchemy, das SQL- und ORM-Toolkit für Python, den letzten Meilenstein darstellt. Dieses letzte Kapitel führte uns tiefer in die Welt von Python und Datenbanken und ging über grundlegende CRUD-Operationen hinaus in fortgeschritteneres Terrain mit SQLAlchemy.

Wir haben gelernt, wie SQLAlchemy mit seinen zwei Gesichtern als SQL-Toolkit und ORM Datenbankoperationen rationalisiert und SQL-Befehle in pythonische Ausdrücke abstrahiert. Das von SQLAlchemy eingeführte deklarative System ermöglicht es Python-Programmierern, ihr Datenbankschema direkt im Python-Code mit einem klassenbasierten System zu definieren und so die Lücke zwischen dem relationalen Datenbankmodell und dem objektorientierten Paradigma zu schließen. Die ausdrucksstarke Abfragesprache von SQLAlchemy ermöglichte es uns, komplexe Datenbankoperationen auszuführen, ohne rohes SQL zu schreiben.

Darüber hinaus haben wir die Erstellung von Beziehungen zwischen Tabellen, die Verwaltung von Sitzungen, Transaktionen und die Aufrechterhaltung der ACID-Konformität behandelt; diese Funktionen machen SQLAlchemy nicht nur zu einem Werkzeug, sondern zu einer umfassenden Lösung für Datenbankoperationen in Python.

Schließlich wurde dieses Kapitel – und tatsächlich das gesamte Buch – mit praktischen Übungen abgerundet, die dazu dienen, dein Verständnis zu festigen und praktische Erfahrungen zu vermitteln.

Insgesamt war das Ziel dieses Buches, ein tiefes Verständnis dafür zu vermitteln, wie Python und SQL gemeinsam genutzt werden können, beginnend bei den Grundlagen beider und fortschreitend zu komplexeren und praxisnahen Szenarien. Wir haben uns mit SQL-Grundlagen, Datenbankdesigns, komplexen Abfragen, Python-Datenbankmodulen wie sqlite3 bis hin zu fortgeschrittenen Datenbankoperationen mit SQLAlchemy beschäftigt.

Als letztes Kapitel des Buches ist es angebracht zu sagen, dass die Beherrschung von SQLAlchemy einer der Höhepunkte deiner Reise bei der Verwendung von Python für Datenbankverwaltung und -manipulation sein würde. Wie bei jeder Reise in der technologischen Welt hört das Lernen jedoch hier nicht auf. Erforsche, übe und implementiere weiterhin, was du in realen Projekten gelernt hast.

Vielen Dank, dass du uns bis zum Ende begleitet hast. Wir hoffen, dass dieses Buch eine wertvolle Ressource auf deinem Lernweg war, und wünschen dir alles Gute für deine zukünftigen Projekte mit Python und SQL. Frohes Programmieren!

Teil IV: Anhänge

Anhang A: Python-Vorstellungsgespräch Fragen

Dieser Anhang ist eine nützliche Zusammenstellung häufiger Python-Vorstellungsfragen, die dein Verständnis der grundlegenden und fortgeschrittenen Sprachmerkmale testen. Sie decken ein breites Spektrum an Themen ab, von Datentypen und Kontrollstrukturen bis hin zu OOP-Konzepten, Dekoratoren, Generatoren und vielem mehr.

Lass uns eintauchen!

1. **Was sind die Schlüsselmerkmale von Python?**

   Python ist eine interpretierte, hochsprachige Programmiersprache für allgemeine Zwecke. Ihre Designphilosophie betont die Lesbarkeit des Codes, und ihre Syntax ermöglicht es Programmierern, Konzepte in weniger Codezeilen auszudrücken, als es in Sprachen wie C++ oder Java möglich wäre.

2. **Was ist der Unterschied zwischen einer Liste und einem Tupel in Python?**

   Sowohl Listen als auch Tupel sind Sequenztypen, die eine Sammlung von Elementen speichern können. Listen sind jedoch veränderbar, was bedeutet, dass du ihren Inhalt ändern kannst, ohne ihre Identität zu verändern. Tupel hingegen sind unveränderlich: Du kannst ihren Inhalt nach der Definition nicht mehr ändern.

3. **Kannst du erklären, wie die Garbage Collection in Python funktioniert?**

   Das Garbage-Collection-System von Python wird vom Python-Speichermanager verwaltet. Der Hauptmechanismus ist die Referenzzählung. Objekte werden automatisch entfernt, wenn ihre Referenzzahl auf null fällt. Zusätzlich verfügt Python über einen zyklischen Garbage Collector, der Objektzyklen erkennen und sammeln kann.

4. **Was ist List Comprehension in Python? Gib ein Beispiel.**

   List Comprehension ist eine kompakte Form, um alle oder einen Teil der Elemente in einer Sequenz zu verarbeiten und eine Liste mit den Ergebnissen zurückzugeben.Beispiel:

```
numbers = [1, 2, 3, 4, 5]
squared = [n**2 for n in numbers]  # List comprehension
```

5. **Erkläre die Verwendung von "self" in Python-Klassen. self**
Ist eine Konvention, die in Python-Methoden verwendet wird, um sich auf die Instanz zu beziehen, für die die Methode aufgerufen wird. Es wird automatisch an jede Instanzmethode übergeben, wenn sie aufgerufen wird.

6. **Was ist der Unterschied zwischen Instanz-, statischen und Klassenmethoden in Python?**

   Instanzmethoden sind die häufigste Art. Sie nehmen **self** als ersten Parameter. Klassenmethoden wirken sich auf die gesamte Klasse aus und nehmen **cls** als ersten Parameter. Statische Methoden, die mit **@staticmethod** dekoriert sind, nehmen keinen **self**- oder **cls**-Parameter und können den Zustand der Instanz oder Klasse nicht direkt ändern.

7. **Was ist ein Dekorator in Python?**

   Dekoratoren ermöglichen es dir, eine andere Funktion zu umschließen, um das Verhalten der umschlossenen Funktion zu erweitern, ohne sie dauerhaft zu verändern.

8. **Erkläre das Konzept von Generatoren in Python.**

   Generatoren sind eine Art von Iterable, wie Listen oder Tupel. Sie erlauben keine Indizierung, können aber dennoch mit for-Schleifen durchlaufen werden. Sie werden mit Funktionen und der **yield**-Anweisung erstellt.

9. **Was sind args und kwargs?**

   1. **args** und **kwargs** sind eine spezielle Syntax, um Argumente variabler Länge an eine Funktion zu übergeben. **args** wird verwendet, um eine Liste von Argumenten variabler Länge ohne Schlüsselwörter zu übergeben, und **kwargs** wird verwendet, um eine variable Anzahl von Argumenten mit Schlüsselwörtern zu übergeben.

10. **Wie wird Multithreading in Python erreicht?** Multithreading kann in Python mit dem Modul **threading** erreicht werden. Aufgrund des Global Interpreter Lock (GIL) sind Python-Threads jedoch eher für I/O-bezogene Aufgaben als für CPU-bezogene Aufgaben geeignet.

Denk daran, dies sind nur Beispiele, und die tatsächlichen Fragen, die du antreffen wirst, können je nach Unternehmen und der spezifischen Rolle, für die du dich bewirbst, erheblich variieren. Achte darauf, die Stellenbeschreibung zu studieren, um zu verstehen, welche Konzepte und Fähigkeiten am relevantesten sind.

Anhang B: SQL-Vorstellungsgespräch Fragen

Dieser Anhang sammelt häufig gestellte SQL-Fragen in Vorstellungsgesprächen, die sowohl grundlegende als auch fortgeschrittene Aspekte von SQL abdecken. Sie behandeln verschiedene Themen wie grundlegende Befehle, Joins, Indizes, gespeicherte Prozeduren und mehr.

Fangen wir an!

1. **Was bedeutet SQL und wofür wird es verwendet?**

   SQL steht für Structured Query Language (Strukturierte Abfragesprache). Es ist eine Standardsprache, die zur Interaktion mit relationalen Datenbanken verwendet wird. SQL kann verwendet werden, um Datensätze in Datenbanken einzufügen, zu suchen, zu aktualisieren und zu löschen. Man kann damit keine vollständigen Anwendungen schreiben, aber es ermöglicht die Verwaltung von Daten in Datenbanken.

2. **Was sind die Unterschiede zwischen SQL und NoSQL?**

   SQL-Datenbanken sind relational, NoSQL-Datenbanken sind nicht-relational. SQL-Datenbanken verwenden eine strukturierte Abfragesprache und haben ein vordefiniertes Schema. NoSQL-Datenbanken haben dynamische Schemas für unstrukturierte Daten.

3. **Kannst du die grundlegenden Arten von SQL-Befehlen erklären?**

   SQL-Befehle können je nach Funktionalität in fünf Typen unterteilt werden: DDL (Data Definition Language), DML (Data Manipulation Language), DCL (Data Control Language), TCL (Transaction Control Language) und DQL (Data Query Language).

4. **Was ist der Unterschied zwischen den Befehlen DELETE und TRUNCATE?**

   DELETE ist ein DML-Befehl und TRUNCATE ist ein DDL-Befehl. Die DELETE-Anweisung wird verwendet, um eine Zeile in einer Tabelle zu löschen. Die TRUNCATE-Anweisung ist eine Data Definition Language (DDL)-Operation, die verwendet wird, um die Erweiterungen einer Tabelle zur der Zuweisung zu markieren (leeren zur Wiederverwendung). Das Ergebnis dieser Operation entfernt schnell alle Daten aus einer Tabelle und umgeht dabei typischerweise eine Reihe von Integritätsdurchsetzungsmechanismen, die zum Schutz der Daten gedacht sind.

5. **Was ist ein JOIN in SQL? Kannst du die verschiedenen Arten von JOINs erklären?**

JOIN ist ein Mittel zum Kombinieren von Spalten aus einer (Self-Join) oder mehreren Tabellen durch die Verwendung gemeinsamer Werte. Der ANSI-SQL-Standard spezifiziert fünf Arten von JOINs: INNER, LEFT OUTER, RIGHT OUTER, FULL OUTER und CROSS.

6. **Wozu dient das Schlüsselwort DISTINCT in SQL?**

Das Schlüsselwort DISTINCT in SQL wird verwendet, um nur eindeutige Werte in der Ergebnismenge zurückzugeben. Es entfernt alle doppelten Datensätze.

7. **Was sind Indizes in SQL?**

Indizes werden verwendet, um Daten schneller aus Datenbanken abzurufen. Indizes werden in Spalten für schnellere Suchvorgänge verwendet.

8. **Was ist eine View in SQL?**

Eine View ist eine virtuelle Tabelle, die auf dem Ergebnis einer SQL-Anweisung basiert. Eine View enthält Zeilen und Spalten, genau wie eine echte Tabelle. Die Felder in einer View sind Felder aus einer oder mehreren echten Tabellen in der Datenbank.

9. **Was ist eine gespeicherte Prozedur?**

Eine gespeicherte Prozedur ist vorbereiteter SQL-Code, der gespeichert werden kann, damit der Code wieder wiederverwendet werden kann. Sie kann Parameter annehmen und einen Wert zurückgeben.

10. **Was ist ein Trigger in SQL?**

Ein Trigger in SQL ist eine spezielle Art von gespeicherter Prozedur, die automatisch ausgeführt wird, wenn ein Ereignis auf dem Datenbankserver eintritt.

Wie bei Python sind dies nur Beispiele, und die tatsächlichen Fragen, die dir gestellt werden, können je nach spezifischer Rolle und Unternehmen erheblich variieren. Studiere immer die Stellenbeschreibung, um zu verstehen, welche Konzepte und Fähigkeiten am wichtigsten sind.

Anhang C: Python-Spickzettel

Grundlegende Python-Syntax

1. Print-Funktion

```
print("Hello, World!")
```

2. Variablenzuweisung

```
x = 5
y = "Hello, World!"
```

3. Kommentare

```
# This is a single line comment
"""
This is a
multi-line comment
"""
```

4. Bedingte Anweisungen

```
if x > y:
    print("x is greater than y")
elif x < y:
    print("x is less than y")
else:
    print("x is equal to y")
```

5. Schleifen

```
for i in range(5):
    print(i)

while x < 10:
    print(x)
    x += 1
```

6. Funktionen

```python
def my_function():
    print("Hello from a function")
```

Datenstrukturen

1. Liste

```python
my_list = [1, 2, 3, 4, 5]
```

2. Dictionary

```python
my_dict = {
  "brand": "Ford",
  "model": "Mustang",
  "year": 1964
}
```

3. Tupel

```python
my_tuple = ("apple", "banana", "cherry")
```

4. Mengen

```python
my_set = {"apple", "banana", "cherry"}
```

Listen-Comprehensions

```python
squares = [x**2 for x in range(10)]
```

Ausnahmebehandlung

```python
try:
    print(x)
except:
    print("An exception occurred")
```

Dateiverarbeitung

```python
# Write a file
with open("myfile.txt", "w") as file:
    file.write("Hello, World!")

# Read a file
with open("myfile.txt", "r") as file:
    print(file.read())
```

Klassen und Objekte

```python
class MyClass:
    x = 5

p1 = MyClass()
print(p1.x)
```

Dieser Spickzettel deckt die Grundlagen von Python ab und bietet, obwohl er nicht umfassend ist, einen soliden Ausgangspunkt für die Programmierung mit Python.

Anhang D: SQL-Spickzettel

SQL-Syntax

1. **Alle Spalten einer Tabelle auswählen**

```
SELECT * FROM table_name;
```

2. **Bestimmte Spalten einer Tabelle auswählen**

```
SELECT column1, column2 FROM table_name;
```

3. **Eindeutige Werte einer Spalte auswählen**

```
SELECT DISTINCT column_name FROM table_name;
```

4. **Eindeutige Werte einer Spalte zählen**

```
SELECT COUNT(DISTINCT column_name) FROM table_name;
```

5. **Filtern mit WHERE**

```
SELECT * FROM table_name WHERE column_name = 'value';
```

6. **Nach Spalten sortieren**

```
SELECT * FROM table_name ORDER BY column_name ASC|DESC;
```

7. **Aggregatfunktionen**

```
SELECT COUNT(column_name) FROM table_name;
SELECT AVG(column_name) FROM table_name;
SELECT SUM(column_name) FROM table_name;
SELECT MIN(column_name) FROM table_name;
SELECT MAX(column_name) FROM table_name;
```

8. **Nach Spalten gruppieren**

```
SELECT COUNT(column_name), group_column FROM table_name GROUP BY group_column;
```

9. **Having-Klausel (verwendet mit GROUP BY)**

```
SELECT COUNT(column_name), group_column FROM table_name GROUP BY group_column HAVING
COUNT(column_name) > 10;
```

CRUD-Operationen

1. **In eine Tabelle einfügen**

```
INSERT INTO table_name (column1, column2) VALUES ('value1', 'value2');
```

2. **Eine Tabelle aktualisieren**

```
UPDATE table_name SET column1 = 'new_value' WHERE condition;
```

3. **Aus einer Tabelle löschen**

```
DELETE FROM table_name WHERE condition;
```

4. **Eine Tabelle erstellen**

```
CREATE TABLE table_name (
    column1 datatype,
    column2 datatype,
    column3 datatype
);
```

5. **Eine Tabelle löschen**

```
DROP TABLE table_name;
```

6. **Eine Tabelle ändern**

```
ALTER TABLE table_name
ADD column_name datatype;
```

Dieser Spickzettel behandelt die Grundlagen von SQL und bietet einen Überblick über gängige SQL-Operationen. Er deckt nicht alle Aspekte von SQL ab, ist aber ein guter Ausgangspunkt für die meisten Aufgaben.

Fazit

Wir sind am Ende unserer Reise angelangt, einer Reise, die mit einfachen Variablen und Datentypen begann und in der Manipulation von Datenbanken mit in Python-Programme integriertem SQL gipfelte. Eine Reise, die das Universum von Python und SQL umfasste und verschiedene Planeten erkundete: Variablen, Kontrollstrukturen, Funktionen, OOP, Module, Bibliotheken, Datenstrukturen, Ausnahmebehandlung, Dateioperationen und den weiten Kosmos von SQL und Datenbankmanagementsystemen (DBMS).

Im Laufe des Buches haben wir gesehen, wie die Einfachheit und Flexibilität von Python es zu einem der mächtigsten Werkzeuge für Datenmanipulation und -analyse machen. Die englischähnliche Syntax der Sprache ermöglicht es uns, schnell lesbaren und wartbaren Code zu schreiben, und ihr reichhaltiges Ökosystem bietet Bibliotheken und Module für nahezu jede denkbare Aufgabe.

SQL hingegen ermöglicht uns mit seiner intuitiven und deklarativen Natur, fließend mit Datenbanken zu interagieren. Durch die Beherrschung von SQL können wir die Kraft relationaler Datenbanken entfesseln und komplexe Operationen und Abfragen durchführen, um Rohdaten in nützliche Informationen zu verwandeln.

Die Kombination von Python und SQL bietet ein außergewöhnlich leistungsstarkes Werkzeugset für die Arbeit mit Daten, das es uns ermöglicht, Datenverarbeitungs-, Analyse- und Berichtsaufgaben zu automatisieren. Wir können robuste Systeme aufbauen, die die Verarbeitungsstärke und analytischen Fähigkeiten von Python mit der Fähigkeit von SQL verbinden, große und komplexe Datensätze zu verwalten und zu manipulieren.

Aber was liegt jenseits dieser Reise? Was sind die nächsten Schritte nach dem Verständnis von Python und SQL?

Programmierung ist wie ein Ozean, weit und tief. Sprachen, Werkzeuge und Techniken sind wie die Wellen, nie statisch, ständig in Entwicklung und Veränderung. Es gibt immer mehr zu lernen und zu erforschen.

Nachdem du Python und SQL gelernt hast, möchtest du vielleicht tiefer in die Datenanalyse, maschinelles Lernen und künstliche Intelligenz eintauchen, wofür Python außergewöhnlich gut geeignet ist. Bibliotheken wie pandas, NumPy und scikit-learn können dich auf diesem Weg weiter führen.

Du kannst auch verschiedene Arten von Datenbanken erkunden: NoSQL-Datenbanken wie MongoDB oder Graphdatenbanken wie Neo4j. Jeder Datenbanktyp hat seine Stärken und Anwendungsfälle und kann ein weiteres mächtiges Werkzeug in deinem Datenarsenal sein.

Vielleicht möchtest du dich weiter in die Webentwicklung vertiefen und dynamische Websites und Anwendungen mit Frameworks wie Django oder Flask erstellen. Oder du möchtest die Entwicklung von Desktop-Anwendungen mit Python-Bibliotheken wie tkinter oder PyQt erkunden.

Dieses Buch ist deine Startrampe. Es hat dich mit den Grundlagen, den Basiskonzepten und den wesentlichen Werkzeugen ausgestattet. Wohin du diese Fähigkeiten führst, liegt bei dir.

Aber denke immer daran, dass es beim Programmierenlernen nicht nur darum geht, Syntax auswendig zu lernen oder das Programm fehlerfrei laufen zu lassen. Es geht darum, Probleme zu lösen, logisch und analytisch zu denken und Lösungen für Probleme effizient und effektiv zu gestalten. Die wahre Fähigkeit eines Programmierers liegt in seinen Problemlösungsfähigkeiten, nicht in der Anzahl der Sprachen, die er kennt.

Schließlich ist einer der wichtigsten Aspekte des Programmierens die Übung. Wie beim Erlernen eines Musikinstruments oder einer neuen Sprache wirst du umso besser im Programmieren, je mehr du übst. Versuche, das Gelernte in realen Projekten anzuwenden. Es gibt keinen Ersatz für die Erfahrung, die du beim Lösen echter Probleme mit Code sammelst.

Abschließend möchte ich dir danken, dass du dieses Buch als deinen Leitfaden für Python und SQL gewählt hast. Es war mir eine Freude, diese Reise mit dir zu teilen. Wie der große Physiker, Lehrer und lebenslange Lernende Richard Feynman sagte: "Was ich nicht erschaffen kann, verstehe ich nicht". Also, geh voran, erschaffe, verstehe, lerne und vor allem, genieße den Prozess.

Denk daran, die Reise der Programmierung ist kontinuierlich und stets in Entwicklung. In diesem Abenteuer ist jede bewältigte Herausforderung nicht ein Ende, sondern der Beginn einer neuen und noch spannenderen Herausforderung. Nimm den Geist der Erkundung, die Freude am Lernen und die Aufregung des Problemlösens mit auf diese endlose Reise. Genieße das Programmieren und lerne weiter.

Wo weitermachen?

Wenn du dieses Buch abgeschlossen hast und nach weiterem Wissen in der Programmierung suchst, möchten wir dir andere Bücher unseres Unternehmens empfehlen, die für dich nützlich sein könnten. Diese Bücher decken eine breite Palette von Themen ab und sind darauf ausgelegt, dir zu helfen, deine Programmierfähigkeiten weiter auszubauen.

"ChatGPT API Bible: Mastering Python Programming for Conversational AI": Bietet eine praxisnahe und schrittweise Anleitung zur Nutzung von ChatGPT, von der Integration der API bis zur Feinabstimmung des Modells für spezifische Aufgaben oder Branchen.

"Natural Language Processing with Python: Building your Own Customer Service ChatBot": Dieses Buch bietet eine tiefgehende Erkundung des natürlichen Sprachverstehens (NLP). Es vereinfacht komplexe Konzepte erfolgreich durch ansprechende Erklärungen und intuitive Beispiele.

"Data Analysis with Python": Python ist eine mächtige Sprache für Datenanalyse, und dieses Buch hilft dir, ihr gesamtes Potenzial auszuschöpfen. Es behandelt Themen wie Datenreinigung, Datenmanipulation und Datenvisualisierung und bietet praktische Übungen, um das Gelernte anzuwenden.

"Machine Learning with Python": Machine Learning ist eines der spannendsten Felder der Informatik, und dieses Buch hilft dir, deine eigenen Modelle für Machine Learning mit Python zu erstellen. Es behandelt Themen wie lineare Regression, logistische Regression und Entscheidungsbäume.

"Mastering ChatGPT and Prompt Engineering": In diesem Buch nehmen wir dich mit auf eine umfassende Reise durch die Welt der Prompt-Engineering, von den Grundlagen der KI-Sprachmodelle bis hin zu fortgeschrittenen Strategien und Anwendungen in der realen Welt.

Alle diese Bücher sind darauf ausgelegt, dir zu helfen, deine Programmierfähigkeiten weiter auszubauen und dein Verständnis der Programmiersprache Python zu vertiefen. Wir glauben, dass Programmieren eine Fähigkeit ist, die man im Laufe der Zeit lernen und entwickeln kann, und wir sind bestrebt, Ressourcen bereitzustellen, die dir helfen, deine Ziele zu erreichen.

Wir möchten auch diese Gelegenheit nutzen, um dir für die Wahl unseres Unternehmens als deinen Begleiter auf deiner Programmierreise zu danken. Wir hoffen, dass du dieses Buch für Anfänger in Python als wertvolle Ressource empfunden hast und freuen uns darauf, dir in Zukunft weiterhin hochwertige Programmierressourcen zur Verfügung zu stellen. Wenn du Kommentare oder Vorschläge für zukünftige Bücher oder Ressourcen hast, zögere nicht, uns zu kontaktieren. Wir würden uns freuen, von dir zu hören!

Erfahre mehr über uns

Bei Cuantum Technologies sind wir darauf spezialisiert, Webanwendungen zu entwickeln, die kreative Erlebnisse bieten und reale Probleme lösen. Unsere Entwickler haben Erfahrung in einer breiten Palette von Programmiersprachen und Frameworks, einschließlich Python, Django, React, Three.js und Vue.js, unter anderem. Wir erforschen ständig neue Technologien und Techniken, um an der Spitze der Branche zu bleiben, und sind stolz auf unsere Fähigkeit, Lösungen zu schaffen, die die Bedürfnisse unserer Kunden erfüllen.

Wenn du mehr über Cuantum Technologies und die von uns angebotenen Dienstleistungen erfahren möchtest, besuche bitte unsere Website unter books.cuantum.tech. Wir beantworten gerne alle Fragen, die du haben könntest, und besprechen, wie wir dir bei deinen Softwareentwicklungsbedürfnissen helfen können.

www.cuantum.tech

www.ingramcontent.com/pod-product-compliance
Lightning Source LLC
Chambersburg PA
CBHW080649220326
41598CB00033B/5148